कोणार्क

प्रतिभा राय का उपन्यास 'शिलापद्‌म'
(ओड़िसा साहित्य अकादमी 1986 पुरस्कार से पुरस्कृत)
शंकरलाल पुरोहित द्वारा हिन्दी में अनुवादित

स्थापित 1912
100 वर्षों की
श्रेष्ठ प्रकाशन परम्परा
राजपाल

₹ 495

ISBN : 9788170280323

KONARK (Novel) by Pratibha Rai

मुद्रक : जी.एस. ऑफसेट, दिल्ली

राजपाल एण्ड सन्ज़

1590, मदरसा रोड, कश्मीरी गेट, दिल्ली-110006
फोन : 011-23869812, 23865483, 23867791
website : www.rajpalpublishing.com
e-mail : sales@rajpalpublishing.com
www.facebook.com/rajpalandsons

कोणार्क

(साहित्य अकादमी द्वारा पुरस्कृत उपन्यास)

प्रतिभा राय

राजपाल

पाषाण पर जिन्होंने पद्म खिलाया है,
उन्हीं कोणार्क-शिल्पियों की
अमर-आत्मा के लिए
यह शिलापद्म समर्पित

दो शब्द

मुखशाला है। मंदिर नहीं। इसे ही सब कहते हैं कोणार्क मंदिर।

पद्मक्षेत्र या अर्कक्षेत्र कोणार्क एक तीर्थस्थान है। बंगोपसागर की तटभूमि पर पुण्यलोक नरसिंह देव ने धर्म में प्रणोदित होकर सूर्यदेव की पूजा के निमित्त विश्वविख्यात मंदिर खड़ा किया। कोणार्क सिर्फ ओड़िया जाति के भक्ति मानस का ही परिचायक नहीं, उड़िया शिल्प प्रतिभा का अक्षय स्मृति स्तंभ है। स्थापत्य के इतिहास में कोणार्क मंदिर अद्वितीय है। भग्नावशेष में भी भास्कर्य-नैपुण्य हर शिला पर विश्ववासियों को चकित कर देता है।

परंतु आज जो कोणार्क देखने आते हैं, उन में धर्मभावना या कलानुराग से बढ़कर आमोद-प्रमोद, मनोरंजन या मौज-मस्ती की वासना अधिक मुखर होती है। वे आज कोणार्क को तीर्थ या कला के दर्शन का पीठ नहीं मानते, बस आमोद-प्रमोद की जगह मानते हैं—पिकनिक स्पॉट के स्तर पर! कोणार्क मंदिर जीवन-चक्र की एक चित्ताकर्षक चित्रशाला होते हुए भी यहां खुदी सृष्टि-चक्र की प्रतीक श्रृंगाररस सम्बलित मिथुन मूर्तियां ही ज्यादातर लोगों के आकर्षण का प्रधान केंद्र रही हैं। कुछ विद्वान् तो कहते हैं कि मिथुन मूर्तियां कोणार्क कला का कलंक हैं। कुछ इन दृश्यों के प्रति मन में वितृष्णा भाव रखते हैं और कुछ तो मंदिर निर्माता, तत्कालीन सामाजिक जीवन और कलिंग शिल्पियों की विचारधारा अति निम्न स्तर की कहने से भी नहीं चूकते। परन्तु वे जिन्होंने ये मिथुन मूर्तियां इतनी खूबी से आंकी हैं, जीवन के एक युग (बारह वर्ष) कितने संयम-नियम का पालन करते रहे, यह बात कितने लोग जानते हैं? इस विचार को लेकर तो अनाड़ी हाथों से कभी "शिलालेख" (कविता) 1964 ईस्वी में लिखी थी। उसका कुछ अंश यहां देने का लोभ नहीं रोक पायी। भग्न कोणार्क मुझमें पहले ही दर्शन से एक तीव्र आलोड़न पैदा करने लगा। यह बात आज से बीस वर्ष पहले की है।

इसके बाद कई बार कोणार्क गई हूं। उसे तब जब देखा है, तो मन में विस्मित करुण स्वर क्यों बजता है, किसके लिए बजता है, नहीं जानती! हर बार कोणार्क दर्शन कर लौटते समय मैं कुछ दिन सृजन की पीड़ा में अस्थिर होती हूं। हालांकि कोणार्क मुझे इतना उद्वेलित करता कि मेरी लेखनी निस्पंद हो जाती। सोचती—भग्नावशेष में जो इतना महान् है उसे किस ओर से शुरू करूं? कहां होगा उसका समापन? अत: 'कोणार्क' की परिकल्पना आज की नहीं, पिछले बीस वर्ष की है—"शिलालेख" वाले दिन से।

पांच-छः वर्ष पहले कोणार्क गई थी—चौदह-पंद्रह वर्ष का एक किशोर एक पैकेट लिए पीछे-पीछे दौड़ता रहा। "हमारे पास कैमरा है, फोटो नहीं चाहिएं!" —उसे मैंने कह दिया। मगर वह सुनने को तैयार न था। उसके चेहरे की ओर देखा। मन में ममता भर गई, सोचा कुछ चित्र खरीद लूं। उसका उदास चेहरा खिल उठा। फोटो का एक पैकेट मेरी ओर बढ़ा दिया और बोला, "खूब ज़ोरदार फोटो हैं, आपके कैमरे में ऐसे फोटो नहीं आ सकेंगे। इनकी खूब मांग है, पूरा पैकेट ले लीजिए!" मैंने फोटो खोलकर नहीं देखे, किशोर का चेहरा देखा, वहां आदतन खिली दबी मुस्कान थी, पैसे देकर आगे बढ़ी। 'कोणार्क' का शिलान्यास वहीं से हुआ है, उसी क्षण, उसी निष्पाप किशोर के द्वारा हो गया, वही है मेरी इस कहानी का स्नेहिल 'धर्मानंद'।

कहानी शुरू करने से पहले कोणार्क कई बार आना-जाना पड़ा है। आसपास के गांव, रामचंडी मंदिर, गंगेश्वरी मंदिर, दक्षिणेश्वरी मंदिर, कोणार्क मठ आदि में काफी समय बिताया है। फिर भी कोणार्क का कोई आदि-अंत नहीं मिलता। हर बार कोणार्क की क़ला को देखा। हर बार कोणार्क शिल्पी ने मुझे उपहार दिया है कुछ नये विस्मय का! कोणार्क नाट्य मंदिर के दक्षिण में प्रतीक्षा में वही शाश्वतमूर्ति इन विस्मयों में अनन्य है, अन्यतम है। यही मेरी नायिका है।

सावन का महीना। उपन्यास का प्रारंभ करने से पहले कोणार्क में एक अविस्मरणीय अनुभूति। रात मैं वर्षा हो गई। वर्षा के नूपुर पहने कोणार्क कन्या जीवन्यास पाकर मेरे कमरे के बंद द्वार पर दस्तक देती रही थी। सारी रात उसने अपनी दास्तान सुनायी। मैं उस अंधेरे में सुनती रही कोणार्क की आत्मा का स्वर। कोई विश्वास करे या न करे, मेरा विश्वास है—कोणार्क की आत्मा है और मन लगा कर, सहृदय होकर, सुनने पर उस आत्मा की आवाज़ सुनाई देती है। कोणार्क के प्रांगण में शिल्पी-आत्मा फिरती है। प्रतीक्षा की दीर्घ सांस सुनसान रात में झाऊ के वन में मर्मर करती है, मैंने सुना है, मैं अनुभव करती हूं। हो सकता है यह मेरी भाव-प्रवणता है। किसी को झूठ लगे, पर मेरे लिए एकदम सत्य है अकाट्य।

कोणार्क प्रांगण में चलते-फिरते चार्ल्स से भेंट हुई। इंडिया व कोणार्क के प्रति उसके मन में अथाह विस्मय एवं श्रद्धा का अनुभव किया है मैंने।

और प्राचीप्रभा, चंद्रभागा! दोनों एक ही नदी की दो धाराएं हैं। समय बदल गया—नदी का गतिपथ बदला—मगर लक्ष्य स्थल नहीं बदला। सारी घटना दुर्घटना के बावजूद भारत, भारत ही है···! विज्ञानोन्नत देश का हताश् आदमी आज भारत की धरती पर मैत्रीदेव जगन्नाथ की रत्नवेदी के सामने सारे संशयों का समाधान खोजता है।

कोणार्क जीवन चित्रों का एक विशाल ग्रंथागार है, जीवन सत्य का विस्तृत

गवेषणागार है। अतः कोणार्क का अध्ययन और गवेषणा किसी भी दिशा से की जाय, फिर भी उसका कोना रहस्यमय, अनाविष्कृत रह जाता है। इसी कारण 'कोणार्क' कोणार्क कला की सहस्र पंखुड़ियों में दो-चार ही पंखुड़ियां हैं। 'कोणार्क' को परिपूर्ण करने की चेष्टा में किताब के पन्ने बढ़ते जाते, कोणार्क कन्या तो चिर रहस्यमयी ही रह जाती। अतः 'कोणार्क' लिख चुकने के बाद भी सृजन की वेदना का उपशमन नहीं हुआ।

कोणार्क रचना के समय ऐतिहासिक तथ्य, जगन्नाथ धर्म और कोणार्क की कला व स्थापत्य के संबंध में जानकारी के लिए बहुत कुछ पढ़ना पड़ा है। उन लेखकों की कृतज्ञ हूं।

कोणार्क लेखन में इतिहास विभाग के प्रोफेसर डॉ० करुणासागर बेहेरा; कोणार्क के पास वाले बेगुनिया गांव के पत्रकार श्री मलय मित्र, बयालीस बाटी के गंगेश्वरी मंदिर के अस्सीवर्षीय पुजारी बलराम पाढ़ी, पुरी में पथरिया साही के शिल्पी श्रीधर महापात्र आदि से अनेक तथ्य प्राप्त हुए हैं। अनेक शंकाओं का समाधान मिला है। उनके प्रति चिर कृतज्ञ रहूंगी।

'कोणार्क' में इतिहास है, किंवदंतियां हैं, कहानियां हैं। इतिहास लिखता है राजा-रानी की बात, मंत्री-सेनापति की बात। अतः कोणार्क के इतिहास में महाराज नरसिंह देव, महारानी सीतादेवी, निर्माण विभाग मंत्री सदाशिव सामंतराय के नाम ही उल्लेखनीय हैं। बारह सौ शिल्पी! उनमें एक का भी कहीं इतिहास में उल्लेख नहीं मिलेगा। अतः शिल्पी कमल महाराणा एवं शिल्पी वधू चंद्रभागा के त्याग, निष्ठा, उत्सर्ग, प्रेम-प्रणय-विरह की अमरगाथा को इतिहास के पन्नों में कहीं जगह न मिली। यह कहकर इन्हें एकदम झूठी या कपोल कल्पित भी नहीं कहा जा सकता। बारह वर्ष में कितनी कामना, वासना, आशा, आकांक्षा के कोणार्क टूट-फूट कर चूर-चूर नहीं हुए! कौन जानता है उस मर्मवेदना को?

सात-सौ वर्ष पुराना अतीत! कल्पना नेत्रों से जैसा देखा, उसे ही सत्य मान लिख दिया है जिसे हम मिथ्या प्रमाणित नहीं कर पाते, वह सत्य होना भी तो संभव है!

कोणार्क सत्य है, कोणार्क शिल्पी की कठोर साधना व निष्ठा सत्य है, कोणार्क की कला-निपुणता सत्य है। और अंत में उत्कलीय तथा भारतीय संस्कृति एवं परंपरा की महानता सत्य है!

बस उसी सत्य को 'कोणार्क' अर्पित कर पूजा की है।

—प्रतिभा राय

व्यास पूर्णिमा 1983
'आख्यायिका', तुलसीपुर
कटक-753008

शिलालेख

कांत विरहणी, अभागिनी दुखियारी जननी,
देखती रही एक युग राह पुत्र की दिवा-रजनी।
पति या पुत्र कोई न लौटा, चंद्रभागा ने सह लिया,
कथा मन की, शिला ने धरा को बांध लिया।
दीर्घ सांस का हर पत्ता झाड़ में सहता गुरु भार,
आज वेदना का हो रहा कण-कण में संचार।
जिन आंखों में खारे आंसुओं का सागर हो लहराता,
हंसी चुरा कर जिनकी यह शिला-फूल मुस्काता।
जिनके मन का मेरु अकातर कितना देता ढाल,
चंद्रभागा पर यहां बिछा कितना रेणु का जाल।
विस्मृत हैं वे आज तक उपेक्षा में दबे हुए,
कोई भी जानता नहीं, वे धूल में कहीं खो गए।
राजसी विलास में, किसी शौकनी अजीब से खयाल में,
नरसिंह नरेश डूबे हैं, कोणार्क के सवाल में।
आज नरेश कीर्तिमय कला के बैठे शिखर पर,
कोटि-कोटि आत्मा यहां डूबती सागर अतल में।
कोणार्क के दर्शन कर बंधु तुम मुग्ध होते रहे,
स्वगत ही 'धन्य नरसिंह देव' सदा तुम सदा कहते रहे।
किंतु मैं देखती बंधु, चंद्रभागा सिकता बेला में,
आज मैं सुन रही ध्वनि कोणार्क की हर शिला में।
बेशुमार अश्रु आंख से, हृदय के तपते उच्छवास,
जिनकी खातिर भरी है शिलापद्म में यह सुवास।
नरसिंह देव जाते मन के किसी कोण अनुकोण में,
पहले प्रणाम करती शिल्पी, श्रमिक के चरण में।
इतिहास लिखता नहीं श्रम की, स्वेद की कोई कहानी,
हृदय मंदिर में लिखा है नाम, और उनकी करणी।
हर शिला पर आंक गए, वे कला का शतदल,
महाकाल पर अमिट जो, प्रणाम उनके चरणतल।

अनुवादकीय

कोणार्क मंदिर के पार्श्व में उसकी ऊंची दीवार के पास बालू ही बालू··· वहीं नीचे सभा हो रही थी। मैं भी उस भीड़ में बैठा सुनता रहा। बड़े-बड़े विद्वान्, रचनाकार, नेता, पत्रकार सब पधारे थे। इतना बड़ा मजमा एक किताब के उद्‌घाटन के लिए! सच, मन में उत्सुकता भर गयी···क्या है उसमें? मैं एक भी वक्तव्य नहीं सुन पाया···मेरी बाईं ओर कोणार्क खड़ा बहुत कुछ कह रहा था, अतः मेरे कान उसी ओर लगे थे। अकस्मात् मेरे नाम की घोषणा हुई··· मैं बेखबर था, पास बैठे बन्धु ने हिलाकर कहा, "आपको बोलने का आग्रह कर रहे हैं, मैं बुद्धू की तरह खड़ा हो गया, लड़खड़ा गया, कुछ न बोल पाया···बस, "कोणार्क महान् है, कोणार्क की कला महान् है···नमस्य है!" कहकर बैठ गया!

कोणार्क के हर दर्शक की यही दशा होती। हम कोणार्क देखकर हतप्रभ रह जाते हैं, पर उससे सम्बन्धित कोई कुछ कहने का आग्रह करे तो लड़खड़ा जाते हैं। प्रतिभा ने कोणार्क को देखा, समझा और प्रेरित होकर लिखा। यह कोई इतिहास नहीं, यहां इतिहास-दृष्टि प्रमुख नहीं है— साहित्य-दृष्टि ही प्राणों में है। यह एक साहित्यिक विधा में प्राप्त कृति है, इसमें केवल पत्थरों पर तराशी गईं कलाकृतियों का मर्म-चित्रण ही नहीं, एक दृष्टि मिलेगी, जो कोणार्क को बहुत करीब से, बहुत सूक्ष्मता से देखने के लिए नजरिया प्रदान करती है। अतः प्रतिभा ने जितना परिश्रम किया, उसकी किंवदंतियों, इतिहास, भूगोल एवं वर्तमानता जानने के लिए सब कुछ क्रमशः देना जरूरी न था। हालांकि प्रतिभा ने अपनी सामग्री को 'कहानी' लिखते समय ऐतिहासिकता तोड़ने-मरोड़ने की जरूरत नहीं समझी; मगर इतिहास इतिहास ही होता है, उपन्यास नहीं।

यह उपन्यास इतिहासोन्मुख भी नहीं है। नरसिंह देव की बात से ऐतिहासिक महक जरूर मिल जायेगी। मगर चार्ल्स की अनुसंधित्सु निगाहों ने आधुनिक दृष्टिकोण को भी प्रस्तुत किया है और यह यथार्थवादी चिंतक, दर्शक कोणार्क में किसी धर्म के लिए नहीं जाता। कला की भूख मिटाने जाता है, किसी महान् से जुड़ने की भावना से प्रेरित होकर उसके निकट पहुंचता है। अतः भारतीय कला-संस्कृति पूर्वी अंश, जिसे प्रतिभा ने बार-बार उत्कलीय प्रतिभा, उत्कलीय कला-वैभव कहा है, उसे हिन्दी में प्रस्तुत करने के लिए 'शिलापद्‌म' का रूपांतरण आवश्यक था। यह मात्र एक उपन्यास ही नहीं वरन् वीर उड़िया जाति की कलाप्रियता और कलात्मक ऊंचाइयों की ओर संकेत करने वाली एक कृति है; जिसमें हमारी

राष्ट्रीयता के सबल और दुर्बल दोनों पक्षों को लेखिका ने निर्ममता से उकेरा है और हमारे अंदर पनपते संकीर्ण प्रतिमानों को झकझोर कर रख दिया है—प्रेम के नाम पर चल रहे छद्म वासनामय मिथक को तोड़ा है शिलापद्म का प्रक्षेप कर। इसके साथ-साथ प्रतिभा ने भारतीय कला, संस्कृति और ऐतिह्यपूर्ण केन्द्रों को टूरिस्ट सेण्टर के रूप में उभारने में छिपी कठिनाइयों, खतरों एवं उलझनों का भी अकुण्ठ-चित्त वर्णन किया है।

कोणार्क मन्दिर जिस रूप में चित्रित हुआ है वह आज भारतीय कला, कौशल, कारीगरी, उच्चमान और आदर्शों का एक भग्न स्वरूप है, इससे बड़ा प्रतीक हमारी यथार्थ स्थिति का सूचक और कहां मिलेगा? हम तेजी से पश्चिम की ओर मुंह किए भाग रहे हैं और पश्चिम हमारे पीछे-पीछे आ रहा है, हमें देखने के लिए! कैसी है यह विडम्बना!

लेखिका का कथन है, "धर्मपद तो मुझे इतिहास में कहीं नहीं मिला। हां, उत्कलमणि पण्डित गोपबंधु दास के खण्डकाव्य के नायक के रूप में जरूर मेरी श्रद्धा का पात्र है।" उनके विचार से अगर हम धर्मा को स्वीकार कर लेते हैं तो उत्कलीय शिल्प शास्त्र के ज्ञाता, मन्दिर शिल्प के पारदर्शी बारह सौ शिल्पियों के व्यक्तित्व की हत्या हो जाती है। वे तो कहती हैं कि कोणार्क निर्माण का हर शिल्पी एक-एक धर्मपद है। यहां धर्मपद का त्यागपूत, कलानिपुण और तपस्या की ओर उन्मुख रूप आलोकित हुआ है। धर्मपद की आत्महत्या जैसी बात अनैतिहासिक हो जाती है।

महानदी का प्रवाह अमरकंटक की पहाड़ियों से प्रारंभ होता है और लम्बी दूरी पार कर वह कितनी मंथर, धीर विशाल हो जाती है, उदार हो जाती है। अंत में आकर कितनी विभाजित कितनी सरल हो जाती है, उसके कितने नाम हो जाते हैं! चित्रोत्पला, कुशभद्रा, प्राची, चंद्रभागा…ये सारे नाम उसी के हैं! ये विविध भूमिकाएं उसी नारी की हैं, ये सब उसी तरह पवित्र और महनीय हैं जैसे महानदी! भारतीय नारी के मूलरूप को ऊपर विविध शाखाओं में विविध नाम दिए हैं प्रतिभा ने, किन्तु केन्द्र में वही प्रवहमान नदी—नारी है! उपन्यास में नदियों के नाम हैं—चित्रोत्पला, कुशभद्रा, प्राची, चंद्रभागा—नारियां हैं चित्रा, कुशिया, मौसी, प्राचीप्रभा, चंद्रभागा…सभी अंततः एक हैं विविध नामों से जानकर एक ही पक्ष के विविध आयाम!

उपन्यास के अन्त तक आते-आते पाठक मृत्यु, हत्या और आत्महत्याओं की विभीषिका से त्रस्त हो जाता है। अनुवादक के लिए भी यह चित्रण कम त्रासद नहीं! परन्तु यह सारा-का-सारा विलोपीकरण की प्रक्रिया का ही प्रतिबिम्ब है, जो उपन्यास में उभर कर आया है। कोणार्क की बालुका पर ये सारी घटनाएं काल्पनिक नहीं। चित्रोत्पला और धर्मानंद की हत्या आज चौंकाती नहीं है।

छायामूर्ति की आत्महत्या कोणार्क के तट क्षेत्र का कटु सत्य है !

प्रकाशन के बाद पाठकों की व्यापक प्रतिक्रिया सामने आयी है। कुछ ने इसकी कलात्मकता को परखा तो कुछ ने कथागुंफन को। खैर, इसी बीच 'ओड़िसा साहित्य अकादमी' ने इसे 1986 की श्रेष्ठतम् औपन्यासिक कृति कहकर पुरस्कृत किया ! इसके बाद 'अरण्य' का रूपान्तरण और फिर 'द्रौपदी' ('याज्ञसेनी' का हिन्दी अनुवाद) हिन्दी पाठकों को मिली। पाठक उत्कट उत्कण्ठा से भर उठे। मन को प्रेरणा मिली और राजपाल एण्ड सन्ज़ के श्रद्धेय विश्वनाथ जी से उत्साह। और अब 'शिलापद्म' का हिन्दी रूप आपके हाथों में है। प्रतिक्रियात्मक भावनाओं का हृदय से स्वागत करूंगा !

—शंकरलाल पुरोहित

स्नानपूर्णिमा,
29 जून, 1988
भुवनेश्वर

1

"जगन्नाथ स्वामी नयनपथगामी भवतुमे"

पत्र की शुरुआत इसी तरह। फिर लिखा है—"प्रतीक्षा की वह शाश्वत मूर्ति —वह अतीत नहीं—वर्तमान नहीं—भविष्य नहीं—वह महाकाल है। उसके चरण दोनों प्रगति की ओर हैं—हाथ दोनों परम्परा को आलिंगन में बांधे हैं, वह अटूट स्रोत है—अनादि से अनंत तक उसका गतिपथ—वही प्राचीप्रभा तुम हो।

तुम्हें छोड़ आया था भारत में—पर यहां देख रहा हूं अपने अंदर, तुम्हारे पास समय और दूरी सब हार मान गए हैं। तुम्हारे देश में कोणार्क को देखा, समझा है। भग्नावशेष भी कितना कमनीय है, अतुलनीय है, और कितना कीर्तिमय हो सका है—फिर भग्न अंश में भी कितनी पूर्णता होती है। और तुम्हें देख कर जाना है—करुणा भी कितनी कमनीय! असहायता भी कितनी शक्तिमयी कर देती है आदमी को?

सारी दुनिया घूमा। चंद्रभागा के तट पर बिखरे जीवन को समेटते-समेटते भेंट हुई प्रश्नवाची मुद्रा जैसी भग्नमूर्ति से—वह तुम्हीं हो। जीवन प्रश्न का उत्तर मुझे चुपचाप ही मिल गया है।

उसके बाद से—आज तक मैं जीवन प्रश्न का उत्तर देता चल रहा हूं···

यह शक्ति मुझे किसने दी? तुमने। कोणार्क ने···फिर संहति के देव जगन्नाथ ने? शायद कोई किसी से भिन्न नहीं क्योंकि सारा द्वंद, सारा संशय और सारी समस्याओं का समाधान उसी रत्न सिंहासन तले हो गया। अत: तुम याद आने पर जगन्नाथ का रूप देखता हूं—जगन्नाथ को पुकारने पर तुम्हारी याद आ जाती है। आज बस—देहि पदपल्लव मुदारम्···—चार्ल्स"

चार्ल्स की हर चिट्ठी का अंत ऐसे ही होता है। शुरू में जगन्नाथ जी के उस श्लोक को, अंत में गीत गोविन्द की मधुर उदार पंक्ति·········"देहि पदपल्लव मुदारम्"।

चार्ल्स से चंद्रभागा बहुत दूर······और दूरी चार्ल्स को आकर्षित करती है। दुर्गमता चार्ल्स को लुभाती है—विवाद उसे ललकार देती है। धन और क्षमता की चोटी पर पहुंचे देश अमरीका की राजधानी वाशिंगटन से भारत के दरिद्र

राज्य उड़ीसा की राजधानी भुवनेश्वर बहुत-बहुत दूर……

वह सारी दुनिया घूम फिर आने के बाद पहुंचा था चंद्रभागा तट पर। वह यायावर, उस का निश्चय है—घूमूंगा—दुनिया के चक्कर लगाऊंगा।

जीवन भर—जितनी बार हो सके। घूमने को छोड़ दें तो फिर जीने की कल्पना भी नहीं की जा सकती। चार्ल्स चलता रहा—घूमता रहा। यूरोप, अफ्रीका, एशिया…एक के बाद अनेक देश—शहर दर शहर—गांव दर गांव, नदी-पर्वत, वन जंगल क्यों घूमता रहा—क्या तलाश रहा था—क्या पाता—क्या खोता—वह नहीं जानता। वह कहता—यही तो है जीवनयात्रा है—शून्य से महाशून्य तक—अनादि से अनन्त की ओर, जीवन एक अर्थहीन अबोध कुहेलिका है।

पर भारत से लौटने के बाद वह जीवन का गहन तत्त्व समझ गया था। आज समय और महासागर के उस पार से सुनाई पड़ता है चार्ल्स का स्वर। वह स्वर प्राची को जो कुछ याद दिला देता है वह सब मानो सब अतीत—की एक किवदंती है। चार्ल्स अनेक कथा—कहानियों का नायक है। चार्ल्स ने दुनिया के इतिहास के अनेक पन्ने उलटे हैं। अनेक किंवदंतियों की सच्चाई खोज निकाली है। जीवन उसके लिए निरवाछिन्न खोज है, उत्तरहीन प्रश्नवाची है।

चार्ल्स भारत आया था घूमने। वह कहता—यह मेरी तीर्थयात्रा है। तीर्थयात्रा हिन्दू धर्म का प्रधान अंग है। हिन्दू यात्री एक अखंड विश्वास के बल पर हजारों कोस चला जाता है। पुण्य तीर्थों में भ्रमण करता है। यह यात्रा ही आदमी को आदमी से जोड़ती है। तीर्थयात्रा देशकाल स्थान अतिक्रम कर अपने जीवन को, अनगिनत लोगों के महाजीवन स्रोत में मिला देती है। आदमी-आदमी के बीच बहुत सारी विषमताएं हैं, पर तीर्थयात्री आपस में एक प्राण, एक भाव हो जाता है। चार्ल्स की यात्रा का उद्देश्य इतना ही है। वह जहां पहुंच जाता, घुल-मिल जाता है। सब के बीच वह उनके जैसा हो जाता। संहति बिना दुर्गति—यही है चार्ल्स के जीवन की कथा।

भारत आने से पहले चार्ल्स ने हिंदू धर्म और भारतीय जीवनदर्शन के बारे में बहुत कुछ पढ़ा है। गीता, भागवत्, उपनिषद्, रामकृष्ण, विवेकानन्द, गांधी आदि की कई-कई किताबें पढ़ कर हजम की हैं। जगन्नाथ कल्ट के बारे में उसका ज्ञान खूब गहरा है। उड़िया लड़की प्राची तो चार्ल्स के सामने बुद्धू जैसी दिखने लगती है। अपने देश की संस्कृति, कला, स्थापत्य, साहित्य, इतिहास, धर्म और दर्शन की किसी विदेशी पर्यटक के साथ चर्चा करते-करते हार जाने पर प्राची को लगता जैसे वह जीत गई है। उसके देश की परम्परा और ऐतिह्य इतना महान् न होता तो चार्ल्स जैसे साहब क्यों इसमें इतनी रुचि दिखाते? चार्ल्स कहता—"हारने की बात में भी जीत का आनंद लूट लेना भारतीय नारी चरित्र की खासि-

यत है। दूसरे शब्दों में उनकी लाचारी का वही तो सहारा है। कुछ न पाने में भी सब कुछ पाने की झूठी सांत्वना वर्ष दर वर्ष भारतीय नारी में दुःख को जकड़े रहने के लिए सामर्थ्य देती है। मुझे उन पर दया आती है।"

प्राची कहती—"चार्ली···चार्ली···। और कुछ कहो, मगर मुझ पर दया न करना। दया दिखाकर कोई किसी को अपना नहीं बना सकता। और दया से कोई किसी के नजदीक नहीं हो सकता। दया कर वह दाता बन सकता है-- गृहीता नहीं होता। जो सिर्फ दाता है—वह अहंकारी और हृदयहीन हो जाता है। भगवान भी दाता और गृहीता हैं। वे करुणा के भण्डार हैं। पर भक्ति—प्रीति के भूखे रहते हैं।"

चार्ल्स हंसकर कहता—"स्नेह, प्रेम, हृदय का लेन-देन ये सब किसी अमेरिकी के लिए फालतू की बातें हैं। अमेरिका में ऐसा परिवार नहीं, ऐसी नन्हीं-सी दुनिया नहीं होती। त्याग, उत्सर्ग वगैरह कुछ नहीं होता। पूरी स्वतंत्रता है, प्राचुर्य है। उसी में सब अकेले हैं। यही उनका दुःख है। मेरी तरह। लक्ष्यहीन बने, साथी बदलते, नीति-नियम बदलते चलते रहते हैं। जीवन में सब कुछ बदलते रहने की किसी की आदत हो जाती है, किसी का शौक बन जाता है। किसी नीति, नियम, दर्शन, मूल्य को अहमियत नहीं दे पाता। वे लोग हिप्पी बन जाते हैं। हालांकि मैंने सीमा पार नहीं की है। मैं इंडिया में सिर्फ घूमते रहने नहीं आया। यहां कुछ देखने, आत्मसमीक्षा करने आया हूं। मैं यायावर जरूर हूं -- मगर हिप्पी नहीं।"

चार्ल्स संभ्रांत घराने का है। सब कुछ था कभी। शैशव ही उसके जीवन का सुखमय समय था। फिर मां—बाप से बिछड़ गया। उसके पिता एडवर्ड नेव भारत में बीस वर्ष रहे। उन्होंने भारत में टेक्नीकल स्कूल खोले। सोयाबीन प्लांट स्थापित कर भारत के विभिन्न प्रदेशों में बहुत काम किया था।

एडवर्ड नेव ने उड़ीसा में भी कुछ वर्ष बिताये थे। यहां के पिछड़े इलाकों में स्कूल स्थापित कर शिक्षा प्रसार में काफी काम किया था। तब चार्ल्स भी मां-बाप के साथ इंडिया में ही था। खूब छोटी उमर। कोई आठ-नौ वर्ष। बाईस वर्ष पीछे का इंडिया आज भी चार्ल्स के स्मृति पटल पर ताजा है। तब चार्ल्स थोड़ा बहुत भारतीय भाषा बोल लेता था। कुछ-कुछ पढ़ भी सकता था। उड़ीसा में चार साल रहा। उन्हीं दिनों मां-बाप में तलाक हो गया। मां अमेरिका लौटना चाहती थी किन्तु पिता इसके पक्ष में न थे। उनका कहना था—"मेरे लिए अमेरिका में काम नहीं है। जीवन का बोझ भुलाने के लिए व्यस्त होना जरूरी है। इंडिया मुझे बाकी जीवन भर व्यस्त रख सकेगा। औरों के जीवन का बोझ उठाते-उठाते अपने जीवन का बोझ आदमी भुला देता है। अमेरिकनों का सारा भोग-विलास, सारी मौज-मस्ती अपने जीवन का बोझ भुलाने की ही तो कोशिश है। खूब प्राचुर्य और अभाव-हीन होने की भावना ही तो उनका बोझ है।" मगर मां को ये बातें बिलकुल अच्छी

नहीं लगतीं। डाइवोर्स लेकर वे लौट गयीं अमेरिका। साथ ले गईं चार्ल्स को भी। तब चार्ल्स उड़ीसा में ही अंग्रेज़ी स्कूल में पढ़ रहा था। कुछ-कुछ उड़िया किताबें पढ़ने का प्रयास भी करने लगा था। इंडिया आया तब वह एक वर्ष का था। लौटा तब नौ वर्ष का था। साथ ले गया इंडिया की कुछ मीठी-मीठी स्मृतियां। अमेरिका में रहकर भी वह इंडिया को भुला नहीं पाया। कभी-कभी पापा की याद आ जाती। बीस वर्ष बाद पापा अमेरिका लौटे। इंडिया की प्रगति में अमेरिका में बसे भारतीयों को इस काम में आगे बढ़कर हिस्सा लेने का परामर्श दिया था। चार्ल्स की पापा से भेंट हुई थी। उन्हीं के कहने पर वह इंडिया आया है—रिसर्च करने के लिए।

बचपन से ही चार्ल्स मां के साथ रहा है। फिर मां ने दूसरी शादी कर ली, तब से वह अकेला है। हालांकि पैसा चार्ल्स के लिए कभी समस्या नहीं रहा। बचपन से ही चार्ल्स कमाने लग गया था। अपने पैरों पर खड़े होकर वह स्कूली पढ़ाई पूरी कर सका। फिर यूनिवर्सिटी की पढ़ाई भी अपने बल बूते पर की। आर्किटक्चर में पोस्ट-ग्रेज्युएट डिग्री लेने के बाद ओपन यूनिवर्सिटी से इतिहास में एम. ए किया। अब भारत आया है भारत के प्राचीन स्थापत्य और शिल्पकला पर रिसर्च करने। घूमते-घूमते पहुंचा चंद्रभागा तीर पर। कोणार्क का निर्माण कौशल और स्थापत्य शिल्पकला उसके रिसर्च के विषय हैं। मानो बचपन का वह आकर्षण चार्ल्स को उड़ीसा खींच लाया है।

कई बातें चार्ल्स पीछे छोड़ आया है। अमेरिकी सभ्यता में वह मां बाप से दूर हो गया था बचपन में ही। तरुणाई में मित्रों को छोड़ा और यौवन में बार-बार गर्ल फ्रेंड छोड़ी हैं। अब वह निपट अकेला है। बम्बई, दिल्ली, मद्रास, कलकत्ता में कोशिश करता तो शायद कोई मिल ही जाती। एक दो-दिन के लिए। मगर वह कोई गर्ल फ्रेंड हो सकती है जहां सिर्फ देह का सम्पर्क होता है। वहां फ्रेंड-शिप कैसी?

और उड़ीसा। इस मामले में बिलकुल ड्राई है। एकदम पिछड़ा हुआ—जैसे इस बात में भी उड़ीसा दरिद्र है। पहले-पहले चार्ल्स ने सोचा था, बचपन की उस धुंधली धारणा को लेकर बड़ी गलती की है। उड़ीसा जैसे दरिद्र और पिछड़े राज्य पर वह क्या रिसर्च करेगा? ऐसे इलाके का क्या इतिहास होगा, कैसी होगी उसकी परम्परा? और उस पर रिसर्च कर वह कौन-सा आनन्द पा सकेगा? एक बार तो तय किया—'चलो भुवनेश्वर से ही लौट चला जाय।' मगर कोणार्क की कला और जगन्नाथ का श्रीमंदिर देखे बिना क्यों लौटें!

पहले वह आया पुरी। जगन्नाथजी के दर्शन वह कर नहीं सका। प्रवेश निषेध था। उसकी चमड़ी का रंग गोरा है। वे कहते हैं—चार्ल्स म्लेच्छ है। चार्ल्स ने कोई बुरा नहीं माना। अचम्भा जरूर हुआ। जगन्नाथ के पास भी वर्ण-

भेद इतना गहरा है ! लार्ड जगन्नाथ क्या मुंह खोलकर ऐसी ही बात कहते ? कभी नहीं। कुछ सुविधावादी लोगों ने अपने स्वार्थ के लिए ईश्वर को मूक और जड़ बनाकर मंदिर में बिठा रखा है। मगर ईश्वर तक जाने की राह कोई कभी रोक सका है ? मंदिर के बाहर खड़े होकर चार्ल्स ने जगन्नाथ को अपने अंदर टटोला था। सुना था कि जगन्नाथ एकदम अग्ली हैं। मगर जगन्नाथ को देखने के बाद बाईस पावच्छों से उतरते भक्तों के चेहरे, आंख आदि पर चार्ल्स ने जगन्नाथ की जो छवि देखी, वह एकदम मुग्ध हो गया। जिनके दर्शन करते ही मुख शोभा यों अतीव सुन्दर हो उठती है, वे कभी अग्ली नहीं हो सकते। जो जगन्नाथ को इन आंखों के जरिये देखते हैं, उन्हें अग्ली दिखते होंगे। जो हृदय के जरिये देखते हैं, वे समझ सकते हैं कि जगन्नाथ कितने सुन्दर हैं। जगन्नाथ को चार्ल्स ने आंख भींचकर हृदय के कपाट खोल कर देखा था और वहीं से लौट आया था।

इसके बाद वह टूरिस्ट बस में बैठकर साक्षीगोपाल, पिपली, नीमापड़ा, गोप होते हुए पुरी से उत्तर पूर्व कोई पच्चासी किलोमीटर दूर स्थित कोणार्क पहुंचा। बंगसागर के निर्जन तट से तीन किलोमीटर पर खड़ा है विश्व-विख्यात कोणार्क मंदिर का भग्नावशेष। वहां मुखशाला देखकर चार्ल्स अभिभूत हो गया। उसे लगा जैसे मंदिर निर्माण और स्थापत्य विद्या के इतिहास में अद्वितीय है कोणार्क। वह सोचता रहा—जिस मंदिर के भग्नावशेष में आज भी इतनी कला, पाषाणों पर इतनी कारीगरी, कमनीयता बची है, तो फिर उस युग के उत्कलीय कलाकारों—कारीगरों में कितना नैपुण्य रहा होगा, समूचा कोणार्क कितना मनोहर और अद्भुत रहा होगा ! चार्ल्स ने कितने ही प्रसिद्ध ऐतिहासिक स्थल दुनिया के कोने-कोने में देखे हैं। उसे लगा कि ऐसी कला और स्थापत्य की यह उच्चता अन्यत्र दुर्लभ्य है। कोणार्क दुनिया में अतुलनीय है।

चार्ल्स सोचता रहा—उड़िया शिल्पकार स्थापत्य में इतना ऊपर उठने से पहले किस विश्वविद्यालय का छात्र होगा और फिर कहां उसने उच्चतर अध्ययन या रिसर्च किया होगा ? तब शिल्पकार ने इतनी ऊंची पढ़ाई-लिखाई की होगी और ऐसा ऐश्वर्य भर दिया पत्थर पर, तो कभी उस युग का उड़ीसा दरिद्र नहीं हो सकता। जरूर उड़ीसा का ऐतिह्य और परम्परा गौरवपूर्ण होगा। चार्ल्स का मन ही बदल गया। कोणार्क को देखकर बचपन की तरह चार्ल्स को फिर उड़ीसा प्यारा-प्यारा लगने लगा।

कोणार्क के पत्थरों पर लास्यमयी कन्या खुदी हैं, मृदंगवादिनी नारी मूर्तियां मन-मुग्ध कर चार्ल्स को किसी अदृश्य शक्ति की तरह आकर्षित कर रही हैं। कभी चार्ल्स ने आदमी में आत्मा की सत्ता को अस्वीकार किया था। मगर आज उसे लग रहा था शिलाखंडों पर तराशी गई नारी रूपसियों में भी अमर आत्मा है। कान लगाओ तो उनके हृदय का स्पंदन भी सुनाई पड़ जाएगा। इन शिलाओं का स्वर

शायद उस युग का सारा सुख-दुख, गुण-गौरव की कहानी सुना दे। शायद कोणार्क नायिका निर्जन रात में जीवन्यास पाकर चार्ल्स के सामने आ खड़ी हो जाय। और कहने बैठ जाय अपने जीवन की साधना, त्याग और वेदना की महागाथा।

अचानक चार्ल्स के मुंह से निकल पड़ा—''कहां है कोणार्क की हाड़-मांस से बनी देह? क्या है तुम्हारी आत्मकथा? काश मैं तुम्हारी आत्मा से मिल पाता!'' चार्ल्स पागल-सा हो उठा।

कोणार्क की एक-एक मूर्ति देख निश्चल खड़ा रहा। टूरिस्ट बस हार्न देकर चली गई। वह अपना थैला लेकर रह गया कोणार्क में। कोणार्क नटी के नूपुरों की झंकार ने मानो उसे मोह लिया है। वह अपने होश में नहीं है।

वर्षा और बांधवी दोनों चार्ल्स को एक ही तरह से रोमांच में भर देती हैं। बांधवी पास हो, वर्षा बिना रोमांच की कमी नहीं रहती। मगर वर्षा हो और बांधवी पास न हो तो चार्ल्स को बड़ी कठिनाई होती है। वर्षा ढंके आकाश की तरह उसका मन धुंधला और उदास हो जाता है। बहुत अकेला···अकेला लगता है तब। लिलियन आ जाती तो इतना सूना-सूना नहीं लगता। यूनिवर्सिटी की छुट्टी होते ही, हालांकि लिलियन जरूर पहुंच जाती थी।

चार्ल्स का एकाकी जीवन तेरह की उमर से ही शुरू हो गया था। मगर उसी उमर से गर्ल फ्रेंड की कभी कमी नहीं रही। चार्ल्स में एक अजीब आकर्षण है। लड़कियां पहली ही भेंट में उसकी ओर खिच जाती हैं। अपने देश में उसे गर्ल-फ्रेंड खुद-ब-खुद मिलती रहतीं। कहीं कोई खास कोशिश नहीं करनी पड़ी। दुनिया में वह जहां पहुंचा है, कम से कम इस बात में वह सदा जीतता रहा है। मगर इंडिया में तो सब कुछ अजीब है। इंडिया में कितनी ही सुन्दर हो, लड़की का विवाह एक प्राब्लम हो जाता है। पढ़-लिख कर नौकरी के बाद भी विवाह की प्रतीक्षा करती कंवारी बैठी रहती हैं। दूल्हे की तलाश जारी रहती है। विवाह के बाजार में किसी मामूली से वर का मोल भी खूब होता है। और फिर भी लड़की, कम से कम यह विचलित स्थिति काटने के लिए किसी बॉय फ्रेंड का जुगाड़ कर ले शायद ही कहीं संभव हो। कोई कर भी ले तो—चोरी-छुपे। पता चल जाय तो भरपूर बदनामी हो! फिर तो शादी होना दुरूह हो जाता है। अतः चार्ल्स को ज्यादातर लड़कियां निष्प्राण लगतीं। बसंत में भी ये लड़कियां जाड़े की तरह ठिठुराती लगतीं। निदाध की तरह ठेठ सूखी दिखतीं। स्कूल, कॉलिज, दफ्तर, सड़क कहीं भी इनका चेहरा इनकी उमर के साथ मेल खाता नहीं लगता। जबरन गंभीरता का लबादा ओढ़े फिरती हैं। चार्ल्स सोचता है, इंडिया में लड़की बन कर जन्मना बड़ा मुश्किल काम है। इंडिया में सामाजिक रीति, नीति, नियम, कायदे, आमोद-प्रमोद, यहां तक कि खान-पान और कपड़ों में भी लड़कों और लड़कियों के बीच काफी फर्क है।

बारिश शुरू हो चुकी है। चार्ल्स टूरिस्ट बंगले में ठहरा है। खिड़की खोलते ही दिख रहा है—कोणार्क का कुछ अंश नीले आकाश के चिकने कनवास पर खूबसूरत चित्र की तरह झूलता। अब तक कोणार्क के पत्थरों को गहराई से उसने नहीं देखा है, छुआ नहीं है। सुना है कि कोणार्क के कला सौंदर्य को अकेले देखने में वह आनंद नहीं मिलता, पूर्णता नहीं आ पाती। कोणार्क को समझने के लिए कोई साथी जरूरी है। चार्ल्स मन ही मन साथी तलाश रहा है।

कोणार्क में विदेशी टूरिस्टों की कभी कमी नहीं रहती। हालांकि बरसात में कुछ कम हो जाते हैं। बदकिस्मती से चार्ल्स बरसात में ही आया है। बरसात और फिर साथी की कमी—चार्ल्स को बहुत खल रही है।

थोड़ी-थोड़ी बारिश हो रही है। यहां की लड़कियों की तरह जी-खोल खूब बरस जाने में आकाश भी आज मानो लजा रहा है। जबकि समूचा आकाश मेघों से लदा है। नीला आकाश मटमैला हो रहा है। मटमैले इस आकाश के पर्दे पर कोणार्क की सिलहट बहुत गंभीर लगती है। चार्ल्स को कोणार्क की गंभीरता बहुत अच्छी लगती है। कोणार्क मानो चार्ल्स को चुपचाप बुला रहा है।

इसी रिमझिम में चार्ल्स निकल पड़ा। यायावरी ज़िन्दगी में उसने कभी धूप वर्षा की परवाह नहीं की। धूप या बारिश में बाहर न निकलने के लिए शायद ही कभी उसे किसी ने रोका हो। बचपन में मां—अपने दूसरे पति के साथ नया घर सजाने में लगी थी – चार्ल्स को याद है – वह घोर वर्षा में भीगता घूमता रहा। उसकी इच्छा थी—देखें कोई मुझे रोकता भी है या नहीं? याने मेरा भला-बुरा सोचनेवाला है कोई? बचपन का वह मान-गुमान (बरसा में भीगने) आज उसकी आदत बन गया है।

चार्ल्स लापरवाही से कोणार्क के चारों ओर बनी पत्थर की चौड़ी दीवार पर चल रहा है। यह उसकी अपनी धरती नहीं है। विदेश में है वह। यहां भीगने पर भी मना करने वाला कोई नहीं है। फिर भी बचपन की उसी जिद में भीगता चला जा रहा है।

ऐसे समय में कोणार्क भी किसी विरही हृदय की तरह सूना और निःसंग है। पश्चिम के कोने के पास पहुंच कर फिर मुड़ा। तभी पीछे से किसी ने स्नेह-भीगे स्वर में कहा—"बेटे। इतने बड़े हो गये, बरखा में भीग रहे हो? चलो, इधर बरगद के नीचे चले आओ। कहीं सरदी-जुकाम हो गई तो कौन तेरी मां बैठी है यहां, जो तदारख करेगी विदेश में।"

सम्मोहित-से उसके पांव मुड़ गए। सारी बातें तो नहीं समझ सका। लेकिन "बेटे" और "विदेश" ये दो शब्द तो चार्ल्स समझ ही गया। किसी जगह जाने से पहले वह उस स्थान की भाषा और संस्कृति की थोड़ी-बहुत जानकारी कर लेता है। उड़ीसा को अपने रिसर्च का विषय बनाने के बाद उसने बोलचाल की उड़िया

सीखने की चेष्टा की है। हालांकि हिन्दी वह अच्छी तरह बोल और समझ लेता है। संस्कृत भी वह थोड़ी-बहुत सीख गया है। इंडिया आने के पहले पिता से कुछ दिन इस बारे में उसने कोचिंग भी ली थी।

इतना वह अच्छी तरह समझ गया कि किसी ने उसे बेटा कहकर बुलाया है। चार्ल्स के मन में मीठी गुदगुदाहट होने लगी—"इंडिया में मैं किसी का बेटा भी बन सकता हूं!"

देखा पत्थर की खूब चौड़ी और ऊंची दीवार के सहारे वहां घना बरगद है। वर्षा में उधर उसी के नीचे एक बुढ़िया बैठी है। चार्ल्स ने गौर से देखा। झुर्रियों भरी चमड़ी और शीर्ण काया लिए वह बुढ़िया इतिहास के जीर्ण पन्ने की तरह करुण और दयनीय लग रही है। कोणार्क की तरह यह भी पुरानी दिख रही है। तो यह बुढ़िया क्या मेरी मां बन सकती है!

बुढ़िया ने इशारे से बुलाया। चार्ल्स सज्जनतावश बरगद की ओर चल पड़ा। अपनी कही बात बुढ़िया ने चार्ल्स को इशारे से समझा दी। चार्ल्स को अजीब लगा। इंडिया के दरिद्र राज्य में कोई गरीब बुढ़िया चार्ल्स की सरदी-खांसी के बारे में क्यों चिंतित है? सचमुच जैसे मेरे देश में वहां वर्षा में भीगने पर बीमार की सेवा के लिए मां प्रतीक्षा में ही बैठी हैं। मां की सेवा की बात इसी बीच चार्ल्स कब से भूल चुका है। इंडिया में इतने बड़े बेटे-बेटी के भले-बुरे में शायद ये मां जबरन मगज़-पच्ची कर रही है। फिर भी बुढ़िया चार्ल्स को कुछ अच्छी ही लगी। चार्ल्स बुढ़िया के पास खड़ा है।

बरगद के पेड़ पर बरसा नाच रही है। लेकिन उसके नीचे एक बूंद भी नहीं। बूढ़ा बरगद बरसा की चोट खाकर नीचे आसरा लिए बटोहियों को समेटे है। उसी तरह यह प्राचीन बुढ़िया अपने दुःख-दर्द में टूट चुकी है, फिर भी औरों के लिए करुणा की मातृभूमि जैसी दिख रही है। बरगद की तरह बुढ़िया खूब स्नेहमयी दिख रही है। बुढ़िया ने चार्ल्स को बैठने का इशारा किया। वह कुछ हटकर बैठ गया।

बुढ़िया के पास उसका पैसारा रखे हैं। उसमें खड़िया मिट्टी की कई मूर्तियां रखी हैं। यह सब देखकर बुढ़िया की रोजी-रोटी के बारे में कुछ धारणा हो गई उसे। अजीब लग रहा था—कि कैसे इस उमर में यह इस बोझ को ढोकर यहां लाती होगी?

चार्ल्स की देह से पानी टप-टप चू रहा है। मगर उधर कोई निगाह नहीं। और खूब सहज भाव से बुढ़िया ने अपना वह फटा-सा आंचल थरथराते हाथों से चार्ल्स की ओर बढ़ा दिया, "बेटे माथा पोंछ ले, सरदी लग जायगी।"

अभी भी चार्ल्स विस्मय में देख रहा है बुढ़िया की ओर। मन कर रहा है बरसा का पानी इसी आंचल से पोंछ डाले। मगर यह फटा-पुराना पल्लू। चार्ल्स को झिझक हो रही है हाथ बढ़ाने में। बुढ़िया समझ गई। पल्लू वापस

करते हुए कहा, "ठहर बेटे कोई साफ-सा कपड़ा दे रही हूं।" अपना पैसारा खोल, समेट कर रखा साफ गमछा निकाल कर बढ़ा दिया। ये खिलौने ग्राहकों को देने से पहले बुढ़िया साफ कपड़े से पोंछकर चमचमा देती है। अतः उसके पास दो-एक साफ कपड़े के टुकड़े बराबर रहते हैं। चार्ल्स ने धन्यवाद के साथ थाम लिया। पोंछकर माथे को झटक दिया धीरे से।

फिर भी गीले केश झर रहे थे चार्ल्स के। बुढ़िया ने कपड़ा लेकर कहा, "इधर आओ—वैसे फिरा लेने से नहीं बनेगा।" हाथ बढ़ाकर चार्ल्स का माथा झुकाया। धीरे-धीरे अंगुलियां माथे पर फिरा कर पानी पोंछ डाला। ठीक जैसे खिलौनों की धूल पोंछ दिया करती है। चार्ल्स को अजीब-सा लगा। लेकिन बड़ा आराम आया। आंखें उसकी मुंद गई एक विस्मृत मधुर स्पर्श में। अनायास आंखें पता नहीं क्यों सजल हो आयीं। बुढ़िया का चेहरा उसे मदर मेरी की तरह कमनीय दिख रहा है। वह सोच रहा है—"अमेरिकी सभ्यता में कहीं गुमी हुई उसकी मां इंडिया में कहां मिल गई!"

फिर एक बार धन्यवाद देकर चार्ल्स ने कहा, "मैं चार्ल्स। आप मुझे चार्ली कह सकती हैं। मुझे इसी नाम से बुलाते हैं।"

चार्ल्स की साफ हिन्दी बुढ़िया नहीं समझ रही है। मगर कोणार्क के टूरिस्टों के आने-जाने से शब्दों को पकड़ना सीख गई। वह चार्ल्स की बात समझ रही है। बरसों हुए देशी-विदेशी लोग आते-जाते रहते हैं। बंगला, हिन्दी और अंग्रेज़ी के कुछ-कुछ शब्द पकड़ पाती है। बुढ़िया ने स्नेह से उस ओर देखा। कहा, "कितने नाम याद रखूंगी, बेटे। रोज तो कितने आते हैं, शाम को लौट जाते हैं। सब मैं बोल भी नहीं पाती। बस बेटा कहकर बुलाती हूं। मां के पास बेटे के किसी नाम की कोई जरूरत है? बेटा कह देने से क्या तुम 'मां' कह उत्तर नहीं दोगे?"

और वह हंस पड़ी। उन निष्प्रभ आंखों से मानो वात्सल्य का मधु झर रहा है।

चार्ल्स ने धीरे से कहा, "शायद किसी जन्म में मैं आपका बेटा रहा हूंगा। जरूर।"

बुढ़िया फिर हंस पड़ी, "अरे पगले, इस जन्म में क्या तू मेरा बेटा नहीं है? माना तू साहब। मेरी बात मान यहां क्यों बैठता?"

पगले का अर्थ समझ कर पहले तो चार्ल्स चौंका—मैड! लेकिन बुढ़िया की मीठी हंसी उसके आहत अभिमान से खींच ले गई स्नेह जगत् की ओर। यह स्नेह का सम्बोधन है! मां के मुंह से यह शब्द भी मीठा बन जाता है। चार्ल्स को पहली बार अनुभव हो रहा है। अपने देश में ऐसे शब्द प्रयोग पर वह मानहानि के केस की बात सोच लेता।

जीर्ण बुढ़िया की स्नेह पूर्ण मातृ मूर्ति। चार्ल्स मन ही मन बुदबुदा रहा है—इंडिया इज़ ग्रेट! इंडिया इज़ ग्रेट!

बुढ़िया का नाम कुशभद्रा है। उसका गांव कोणार्क से कुल तीन-चार मील दूर है। खेरंग नाम है। बुढ़िया के बारे में कोई कुछ नहीं बता पायगा। समूचे चंद्रभागा और कोणार्क इलाके में लोग 'कुसी मौसी' कहकर बुलाते हैं। उमर भी ऐसे लोगों की कौन बता सकता है? किसे याद रहती है इन लोगों की जन्म तारीख? खुद बुढ़िया ही भला कौन-सी जानती है अपने बारे में? बुढ़िया से इस बारे में पूछो तो कहेगी, "अरे। बेटा इस कोणार्क की उमर और मेरी उमर में कोई फर्क है? पूछो इसी से, यही मेरे जन्म की बाबत बता सकता है।"

लोग हंसी करते हैं—बुढ़िया इसी बुढ़ापे के साथ पैदा हुई है क्योंकि इसका यौवन तो किसी ने देखा नहीं कभी। युगों से भग्न कोणार्क की तरह बुढ़िया का भी यही जरा-जीर्ण रूप देखते आये हैं—मगर, बुढ़िया कभी थकी नहीं—न कभी बीमार हुई। अपना पैसारा लिए वह बरगद के नीचे बैठी रहती है। खाली होने पर फिर गांव में आती है। भर कर फिर लौट आती है।

बुढ़िया से उसके पति के बारे में पूछो तो अपने पोपले मुंह से हंसी छिटकाकर कहेगी, "मेरे स्वामी। वे तो जगत् के स्वामी हैं। वे सबके प्रभु हैं। उन्हें कौन नहीं जानता? वे ठहरे जगत् के नाथ-जगन्नाथ। नहीं देखा? तो जाओ—आंखें भर कर देख आओ। वे बैठे हैं श्रीमंदिर में। सुरंग अधरों पर मुस्कान लिए! नयन और जीवन धन्य हो जायेंगे तुम्हारे…!

अगर मां-बाप के बारे पूछो तो कहेगी, "मेरे बापू तो सबके माथे पर हैं। उधर देखो—वो सूरज देवता। वो न होते तो मेरा क्या पता मिला? और मां—नीचे देखो—यह धरती ही मां है। गोद में लिए है। यही जीवित रखे है। यह मूरत गढ़ने के लिए इसी ने माटी दी है। गीली मूरत को सूरज सुखाता है। मेरी अपनी जीविका है। मैं उसी के सहारे जी रही हूं।"

उसके बेटों-पोतों के बारे में कोई पूछता तो बुढ़िया उसकी हंसी गायब हो जाती है। गंभीर कर चेहरे को धीरे-धीरे कहती, "तुम मेरे बेटों को नहीं जानते? तो फिर किसे जानते हो? कोणार्क देखने के बाद भी मेरे बेटों को नहीं जानते? अभी वे थककर सोये हैं। विराम कर रहे हैं। कल वे जागेंगे। इसका यह मतलब तो नहीं कि तुम उन्हें नहीं जानते? कोणार्क के एक-एक पत्थर पर मेरे ही बेटों का नाम तो खुदा है। चंद्रभागा नदी की बालू पर इतने कदमों के निशान-देख रहे हो, ये सब उन्हीं के हैं। समय, सागर, झड़-वर्षा मिलकर कोणार्क को माटी में मिला सकते हैं—पर मेरे इन सपूतों का नाम कौन मिटा सका है? बारह सौ कारीगर थे—बेटे, कभी कान लगाकर रात में सुना है—आज भी उनके निहाण, मोगर, छैनी की हलकी आवाज़ सुन पाओगे। वे यहीं घूम रहे हैं—अपने हाथ से बनाये मंदिर पर आंसू छुरकाते रहते हैं। अपने वंशधरों की तलाश है…"

…तभी तो कुछ लोग कहते हैं बुढ़िया का दिमाग थोड़ा बिगड़ गया है।

अनाप-शनाप बकती रहती है। कोई-कोई तो कह देता है, "यह राम चंडी है। कोणार्क की रखवारी है। आपद-विपद में इस इलाके के लोगों का उद्धार करती है। झड़-वर्षा में बुढ़िया झोपड़े में नहीं जाती। वहीं बरगद तले बैठी देखती रहेगी कोणार्क की ओर—एक लय से एकटक। कहते हैं अपने अदृश्य हाथ को पसार कोणार्क को ढांपे रहती है।"

देवी हो या मानुषी। बुढ़िया कोई इतिहास की बहुत पुरानी पोथी है। सारे उत्कल का अतीत मानो इसकी हथेली की रेख पर लिखा है। अंगुली की पोर गिन-गिनकर वह दिन, माह, वर्ष गिनती जाती है, घटनाएं बताती चलती है। हज़ार वर्ष का इतिहास मानो इसकी आंखों के आगे घटी कल की बात है। जब वह बोलती है—इतिहास ही बोलता होता है। कुछ लोगों का ख्याल है कि इसके पास अनेक ताड़ पोथियां हैं, इतिहास से सम्बन्ध रखनेवाले कई महत्वपूर्ण दस्तावेज भी यह सहेज कर रखे हैं। लेकिन पूछो तो—सिर्फ हंस देती है। न हां कहेगी, न ना करेगी। पैसे-कौड़ी का लोभ दिखाकर मांगो तो कहती है—इस देश की धरती, धूल, माटी, पहाड़-जंगल के पत्ते-पत्ते पर इतिहास लिखा है। आंख खोलकर ज़रा पढ़ो—सब समझ जाओगे। पढ़ो गौर से और फिर नया इतिहास बनाओ—नया कोणार्क खड़ा करो—बेटे, पुराने के ही पीछे दौड़-दौड़कर अहंकार में समय बरबाद कर रहे हो—अपने सींगों से माटी खोदो, नया कुछ खोजो, नया कुछ गढ़ो। किसी से दस्तावेज सहेजकर रातों-रात इतिहासकार बन जाने में कौन-सा गौरव है? पुराना ढूंढ़ते हुए नया कुछ कर डालने में बहादुरी होगी।

बुढ़िया बोलती रहेगी, बकती जायेगी पगली की तरह। लेकिन जानकार लोग ऐसे भी हैं, कहेंगे—उफ् कितनी विदुषी है! चार्ल्स मन ही मन हंस पड़ता। इंडियन लड़कियां एकांत में कुछ कहो तो चौंक जाती हैं, नर्वस हो उठती हैं, जुबान लड़खड़ा जाती है। खूब पढ़ी-लिखी लड़की भी भूल जाती है। वे कब वीरांगना होंगी?

लेकिन बुढ़िया ने चार्ल्स की धारणा बदल दी। धीरे-धीरे चार्ल्स के साथ अंतरग होती गई। बुढ़िया तो जीवित इतिहास है, ओर चार्ल्स ठहरा शोध-छात्र। बुढ़िया बहुत जरूरी है। चंद्रभागा इलाके का हर आदमी जानता है। चार्ल्स बुढ़िया की अकल की तारीफ करता। बुढ़िया के मन में भी चार्ल्स के प्रति एक जगह बनती गई।

2

किसी चित्रपट की तरह दिखती है। इसे चित्रोत्पला कहते हैं। यह वही नदी है जिसके किनारे कभी छोटे-बड़े ज्ञान और धन से समृद्ध अनेक नगर बसे थे। पर पुराणों में यही चित्रोत्पला तो पुण्यतोया बनकर बह रही है। जब इन्द्रधुम्न महाराज पुरुषोतम क्षेत्र जा रहे थे, इस रूपसी चित्रोत्पला को देखकर आत्मविह्वल हो उठे थे। "प्राची महात्म्य" साक्षी है इस बात का। लिखा है—प्राची नदी सरस्वती या चित्रोत्पला नाम के साथ अर्क तीर्थ होती हुई सागर में जा मिली। प्राची नदी के तट पर कभी अनेक पवित्र स्थल और जनपद बसे थे। उनमें कोणार्क जनपद कभी ज्ञान-विज्ञान और धन-सम्पदा से परिपूर्ण था।

हालांकि आज वो बात नहीं रही। वो समृद्धि भी नहीं है। सारा इलाका सूना-सूना सा लगता है, परित्यक्ता-सा पड़ा है। मगर चित्रोत्पला बह रही है। हालांकि यह नदी सरस्वती नहीं,—वह एक अल्हड़ किशोरी है—चित्रोत्पला नाम है। लाड़ से उसे चित्रा कहते हैं। और बुढ़िया अपना स्वर खींच कर कहती—अरी ओ चित्त रा आ...

चित्रा वहीं कोणार्क के पास फूल बेचा करती है। ताज़ा, सुगन्ध भरे, रसीले। अपनी डलिया में रखे फूलों से भी वह ताजा और निष्पाप दिखती। उसकी डलिया के फूल सुबह रखने पर शाम तक मुरझाते नहीं। दिन भर पानी छिड़क-छिड़क उन्हें खूब सतेज रखती। ठीक वैसे ही जैसे अपने चेहरे पर हंसी बिखेर कर उसे ताजा रखती। लगता जैसे चित्रोत्पला की ही कोई निर्मल धार आकर जम गई है इधर। सांवले चेहरे पर नील कुंई की तरह का लजीला भाव थिरकता होता। आजकल उसके फूल कुछ अधिक बिक रहे हैं। टूरिस्ट वहीं भीड़ लगाते हैं। डलिया खाली होती तो भी वे जमा हो जाते—पूछते फूल हैं? फूलों की डलिया खाली रहती, मगर उसके कोमल लावण्य का जखीरा तो दिनों दिन बढ़ता जा रहा है। टूरिस्ट उसी तेरह वर्ष की अल्हड़ लड़की की फोटो खींच लेते। कहते, "वाह तेरी फूलों की डलिया खूब है! हम इसी की फोटो लेंगे। तेरे फूलों की कद्र बढ़ेगी। देश-विदेश के ग्राहक आयेंगे— सिर्फ तेरे फूल लेने।"

भोली लड़की। उनकी बात पर एतबार कर बैठती। डलिया को कुछ ठीक-ठाक करती। फोटो उठती। टूरिस्ट चले जाते। फिर कोई और दल आता। चित्रा से फूल ख़रीदने। चित्रा को लगता जैसे ये लोग इतनी दूर कोणार्क के लिए नहीं—उसी के लिए, उसी से फूल लेने दौड़े आए हैं।

चार्ल्स उसे चित्र कहता। उसे लगता यह किसी कलाकार के हाथ का बनाया चित्र ही तो है। वह सोचता—बड़ी होकर कोणार्क नायिका की तरह गठीली और छंदमयी होगी। या चित्रा के रूप को देखकर ही, उसी की कल्पना कर कोणार्क

के कलाकार ने शिला पर लावण्य खिलाया होगा।

चार्ल्स नियमित उससे कुछ न कुछ फूल खरीदता। चित्रा की बातें उसे बहुत अच्छी लगतीं। चार्ल्स उनमें कुछ समझता, कुछ अनबूझ रह जातीं। उसने सुना है कि चित्रा का विवाह होने वाला है। इस वर्ष फूलों की अच्छी बिक्री हुई तो उसका बापू ब्याह के लिए कुछ पैसे जुटा सकेगा।

चार्ल्स को ताज्जुब होता है। चित्रा जैसी छोटी-सी लड़की का विवाह बाप के सिर पर बोझ बना पड़ा है! इंडिया में लड़की का विवाह ही जीवन का सब कुछ है। यहां लड़की के हाथ-पांव बांध उसे वेदी पर बिठा देते हैं। विवाह-रूपी बोझ सिर से उतार पिता अपनी बेटी के सिर पर मानो जीवन का बोझ लाद देते हैं। वास्तव में विवाह के बाद ज्यादातर लड़कियों को यहां जीवन बोझ की तरह दुरुह लगता है, दु:सह लगता है। बेचारी चित्रा अगले वर्ष फूलों की डलिया छोड़कर बाप के कहने पर जीवन का बोझ उठाएगी। इतनी सुकुमार लड़की, कैसे इतना बोझ उठा पाएगी? चार्ल्स अचम्भे में चित्रा की ओर देखता—कहता, "चित्रा, काश! तुम्हारी फूलों की इस डलिया की तरह तुम्हारे जीवन का पैसारा सुन्दर, महकता और सुखकर बने। कभी जीवन तुम्हारे लिए कोई बोझ न बने।" चित्रा कुछ नहीं समझ पाती। बस, हंसकर दो-चार कलियां साहब की ओर बढ़ा देती। जरूर साहब ने कोई अच्छी बात कही है। यही उसका ईनाम दे रही है। फूलों की डलिया की तरह दुनिया के विश्वास की डलिया भी मानो चित्रा थामे खड़ी है।

चार्ल्स सोचता—इस सरल और भोले विश्वास के कारण ही तो चित्रा इतनी सुन्दर है। विश्वास का इतना सुन्दर रूप चार्ल्स ने अपने देश में कभी नहीं देखा। वहां अविश्वास और सन्देह मां के पेट से पैदा होते हैं। और इस विश्वास के कारण ही चार्ल्स कई बार कह उठता—इंडिया इज़ ग्रेट। इंडिया इज़ ग्रेट।

पाषाण में भी जान होती है, आत्मा रहती है, कोणार्क पत्थर से बना है। अब मन्दिर कहां? सिर्फ मुखशाला रह गई है। लोग कहते हैं—कोणार्क कोई मन्दिर नहीं, एक आत्मा है। स्पंदन है। एक गहन उच्छवास है। कभी-कभी यह चैतन्य हो उठता है। इसका एक-एक पत्थर जी उठता है। हर मूर्ति जीवन्यास पाकर जाग उठती है। पाषाण पर खुदे घोड़े, हाथी, पशु-पक्षी, पेड़-पौधे, पत्ते-बेल-बूटे, देवी-देवता, नर-नारी सब रक्त-मांस की काया लेकर जाग उठते हैं। आंखों के आगे—वे बोलते हैं, नाचते हैं, पूजा यज्ञ मंत्रोच्चार करते हैं। नर्तकी के पांवों की नूपुर ध्वनि मन मोह लेती है। फूलों की सुरभि नाक को पुलक में भर देती है। निर्जन, सुनसान रात में कभी-कभी कोणार्क ऐसे जीवन्त हो उठता है कि—राजा के घोड़ों की टाप के चिह्न बालू पर छा जाते हैं—उनकी हिनहिनाहट रात भर हवा में तैरती रहती है। कलाकारों के निहान और छैनी की आवाज़ सुनाई देती है। सारा इलाका जब गहरी नींद में सोया होता है—कोणार्क एक अंगड़ाई लेकर

उठ बैठता है। उसके सारे संगी-साथी जाग उठते हैं। समय सम्मोहित हो लौट जाता है—वापस। सदियों पुराना अतीत जीवन्यास पाकर रात के अंधेरे की चिरौरी करता है। यह सब अलौकिक लगता है, मगर सच है। शतायु विष्णु महाराणा इसे एकदम सच बताते हैं।

विष्णु महाराणा इन्हीं कारीगरों के वंशज हैं। कोई कहता है ये नब्बे के हैं—कोई कहता सौ ऊपर दस के। उनके बचपन का साथी कोई नहीं रहा। सबसे अधिक उमर के हैं। विष्णु महाराणा से पूछें तो कहते हैं, "मैं सात-आठ सौ वर्ष से कम उमर का नहीं हूं। मैंने इन्हीं हाथों से कोणार्क बनाया है। हर पत्थर पर मेरे हाथ के निशान हैं। मैं एक-एक मूर्ति को जानता हूं। सब का इतिहास मेरी जुबान पर है। कौन-सा शिलाखंड कहां से आया था, बता देंगे। किस तरीके से उसे इतनी दूर लाया गया, यह भी जानते हैं।" बताते-बताते उनकी आंखों से आंसू बहकर पकी दाढ़ी को भिगोते दुरकने लगते हैं। कभी खाली होंठ गौरव में भर थरथरा उठते हैं हंसी खिल जाती है। मन्दिर की नींव डालने वाली शिबेई सान्तरा की बात कहते-कहते तो वे लोट-पोट हो जाते हैं। और जब यहां की पूजा-त्यौहारों की बात-बताते हैं—रोमांच हो जाता है उन्हें। फिर कोणार्क के परित्यक्त होने की बात आते-आते तक उदास हो जाते हैं। चेहरे पर वेदना की रेखाएं साफ देखी जा सकती हैं विष्णु महाराणा महाराज नरसिंह देव के रूप और शौर्य की गाथा खूब उत्साह में सुनाते हैं। साथ में महाराणा अपनी अनुभूतियों की कई बातें भी कहते चलते हैं। वे भावावेश में अभिभूत हो जाते—जुबान बन्द हो जाती। महाराज की वीरता, शौर्य, प्रजावत्सलता, साहित्य कलानुराग, दया-क्षमा देशप्रेम एवं करुणा की गाथा कहते-कहते। कभी-कभी भावोच्छ्वास में होश ही खो देते। सुनने वाला भी अभिभूत हुए बिना न रहता। वे कहते, "तुमने राजा नरसिंह देव को नहीं देखा, तो फिर उत्कल को कैसे देखोगे? पुरुष किसे कहते हैं, उनके बिना जानना मुश्किल होगा। मेरे समय में कलिंग क्या था—आज तुम क्या कल्पना कर सकते हो? मैं जिस धरती पर तब रहता था—तुम उसकी कल्पना भी नहीं कर सकोगे। तुम लोग बेचारे! कितने अभागे हो।"

लोग कहते उमर ढल गई है। वे यों ही बड़बड़ाते हैं। वे अन्धेरी रात में सब को देख पाते हैं, उनसे बतियाते भी हैं, उनकी आत्माएं उन्हें सांत्वना दिया करती है: अस्मिता-अस्मिता—हम हैं—हम हैं—चिंता क्यों! कलिंग का शिल्पी मरा नहीं—वह मर ही नहीं सकता...

झाऊ वन के मर्मर स्वर में गूंज उठता है कलिंग शिल्पकारों की आत्मा का स्वर—अस्मिता—अस्मिता—अस्मिता। कई लोगों ने इस स्वर को अच्छी तरह सुना है। वे विष्णु महाराणा की बातों के साक्षी हो जाते हैं।

मृत्यु जीवन की अन्तिम घटना है— चार्ल्स का यही विश्वास है। मगर यहां

पहुंच कर तो वह कुछ और ही देख रहा है—मृत्यु के बाद भी जीवन है। आत्मा की कोई मृत्यु नहीं होती। बाद में भी वह जीवित रहती है। विष्णु महाराणा की बातें चार्ल्स के मन में अदम्य कौतूहल जगातीं। रोमांच भर देतीं। मन करता—चाहे सपने में ही सही—एक बार उस कलिंग को देख पाता। राजा नरसिंह देव, शिल्पकार बिशू महाराणा, उस समय का जीवन। विष्णु महाराणा द्वारा वर्णित उन अशरीरी लोगों से भेंट करने वह आधी रात में लॉज से उठकर बाहर आता। सम्मोहित-सा इधर-उधर देखता। रातभर अन्धेरे में आवारागर्दी करता। झाऊ का वन, काजू के बगीचे, दूर तक फैले बालू के प्रान्तर पर रात-भर फिरता रहता। मानो किसी के पीछे-पीछे चल रहा है। कभी कोणार्क की दीवार पर, कभी झाऊ वन में, कभी चन्द्रभागा की बालू पर। भोर में सूरज की नरम किरणें स्पर्श कर नींद से जगातीं और चार्ल्स एक-एक कर सारी बातें बताता लोगों को। सब से पूछता, "कल रात तुमने कोई आत्मा देखी है ? मैंने देखी है—उसके पीछे-पीछे रात भर फिरता रहा। वे सब भूत हैं—अतीत हैं—मैंने उनका सामना किया है।" चार्ल्स की हल्की नीली आंखें स्वप्न-विभोर लगतीं। सब कहते—साहब को भूत लग गया है। कोई कहता—गांजे की चिलम कुछ अधिक चढ़ गई है। या कोई एल एस डी की गोली ज्यादा ले ली होगी।

चार्ल्स हंस पड़ता—"ठीक कहा—मैं नशे में हूं। मुझे कोणार्क का नशा है—कलिंग शिल्पी का नशा हो गया है।"

विष्णु महाराणा किसी प्राचीन ऋषि जैसे दिखते हैं। लम्बी मूंछ-दाढ़ी-जटा। चौड़ा ललाट। आयत नेत्र। उमर तो उन्हें और भी महिमावान बनाए देती है। वे कोणार्क मठ के पास रहते हैं। कोणार्क मन्दिर के परकोटे के पास ही चार हज़ार वर्ष पुराना आश्रम है। लोग कहते हैं—शांब का है यह आश्रम। चार्ल्स अचम्भे से भरा विष्णु महाराणा के चेहरे को देखता रहता। सुनता रहता उनके मठ का इतिहास। कोणार्क के कण-कण में इतिहास छुपा है। कोणार्क के स्थापत्य और भास्कर्य के बारे में गवेषणा से पहले उसके ऐतिहासिक गौरव एवं पौराणिक महात्म्य को जानना जरूरी है।

अब वह विष्णु महाराणा का शिष्य बन गया है। मठ के उस झोंपड़े में चार हज़ार वर्ष से अखंड जलते अग्निकुण्ड के पास बैठकर चार्ल्स कोणार्क का महात्म्य सुना करता है और विष्णु महाराणा निरन्तर बोलते जाते हैं, साहब के आगे अपना इतिहास।

...तब—द्वापर युग। श्रीकृष्ण की आठ पटरानियों में से जामवंती के गर्भ से जन्मे शांब। शांब खूब रूपवान थे, अपने रूप पर उन्हें काफी गर्व भी था। एक दिन ब्रह्मर्षि नारद पधारे। सम्मान तो दूर, उनका अपमान कर बैठे। नारद ने श्रीकृष्ण के सामने ही शांब की बात कह दी, "ये गोपांगनाओं के साथ पाप

प्रणय में लिप्त हैं।" इसका प्रमाण भी दे दिया। शांब से कहा, "पिता श्रीकृष्ण रैवतक पर्वत पर आपकी प्रतीक्षा कर रहे हैं।" इस झूठी खबर पर शांब रैवतक पहुंचे। वहां देखा तो गोपियां पुष्करिणी में जल क्रीड़ा कर रही हैं। स्नान करते-करते सुध-बुध बिसार बैठीं। लगा ये कृष्ण ही आ रहे हैं। शांब में कृष्ण की छाया देख मुग्ध हो गईं। लिपट गईं। शांब को आलिंगन में भर लिया। तभी नारद और कृष्ण वहां रैवतक पर्वत पर पहुंचे। पुत्र का यह कृत्य देख कृष्ण ने क्रोध में भर कर अभिशाप दिया, "तुम्हें कुष्ठ हो जाय! अपने सारे रूप-सौन्दर्य विरहित होकर अहंकार मुक्त बनो।" पिता के शाप से शांब को कुष्ठ हो गया। अब वे नारद की शरण गए। नारद ने कहा, "तुम भारत के पूर्वी तट पर मैत्रेयवन जाकर सूर्य की उपासना करो। उनकी कृपा होने पर तुम रोगमुक्त हो सकोगे।"

रोगग्रस्त, अनुतप्त, व्यथित शांब द्वारीका से पूर्व उपकूल स्थित मैत्रेयवन आ गए। वहां चन्द्रभागा नदी के किनारे निराहार एवं जितेंद्रिय बने कठोर तपस्या में लगे रहे। अन्त में सूर्यदेव के आशीर्वाद से रोगमुक्त हुए। यह कोणार्क क्षेत्र ही तब से मैत्रेयवन कहलाता था।

सूर्यदेव ने शांब को वर दिया, "आज से मेरे नाम पर मर्त्यलोक में जो मंदिर बनवायेगा—वह सनातन लोक को प्राप्त होगा।"

अगले दिन ब्रह्म मुहूर्त में शांब चन्द्रभागा में स्नान कर रहे थे, तभी सूर्यदेव की एक पत्थर की बनी मूर्ति नदी में मिली। उन्होंने मन्दिर बनाकर उसकी प्रतिष्ठा की। तब से अंशुमान की मूर्ति मर्त्य लोक में पूजा पा रही है।

चार हज़ार वर्ष पुराना शांब का वह साधनापीठ आज कोणार्क मठ के नाम से परिचित है। आज भी यहां कुछेक कुष्ठरोगी आरोग्य कामना लिए पड़े मिल जायेंगे। मठ में सूर्य देवता को निराकार ब्रह्म के रूप में पूजा जाता है। काले चिकने पत्थर की ओंकार ब्रह्म की मूर्ति की पूजा होती है। मन्दिर के पिछवाड़े में फूस का छप्पर घर है जिसके नीचे धूना बना है। इस कुण्ड में निरन्तर वैष्णवाग्नि जल रही है। मठ के प्रांगण में पहले के सत्रह साधुओं के समाधि मन्दिर बने हुए हैं। मठ के बाबाजी जब समाधिपीठों पर पहले के साधुओं की पूजा-उपासना करते हैं, चार्ल्स को फिर लगता है—आत्मा अमर है, अजर है, अनश्वर है। चिंतन जगत में डूबा चार्ल्स धीरे-धीरे मठ के दाहिनी ओर बनी पुष्कारिणी तक चला जाता है। उसके चारों ओर काजू के पेड़ों के नीचे घूमते-घूमते वह उदास हो जाता है।

वह लिलियन की प्रतीक्षा कर रहा था टूरिस्ट बंगले में वरना किसी मठ में सो रहता। सोता चन्द्रभागा की बालू की सेज पर। घूमता-फिरता झाऊ के वन और काजू के बगीचे में। ऊपर नीला आकाश। पांवों तले धरती की सेज। सामने नीला सागर फैला। पीछे ध्यान में बैठे किसी महर्षि की तरह स्थिर कोणार्क!

समूचा वातावरण अद्‌भुत लग रहा है।

टूरिस्ट बंगले से पक्के रास्ते होते हुए चंद्रभागा किनारे तक वह नहाने आया करता है। रास्ते के दोनों ओर कतार में झाऊ के पेड़ उसकी सारी थकान मिटा देते हैं—मानो धीमे-धीमे चंवर डुला रहे हैं। चार्ल्स सोचता—इंडिया के पेड़-पौधे भी आतिथ्य कर रहे हैं!

चंद्रभागा के दोनों ओर दो मठ हैं। पश्चिमी किनारे का मठ बहुत प्राचीन है। कपिलसंहिता में लिखा है कि प्राणियों के हित के लिए सूर्यदेव स्वयं कल्पवट का रूप धारण कर यहां निवास करते हैं। इसी कल्पवट को पहले अर्कवट कहा जाता था। इसी अर्कवट की निष्ठापूर्वक पूजा अर्चना होती थी। अब वह वट नहीं है वहां। उसकी जगह वहां बटेश्वर महादेव की पूजा होती है। चन्द्रभागा मठ इसी के पास स्थापित हुआ था। चन्द्रभागा के पूरब में सागर के किनारे हाल ही में विरंचि नारायण मठ की स्थापना की गई है। थोड़ी-थोड़ी देर वह दोनों में रहता। फिर चला आता धीवरों की बस्ती की तरफ। बाद में लौट जाता। मिटते आ रहे स्थपति और शिल्प के पदचिह्नों को ढूंढता-फिरता चार्ल्स चन्द्रभागा नदी की पतली धार में। विष्णु महाराणा कहते—"ओ साहब! मन निर्मल करो। उदार बनो, स्थिर-शान्त करो चित्त को। एकाग्र होकर कलिंग के अतीत को खोजो। चर्म नेत्रों से नहीं—दिव्य दृष्टि से कोणार्क को देखो। सब कुछ पा जाओगे। सब कुछ देख सकोगे।"

लिलियन पहुंची तब तक कोणार्क के आस-पास के बारे में सरसरी तौर पर एक धारणा बना चुका था चार्ल्स। चार्ल्स और लिली कई दिनों से प्रेमपाश में बंधे हैं। शादी की बात कभी नहीं हुई। चार्ल्स विवाह का घोर विरोधी ठहरा। फिर भी वे मौका मिलने पर साथ-साथ रहते हैं। लिली वैसे चार्ल्स के साथ खूब घूमी है। कालेज की छुट्टियां होते ही वह फ्लाइ कर चार्ल्स के पास आ जाती है। कोणार्क के बारे में लिली के मन में भी काफी उत्सुकता है, आग्रह भरा है। उसने सुन रखा है कि कोणार्क के पत्थर-पत्थर पर यौन चित्र और मिथुन चित्र खुदे हैं। खुदे भी खूब जोरदार ढंग से हैं। कोणार्क मतलब लगाती है सेक्स से। उन दृश्यों का मजा लेने के लिए वह चार्ल्स के पास आयी है। दरअसल इन दृश्यों की ओर खिचकर कई युवक-युवती कोणार्क आते हैं। पहले तो चार्ल्स के मन में भी यही धारणा थी। लेकिन कोणार्क के बारे में थोड़ी-बहुत जानकारी पाने के बाद यह धारणा अब दूर हो गई। यहां जिन दृश्यों को देख युवा प्राणों में रोमांच हो उठता है, मिथुन के उन्हीं दृश्यों के आगे चार्ल्स घंटों निस्पंद खड़ा रहता है। स्थिर हो जाता है मानो रक्तप्रवाह। कोणार्क असंख्य रहस्यों का भण्डार है। कोई अतीन्द्रिय महर्षि खड़ा है सामने।

लिली आयी है छुट्टियां बिताने। जबकि चार्ल्स का लक्ष्य है रिसर्च। लिली

की आंखों में कोणार्क एक पोर्नोग्राफिक एलबम है। पहले ही दिन लिली की भेंट कोणार्क के पूर्वी द्वार के पास धर्मानन्द से हो गई। धर्मानन्द बारह वर्ष का बालक है। वह कोणार्क के कलात्मक चित्र बेचता है। किन्तु कच्ची उमर के धर्मानन्द के विचार खूब परिपक्व और अनुभवी की तरह के हैं। चेहरा देख कर ही वह जान पाता है कि कौन किस तरह का ग्राहक है। तरह-तरह के कोणार्क के फोटो वह अलग-अलग छोटे लिफाफों में रखे होता है। ग्राहक के चेहरे से भांप लेता है किसे कौन-सा लिफाफा देना है। और वह फोटो के गुण गाता जाता है। दर्शक फोटो देख कर मोहित हो जाता है और मुग्ध हुआ देखता रहता है धर्मानन्द की ओर। उसका वर्णन चातुर्य काम कर जाता है। खूब बिकते हैं उसके फोटो। विदेशी टूरिस्टों को भी वह अंग्रेजी-मिली हिन्दी में बताता जाता है। स्कूल में भी धर्मानन्द मेधावी ही रहा होगा। पैसों के बिना सातवीं में ही छोड़ देना पड़ा स्कूल। धर्मानन्द से छोटे सात भाई-बहन और हैं। कच्ची उमर में ही उसे पिता के बढ़ते संसार का आधा बोझ उठाना पड़ा है। कोणार्क से डेढ़ कोस पर उसका गांव करभंगा है। रोज सुबह वह बासी भात-परवाल खाकर निकल आता है। दोपहर में बड़ा-पकौड़ी खाकर रह जाता है। जिस दिन अच्छी कमाई होती है, वह अपने नाम से मिलते जुलते 'धर्मपद हिन्दू होटल' में चला जाता है। वहां पर गरम-गरम मोटे चावल, मूंग की दाल, आलू-परवल की तरकारी लेकर खाता है। एक-आध बार मछली की आधा प्लेट भी लेकर मौज मनाई है वहां। तब धर्मपद होटल के बिना छप्पर किये स्थान, कड़ी धूप में बैठना भी उसे अच्छा लगता। पांवों तले की वह गन्दी माटी भी बुरी नहीं लगती। वर्षों पुरानी वह टेबुल और उसका चीकट भरा मैला रंग मन में कोई घृणा नहीं जगा पाता। धर्मानन्द सोचता—क्या करूं कि रोज यों दोनों वक्त भरपेट भोजन मिले और टिड्डी दल की तरह बढ़ते इन भाई-बहनों की भी मदद कर सके।

गाड़ी में पांथ निवास आनेवाले यात्रियों को देख धर्मानन्द सोचता—कभी मेरे पास भी इतना पैसा होगा खर्च करने के लिए? समझ में नहीं आता मैं दरिद्र क्यों बना? भूखे पेट दिन भर धूप-वर्षा में टूरिस्टों के पीछे-पीछे भागते वह रिकार्ड बजने की तरह कोणार्क के गुण गाता फिरता। दस-बीस फेरे तो कोणार्क के हो ही जाते। आधी बातें लोग समझते, आधी हवा में उड़ जातीं। कई बार सोचता—मेरा कसूर क्या है? शायद मां का ही है सारा कसूर। इतने बच्चे क्यों पैदा किये? मां अगर हर बरस बच्चे देने लगे, तो बेचारे बापू क्या करेंगे? वे अकेले इतने लोगों का पेट कैसे भर सकेंगे? कभी-कभी सोचता—मां ने हर बरस बच्चे जनने की जिद ही कर ली है, बापू उसे रोकते क्यों नहीं? बापू तो निहायत भोले हैं। तभी शायद हैरान होकर सबका पेट भर रहे हैं। मां के इतने बच्चों को पाल-पोस रहे हैं। इसी झुण्ड में से धर्मानन्द भी अपने को एक समझता है।

स्कूल छोड़कर फोटो बेचने लगा है धर्मानन्द। अब समझ रहा है मां से ज्यादा कसूर तो बापू का है। बापू भी मां को क्यों नहीं मना कर पाते, इन फोटों को बेचते-बेचते जान गया है। पढ़ाई में वह दूसरे-तीसरे स्थान पर आता। भाषण देने में तो वह पहले नम्बर पर ही रहता। तब साहित्य, गणित, इतिहास, भूगोल, विज्ञान पढ़कर दुनिया को जितना समझा फोटो बेचकर उससे ज्यादा अच्छी तरह समझ सका है। उमर का कच्चा है, मगर अकल खूब परिपक्व हो चुकी है।

स्कूल छोड़ा तब खूब रोया था वह। वह जब काम पर निकलता, साथी उसके किताबें लेकर स्कूल जाते। उसके मन में दुःख से ज्यादा गुस्सा आता। मगर किस पर ? वह ठीक से समझ भी नहीं पाता। आजकल न गुस्सा आता है, न मान गुमान। उसकी उमर के छात्र जिन बातों को नहीं जानते, वह सब जानने समझने लगा है। मन ही मन वह गौरव में भर उठता। मेरे साथी आज तक भी सृष्टि के गूढ़ रहस्य नहीं जान पाये स्कूल जाकर। इस मामले में मैं इनसे काफी आगे हूं। इस तरह वह अपने काम को अपनाता गया।

लिली को देखते ही धर्मानन्द ने एक मिथुन चित्रों से भरा लिफाफा उसकी ओर बढ़ा दिया। लिली ने भी निःसंकोच एक-एक कर सारे फोटो देख डाले। खूब जोरदार चलती रही उसकी कमेन्टरी इसी बीच। पूरा पैकेट खरीद लिया लिली ने। मुंह मांगे दाम दे दिये। इन्हीं दृश्यों के बड़े साइज के फोटो बनाने के लिए पच्चीस सेट का आर्डर दे दिया। अपने देश के कई साथियों ने आग्रह किया है। फोटो देखने के बाद वे जरूर मौका पाकर कोणार्क देखने आयेंगे छुट्टियां बिताने। धर्मानन्द का भाग्य कभी-कभी ऐसा होता है। उसने विदेशी अदब-कायदे सीख लिये हैं। उन्हें देखकर वह गुड मार्निंग कहता है। बोलते-बोलते गड़बड़ा जाने पर कह देता है—"सॉरी" शुरू में ही उन्हें कहता है—"एक्सक्यूज मी। मैं धर्मानन्द दास…" फोटो देकर पैसे गिनते समय कहता—"थैंक्यू। थैंक्यू मदाम।…" धर्मानन्द को सब अच्छा कहते।

लिली फोटो देखकर चार्ल्स का हाथ थामे आगे नाट्य मन्दिर की ओर जा रही है। सामने श्रीधर ने अभिवादन किया। श्रीधर बेहेरा के साथ वह एक बार घूम आई थी। श्रीधर जानबूझ कर मिथुन मूर्तियों के पास देर तक रुकता। खूब जमा कर वह दृश्य समझाता। क्षमा मांगकर बीच-बीच में कहता, "साहब को बुलायेंगी मैडम ! ये दृश्य अकेले-अकेले देखने की चीज नहीं।" लिली खुले मिजाज की लड़की है। सेक्स के बारे में उसके मन में कोई रुढ़ि नहीं है। हंसकर कहती, "साहब को लेकर बाद में दुबारा आयेंगे। पहले मैं एक आइडिया तो कर लूं।" लिली जैसी खुले मन की है, वैसे ही खुले हाथ से गाइड को देती है। बाद में कुछ बखशीश भी।

इधर चार्ल्स अकेला देखता रहा कोणार्क का भास्कर्य। गवेषक की निगाह से।

दार्शनिक भावों में डूबा एक-एक मूर्ति के पास खड़ा रहता।

लिली को खुश करने के लिए अगले दिन वह उसके साथ हाथ में हाथ डाले मिथुन चित्र देख-देख कर खूब झूमा।

चित्र देख लिली उत्तेजना में भर उठती है। मगर चार्ल्स के मन में इन दृश्यों के प्रति वितृष्णा ही जागती। वह सोचता है—भारतीय मन्दिरों में ऐसे मिथुन चित्र जरूर धर्म विरोधी होंगे। दर्शक के नैतिक चरित्र का नुकसान ही करते हैं। वह आगे सोचता है—कोणार्क युग के कलाकार और कलिंग निवासियों के नैतिक स्तर में काफी अन्तर रहा होगा। ऐसे यौन चित्र खोदते समय भी कलिंग कलाकारों की एकाग्रता टूटी नहीं होगी। हालांकि तब के जनजीवन का चार्ल्स ने अध्ययन नहीं किया है। कलाकार के जीवन के बारे में ऐसी कोई पक्की राय बनाना ठीक नहीं होगा।

चार्ल्स ने अब तक कोणार्क के सारे दृश्य नहीं देखे। इसके लिए साथी चाहिए। लिली जरूर सुखदायी शैया की साथिन तो हो सकती है, मगर कोणार्क के अध्ययन में साथ नहीं दे सकती। चार्ल्स के प्रेम का कोई जवाब नहीं। मगर लिली की तरह वह देव मन्दिर को भी अपना बेडरूम नहीं समझ पाता। यही चार्ल्स और लिली में फ़र्क है। चार्ल्स जो करता है उसमें डूब जाता है। अध्ययन और गवेषणा के समय वह प्रेम और संभोग की बात भूल जाता है और प्रेम के समय वह पढ़ाई, रिसर्च की बातें भुला देता है। जब जिस काम में लगता है, उसी में ध्यान रखता है। पर लिली खुद को प्रेमिका के सिवा कुछ नहीं मानती। यूनिवर्सिटी कैम्पस में भी खुद को छात्र नहीं मानती। पढ़ाई उसके लिए गौण है। मौज-मजलिस में ज़िन्दगी बिताना ही उसका लक्ष्य है। यहां आने के बाद वही उपद्रव शुरू हो गया। उसके आने के बाद चार्ल्स की गवेषणा ठप्प। दिन भर उसके हाथों में हाथ डाले फिरती रहती है—सागर तट पर, झाऊ वन में। कहती, "चार्ली। ये रिसर्च बन्द करो। कोणार्क इसके लिए नहीं है। यह तो सेक्स सिम्बल है। यहां जिन्दगी की मौज लो। मुझे तो इसने पागल कर दिया है। तुम क्यों इतने बदल गए ? हां, कोणार्क को छोड़कर और है भी क्या ? अगर तुम्हें एकांत ही पसंद है, तो कहीं और चलते हैं। जी भर मौज कर लें। यहां वैसा अब और क्या है ?" दो रात बिताने के बाद लिली ने कह दिया, "कुछ नया चाहिए।"

चार्ल्स ने दार्शनिक की तरह कहा, "तुमने कोणार्क को समझा ही नहीं। मैंने भी नहीं। जितना ही जानो, उससे लगता है यह नित नया है। नई बातें कहता है। अपना दृष्टिकोण बदलो, फिर देखना कोणार्क कितना खींचता है। रोज नया लगेगा।

पर लिली नहीं बदली। न दृष्टिकोण बदला, उलटे उसे लगा छुट्टी बरबाद हो रही है।

रात के सन्नाटे में कोणार्क जाग उठता है। मगर उस दिन दुपहर में ही चार्ल्स को जीवंत लगा। लिली और चार्ली अगल-बगल बैठे थे तल्लीन होकर। वह सिगरेट का कश लेती मिथुन चित्र देख रही है। चार्ली उधर पत्थर पर जाली के काम में खो गया है। एक-दूसरे को देख नहीं पाते। गंभीर परिवेश। ऐसे में मूर्तियां और भी गंभीर दिखती हैं। अचानक चार्ली को लगा एक पत्थर की मूर्ति जाग रही है। हिल रही है। चार्ली की देह में बिजली-सी खिल गई। वह रोमांच में भर रहा है। चुपचाप उस ओर बढ़ता गया। चारों ओर अंधेरा। आंगन सारा खाली है। चार्ली उस जीवंत नायिका के सामने खड़ा है। यह नायिका मूर्ति की तरह सुन्दर, गठीली और आकर्षक है, मगर वह निर्वस्त्र नहीं—जैसा कि पत्थर की मूर्ति है। मानो मूर्ति जीवंत होकर लाज ढंकने कपड़े पहन चुकी है। अदम्य कौतूहल में चार्ली का हाथ उसे छूने आगे उठा। मगर फिरा लिया। मूर्ति सकुचाकर मानो पिछे हट रही है। प्राच्य नारी की तरह उसमें सहज संकोच, मगर लाज और भी उभर कर आ रही है। वह और भी रमणीय दिख रही है।

निर्मिमेष देखता रहा। इसी बीच क्रमशः मूर्ति आंखों से ओझल होती गई। चार्ली होश में आया, कहा, "माफ करना। मैंने सोचा कोई कोणार्क की मूर्ति प्राण पाकर सामने खड़ी है और कोणार्क नायिका जीवन पाकर शायद आप की तरह ही लगेगी।"

उस नारी मूर्ति ने चार्ली को देखकर कहा, "कोणार्क की कोई मूर्ति कभी निष्प्राण न थी। हरेक में स्पंदन है, हृदय है। छूकर उसकी धड़कन अनुभव कर सकते हो।"

नारी की बातों से चार्ली अचम्भे में भर गया। अनुनय में कहा, "माफ करना, मैं चार्ल्स नेव्। प्लीज़ मैडम, मैं आपका फोटो ले सकता हूं?" कोणार्क पर उतरती सांझ की छाया के साथ सामंजस्य रखनेवाले लैंस को ठीक करने लगा। तुरन्त एक स्नैप ले लिया। मगर यह क्या? कैमरे के आगे अजीब स्थापत्य है। नारी मूर्ति कुछ हट गई है। चार्ल्स थोड़ा सकपका गया। उसने थोड़ा अनुयोग के स्वर में कहा, "हमारे देश में यों फोटो उठाने में कोई आपत्ति नहीं करती।"

नारी ने हंसकर कहा, "आपने मुझे कोणार्क कन्या समझा था। कैमरे में कोणार्क कन्या ही है। मैं उसके सामने क्यों रहती? वह क्या उचित होता!" चार्ली ने कहा, "पर मैं तो आपका फोटो लेना चाहता हूं।"

"तो पहले आपकी साथिन से पूछना होगा। वैसे मैं कभी माडलिंग नहीं करती। माइ सब्जेक्ट इज़ हिस्ट्री। कोणार्क पर रिसर्च कर रही हूं..."

वह नारी तेजी से नाट्य मन्दिर में अदृश्य हो गयी। चार्ली मंत्रमुग्ध उसकी ओर देखता रहा। बारिश शुरू हो चुकी है, पर उधर उसका ध्यान ही नहीं।

अचानक लिली ने उसे छूकर कहा, "रियली, यहां बारिश खूब अच्छी लगती

है। चलो वापस चलें। वहां मजे लेंगे इस बरसात के। प्लीज—"

चार्ली मन ही मन सोच रहा है—यह रात जाने न दूंगा। चाहे रातभर उस अशरीरी आत्मा के पीछे घूमना पड़े। नारी मूर्ति अशरीरी न होती तो वह मामूली सौजन्य भी नही दिखाती? चार्ली ने सुन रखा है कि अशरीरी आत्माएं कैमरे के लैंस में आ नहीं सकतीं। वह जरूर किसी आत्मा की छाया है। चार्ली का विश्वास और भी दृढ़ हो गया।

3

प्राची वही नदी है जो कभी सरस्वती या चित्रोत्पला कहलाती थी। 'प्राची महात्म्य' में आता है कि सरस्वती नदी अर्कक्षेत्र होती हुई सागर में मिलती है। ब्रह्म पुराण, शांब पुराण, कपिल संहिता, चैतन्य चरितामृत में कोणादित्य अर्कक्षेत्र, मित्रवन, पद्मक्षेत्र, कोणार्क आदि का वर्णन मिलता है। 'प्राची महात्म्य' में रवि-क्षेत्र या अर्कक्षेत्र नाम कोणार्क के लिए आते हैं। नरसिंह देव प्रद्वितीय के ताम्रपत्र से कोणार्क का पहले 'कोणाकोण' नाम होने की बात का पता चलता है।

पुण्यतोया प्राची के तट पर कभी अनेक पुण्यक्षेत्र, जनपद थे। कोणार्क उन्हीं में अन्यतम है। कभी प्राची नदी पुरी जिले की वृहत् चिरस्रोता नदी थी। बालि-अंता से कुशभद्रा निकल वनमालीपुर, नियाली, काकटपुर होती हुई सागर में मिलती थी। प्राची नदी अपने शया पथ से गुजरते समय विभिन्न जगहों पर विभिन्न नामों से परिचित है। शोल, प्राची, चित्रोत्पला, कादुआ आदि नाम लेकर बहती है। अन्त में चंद्रभागा नाम धारण कर यह कोणार्क के पास सागर में मिल जाती है। कभी प्राची नदी अपनी शाखाओं से प्रखर स्रोता थी। तब वह वेगवती, रूपवती, पुण्यवती प्राची थी।

समय का निष्ठुर स्पर्श—जराग्रस्त कर गया। प्राची बन गई है क्षीण स्रोता। हवा में धूल, बालू उड़कर इसी की कई शाखाएं लुप्त हो गई हैं। प्राची का अन्त मात्र एक पुष्करिणी सरीखा बनकर रह गया है। सागर से मिलन को आज मानो समय रुद्ध किये है। क्या अब कभी चंद्रभागा, सागर का स्पर्श नहीं कर पायेगी?

क्षीणांगी चंद्रभागा को देख ऐश्वर्यमयी प्राची नदी की दारुण परिणति मन में व्यथा भर देती है।

प्राची मगर कभी अपने लिए दीर्घ सांस नहीं लेती। जगन्नाथ धाम पुरी को स्पर्श कर जो बहती है उसे फिर दुःख किस बात का? चिंता कैसी? सारे दुख,

सारे अफसोस, दुश्चिताएं उन्हीं विशाल नेत्रवाले के आगे अर्पित कर खाली मन परिपूर्ण हो जाता है। लगता है—सारा जीवन सुन्दर है—जीवनकाम्य है—जीवन बहुमुखी है।

प्राचीप्रभा ऐसे ही एक अखंड विश्वास लिए बह जाती है। जीवन का उत्थान-पतन पार करती। प्राचीप्रभा उस कोणार्क कन्या की तरह लावण्यमयी, छंदमयी, लास्यमयी है। अपने जीवन के गुरुभार को कभी औरों पर लाद कर नहीं जाती। प्राची नदी की तरह प्राचीप्रभा अपने मधुर स्वभाव के स्वच्छ सलिल के स्पर्श से सब को संजीवित करते जाने का प्रण किये है, प्राचीप्रभा अनंत आशा और अपार्थिव आनंद की प्रतिमूर्ति है। यहां नैराश्य या वेदना का कोई स्पर्श नहीं।

प्राचीप्रभा इतिहास की एक उच्चतर गवेषणा की छात्र है। 'सूर्य मंदिर के निर्माण में किंवदंती' उस के रिसर्च का विषय है। गंगवंशी राजा नरसिंह देव ही उसकी गवेषणा के केन्द्र हैं। नरसिंह देव को गौण करने पर कोणार्क की किसी बात पर प्रकाश नहीं पड़ सकता अत: कोणार्क की हर शिला पर बालू के ढूहों पर वह महाराज नरसिंह देव को तलाश रही है।

कुशभद्रा बुढ़िया का सहारा लिए बिना वह नरसिंह देव को नहीं पा सकेगी। अतः कुशी दादी का सहारा लिए अपने गवेषणा कार्य में लगी है। कोणार्क से पांच-सात मील उत्तर पूर्व में है काकटपुर। मंगलादेवी का प्रसिद्ध पीठस्थल है। वहीं प्राचीप्रभा की ननिहाल है। मां को मंगला देवी के स्वप्नादेश पर पांच वर्ष तक प्राची नदी में स्नान कर देवी दर्शन करने के बाद चारों बेटों में एक बेटी हुई, अतः मां सुभद्रा ने बेटी का नाम रखा प्राचीप्रभा। सबसे छोटा भाई प्राची से दस वर्ष बड़ा है। प्राची से बीस वर्ष बड़े भाई ब्रजसुन्दर ने प्राची को कन्या की तरह पाला। ब्रजसुन्दर के पांच बेटे। प्राची ने ही उनके जीवन में बेटी की जगह ली थी। अतः प्राची का बाल व कैशोर्य स्नेह-आदर से भरपूर रहा है।

उस इलाके में भरापूरा परिवार। पेट भरने के लिए कोई भाई बाहर नहीं गया पैर उठाकर। चाकरी-वाकरी में नहीं पड़ा। बचपन से प्राची की धारणा थी कि धन का भंडार अटूट है उनके घर में। कभी समाप्त नहीं होने वाला।

कई एकड़ नारियल का बगीचा, फिर आम, कटहल के बेशुमार पेड़। पुन्नाग का बगीचा। जामुन, तेंदु, अमरूद आदि के पेड़। काठचंपा, चंपा, कनेर, मंदार, हेना, जुही, मल्ली, मालती आदि का विराट बगीचा। इन सबमें वह राजकन्या बनी रहती। दुःख और अभाव की परिभाषा भी किशोरी प्राची को नहीं मालूम थी। ये पुरानी बातें हैं। जिस परिवार में बेटे गांव की पाठशाला की पढ़ाई भी पूरी नहीं कर पाये कभी पढ़ने दूर नहीं गए, वहां इकलौती लाड़ली प्राची स्कूल की पढ़ाई पूरी कर आगे बढ़ती गई। उत्कल विश्वविद्यालय से इतिहास में एम० ए० कर फिर गवेषणा में डूब गई, यह अलग इतिहास है। अपने सुख-दुख को पीछे कर

प्राची को अब जीवन का बिखरा इतिहास जुटाने में विशेष आनंद मिलता। तभी वह अपनी बात भूल जाती है।

कोणार्क का अतीत गौरव और मंदिर निर्माण का इतिहास पढ़ते-पढ़ते वह खुद को एकदम भूल जाती। तभी उस दिन वर्षा के बाद भी कोणार्क की निर्जनता में स्वयं को भूलकर कोणार्क का मौन तोड़ने में लगी थी।

ऐसी भावमग्न दशा में अमेरिकी रिसर्चर चार्ल्स नेव से आमने-सामने भेंट हो गई। चार्ली से भेंट प्राची के लिए खास न थी। गवेषणा के दौरान अनेक विदेशी टूरिस्टों से भेंट हुई है। बातचीत भी की है। मित्रता हुई है। शुभेच्छा देकर फिर उनसे विदा ली है। चार्ल्स भी एक वैसा ही टूरिस्ट है।

ज्यादातर उनमें छुट्टियां बिताने कोणार्क आते हैं। कलिंग शिल्पी का जीवन-व्यापी उत्सर्ग और साधना का पीठ कोणार्क उनके आमोद के लिए क्रीड़ास्थल है। आंख पर नीला चश्मा लगा कर दुनिया देखने की तरह वे चित्तविनोदन के लिए आते हैं। और कोणार्क की कला से भरा सब उन्हें इंद्रजाल जैसा धुंधला लगता। बस वहां खुदी मिथुन मूर्तियों का भास्कर्य आकर्षित करता। छुट्टी बिता कर लौटने से पहले वे कोणार्क की कला की भूरि-भूरि प्रशंसा करने के साथ-साथ वहां की अश्लीलता के बारे में कुछेक कुत्सित मंतव्य दे जाते हैं। साथ में कुछ चित्र ले जाते हैं उन्हीं मिथुन मूर्तियों के।

लेकिन प्राची के साथ चार्ल्स की भेंट चार्ल्स के जीवन में अविस्मरणीय घटना बनकर रह गई। चार्ल्स का जीवन ही बदल गया।

चार्ल्स के तीस वर्ष के जीवन में कई मित्र लड़कियां आयी हैं, गई हैं। हर बार चार्ल्स ही उन्हें आकर्षित करता रहा है। मां के प्रति वितृष्णा के कारण शायद किसी नारी के प्रति वह अचानक आकर्षित नहीं हो पाता। आहार और निद्रा की तरह जब उसे गर्ल फ्रेंड की जरूरत होती है, किसी को चुन लेता है। जरूरत पूरी होने के बाद उसका नाम पता, चेहरा तक सब भूल जाता है। अतः उसका दिल सदा साफ-सुथरा रहता है। किसी की गहरी स्मृति नहीं होती वहां। आगे कदम बढ़ाकर मुड़कर न देखना चार्ल्स के जीवन का धर्म है। किस से किस समय अंतरंगता स्थापित की, इसका कोई हिसाब नहीं रखता। गहराई कुछ भी हो, लिलियन से ही उसका संपर्क इतना लंबा खिंच सका है।

मगर प्राची ने पहली भेंट में ही उसमें गहरी हलचल भर दी है। यह लड़की पाषाण की तरह ठोस और अविचल लगी, मानो उसी कोणार्क युग की कन्या है। शायद यह कोई अशरीरी आत्मा है।

कोणार्क की तरह कोणार्क की रात भी रहस्यमयी होती है। हर रात चार्ल्स स्वप्नाविष्ट हो जाता है। लेकिन उस दिन वह एकदम मोहाछन्न था, ड्रग के कारण लिली कुछ देर पहले अचेत हो चुकी थी। लिली के साथ एक ही बिस्तर

पर लेटे होने के बावजूद चार्ल्स अब निपट अकेला था।

यहां आने से पहले चार्ल्स भी ड्रग लेता था। आदत सी हो गई थी। लेकिन कोणार्क आने के बाद उसने स्वयं को, अपने लक्ष्यहीन जीवन के नैराश्य और हताशा को बिलकुल भुला दिया था। मन कहता था—जैसे वह किसी रहस्य पथ का यात्री है। कोणार्क की तरह विश्व के एक परम स्थापत्य का रहस्य खोलने जा रहा है। अपनी व्यक्तिगत हताशा, निराशा क्यों लीन होती जा रही है एक अजीब उत्तेजना में, एक अजीब नशे में।

छम् छमा छम् छम्।

चार्ल्स को हलकी नूपुर ध्वनी सुनाई दे रही है। कौन होगी यह सूनी रात की नर्तकी ? वही कोणार्क कन्या ? विष्णु महाराणा कहते है, "रात में कोणार्क जीवंत हो उठता है। नाट्य मंदिर में देवदासियों का जमाखड़ा होता है।" उन्हीं की नुपुर ध्वनि आमंत्रण दे रही है चार्ल्स को। लिली को एक बार देखकर चार्ल्स द्वार खोल बाहर आ गया। धीरे से किवाड़ उढ़का दिये, बंगले के चौकीदार से कह दिया, "कमरा खुला है, लिली सोयी है।" फिर सीधा मंदिर की ओर चले गए रास्ते पर बढ़ गया। पूर्वपार्श्व द्वार पर जा पहुंचा। चार्ल्स उत्तर की ओर कोणार्क के प्रशस्त बेढ़ा पर चल नवग्रह मंदिर के पास नीम तले खड़ा हुआ। अंधेरे में रेडियम वाली घड़ी में देखा—दस बज रहे हैं। जब कि लगता है रात आधी से अधिक हो गई है। कोणार्क के नाट्य मंदिर में नूपुर ध्वनि सुनाई पड़ रही है। हालांकि अंधेरे के कारण देवदासी नृत्य वहां दीखता नहीं किधर। नवग्रह मंदिर में दीप टिमटिमा रहा है। वर्षा-तूफान बढ़ता ही जा रहा है। मोहाविष्ट-सा चार्ल्स खड़ा है भीगता हुआ।

अंधेरे में कदमों की हलकी-हलकी आहट। चार्ल्स पहचान गया कुशी मौसी ही है। बूढ़ी की चाल और चेहरा अलग ही पहचान में आ जाता है। कोई और भी है साथ में। अंधेरे में अशरीरी की तरह लग रही है। बुढ़िया भी क्या कोई अदेही आत्मा है ?

छायामूर्ति दोनों धीरे-धीरे निकट आ रही हैं। अचानक बिजली की झलक में कोणार्क आकाश के पर्दे पर उद्भासित हो उठा। कहीं पास में वज्रपात की आवाज़ से चार्ल्स स्तब्ध रह गया। कोई नरम कोमल हाथ उसे पकड़ खींचे लिए जा रहा है। अगले ही क्षण चार्ल्स को आश्रय देनेवाली बड़ी डाल कड़मड़ा कर टूट गई। ज़रा न हटा होता तो वह चार्ल्स पर ही गिरती।

छाया मूर्ति ने चार्ल्स का हाथ छोड़ दिया था। अनायास उसके मुंह से निकल गया, "धन्यवाद बहुत-बहुत धन्यवाद !"

"धन्यवाद देने का वक्त नहीं। तूफान घिर रहा है। पीछे-पीछे चले आइए।" छाया आगे बढ़ गई। और चार्ल्स से कुशी मौसी कह रही है, "जा बेटे

जा। बेवकूफी छोड़, जल्दी जा। मैं तो यहीं नवग्रह मंदिर के पास पड़ी रहूंगी, बेटी आयगी… इंतजार में बैठी रही। तूफान देख मैं भी आज गांव नहीं गई।"

नारूबाबा का 'धर्मपद होटल"—वही पुराना पुवाल वाला घर। प्राची उसी में चली गई। नारूबाबा के उसी घर में भी तूफान है। हलके प्रकाश में लालटेन कांप रही है। धर्मानंद कुछ गीली फोटो सुखा रहा है। कोई और व्यस्क आदमी लाठी लिए बैठा है।

प्राची को देख उसने कहा, "वर्षा न थमे तो घर कैसे जायें? भीगे तो बाबू नाराज होंगे। पता होता तो छाता ही ले आता।"

प्राची ने आंचल से मुंह और केश पोंछे।

"थोड़ी इंतजार कर लें।"

"रात बढ़ रही है। वर्षा का क्या ठिकाना कब छोड़े।" उसने कहा।

प्राची ने शांत स्वर में कहा, "मौसी जरूर किसी के हाथ छाता भेजेंगी।"

प्राची एक बेंच पर बैठ गई। चार्ल्स को देखती रही।—"बैठ जाओ, वर्षा थमने तक प्रतीक्षा करनी होगी। उपकूल इलाके में यह प्रकोप अधिक होता है। बाहर निकलने में ही खतरा है।"

चार्ल्स धर्मपद होटल के जीर्ण पुवाल और दुलकती छान को देख कहने लगा, —"यहां रहना भी खतरे से खाली नहीं।"

वह मुस्करा रहा है।

"हमारे देश में कई लोगों को सिर छुपाने के लिए जरा-सी जगह भी नहीं।" प्राची ने हलकी सांस छोड़कर कहा—"चंद्रभागा तीर पर धीवर बस्ती देखी है?"

धर्मानंद फोटो सुखाते-सुखाते इनकी बातें ध्यान से सुन रहा था, "तूफान इस घर का कुछ नहीं बिगाड़ सकेगा। जन्म लिया तब से देख रहा हूं। तूफान ऐसे ही आते-जाते रहते है। कोणार्क वैसे ही खड़ा है। धर्मपद हिन्दू होटल भी वैसे ही है।"

प्राची ने स्नेह भीगे स्वर में कहा, "कितना लंबा है तुम्हारा जीवन? बारह वर्ष में भला कितने तूफान देखे होंगे?"

धर्मानंद ने अनुभवी की तरह लंबी सांस लेकर कहा, "नितप्रति जो मुकाबला करता हूं तूफान का सो आपने भी नहीं किया होगा दी। आठ प्राणियों का दायित्व है सिर पर समझती हैं आप?"

प्राची ने स्नेह से कहा, "भगवान बल दे तुझे, कभी न हारना।"

चार्ल्स की ओर देख प्राची ने धर्मानंद की बात समझा दी। चार्ल्स ने कहा, "वह जरूर जीवन में सफल होगा।"

अचानक कोई हंस पड़ा। देखा कोने में विष्णु महाराणा मूर्ति बने बैठे हैं। प्राची ने कहा, "यहां हो बाबा? हंसे क्यों?"

विष्णु ने सिर हिलाकर कहा, "धर्मू की उन्नति की बात सुन कर। अगर

दुबारा कोई कोणार्क होता तो शायद धर्मानंद शिखर स्थापित करता। जहां कोणार्क की शिल्पकला ही डूब गई, वहां धर्म की उन्नति क्या होगी?" मौका देख चार्ल्स ने कहा, "कोणार्क महान् है। भारत महान् है। मैं अमेरिकन स्थपति ठहरा। कोणार्क के स्थापत्य और भास्कर्य पर रिसर्च करने आया हूं। आपकी मदद चाहिए।"

महाराणा ने सिर हिलाकर कहा, "जीवन भर गवेषणा कर ढेरों किताब लिख कर घर भर दो, पर कोणार्क नहीं गढ़ सकोगे। यह कोई पोथी की पढ़ाई नहीं, आदमी के खून-पसीने, हाड़-मांस और जीवनभर के त्याग की पूजावेदी है। एकाग्रता, उत्सर्ग एवं त्याग की बात जो नहीं जानता वह कोणार्क से सौ कोस दूर है।"

चार्ल्स ने कहा, "विश्वास करें, मैं पागल हो गया हूं। बरसात की रात में बांधवी छोड़ यहां कोणार्क की परिक्रमा में घूमता हूं। आज मौत के मुंह से इन्होंने (प्राची) बचा लिया।"

प्राची ने स्थिर स्वर में कहा, "जगन्नाथ ने रक्षा की है। आदमी कभी आदमी को मौत के मुंह में धकेल सकता है भला। बचाना ईश्वर का ही काम है।"

हंसकर वह बोला, "तो आप जगन्नाथ के दूत हैं। मैं चार्ल्स नेव। वाशिंगटन से रिसर्च करने आया हूं। वैसे मैं स्थपति याने आर्किटेक्ट हूं।"

प्राची ने स्थिर स्वर में कहा, "मैं प्राची महापात्र। उड़ीसा में घर है। इतिहास में गवेषणा कर रही हूँ। वैसे कोणार्क मेरी गवेषणा की पट्टभूमि है।"

चार्ल्स, "मैं टूरिस्ट बंगले में ठहरा हूं। मेरे साथ मिस लिलियन है। वह लौटना चाहती है। इसके बाद सोचता हूं किसी के घर पर पेइंगगेस्ट बन कर रहूं …गवेषणा समाप्त होने तक। पता नहीं यहां वैसी सुविधा होगी भी या नहीं…!"

प्राची ने कहा, "मैं मौसी के यहां रहती हूं। कोणार्क हाईस्कूल के पीछे घर है। यहां घूम-घूम कर कहानी, किंवदंती, लोक मुख पर प्रचलित ऐतिहासिक तथ्य संग्रह करती हूं।"

वह उत्साहित हो गया, "मैं विदेशी हूं। रिसर्च के समय गांव-गांव घूमकर मंदिर, स्थापत्य, शिलालेख आदि के बारे में तथ्यसंग्रह करना कठिन होगा। आप अपने रिसर्च काम के साथ मेरी भी सहायक होगीं तो उपकृत होऊंगा।"

प्राची ने सहज कहा, "मुझसे जो होगा जरूर मदद करूंगी। आप मेरे देश की स्थापत्य कला के पुनरुद्धार में आग्रही हैं। आपकी मदद करना देशसेवा के साथ बराबर होगा।"

चार्ल्स ने कृतज्ञता प्रकट करते हुए कहा, "यह आप की उदारता है—आप महान् हैं। महान् है आपका देश।"

विष्णु महाराणा अनेक किंवदंतियों का भंडार हैं। कुशिया बूढ़ी भी ऐसी कहानियों की पिटारी है।

प्राची शुरू से ही दोनों का आश्रय लिए गवेषणा में लगी है। चार्ल्स ने आश्रय लिया है प्राची का। गांव-गांव घूमकर तथ्य इकट्ठे करने के लिए किसी स्थानीय आदमी की मदद जरूरी है। चार्ल्स वैसे ही आदमी की तलाश में था। प्राची मिल गई। अब वह निश्चित है।

प्राची का तौर-तरीका गवेषणा के बारे में चार्ल्स को अच्छा लगा। घर में ढेरों किताबें पढ़कर कोई ऊंचे स्तर का लेख लिख सकता है। पर प्राची आगे उतर आयी है इतिहास की पट्टभूमि पर। प्रत्यक्ष अनुभूति और अनुभव को लेकर इतिहास की घटनाओं का विश्लेषण कर उनका अनुसंधान कर रही है। शुष्क, नीरस अतीत में से प्राची प्राणसत्ता ढूंढ रही है। तभी गवेषणा में प्राची को आनंद मिलता है। चार्ल्स का तरीका भी यही है। प्रत्यक्ष अनुभूति के लिए चार्ल्स वाशिंगटन से उड़कर आया है कोणार्क के निर्जन परिवेश में।

प्राची एवं चार्ल्स में मित्रता बढ़ रही है। वह सोचती है—चार्ल्स अतिथि है। हर क्षेत्र में इसकी मदद करना भारतीय नागरिक के रूप में मेरा कर्त्तव्य है। चार्ल्स सोचता है प्राची की अकुंठ सहायता के लिए जीवन भर कृतज्ञ रहना उचित होगा। बिना स्वार्थ के कोई कभी यों हार्दिक मदद करेगा?—पहली बार देख रहा हूं।" चार्ल्स कहता,—"प्राची, तुम्हारे अतिथ्य के लिए तुम धन्य हो। धन्य है तुम्हारा देश!"

दोनों मन लगा कर पढ़नेवाले छात्र की तरह विष्णु महाराणा के पास बैठ सुनते कोणार्क की कहानी, विष्णु महाराणा जो कहते, इतिहास की ही बात कहते। मगर सब किसी कहानी-सा लगता। विष्णु महाराणा की वर्णन कला में इतिहास की घटनाएं नाटक के दृश्य की तरह आंखों के आगे तैर जातीं। विष्णु महाराणा कहते, "अतीत का वर्णन करते समय मैं अतीत का सब कुछ देख पाता हूं। इतिहास का प्रत्यक्ष दर्शन करता हूं। हर पात्र सशरीर उपस्थित होता है। अतः उसका वर्णन इतना जीवंत प्राणवंत होता है।"

प्राची एवं चार्ल्स भी बात पर धीरे-धीरे विश्वास करने लगे हैं। निर्जन रात में कोणार्क मठ के धूनी-घर में अखंडशिखा के पास बैठ विष्णु महाराणा इतिहास की बात कहते समय चार्ल्स एवं प्राची भी कभी-कभी पात्रों की छाया देख पाते। सुन पाते उनकी पगध्वनि—उनका स्वर। घोड़ों की टाप, युद्ध की हुंकार, देवदासी के नूपुरों की झंकार, शिल्पियों के निहान का स्वर। लोग कहते विष्णु महाराणा तंत्र-मंत्र जानते हैं। अतीत की आत्मा को भी बुला सकते हैं। वे तंत्र जाने या मंत्र, मगर बोलने की कला में वे लोगों को मंत्रमुग्ध कर देते हैं।

विष्णु महाराणा की बात कहने की शैली में चमत्कार है। वे पूछते, "कभी

प्रेम किया है सा'ब ?"

"जरूर कई-कई बार।" निर्लिप्त कहता चार्ल्स। विष्णु महाराणा हंस कर देखते रहते। कहते, "प्रेम के लिए त्याग किया है ?"

"त्याग ? प्रेम के लिए ? प्रेम तो आनंद के लिए होता है, उपभोग के लिए है, संयोग के लिए है। वहां त्याग का सवाल कहां ? त्याग में तो कष्ट हैं, तकलीफ़ें हैं···। प्रेम और तकलीफ़।" अचंभे में देखता रहता वह।

विष्णु महाराणा गंभीर स्वर में कहते, "कोणार्क प्रेम का मंदिर है। त्याग की पूजावेदी है। उत्सर्ग एवं पवित्रता का अमित स्मृति सौध है। एकाग्र साधना का पुण्यपीठ है।"

चार्ल्स कहता, "जानता हूं—कोणार्क प्रेम का मंदिर है। यहां की शिला-शिला पर संभोग व मिथुन चित्र देखे हैं। लिली को बहुत अच्छे लगे। पर त्याग, उत्सर्ग, पवित्रता की बात तो मैं नहीं जानता।"

विष्णु महाराणा कहते, "प्रेम के संग पवित्रता, त्याग और उत्सर्ग जटित है। प्रेम का अर्थ संभोग नहीं, प्रेम साधना है, संन्यास, निष्ठा और निष्काम समर्पण है। कोणार्क पद्म क्षेत्र-अर्कक्षेत्र। पद्म के साथ सूर्य का संपर्क जानते हो ? उनके प्रेम की बात पता है ?"

"हां, सुना है।···जिसे कहते हैं। प्लाटोनिक लव।"

"कोणार्क की हर रेख में वही पवित्र प्रेमगाथा लिखी है। वह सुनोगे तो स्तंभित रह जाओगे। कई बार प्रेम करने के बाद भी तुमने जिस प्रेम को नहीं पहचाना, कोणार्क वह बात तुम्हें बतायगा—बिना त्याग प्रेम समझ ही न सकोगे यहां।" लिली व्यंग भरे स्वर में कहती, "प्रेम के लिए त्याग की क्या जरूरत है ? दुनिया में क्या प्रेमी इतने दुर्लभ हैं ? उमर रहने तक जितने मर्जी प्रेमी मिलेंगे—संभोग की कमी नहीं, मौज का कोई अंत नहीं। कोणार्क में बस संभोग ही संभोग के चित्र हैं। वाह ! वंडरफुल !"

प्राची ने शांत स्वर में कहा, "कोणार्क को मैं दूसरे रूप में देखती हूं। किसी जितेंद्रिय महायोगी के रूप में। कोणार्क की देह में दिख रहा है संन्यास और ब्रह्मचर्य का महात्म्य।"

लिली हंस पड़ती।

विष्णु महाराणा कहते, "कोणार्क की बात मन से सुनोगे तभी तो इसे पहचान सकोगे।"

चार्ल्स किसी सयाने छात्र की तरह पल्थी मार कर बैठ जाता और कहता, "ठीक है। आप कहानी शुरू करें।"

प्राची गोद में अपनी नरम हथेली को पद्मकोरक की तरह इकट्ठा कर बैठती और कोमल स्वर में कहती, "मैं भी तैयार हूं, बिशु बाबा !

लिली सिगरेट खिंचती दूर चली जाती। कहती, "वाशिंगटन लाइब्रेरी में बैठ कर कोणार्क पढ़ा जा सकता है, चार्ल्स ! चलो। झाऊवन में निर्जनता का स्वर सुनें।"

चार्ल्स नरम पड़ कर कहता, "माफ करना लिली। मैं कोणार्क को जानना चाहता हूं। कोणार्क के संग घनिष्ठ होना चाहता हूं। तुम्हें कोई साथी मिल ही जायेगा, निर्जनता का मजा लेने। कोणार्क में टूरिस्ट दलों की कमी नहीं है।"

लिली हाथ हिलाते-हिलाते दूर चली जाती।

विष्णु महाराणा कहानी शुरू करते

विष्णु महाराणा जाति स्मर हैं। जन्मजन्मांतर की बात किशोरावस्था की अनभूली स्मृतियों की तरह याद रख पाते हैं।

चार्ल्स और प्राची नोटखाते में सब कुछ लिख लेते, किसी विनयी स्टेनोग्राफर की तरह। चार्ल्स धीरे से कहता, "अगर कहानी राजा नरसिंह देव से शुरू करते तो मेहरबानी होती। प्राची की तरह मेरा गंगवंश के इतिहास के बारे में ज्ञान नहीं है। मंदिर निर्माता को जाने बिना निर्माण कौशल के बारे में गवेषणा करना उचित नहीं होगा।"

विष्णु महाराणा आतमीयता में हंस पड़े। भौहें सिकोड़कर प्राची की ओर देखकर कहा, "प्राची शिक्षाशास्त्र में सर्वोच्च डिग्री पाकर भी नरसिंह देव के बारे में कितना जानती है? इतिहास उन्हें बस राजा के रूप में जानता है। मगर मैंने तो एक दर्दी आदमी के रूप में जाना है। पुरुषोत्तम स्वामी के रूप मैं जाना है। वीरता, जनहितकारी कार्यों और शासन प्रबंध के बारे में ही इतिहास मुखर है। मगर एक निष्काम प्रेमी, माता पिता के आज्ञाकारी पुत्र और ममतापूर्ण भाई के रूप में या परम देशभक्त के रूप में मैंने अधिक जाना है। मुझसे अधिक तो उन्हें कुशी दादी जानती है। वह कहा करती है—जिसने नरसिंह देव को देखा है, जाना है—वह उन्हें मन-ही-मन प्रेम कर बैठेगा। वे दुर्लभ पुरुष हैं। कुशभद्रा मौसी इस उमर में भी राजा नरसिंह देव को मुक्त-स्वर में प्रेम करती है।"

प्राची सलज्ज कहती, "कोणार्क के बारे में गवेषणा करते समय महाराज नरसिंह देव को जितना जाना, मालव राजकुमारी एवं नरसिंह देव की पटरानी सीता देवी से उतनी ही ईर्ष्या हुई।"

विष्णु महाराणा चार्ल्स को देख कहते,—

"मेरी बात को सत्य मानो तब तो, साहब। मेरी कथा पूरी होने तक प्राची भी नरसिंह देव के प्रेम में पड़ जायगी।"

चार्ल्स हंस कर कहता, "मुझे भी महाराज से बहुत ईर्ष्या हो रही है।"

विष्णु महाराणा समूची देह को नृत्य छंद में स्पंदित कर हंसते हुए कहने लगे :

—मंदिर निर्माण और स्थापत्य में अद्वितीय कोणार्क के निर्माता थे महाराज के पौत्र, अनंगभीम देव (द्वितीय) के पुत्र वीर नरकेशरी दीप्तिमान श्री श्री नरसिंह देव।

बारहवीं सदी के प्रथम भाग में चोड़गंग देव उत्कल विजय कर उत्कल के अधीश्वर बने। चोड़गंग देव के समय में उत्कल की सीमा के उत्तर में गंगा, दक्षिण में गोदावरी पूर्व में वंगोपसागर और पश्चिम में पूर्वी घाट माला तक फैली थी। चौड़गंग देव को उत्कलीय गंगवंश का प्रथम महाराज कहा गया है।

कलिंग में गंगवंश के आरंभ में उत्तर में आर्य सभ्यता, दक्षिण में द्राविड़ का आदान-प्रदान हुआ। फलत: नयी सभ्यता का जन्म हुआ। आर्य राजा दक्षिण में आर्य सभ्यता के प्रसार के लिए उद्यम करते रहे। पूर्व चालुक्य और चोल के साथ वैवाहिक संपर्क के फलस्वरूप दोनों सभ्यताओं का सम्मिश्रण त्वरान्वित हुआ।

चोड़गंग देव ने उड्रदेश या उत्कल पर अधिकार कर सन् 1135 ई० में उड़ीसा की कटक को राजधानी बनाया। उससे पहले राजधानी कलिंग नगर में थी।

उत्कल पर अधिकार कर उड़ीसा आ गए। यहां तेलुगू संस्कृति से भी वलवत्तर स्थिति देख गंगवंशी राजा उत्कलीय हो गए।

उत्कलीय गंगवंश के सातवें नरपति अनंगभीम देव थे। उनके पुत्र हुए कोणार्क निर्माता—पराक्रमशाली समरनिपुण श्री श्री नरसिंह देव। अनंगभीम देव प्रतापी और धर्म परायण सम्राट थे। उनके शरीर का सौंदर्य अतुलनीय था। परमविष्णु भक्त और दानी थे। मकरसंक्रांति, पूर्णिमा, अमावस्या, सूर्यग्रहण, चंद्रग्रहण आदि दिनों में वे ब्राह्मणों को खूब दान दिया करते। गुणग्राही एवं विद्यानुरागी थे। उनके राजत्व में उड़ीसा में अनेक मंदिर तड़ाग, रास्ते और कूप बने। वेद-शास्त्र में अगाथ पांडित्य था। विशाल सेना थी अनंगभीम के पास।

अनंगभीम देव के समय बंग मुसलमानों द्वारा पराजित हो गया। वहां के राजा लक्ष्मण सेना हार कर कुछ समय के लिए उड़ीसा चले आये। अत: मुसलमान उड़ीसा विजय करने में जुट गए। पर परम प्रतापी अनंगभीम देव अकेले युद्ध में मुसलमानों से जूझ पड़े। अनेक मारे गए। उड़ीसा अपराजेय रहा।

अनंगभीम देव सिर्फ शत्रुमर्दनकारी वीर ही न थे। वे परम शिवभक्त और विष्णुभक्त थे। शैव-वैष्णव दोनों के प्रति अगाध भक्ति—विश्वास था। उनके मन प्राण, आत्मा में जगन्नाथ थे। जगन्नाथ खूब प्राचीन होने पर भी गंगवंश के समय से उनका महात्य एवं प्रतिष्ठा लोक गोचर हुई। आठवीं सदी से इनकी प्रतिष्ठा यहां हो गई थी मगर गंगवंश के राजा जगन्नाथ के अनुयायी हुए, समर्पित हुए थे, यह विश्वास आज भी विश्ववासियों में है। उड़ीसा में बौद्ध, जैन, शैव, वैष्णव धर्म का प्रवाह जारी है। हर धर्म विश्वास को समन्वित कर जगन्नाथ

धर्म को विश्वप्राणों में जोड़ रहा है।

वीर नरसिंह देव अपने को 'राउत' और 'पुरुषोत्तम पुत्र' उपाधियों से विभूषित करते रहे। प्रबल प्रतापी अनंगभीम देव ने युद्ध में अपने नाम की सार्थकता प्रमाणित की। शत्रु को पराजित किया। पर सब पुरुषोत्तम देव जगन्नाथ को अर्पित कर 'राउत' कहने लगे। साम्राज्य को पुरुषोत्तम के नाम पर उत्सर्ग कर सेवक बने रहे। अनंगभीम देव की राजधानी अभिनव वाराणसी कटक नगर थी। वो ही तो इसके निर्माता थे। वे तुलादानपुरुष थे। उन्होंने दान सागर उत्सव, हिरण्यगर्भ महादान आदि दानोत्सव करवाये थे।

सोमलदेवी और कस्तूरीदेवी परमसुंदरी दो रानियां थीं। खूब धर्मपरायण थीं। अनंगभीम देव की राजकुमारी चंद्रादेवी ने हैहयवंश के परमार्दिदेव से विवाह किया था। उन से उत्पन्न हुए परम सौंदर्यवंत नरसिंहदेव। पिता के सारे गुण वंशानुगत, गौरव के अधिकारी बने नरसिंह देव। वंश गौरव को चरमसीमा पर पहुंचा दिया था उन्होंने।

सन् 1238 से 1264 ई० तक उड़ीसा के स्वर्णयुग की गाथा गंगवंश के गौरव चरमउत्कर्ष की कथा है। वही तो अरिमर्दनकारी महाराज श्री नरसिंहदेव का राजत्वकाल है।

सिंहासनारोहण के समय चारों ओर सीमा पर मुसलमानों ने छावनी डाल ली थी। देश की स्वतंत्रता अक्षुण्णा रखने के लिए पवित्र युद्ध में राजसी बिलास व्यसन, आमोद-प्रमोद को आहुति दे दी थी—सौम्यकांत तरुण महाराज नरसिंह देव ने।

महारानी परम सुन्दरी सीतादेवी—मालवदेश की राजकुमारी। तब भारत में सर्वत्र मुसलमान शासन चल रहा था। केवल उड़ीसा-कश्मीर हिन्दू राज्य के रूप में गर्व बनाये रख सके। अनंगभीमदेव ने धूमधाम से कश्मीर की राजकुमारी का अपने पुत्र नरसिंह देव के साथ विवाह कर दिया।

सीता देवी ने वीर नरसिंह देव को पति रूप में पाने के लिए शिवलिंग पर सवालाख चंपा पुष्प अर्पित किये थे। तब नरसिंह देव ही श्रेष्ठ पुरुष गिने जाते थे, उनकी वंश गरिमा, कांति, वीरत्व, पांडित्य, महानुभवता, मानवीयता सारे भारत में फैल गई थी। कितनी ही सुन्दरी राजकुमारियां रातों उनींदी रह कर नरसिंह को पति रूप में पाने के सपने देखा करतीं। मगर राजकुमारी सीतादेवी की ऐकांतिक कामना और निष्ठापूर्ण भावना से उन्हें पवित्र पुरुषोत्तम पीठ उड़ीसा की राजरानी बना दिया। धन्य हो गया उनका नारी जन्म—धन्य हो गए राजा नरसिंह देव सीता देवी का पाणिग्रहण कर।

पर सुन्दर राजरानी को लेकर भोगविलास सुख, संभोग, व्यसन आदि महा-

राज नरसिंह देव के जीवन में कभी संभव नहीं हुआ। महाराज के सुख मार्ग में अनेक कांटे, गड्ढे थे।

सुहागरात वाले दिन नरसिंह देव ने कह दिया था—"महारानी! कल भोर में हम युद्ध के लिए प्रस्थान करेंगे। राज्य की सीमा यवनों ने घेर ली है। देश को यवन कब्जे में करते जा रहे हैं। जगन्नाथ की कृपा से अब उत्कल विपन्न नहीं है। एक स्वाधीन हिन्दू राज्य की आप राजकुमारी हैं। मुझे विश्वास है देश भूमि की स्वतन्त्रता के लिए युद्ध यात्रा की मुझे सहर्ष अनुमति देंगी।"

महारानी सीतादेवी ने सुहागरात में सौम्यकांत पति को प्रेम-पूर्ण वातालाप की जगह युद्ध यात्रा की प्रस्तुति में देख कर कहा, "महाराज। गढ़ की चंडिकादेवी के यहां भोग अर्पित कर प्रसाद सिंदूर प्रस्तुत है। आरती सजी है। मंगल तिलक लगाने में गर्व-गौरव ही होगा।"

नरसिंह देव ने तनिक मान भरे स्वर में पूछा, "महारानी! सुहागरात के दिन ही युद्ध क्षेत्र के लिए विदा देने में कोई कुंठा नहीं? आज तो हमारे एकत्र जीवन की प्रथम रात्रि है। यदि युद्ध क्षेत्र में कुछ हो जाय···"

सीतादेवी ने स्थिर स्वर में कहा, "जिसका नाम नरसिंह देव है, वह कभी पराजित नहीं हो सकता। जो जगन्नाथ का सेवक है, वह कभी शत्रु के हाथों मर नहीं सकता है? महाराज! उड़ीसा मेरी जन्मभूमि न सही, कर्म भूमि है। उसकी रक्षा करना मेरा परम कर्तव्य है। आप का देश के लिए त्याग और कष्ट मेरे लिए गौरव की बात है।"

नरसिंह देव उस दिन सीतादेवी की प्रेरणा व उत्साह के सहारे दूने उत्साह के साथ शत्रु का मुकाबला करने सेना पर झपट पड़े।

सन् 1243 ई०। नरसिंह देव ने कटासिन में मुसलमान सेना को परास्त कर लखनौर एवं लखनौती पर आक्रमण किया। तब बंग सुलतान तुघा खां हरदम उड़ीसा पर हमले के लिए बहाना ढूंढ़ रहे थे। इधर नरसिंह देव शत्रु के हमले तक इंतजार किये बिना खुद आक्रामक बनने का संकल्प लिए थे। उन से पहले किसी ने ऐसी रणनीति नहीं अपनायी थी। पिता अनंगभीम देव ने वीरता के साथ शत्रु के हमले का मुकाबला किया। पुत्र नरसिंह देव पिता से बली होकर स्वयं शत्रु पर छा जाने का विचार कर रहे हैं। इस रणनीति ने परवर्ती वंशधरों को अनुप्राणित किया। इसी कारण हथियार उठाकर वर्षों उत्कल अपनी स्वतन्त्रता बचाये रख सका। साथ-साथ नरसिंह देव ने हमला कर बंग का काफी इलाका अपने अधीन कर लिया।

सन् 1246 ई० की बात। इल्तुतमिश का छोटा बेटा नसीरूद्दीन बीस वर्ष

तक दिल्ली सिंहासन पर रहा। ग्यासुद्दीन बलबन पर तब सारा भार था।

इससे पहले सन् 1243 ई० में तुघा खाँ भी नरसिंह देव के हाथों परास्त होकर मुश्किल से जान बचा सका था। मगर वे इतने में सन्तुष्ट होने वाले न थे। अगले वर्ष फिर बंग पर हमला किया। नरसिंह देव की वीरता और उत्कलीय पाइक वीरों के युद्ध कौशल के आगे तुघा खां की पराजय निश्चित थी। मुसलमान सेनापति करीमुद्दीन लाघरी को प्राण गंवाने पड़े। सहज ही में हार खानी पड़ी बंग शासक को। राढ़ की राजधानी भी कब्जे में ले ली गई।

तब वर्षा शुरू हो गई। राढ़ और गौड़ जीत कर कटक लौट आये महाराजा। आद्य आषाढ़ की प्रथम वर्षा महाराजा का स्वागत कर रही थी, समर क्लांति और स्वेद बिंदु को पोंछ लिया उसने। आकाश के अर्घ्यपाल में विद्युत कन्या विजय दीप जलाकर नरसिंह देव की आरती उतार रही थीं। प्रतीक्षारत महारानी सीता-देवी के नेत्र आनंद में आषाढ़ की बूंदों में एकाकार हो रहे थे।

नरसिंह देव की लखनौर की विजय गाथा पढ़ते-पढ़ते प्राचीप्रभा उल्लसित हो रही थी, रोमांच में भर रही थी। इतिहास के पन्नों से सिर उठाकर चार्ल्स ने प्राची की ओर देखा। चार्ल्स भी मुग्ध दृष्टि से देख रहा था। चपल कौतूहल में कहा, "नरसिंह देव के विजय लग्न पर महारानी का चेहरा आनन्द व उल्लास में खिल गया। कितना गुना रहा होगा वह आनन्द, मैं ठीक हिसाब लगाकर कह सकता हूं।"

"कैसे?" प्राची ने विस्मय में चार्ल्स से कहा।

"तुम्हें देखकर।" चपल बालक की तरह चार्ल्स बोल पड़ा।

"मतलब ?" प्राची ने निरीहता से पूछा।

विश्वस्त की तरह कहने लगा, "तुम्हारे चेहरे में कोणार्क की तरह सुन्दरता खिली है। मगर पाषाण की तरह वह भी निर्विकार है। कब खुश होती हो या कब दुखी, जान पाना कठिन है। पर आज नरसिंह देव की विजय पर लगता है जैसे उस दिन सीतादेवी भी इतनी प्रसन्न ही हुई होंगी।"

हंसकर प्राची कहती, "हाँ, नरसिंह देव की जय में ही मेरी विजय है। मेरी जाति की जीत है। घटना अतीत की हो पर मेरी जाति का अतीत भी गौरव-मय है।"

चार्ल्स कहता है, "हाँ, जाति की विजय पर खुश होना स्वाभाविक है। मगर इसके अलावा क्या जीवन में और कोई अवसर नहीं होते खुश होने के ? इतनी आत्ममग्न क्यों हो ? यह भी क्या भारतीय नारी के चरित्र की विशेषता है ?"

प्राची गम्भीर स्वर में कहती है, "चार्ल्स, गलत न समझो। भारतीय नारी अपने से अधिक औरों की ज्यादा सोचती है—उन के बारे में विचार करती है।"

"माफ करना। मित्रता के अधिकार से क्या पूछ सकता हूं—तुम किसकी

बात सोचती हो?" हलकी हंसी में पूछा था चार्ल्स ने।

प्राची का सहज उत्तर था, "अनेकों के बारे में। किस-किस के बारे में बताऊं?"

"अगर हर्ज न हो तो सब की बात कहो", चार्ल्स के प्रश्न में कौतूहल था।

प्राची ने स्थिर स्वर में कहा, "मैं अपने इष्टदेव जगन्नाथ की बात सोचती हूं। राजा नरसिंह देव की बात—विष्णु दादा, मौसी, चित्रोपला, धर्मानंद की बात। अतीत के साथ वर्तमान मेरे आगे धुंधला जाता है। मैं सात सदी पुराना अतीत बन जाती हूं। मैं अपने अतीत को प्रेम करती हूं।"

"अपने इतने विचारों में इस यायावर का नाम लेश मात्र भी नहीं!"

प्राची गहराई से उसे देख कहती, "मेरे देश के अतिथि हो तुम। तुम्हें नहीं छोड़ सकती। अतिथि भगवान होता है। भगवान की भावना छोड़ मैं नहीं जी सकती। तुम मेरे विचारों से बाहर नहीं हो।"

चार्ल्स हंस उठता। होंठ दबा कहता, "अपने अतीत को प्रेम करती हो, अपने अतिथि को प्रेम करना होगा। क्योंकि अतीत में भारत आतिथ्य के लिए महान कहलाता था। प्रेम को छोड़ अतिथि सत्कार नहीं हो सकता।"

प्राची हंस पड़ती, "अतिथि को प्रेम करना और ईश्वर को प्रेम करना एक ही बात है। किसी भारतीय के लिए अतिथि ईश्वर है। इस दृष्टि से मैं तुम्हें प्रेम करती हूं, चार्ल्स। मेरे आतिथ्य में कोई त्रुटि देखी है?"

वह भावप्रवण हो उठता है। कहता है, "प्राची, किंतु मैं ईश्वर नहीं मामूली आदमी हूं। आदमी को जबरन ईश्वर की जगह बिठा दो तो वह दुख पाता है, कष्ट भोगता है। अतिथि को आदमी मानकर प्रेम की दृष्टि से नहीं देख पाती?"

प्राची ने निःसंकोच उधर देखा। इस यायावर युवक के प्रति उसके मन में अचानक करुणा भर गई। लगा चार्ल्स दुःख का स्तूप है। ज़रा स्नेह के परस से सारा दुःख नदी बन प्राची के चरणों तले बह जाएगा। पर मैं करूंगी क्या इस नदी जल का? कितनी है मेरी शक्ति, सामर्थ्य? अपनी सीमा मैं जानती हूं, क्यों इस प्रेम-पगले को कुछ दिन के प्रेम के अंधेरे में भटका दूं। इस की अनेक मित्र हैं—कई जा चुकी हैं। फिर कई आयेंगी। प्राची कभी किसी पुरुष की वैसी मित्र नहीं हो सकती। रहे वह वैसे ही अपने दुःख में। वह तो कुछ दिन का मेहमान है।

स्वयं को प्राची ने संभाल लिया। शान्त स्वर में कहा, "चार्ल्स! जो प्रेम आदमी को कभी दुःख नहीं देता, वैसा प्रेम तुम्हारे प्रति मेरे मन में है। वह मधुर मानवीय संपर्क है। तुम दो दिन के मेहमान हो। भारत कभी तुम्हारे दुःख का कारण न बने।"

जिद करने की तरह कहने लगा, "दो दिन का मेहमान भी चिर दिन का मीत हो सकता है।"

"मैंने तुम्हें मित्र मान लिया है," प्राची ने कहा।

उत्साह में चार्ल्स ने कहा, "तो शर्त है मेरी···।" चार्ल्स की बात बीच में रह गई। प्राची ने कहा, "मित्रता में शर्त कैसी ? हमारी मित्रता में कोई शर्त रखने की कोशिश न करो।"

चार्ल्स को एकदम चुप होना पड़ा।

4

दिन भर लिलियन अकेली घूमती। चार्ल्स प्राची के साथ कोणार्क मंदिर और कोणार्क के पास का इलाका, गांव-गांव घूमता। ऐतिहासिक तथ्य और लोक-प्रचलित किंवदंतियां संग्रह करता। इस में चार्ल्स के यायावर प्राणों को खूब शांति मिलती। घूमने-फिरने में वैसे भी चार्ल्स को मज़ा आता है। प्राची के साथ घूम-फिर कर तथ्य संग्रह में तो और भी आनंद पाता। वह सब को कहता-प्राची तो मेरी आंख है, मेरी गाइड है। प्राची कहती—चार्ल्स में भगवान हैं। अतिथि होने के नाते। चार्ल्स को लगता—प्राची एक सहज, सरल, खुले स्वभाव की आधुनिक लड़की होते हुए भी भारतीय नारी का स्वाभाविक गुण, नम्रता, सहनशीलता, लज्जा, कोमलता आदि उसके व्यक्तित्व को ढांपे हैं। इन से वह और भी कमनीय, महनीय हो उठी है। प्राची के व्यक्तित्व के प्रति चार्ल्स के मन में जितनी श्रद्धा है उतना ही संभ्रम भी। चार्ल्स सोचता प्राची मानो भारतीय संस्कृति का प्रतीक है। लिलियन के साथ प्राची की तुलना करने पर उसे लगता लिली अगर चपल बिजली है तो प्राची स्थिर निष्कंप दीपशिखा। लिलियन खूब आकर्षक फूलों वाली लता है तो प्राची शाँति-शीतलता देने वाले वृक्ष की छाया। गांव में तथ्य संग्रह करते-करते गांव की लड़कियाँ प्राची की तरह शांतिप्रद और स्निग्ध लगतीं। उनकी तारीफ करते-करते चार्ल्स अनजाने ही प्राची की प्रशंसा कर बैठता। प्राची सलज्ज होकर कह उठती, "बस-बस, रहने दो !"

गांव में घूमते-फिरते प्राची कहती —"गांव दरिद्र और अनुन्नत लगने पर भी हर गांव की कुछ न कुछ खासियत है। तुम्हें कुछ चाहिए गाँवों की कोई चीज ?" किस गांव में क्या मिलता है, इस बारे में प्राची बहुत सारी बातें चार्ल्स को बताती।

हातीपदा और खेरंग गांव से लौटे हैं दोनों। खेरंग में दस घर महाराणा (कारीगर) घर हैं। वे खड़िया मिट्टी की मूर्ति बनाते हैं। हातीपदा के ध्रुवकांडी

सुन्दर चित्रपट बनाते हैं। प्राची ने पूछा; "कुछ ? चित्र या मूरत ?"

चार्ल्स ने गंभीर स्वर में कहा, "यायावरी में कोई दुर्लभ चीज भी बोझ बन जाती है। अगर दो सकोगी तो गांवों में से चित्रपट की तरह सुन्दर कोई नारी मूर्ति जुगाड़ दो।"

"नारी मूर्ति ?" प्राची ने पूछा। चार्ल्स ने सहज ही बताया, "मूर्ति की तरह सुघड़ हाड़-मांस की नारी चाहिए। यहां की लड़कियां मुझे बहुत अच्छी लगती हैं।"

आश्चर्य में भरी प्राची पूछ बैठी, "लड़की का क्या करोगे ?"

"विवाह।" स्थिर स्वर में चार्ल्स ने बता दिया।

"विवाह ?" अस्फुट स्वर में आश्चर्य प्रकट किया। मानो चार्ल्स ने विवाह की बजाए हत्या कह दिया हो ! चार्ल्स की ओर कठोर दृष्टि से देख कर पूछा, "फिर लिलियन ?"

"वह तो मित्र है। गर्ल फ्रेंड ! विवाह का फैसला उससे कभी नहीं हुआ !" चार्ल्स ने निःसंकोच बताया।

प्राची क्षुण होती-सी पूछने लगी, "पर दोनों तो एक जगह रहते हो। एक-दूसरे को प्रेम करते हो। इसका क्या मतलब है ?

चार्ल्स ने ठंडे स्वर में कहा, "हमारे देश में नारी-पुरुष के संपर्क में कोई संकीर्णता या रुढ़ि नहीं। एक-दूसरे को प्रेम करने या साथ रहने पर विवाह के लिएं बाध्य नहीं किया जाता। प्रेम को विवाह से जोड़कर हम बेमतलब तकलीफ नहीं उठाते।" प्राची ने कुछ चिढ़कर कहा, "पर हमारे यहां उल्टा है। कोई युवक-युवती एक दूसरे को प्रेम करें तो जैसे विवाह स्पृहणीय होता है। उसी तरह दो संपर्कहीन नर-नारी विवाह के बाद एक-दूसरे को प्रेम करना वैवाहिक जीवन का धर्म है।"

चार्ल्स ने विश्वस्त स्वर में कहा, "वादा करता हूं, विवाह के बाद हम जब तक पति-पत्नी बनकर रहेंगे, जरूर प्रेम करूंगा।"

विस्मय और खीझ में प्राची ने पूछा, "तो विवाह स्थायी नहीं ?"

"यह कैसे होगा ? मुझे तो लौटना होगा। यायावरी में औरत लेकर घूमना-फिरना भी तो एक बोझ है। भारतीय दांपत्य जीवन क्या है। कुछ दिन ही सही इस बात की परीक्षा कर देखें।"

व्यंग में प्राची ने कहा, "हमारे यहां विवाह ही स्त्री जीवन की अंतिम बात है। तलाक निश्चित है, यह मानकर कोई शादी नहीं करता। विवाह कोई परीक्षण नहीं है यहां।"

"मैं हरजाना देने के लिए तैयार हूं !"

प्राची ने मास्टराना अंदाज में कहा, "चार्ल्स ! तुमने भारतीय जीवन-दर्शन

खूब पढ़ा है । पर वह दर्शन तत्त्व नहीं समझ सके । मेरा अनुरोध है तुम भारतीय नारी और विवाह को लेकर ऐसा हलका मज़ाक न करो । भविष्य में खतरे में पड़ सकते हो । तुम्हारी ऐसी बातों को लोग सहज ही स्वीकार नहीं करेंगे । मैं पहली बार इन्हें छोड़ देती हूं ।"

चार्ल्स ने अनुतप्त स्वर में कहा, "मैं कोई मज़ाक नहीं कर रहा । सिर्फ अपनी इच्छा ही बता रहा था । विवाह, मित्रता, नारी और जीवन को हल्के ढंग से न लेने के कारण ही तुम लोग दुःख पाते हो । माफ़ करना मेरे विचारों के लिए ।"

प्राची ने गहरी सांस ले कर कहा, "बात ठीक होगी । पर सुख-दुःख तो आपेक्षिक हैं । संपूर्ण सुख या संपूर्ण दुःख जैसा दुनिया में कुछ नहीं होता । दुःख को सह पाने के आत्मसंतोष में भी कम सुख नहीं मिलता । सहज ही में प्राप्त सुख से उस सुख का आनंद कहीं अधिक है ।"

चार्ल्स को लगा जैसे प्राची बहुत सारे दुःख अपने में समाये है । कोणार्क की तरह निर्विकार और मौन होने पर भी प्राची में अनेक टूटी-फूटी कहानियां छुपी हैं । क्या है प्राची जैसी युवती का दुःख ? क्या हो सकती है प्राची के खण्डित जीवन की कहानी ? पूछने का साहस नहीं हुआ । लड़कियों के अतीत पर सवाल पूछना भी भारतीय दृष्टि में अशिष्टता है ।

खेरंग, हातीपदा, करमंगा, श्रीकंठपुर, अनसरा, डालिबगरड़ा आदि गांवों में घूम कर चार्ल्स और प्राची लौट आते विष्णु महाराणा के पास ।

विष्णु महाराणा कहानी शुरू करते हैं जहां से छोड़ते वहीं से । इस उमर में भी उनकी याद्दाश्त गज़ब की है । वे कहते :

लखनोर विजय के बाद नरसिंह देव राजसिक आलस्य में नहीं डूब गए । सन् 1243 ई० में वे मन्दिर-निर्माण की कल्पना में लगे । महारानी सीतादेवी पति से पूछतीं, "विजयी महाराज चिंतित क्यों हैं ?"

नरसिंह देव कहते, "युद्ध, विजय, रक्तपात आदि मातृभूमि की स्वाधीनता के लिए ज़रूरी हैं, पर इससे आत्मा को शान्ति नहीं मिलती । युद्ध जीत कर स्वाधीनता रखी जा सकती है, पर संगीत, कला और संस्कृति, परम्परा की रक्षा इतने से ही सम्भव नहीं । इन सब की सुरक्षा राजधर्म है । हजारों वर्ष बाद आगामी वंशधरों के लिए पितृपुरुषों की सम्पत्ति की सुरक्षा का उपाय सोच रहा हूं । यवनों के विरुद्ध बार-बार लड़कर शत्रु-सेना को नष्ट कर रक्तपात देखते-देखते मन में जो ग्लानि पैदा होती है, शायद उसका अवसान हो जाएगा ।"

महारानी सिर्फ पत्नी ही नहीं महाराज की प्रधान परामर्शदाता भी हैं । उन्होंने नम्र स्वर में कहा, "महाराज ! कोणार्क में केशरी वंश के राजा पुरंदर केशरी द्वारा निर्मित छोटे से सूर्यमन्दिर में आपके पूर्वज सूर्य पूजा करते आये हैं । राजमाता कस्तूरी देवी कई वर्ष निःसंतान रहीं, तो कोणार्क में सूर्योपासना की ।

सूर्यदेव ने संतुष्ट होकर कहा था 'पुत्र प्राप्ति के लिए कोणार्क स्थित महावीर की आराधना करो' राजमाता ने महावीर को संतुष्ट किया और आप को पुत्र रूप में प्राप्त किया। अतः वे सोचती हैं आप हनुमान की तरह बलशाली और पराक्रमी हुए। पुरंदर केशरी निर्मित मन्दिर एकदम जीर्ण-शीर्ण है। राजमाता ने मनौती की थी—पुत्र प्राप्ति के बाद कोणार्क में अभिनव सूर्य मन्दिर निर्मित करा दूंगी। उनकी मनौती पूरी नहीं हुई। आप सूर्य मन्दिर बनवा दें। राजमाता की मनौती के साथ देश में स्थापत्य कला के क्षेत्र में एक अमिट निशानी भी रह जाएगी।"

खूब संतुष्ट हुए महाराज। उसी वर्ष सन् 1244 ई० में मन्दिर निर्माण की कल्पना मन में आ गई। महाराज ने अपने मन की बात मंत्री सदाशिव सामंत राय को बताई।

मंत्री शिबेई सांतरा योजना बना रहे थे। सन् 1246 ई० में महाराज ने गौड़ देश पर आक्रमण कर दिया। सुल्तान इल्तुमिश के एक दास मलिक इख्तियारुद्दीन उजवेक को गौड़ का शासक बनाया था। उनके साथ नरसिंह देव की लड़ाई हुई। अनंगभीम देव के जंवाई और नरसिंह देव के बहनोई परमार्दि देव सेनापति का दायित्व संभाले थे। पहले तुघान खाँ के साथ हुई लड़ाई में भी वे सेनापति रह चुके थे। परमार्दि देव के पराक्रम और युद्धकौशल से यवनसेना घबरा उठी।

उजबेक युद्ध से परास्त हो एक श्वेत हस्ती गंवा बैठा। इस युद्ध के बाद हुगली, बांकुड़ा, वीरभूम इलाके उत्कल के अंग बन गए। इसी विजय पर्व के दौरान मन्दिर निर्माण का शुभारम्भ पर्व चल रहा था। कोणार्क के मुख्य स्थपति मन्त्री शिबेई इस बीच नक्शा बनवा चुके थे। कितना अर्थ व्यय होगा, कितने लोग नियुक्त होंगे, कितना समय लगेगा—सारा हिसाब बन रहा था। बयालीस बाटी के भ्रमरवर हरिचंदन को आय-व्यय का रक्षक नियुक्त किया गया। "पद्मतोला गण्ड" नामक पुष्करिणी को भरकर वहां मन्दिर निर्माण की बात तय हो चुकी थी। लेकिन वह पुष्करिणी पोतने (भरने) में तरह-तरह की समस्याएँ खड़ी हो गईं। शिबेई सांतरा ने देवी रामचंडी की शरण पकड़ी। कहते हैं देवी ने बुढ़िया के वेश में सांतरा को थाली में खीर परोसी। जब सांतरा खाने में गलती कर बैठे तो झिड़कने के बहाने उन्होंने पुष्करिणी की भराई का कौशल बता दिया। वेदपुर के ब्राह्मणों ने मंगलारोपण, भूमि शुद्धि आदि कार्य भी विधिपूर्वक सम्पन्न करा दिए।

रूपाशगढ़ के दलबेहरा चुन-चुन कर कारीगर लाए। उड़ीसा में मन्दिर शिल्प सातवीं शती से खूब चल चुका है। कोणार्क बनने से पहले भी भुवनेश्वर में हजारों मन्दिर, पुरी में विश्वविख्यात जगन्नाथ मन्दिर और राज्य के विभिन्न

इलाकों में अनेक छोटे-बड़े मन्दिर बन चुके थे। उत्कल के कारीगरों की स्थापत्य कला का छः सदियों की निरन्तर साधना का शिखर तेरहवीं सदी में कोणार्क निर्माण की नींव से बना।

नरसिंह देव का आदेश, सीतादेवी की इच्छा और राजमाता कस्तूरी देवी की मनोकामना—पद्मक्षेत्र में "पद्मतोला गंड" पर मिलकर पृथ्वी का आद्वितीय सूर्य मन्दिर बनेगा। यह होगा उत्कलीय शिल्प की पराकाष्ठा का चरम शिखर। उत्कल के कारीगर राजा के आदेश को ईश्वर की इच्छा मानकर निर्माण कार्य में मन-प्राण लगा देंगे—ऐसी प्रतिज्ञा की हैं।

एक और जन्मभूमि की रक्षा के लिए मुसलमानों के साथ संघर्ष जारी था। दूसरी ओर शिल्पकला और स्थापत्य में अक्षय कीर्ति निर्माण का प्रस्तुति पर्व चल रहा था।

युद्ध और निर्माण दोनों समगति से चलना विस्मयकारी लग सकता है। हालांकि नरसिंह देव युद्धप्रिय नहीं थे, पर वे योद्धा एवं वीर जरूर थे। एक साथ कला प्रिय एवं साहित्यरसिक! मानो नरसिंह देव परम शिल्पी परमात्मा की एक श्रेष्ठ कृति थे जिनमें सारे गुणों का विचित्र समन्वय हुआ था। उनकी उदार शासन नीति ने उन्हें अत्यन्त लोकप्रिय बना दिया। इधर युद्ध के लिए आह्वान, उधर मन्दिर निर्माण के शिल्पियों को आह्वान, गांव-गांव में युवक घर-बार छोड़कर राजकार्य में एक होने को तत्पर हो उठे। कोई यवनों से युद्ध में मोर्चा लेने जा रहा है, तो कोई पत्थर पर छैनी-हथौड़ी से चोट कर रहा है। किसी के मन में ग्लानि नहीं। युद्ध और मन्दिर निर्माण दोनों उत्कलीयों के कर्त्तव्य थे, महान् आदर्श थे। राजा और देश दोनों उनकी आत्मा के अंग थे। राजा अपने प्रभावशाली व्यक्तित्व के बल पर जनता के हृदय पर शासन कर रहे थे।

महाराजाधिराज के पास सारी क्षमता होते हुए भी वे मंत्रि-परिषद् के परामर्श से ही क्षमता का उपयोग करते। परिषद् के सोलहों मन्त्रियों को वे समान आदर देते। देश में जाति विभाग के अनुसार कर्म एवं दायित्वों का बंटन हुआ था। फिर भी हर श्रेणी के लोगों की रीति नीति के प्रति आदर था। ऐसे प्रजावत्सल महाराज का आदेश कोई उल्लंघन करता?

परमार्दि देव सामंतराय मुगलों से युद्ध में पहले भी अपनी क्षमता का परिचय दे चुके थे। वे सेनापति ही नहीं महाराज के बहनोई भी थे—उनकी बहन चंद्रिका देवी के पति। उजबेक बंगाल का शासक बनने के बाद बार-बार धौंस दिखाता था, हमला करता रहता था। आखिर दिल्ली के बादशाह से मदद मांगी। इस पर युद्ध की परिस्थिति ही बदल गई। युद्ध में सेनापति की मृत्यु हो गई। आधी रियासत फिर मुसलमानों के हाथ में चली गई। एक बार तो नरसिंह देव बहनोई के मरने पर टूट गए। लेकिन युद्ध से टले नहीं। अंत तक मुसलमानों को उत्कल सीमा

में नहीं आने दिया। कहते हैं राढ़ और वरेन्द्र देश की यवन स्त्रियों के क्रन्दन से आंख के बहे काजल ने गंगा की धार को दूर तक श्यामवर्णी बना दिया। लगा जैसे नरसिंह की अलौकिक वीरता और अद्भुत पराक्रम देख तरंगें स्तब्ध हो गईं। फलतः गंगा जल भी यमुना के श्याम जल में परिपूर्ण हो गया, अनेक ताम्रपत्रों पर नरसिंह देव की यह कीर्ति खुदी मिलती है।

विष्णु महाराणा ने गहरी सांस छोड़ी। मन ही मन गुनगुनाए, "कहां गए वे दिन! कहां गए नरसिंह देव जैसे नरपुंगव? नरसिंह तो अर्जुन जैसे योद्धा, वृहस्पति जैसे शास्त्रज्ञ, कर्ण से दानी, भीम की तरह बली, युधिष्ठिर की तरह स्थिरमति, भीष्म जैसे अटल एवं कंदर्प जैसे सुन्दर थे। शत्रु उनके आगे निष्प्रभ हो जाते, हार मानते। अपने बाहुबल से अनेक राज्य जीते थे। इस प्रकार विपुल धन रत्न जमा कर लिया। वह सारा धन भोग विलास में लगाने की जगह दान-धर्म में खर्च करते रहे। उन्होंने तुलादान भी कराया। पिता की इच्छा और मां की मनौती पूरी करने की इच्छा थी। सत्ताईस वर्ष के शासन में रणदुंदुभि बजती रही। साथ में धर्म, साहित्य और स्थापत्य का स्वर्णयुग भी चलता रहा। तब नरसिंह देव की दिग्विजय चारों ओर व्याप्त थी। प्रजा यवनों के अत्याचार के प्रति सचेतन थी। फिर भी राजा के बाहुबल पर भरोसा कर निर्भय और आनन्द से रह रही थी।

"कल की तरह लगती हैं सारी बातें", विष्णु महाराणा भावाविष्ठ हो जाते, ध्यानस्थ होते। अब कुछ दिन विश्राम लेंगे। चार्ल्स और प्राची उनकी सारी बातें लिपिबद्ध करते रहे।

बुढ़िया कुशभद्रा कई दिन हुए कोणार्क परिसर में आ ही नहीं रहीं। चित्रोत्पला कह रही थी, "कुसुमी दादी ने चारपाई पकड़ ली है।" फूल लेकर कोणार्क आते समय चित्रोत्पला हमेशा कुसुमी दादी को देख कर आती। उसके लिए पथ्य बना आती। लौटते समय फिर देखने जाती। उसकी सेवा करती। बुढ़िया आशीष देती, "चितरी...तुझे भला घर और भला वर मिले! बेटे—पोतों से भरा संसार हो। उनकी हजारी उमर हो? तू सदा सुहागन बनी रहे..."

बुढ़िया के आशीष कहते-कहते चितरी आंचल दांतों में दबा कर हंसती। लाल साड़ी के आंचल से फीका रंग जरा-सा मानो उसके गालों पर पुत जाता। मन ही मन कहती—अभी शादी भी नहीं, बुढ़िया बेटे-पोतों की आशीष दे रही है! फिर हंस पड़ती। वर्षा के पानी की तरह तरल हंसी उसके हृदय से होठों तक बह आती। बुढ़िया के आशीष को अनुभव कर वह खुशी में भर जाती। प्राची इसे समझ पाती है। चितरी की बात प्राची समझा देती चार्ल्स को। चार्ल्स थोड़ा हंस कर टूटी-फूटी हिंदी में पूछता, "कब शादी होगा?"

चितरी लजाकर कहती, "इस साल नहीं। बापू ने अभी दहेज का जुगाड़ नहीं

किया।"

चार्ल्स हंस कर कहता, "बिना दहेज के कोई मिले तो शादी होगी ?"

चितरी अचंभे में पूछती, "बिना दहेज के शादी ?"

"हां ! हां !" चार्ल्स हंस पड़ता।

चित्रा मुंह सुखा कर कहती, "तो बूढ़ा-ठेरा होगा। या फिर दो-चार औरत पहले से होंगी।"

चार्ल्स हंसता, "नहीं, बूढ़ा नहीं, जवान ! सौ औरतों से मिला हो पर शादी एक भी नहीं की अब तक !"

"तो फिर बीमार या बदसूरत या फिर निकम्मा होगा।" चितरी खीझ में भर कर कहती।

चार्ल्स चुटकी ले कर कहता, "न बीमार और न बदसूरत ! ठीक मेरी तरह ! मैं कैसा दिखता हूं ?"

चित्रोत्पला आकाश से गिर पड़ती। आंख फाड़े, जीभ दबाये कहती "उई ! यह क्या ? तुम ! सा'ब आदमी !"

"साहब क्या आदमी नहीं होते ?" चार्ल्स पूछता।

"पर वे तो उड़ती चिड़िया हैं।" चित्रा कहती।

चार्ल्स चिरौरी करता, "उड़ने का मज़ा तुम नहीं जानती। एक बार उड़ना जान लोगी तो फिर बन्धन के लिए मन नहीं होगा।"

अब तक प्राची सब सुनती। गम्भीर हो जाती। चित्रा प्राची की ओर असहाय हो कहती, "इन सा'ब की बातें मैं तो नहीं समझती। तुम्हीं समझाओ। ये बातें सुनूंगी तो बापू फूल बेचने नहीं भेजेंगे। इस वर्ष फूल बेचकर कुछ रुपयों की उन्हें मदद करती विवाह के लिए !"

प्राची चार्ल्स को समझा देती, 'चार्ल्स ! चित्रा उमर में छोटी है, पर बच्ची नहीं। विवाह की उमर हो गई है उसकी। हमारे देश में विवाह के बारे में लड़कियों से ऐसा हास-परिहास नहीं किया जाता। इस में लड़कियों को बहुत बुरा लगता है। गांव-गली वाले ऐसी बातों को तुरन्त पकड़ लेते हैं। इन बातों की तुम्हें जानकारी रहनी चाहिए। वरना हंसी करते-करते खांसी करा बैठोगे। मुश्किल में पड़ जाओगे।"

चार्ल्स शांत स्वर में कहता, "मैं तो रोज मुश्किल में पड़ने की सोचता हूं। पर मुश्किल आती ही नहीं !"

"विपद की क्यों सोचते हो ? क्या पगले हो गए हो ?" प्राची हंस पड़ती।

चार्ल्स वैसे ही कहता, "विपद में पड़ने पर ही स्नेह, सहानुभूति आदर मिलता है। उस दिन तुमने मुझे विपद में से हाथ पकड़ खींच लिया था। वैसा मौका अब शायद ही कभी आये।"

प्राची जी भर कर हंसती रही। धीरे से बोली, "चार्ल्स तुम बहुत मज़ेदार आदमी हो। हर बात में रसिक हो। मगर सब लोग तुम्हें ठीक से समझ नहीं सकेंगे।"

"तुम्हीं कौन ठीक से समझ सकी हो?" चार्ल्स ने पूछा।

प्राची ने उदार स्वर में कहा, "मैंने तुम्हें ठीक समझने की चेष्टा की है, चार्ल्स! खैर, मेरे समझने न समझने से तुम्हारी ज़िन्दगी में कोई फ़र्क नहीं पड़ता। वरन् लिलियन के समझने न समझने के बारे में निश्चित होना चाहिए।"

चार्ल्स ने लापरवाही से कहा, "लिली को नया साथी मिल गया है। वहां वे खूब घूम रहे हैं। झाऊ के वनों में। मुझे लेकर उसे अब कोई चिन्ता नहीं। मैं उससे अब करीब-करीब मुक्त हूं।"

चित्रा अपनी बड़ी-बड़ी आंखों में कुतूहल भरे उनकी बातें सुनती रही! छोटी लड़की के आगे लिलियन की नई साथी के बारे में चर्चा करने की इच्छा न थी। बात बदल कर प्राची ने कहा, "तुम चित्रा से क्षमा मांगो, चार्ल्स! उसका अपमान किया है तुमने।"

"मुझे अफसोस है!" कह कर चित्रा का हाथ पकड़ लिया चार्ल्स ने, "माफ करना! तुम्हारा विवाह जल्दी हो। मैं खूब नाचूंगा इस शादी में। अब मुझे फूल दोगी..."

चित्रा ने धीरे-से हाथ सरका लिया। रजनीगंधा की माला चार्ल्स के हाथ में बढ़ा दी। पैसे देकर माला लेते हुए उसने कहा, "तुम्हारी शादी होने तक फूल खरीदूंगा। ज़रूरत हो या न हो—कम से कम तुम्हारे विवाह के लिए इतना तो कर सकता हूं!"

चित्रा कृतज्ञता भरी निगाह में देखती रही। लाज में भर कर कहा, "पता नहीं मेरे ब्याह तक यहां रहोगे भी या नहीं...तुम ठहरे सा'ब आदमी, तुम्हारा क्या ठिकाना?"

चार्ल्स ने हंस कर कहा, "तब तक इंतज़ार करूंगा, चित्रा! कहीं कितने दिन भी ठहरूं, मुझे क्या फर्क पड़ता है?"

चित्रा ने खुशी में भरकर कहा, "अब तुम्हारे लिए चुन-चुन कर महकते फूल लाऊंगी! तुम सदा कीमत कुछ अधिक देते हो!"

चार्ल्स ने मधुर स्वर में कहा, "तुम्हारे फूलों का मोल तुम भी नहीं जानती। इनका दाम कोई दे सकता है? ये तो अनमोल हैं, चित्रा?"

चित्रा हंसते-हंसते बेदम, "सा'ब भी कैसे बौरा गए हैं! लो, फूलों का भी मोल नहीं दे सकते! हमारी क्यारी में तो गुच्छे के गुच्छे खिले हैं,...फूल भी कोई अनमोल..."

चार्ल्स मुग्ध दृष्टि में चित्रा का सरल निष्पाप भोला-भाला सौंदर्य मन ही

मन अनुभव कर रहा है।

प्राची ने रसिकता में कहा, "बस चार्ल्स। यों गंवारों की तरह लड़कियों को घूरना भी हमारे देश में अच्छा नहीं समझते। इसमें उनकी बेईज़्ज़ती होती है।"

चार्ल्स ने चित्रोत्पला से नजरें हटा लीं, "इन अदब-कायदों में पड़कर ही तो ये लड़कियां कम उमर में तुम्हारी तरह निष्प्राण हो जाती हैं।"

प्राची निष्प्राण किसी मूर्ति की तरह चुप रह गई। चार्ल्स की बात को टाल गई।

कोणार्क-पुरी तट के रास्ते के दोनों ओर घने झाऊ का जंगल। यही रास्ता कोणार्क और पुरी को सीधे जोड़ता है। इस रास्ते पर कोणार्क से रामचंडी तक चलना बहुत आनन्द देता है।

प्राची और चार्ल्स आगे-पीछे चले जा रहे हैं इसी राह पर। आगे चल रहा है धर्मानन्द। उसके पीछे है चित्रोत्पला। चार्ल्स और प्राची साथ-साथ चलने लगे थे। मगर अब प्राची बहुत पिछड़ गई है। चार्ल्स लम्बे-लम्बे डग भर कर चल रहा है। वे कुशभद्रा बुढ़िया को देखने जा रहे हैं। रामचंडी मन्दिर के पिछवाड़े में झोंपड़ी बना कर पड़ी है। रामचंडी के प्रसाद में से मुट्ठी-आध-मुट्ठी मिल जाता है पुजारी से। बुढ़िया का काम चल जाता है इसी में!

चित्रा से बुढ़िया की अस्वस्थता की बात सुन प्राची कुछ परेशान हो उठी। बुढ़िया से कई बातें जाननी थीं। बुढ़िया जो कुछ जानती है—बहुतों को पता नहीं। डिब्बे में सहेज कर रखी रेशमी साड़ी की तरह बुढ़िया कहानियों को सहेज कर रखा करती है। मौके-बेमौके कहानी का पिटारा खोलती—कोई जब अनुरोध करता। बुढ़िया के मुंह से पुरानी बातें सुनने के लिए चार्ल्स ने आग्रह दिखाया है। फिर बुढ़िया के प्रति चार्ल्स के मन में एक और भावना जगी है—उस पहली ही भेंट-मुलाकात की अनुभूति के कारण।

कुशभद्रा को देखने लिली नहीं आयी। जब चार्ल्स ने बुलाया, कहने लगी, "उस सड़ी-गली बुढ़िया में क्या रखा है? काफी उमर हो गई। बीमार होना ही है। समय चुकने आया—जितनी जल्दी खत्म हो उतना ही अच्छा। जीवन है ही मौज-मजलिस के लिए। जहां दुःख-दर्द—वहां मृत्यु ही जीवन से अधिक काम्य बन जाती है।"

चार्ल्स आया तब लिली खीझ उठी। कहा, "चार्ल्स! मेरा ख्याल था कि तुम मौज-मजलिस के लिए इंडिया आये हो। मगर यहां तो तुम दुःख-दर्द की खोज कर रहे हो। इंडिया में आंख खोलते ही दुःख के ढेरों चित्र मिल जायेंगे। यहां दुःख को ढूंढ़-ढूंढ़ कर पांवों को दुखाने में क्या तुक है?"

लिली नए मित्र के साथ पीछे रह गई। लेकिन चार्ल्स प्राचीप्रभा को लिए आगे बढ़ गया।

कुशभद्रा नदी के मुहाने के पास छोटे-से मन्दिर में रामचंडी की पूजा होती है। गर्भगृह में छोटा-सा सिंहासन है। उस पर रामचंडी की दस भुजा महिषमर्दिनी दुर्गा मूर्ति है। देवी के पूजा-अर्चन के लिए पहले किसी जमींदार ने पाँच एकड़ ज़मीन रख दी थी! वनदुर्गा मंत्र से पुजारी देवी की अर्चना करते। प्राची ने दीप जला कर गलवस्त्र हो देवी को प्रणाम किया। चार्ल्स बाहर इंतज़ार करता रहा। प्राची की ओर देखता रहा। यहां के पुजारी-पंडे प्राची को पहचानते हैं। प्राची की मौसी कोणार्क में रहती है। गवेषणा के लिए मौसी के यहां ठहरी है वह। कई बार वह रामचंडी उसी सिलसिले में आयी थी। कोणार्क से पांच किलोमीटर दूर लिआखिया के पास खालकटा पाटना की अधिष्ठात्री खालकोठी देवी के दर्शन भी करती।

पुजारी ने प्राची के माथे व मांग में देवी का सिंदूर लगाकर आशीर्वाद दिया। दक्षिणा देकर बाहर आ गई। चार्ल्स आश्चर्य में उसे देखता रहा।

प्राची ने पूछा, "क्या घूर रहे हो?"

चार्ल्स ने कहा, "तुम्हारे देश में तो सिर्फ सधवा ही मांग में सिंदूर लगाती हैं! पुजारी ने तुम्हें विवाहिता के रूप में भ्रम में कैसे लगा दिया?"

हंसकर बोली, "मांग का सिन्दूर पति का प्रतीक है। पुजारी को भ्रम हो गया तो यह सिन्दूर जगन्नाथ को उत्सर्ग कर रही हूं। जगन्नाथ मेरे स्वामी हैं। मेरे प्रभु हैं। इसमें कोई आपत्ति?"

चित्रा कुछ दूर इन की बातें सुन रही थी। हंस कर बोली, "दीदी! सदा तो सा'ब के संग फिरती हो। लोग सोचते हैं उनसे ब्याह हो गया। शायद पुजारी को यही भ्रम हो गया है।"

चित्रोत्पला एक गुच्छा करवी के फूलों का लिए हंसती रही। प्राची का चेहरा करवी के लाल गुलाबी फूलों की तरह सुर्ख हो गया। वह गुस्से में बोली, "छोटी हो कर लोगों की वाहियात बातें सुनती है? कभी ऐसी बात मेरे कान में तो नहीं पड़ी।" चार्ल्स चित्रा की बातें कुछ-कुछ समझ रहा है।

रसिकता में भर कर पूछा, "भारतीय नारी की मांग का सिन्दूर स्वामी का प्रतीक है। पत्नी की मांग में पूजा पाकर भारतीय पुरुष वास्तव में गौरवान्वित होता है। इसमें स्वामित्व का एक खास अहंकार है—जो हमारे यहां नहीं होता। कभी-कभी उस अहंकार को देख मन में लोभ उतर आता है।"

हंस कर प्राची बोली, "लोभी और अहंकारी पुरुषों को मैं नहीं सह पाती।"

चार्ल्स ने आंतरिकता में कहा, "इंडिया में आकर मेरे जैसे वाहियात आदमी का यायावर मन भी कई चीजों की ओर लोभातुर हो जाता है। हालांकि मेरा

अहंकार कदम-कदम पर तुम्हारे पास ठोकर खा कर टूट रहा है। सचमुच इंडिया कितना अज़ीब है!"

अज़ीब बातें कह रही है कुशभद्रा मौसी। पुरी-कोणार्क तटभूमि के रास्ते पर कहते हैं कोई रूपसी सुन्दरी की छायामूर्ति घूमती रहती है। वह छाया किसी रमणी की अतृप्त आत्मा है। वह अपनी कहानी कहती है—मगर, सच्चे जी से कोई नहीं सुनता। सब डर से दूर चले जाते हैं। कुशभद्रा उसे पहचानती है। अतः डरने का सवाल ही नहीं। बिचारी सोयी थी इतने वर्ष हुए। चुपचाप। कोई उसे जानता ही न था। इतिहास के पन्नों में उसका कहीं अता-पता न था। कोणार्क के निर्माण में उसके त्याग की बात किसे याद थी? चन्द्रभागा की धसान भरी बालू में उसकी कहानी कहीं दब गई थी। सदियों बाद वह जाग उठी है। क्यों?

कुशभद्रा मौसी रहस्यों का खजाना है। अशरीरी आत्मा क्यों जाग उठी सो भी जानती है। जो एक और अजीब कहानी है। कोणार्क से सात किलोमीटर दूर गोलरागढ़ के यदुपर में कादुआ नदी है। उसके किनारे चित्रेश्वरी पूजी जाती है। बहुत वर्ष हो गए। यात्रियों के पीने के पानी की सुविधा के लिए गांव वाले कुआं खोद रहे थे, उसी में ताम्रपत्र मिला। पांच फर्द का है। किसी शतायु बूढ़े ने उसे पढ़ा। उस बारे में और गवेषणा होती, जांच-पड़ताल होती, इससे पहले ही ताम्रपत्र ठठेरों द्वारा लौटा लिया गया और किसी बर्तन में बदल गया। ताम्रपत्र की बात अज्ञात ही रह गई। बूढ़े की बात पर कोई विश्वास नहीं करता। लेकिन ताम्रपत्र में जो कहानी पढ़ी थी उसे सुनकर कुशभद्रा ने विश्वास किया था। ताम्रपत्र की बातों से कुशभद्रा मौसी की अपनी सास, ददिया सास के मुंह से सुनी बातें मेल खा जाती हैं।

ताम्रपत्र में कोणार्क निर्माण पर एक मार्मिक घटना का वर्णन था। साथ में महाराज नरसिंह देव के गुणों का वर्णन था। कुछ और गहरे खोदा तो एक पत्थर की मूर्ति निकली। मूर्ति के बारे में खास उत्सुकता न थी। कोणार्क इलाके में ऐसी कारीगरी वाली सैकड़ों मूर्तियाँ माटी तले दबी पड़ी हैं। कोणार्क के पास टूटी मूर्तियां आकाश की ओर ताकतीं मानो उससे स्वीकृति मांग रही हैं। माटी खोदते समय पत्थर की मूर्ति पाने के ये लोग अभ्यस्त हो गये हैं। वह मूर्ति वर्षों तक पड़ी रही काटुआ नदी की बालू में। गांव के बच्चे उसके माथे पर सिंदूर लगा, दो-चार फूल रख पूजा करते। वह एक अधखिले फूल पर प्रतिष्ठित थी। कमल की पंखुड़ियों में से मुदित नेत्रों में उसकी भंगिमा खिल उठती। मूर्ति के नीचे लिखा था, 'चन्द्रभागा! उसकी मुखशोभा अनन्य!'

वह कालक्रम में दब गई। वहीं तुलसी का पौधा उगा। गांव की औरतें नहा-धोकर तुलसी में पानी देकर आतीं। लोग कहते वह मूर्ति गांव में हाथ जोड़ने की मुद्रा में आज भी दिख जाती है तुलसी के पास।

चंद्रभागा नाम की प्रतिमा कभी हाड़मांस की कोमल तरुणी भी थी—यह कोई कैसे सोच सकता है ?

खुदाई पूरी नहीं हुई थी। पुजारी को स्वप्नादेश हुआ—काम रोक दो, खुदाई बन्द। अबकी कुछ दूरी पर खुदाई शुरू हुई। पानी की झरी खुल रही थी। अजीब घटना हो गई। माटी में से बहुत पुराना नरकंकाल निकला। दब कर पत्थर हो गया था। सबने सोचा, कादुआ नदी-तट का श्मशान रहा होगा। नारी युवती और विवाहिता थी। कंकाल के बाएं पांव की उंगली में चांदी का छल्ला लगा था।

लोगों का अनुमान सच में बदल गया जब वही बात अंग्रेजी नृतत्वविद ने बतायी। वे कोणार्क घूमने आये थे। वहां कंकाल मिलने की बात सुनी।

कौतूहलवश उसे देखा, बताया, "यह तो तेरहवीं सदी का है। युवती का है।" गौर कर बताया यह जरूर सुघड़ देह रही होगी।

कादुआ नदी के किनारे वह कंकाल कई दिन यों ही पड़ा रहा। अचानक एक रात वह गायब हो गया। लोगों ने सोचा कादुआ नदी के ज्वार में अचानक बह गया होगा। राहत की सांस ली। चिंता मिटी—कंकाल की अपने आप सद्गति हो गई।

कुशभद्रा जिस उत्कंठा से बात कह रही थी उससे अधिक उत्कंठा थी चार्ल्स और प्राची में।

बात के बीच में प्राची ने दबे स्वर में कहा, "मौसी ! ये भूत-प्रेतों की बात छोड़ो। कोणार्क के बारे में जो कहानियां अथवा लोक मुख से सुनी बातें जानती हो, वो बताओ। हमें पहले वो सुननी हैं।"

बुढ़िया ने म्लान हंसी में कहा, "यहीं से तो कोणार्क की बात शुरू होती है। मैंने सुनी अपनी ददिया सास से, उसने अपनी सास-ददिया सास···उसने अपनी ददिया सास से···यों कितने युग बीते हैं। पर मेरी कौन मानता है ?"

चार्ल्स ठहरा यायावर। एडवेंचर उसे अच्छे लगते हैं। उसने उत्कंठा में पूछा, "फिर कंकाल कहां गायब हो गया रातों रात ?"

बुढ़िया ने सिर हिला कर कहा, "गायब ही हो जाता तो बात वहीं खत्म ! सो हुआ कहां ?"

"तो फिर ?"

मानो अपनी आंखों के आगे हुई घटना का दृश्य याद कर रही है। कुछ उसी अंदाज में वह बहुत गहरे से देख कर कहने लगी:

"तब कोणार्क का आकाश अंधकार में ढका था। तीन सदियों की उपेक्षित, अंधेरी अवधि में चुपचाप पड़ा रहा कोणार्क। चारों ओर घेरे हैं जंगल। उस झाड़-जंगल में फिरता रहा चांदनी रातों में कंकाल। वह दूर से ही कोणार्क के भग्न भाग को स्थिर निगाह से देखता रहता। पंजर से गहरी सांस छोड़ता। वह सांस घने अरण्य के पत्ते-पत्ते को हिला कर रख देती। लोग कहते, कोणार्क आंसू बहा रहा है अपने शिल्पी को याद कर। कंकाल कभी-कभी राजा नरसिंहदेव को स्मरण कर अपने हड़ीले हाथ उठा कर कोणार्क को प्रणाम करता। अचानक कोई निकट से देखता तो विस्मय में भर जाता—आंखों के गड्ढों में वहां दो पद्म सरीखी आंखें हैं। वहां दो बूंद आंसू छलछला रहे हैं। अचंभे में भर उठते। कंकाल की आंखों में इतनी माया-ममता! इतनी मादकता! लगता यह जरूर किसी युवती का है। ऐसी मनोरम आंखें किसी रूपसी की ही रही होंगी।

कभी किसी का कुछ नहीं बिगाड़ता। उसे देख कर लोग इतने विस्मय में भर जाते कि भय वहां भूल जाते।

···"उसी अंधेरे युग की बात है। दोनों ओर सागर-तट पर मीलों में घना जंगल उग आया था। कोणार्क मन्दिर का पतन हो चुका था। वहां से मुख्य सूर्य-मूर्ति अपसारित हो चुकी थी। अतः पूजा-अर्चना बंद। बंदरगाह में वाणिज्य-व्यवसाय पहले ही बंद हो चुका था।

"अतीत की कोणार्क नगरी उजाड़ हो गई थी। अब घोर जंगल घेरे थे उसे। परित्यक्त कोणार्क डेढ़ सौ वर्षों तक वनैले जानवरों का आश्रय स्थल रहा। इतना ही नहीं बालू एवं पत्थरों में अधिकांश दब-पुत गया। पृथ्वी का वह कला-सूर्य अब किसी प्रेतपुरी की तरह भय पैदा करने लगा। गांव वालों में आतंक भर जाता। नाट्यशाला, मायादेवी का मन्दिर और परिक्रमा के अन्यान्य मन्दिर बालू में दब कर निश्चिन्ह हो गये। बस मुखशाला का आधा भाग ऊपर दिखाई देता। कोणार्क की आत्मा घुटी—सांस चीखती। उसी भयंकर परिवेश में फिरता वह कंकाल। निर्जन रात में किसी की हूक तैर आती। लोग कहते—कंकाल रो रहा है। कोणार्क की असंख्य शिलाओं के बीच सैकड़ों शिल्पियों की आत्मा रो रही है!"

"अभिशप्त किसी किन्नर की तरह तीन सौ वर्ष तक कोणार्क परित्यक्त रह गया। तीन सदियों तक वह कंकाल रखवाली करता रहा उस अनचाही, अनावश्यक लाडली संतान की। कोणार्क के उद्धार के बाद फिर कंकाल कहीं नहीं दिखा। लोगों के परोक्ष में घूमता फिरता। दूर से ही देखता अपने प्रिय कोणार्क को। कंकाल की रुलाई अब और नहीं सुनाई पड़ती। कोणार्क के अतीत की तरह कंकाल को भी लोग भूल गए थे। मगर तेरहवीं सदी के उस कंकाल का फिर आविर्भाव हुआ है।" इसी बात को प्रमाणित करना चाहती थी बुढ़िया कुशभद्रा!

उड़ीसा के मानचित्र में एक छोटा-सा त्रिभुज है: पुरी, कोणार्क और भुवनेश्वर। कोणार्क तट पर पांच किलोमीटर जाने के बाद चंद्रभागा चौराहे से रामचण्डी मन्दिर तक सागर किनारे रास्ता फैला है। वहां से छब्बीस किलोमीटर तक घना जंगल है। वहां जगन्नाथ जी तक जाने का रास्ता पाना भी मुश्किल! बाकी चौदह किलोमीटर छदूतना, गोप रास्ते में मिल गया है।

कोणार्क का विकास करने के लिए साढ़े तीन करोड़ रुपये खर्च कर कोणार्क बेलाभूमि रास्ता बनाया गया है। स्वर्ण त्रिभुज को पर्यटन क्षेत्र के रूप में विकसित करने के लिए पहला कदम। रास्ता खुलते ही, लेकिन हफ्ते-भर में कैसी अजीब घटना हो गई! अफवाह फैल गई कि तेरह किलोमीटर सड़क बरसात में बह गई! बालीघाई चौराहे से कोणार्क की ओर तेरह किलोमीटर तक दोनों ओर चौदह फुट चौड़ी बालू अचानक ग़ायब! कहते हैं कुशभद्रा ने गति पथ बदल दिया। अतः चन्द्रभागा से रामचण्डी मन्दिर तक कुछ रास्ता टूट गया है। मगर अचानक कुशभद्रा ने यह गति परिवर्तन क्यों किया?

लेकिन बड़े-बूढ़ों का कहना है—इस क्षति के पीछे उस अशरीरी कंकाल का हाथ है। सात-सौ वर्ष घोर जंगल में छुपा रहा—अपने प्रिय कोणार्क की रखवाली करता रहा। जंगल में रास्ता बनने से कंकाल की शांति में बाधा पड़ी है। उसकी एकाग्रता नष्ट हो गई। अतः बेलाभूमि के रास्ते में वह रुकावट पैदा कर रहा है। मानो निर्जन रात में सागर की लहरों में स्वर मिलाकर अट्टहास कर रहा हो। झाऊ वन की मर्मर ध्वनि में कहता है, "हे कोणार्क के शिल्पियों के वंशजो, सात सौ वर्षों का भग्न यह कोणार्क आज भी कला-कुशलता का प्रमाण संसार को दे रहा है। अचंभे में भर देता है सबको। मैं सदियों से इसकी रखवाली कर रहा था। धूप, वर्षा, आंधी-तूफान में घना झाऊ वन ही मेरा आश्रय था। तुम अगर कोणार्क की रक्षा कर नहीं सकते, मेरी शान्ति क्यों तोड़ी? मेरी एकाग्रता को नष्ट क्यों किया? कोणार्क टूट रहा है—धीरे-धीरे गिर रहा है सुरक्षा की कमी से। अब मेरी आत्मा को शान्ति कौन देगा? मेरी मुक्ति कैसे होगी?"

आकाश की ओर देख कुशभद्रा मौसी चुप रही। उसकी बोली बंद हो गई। अब जुबान नहीं खुलेगी।

सच हो या झूठ, कोणार्क के निर्माण के बारे में एक महत्त्वपूर्ण स्रोत सूख गया।

कोई कीमती पदार्थ हाथ से चले जाने की तरह चार्ल्स और प्राची को बहुत हताशा हो रही थी।

चार्ल्स का मन कर रहा था कुशभद्रा के हृदय की चाबी लाकर उसके कहानी के खजाने में प्रवेश कर कहीं खो जाता।

इंडिया में ऐसी अनेक किस्से-कहानियां उसे सच लगते।

कुशभद्रा संकेत कर बुला रही है चार्ल्स को। चार्ल्स उसके और करीब हो गया। बुढ़िया इंगित में कह रही है—इस पल्लू में बंधी गांठ खोल लो। चार्ल्स थोड़ा संकुचित हो रहा है। प्राची ने आगे बढ़कर गांठ खोली। क्या है इसमें? बुढ़िया के दिल की चाबी?

डिबिया खोल कर देखा तो विस्मय में भर गई प्राची। उसमें छोटी-सी लोहे की एक चाबी है। चार्ल्स सोच रहा था क्या इंडिया में लोगों के हृदय की चाबी इतने सहज मिल जाती है?

मौसी ने कैसे जान लिया कि चार्ल्स चाबी ढूंढ़ रहा है! बुढ़िया चार्ल्स को बेटा कहा करती है। लगता है, यहां मां बेटे के मन की बात बड़ी आसानी से पढ़ लेती हैं।

चार्ल्स के हाथ में चाबी दे दी प्राची ने। वह रोमांचित हो उठा। चाबी लेकर प्राची से पूछा, "क्या करूं?"

कुशभद्रा ने फिर संकेत किया घर में रखी जीर्ण-शीर्ण छोटी बक्सा की ओर।

चित्रा ने उत्साह में भर कर कहा, "इसमें खाली सोने की मुहरें हैं! राजा नरसिंह देव ने कोणार्क शिल्पियों को उपहार में दी होंगी—बुढ़िया युगों से बेटों की धरोहर रखे है। बेगुनिया गांव के दक्षिणेश्वर मन्दिर के पास इसके पूर्वज रहा करते थे। गांव छोड़ कोणार्क के पास खेरंग गांव आ गई। आते समय बक्सा एक मजदूर के सिर लाद लाई बताते हैं। बुढ़िया इस की रोज पूजा करती है। संध्या दीप जलाती है।

दोनों बक्सा देख रहे हैं। ऊपर वहां वर्षों से सिंदूर के दाग। कुशभद्रा की पुरानी काया पर मकड़ जाले की तरह बक्सा में चंदन के छींटे पर्त दर पर्त हैं।

बुढ़िया खोलने को कह रही है। चार्ल्स चुपचाप बैठा है। अगर चित्रा का कहना सच हो तो भी वह गोल्ड मोहर का क्या करेगा? ऐसे अनधिकार काम में क्यों हाथ डालना? वह सोच रहा है—अगर इन में से एक दान कर देती तो उससे चित्रोत्पला के विवाह में लगा कर खुद को धन्य मानता। पुण्यभूमि भारत पर वही उसका पुण्य कार्य होता। मगर वह म्लेच्छ है, विदेशी है! मृत्युपथ की यात्री बुढ़िया पुण्य कमाने उसे सोने की मुहर देगी?—असंभव है!

प्राची ने चाबी लेकर बक्सा खोली। बहुत कठिनाई से वह जंग खायी बक्सा खुली।

वहां कोई मुहर नहीं। अनमोल रत्न थे।

पर्त दर पर्त सात पर्त रेशमी वस्त्र में ढंके ताड़ पत्रों का गुच्छ है! कोई ताड़पोथी होगी!

चित्रा मुंह बिचका कर हंस पड़ी, "तो ये ताड़ पत्ते ही धरोहर थे? जिन्हें सिंदूर, धूप, फूल देती रही! बुढ़िया का दिमाग़ खराब हो गया था!"

चार्ल्स भावावेश में बैठा देख रहा है। प्राची ने कहा, "इतने युगों की संचित पोथी आखिर साहब के हाथ में सौंप गई कुशभद्रा! चार्ल्स पर इतना विश्वास --इतनी आस्था!"

चित्रा ने कहा, "हमेशा इसे जब पोंछती तो कुशी मौसी गुनगुनाकर कहती— "चितरा! इसमें सोने की मुहर हैं! जिस पर विश्वास आयेगा उसी को सौंप कर जाऊंगी मरने से पहले। जिसे दूंगी—वह इसे बेच-बाच न खा जाय! पूजा करे—ठीक मेरी तरह। इसमें मेरे बेटे-पोतों के वंश की गौरव कथा लिखी है। सोने के पत्तों में इस जाति की कहानी लिखी है..."

चित्रा हंस पड़ती, बोलती :

"ताड़पत्र की पोथी और सोने की मुहर?"

प्राची ने खूब सावधानी से पोथी समेटी और माथे से लगाया। चार्ल्स ठंडे पड़ रहे बुढ़िया के हाथ को कस कर थामे था। कह उठा, "मां, मैं वचन देता हूं— इस जाति की महान् परम्परा की पूजा करूंगा। उसे सम्मान दूंगा।"

प्राची ने बुढ़िया के मुंह में निर्माल्य जल[1] देने को कहा। चित्रा निर्माल्य जल तुरन्त ले आयी। चार्ल्स ने दो बूंद बुढ़िया के मुंह में डाल दिये। बस, उसने परम शान्ति से आंखें मूंद लीं। चार्ल्स की आंखों से कुछ बूंद आंसू झर पड़े बुढ़िया के ठंडे माथे पर।

चार्ल्स ने धीरे से कहा, "मैं मुखाग्नि दूंगा। किसी को आपत्ति तो नहीं होगी?"

प्राची ने भीगे स्वर में कहा, "कुशभद्रा मौसी जाति, धर्म, वर्ण आदि हर तरह के वितर्क से ऊपर थीं। तुम मुखाग्नि दोगे तो उसकी आत्मा को शान्ति ही मिलेगी। उड़ीसा है भी तो जगन्नाथ का देश! सर्व धर्म समन्वय का पीठ!"

चिता से धुआं उठ रहा है आकाश की ओर। आकाश ही आकाश से वह मिल जाती है शून्य में। महाशून्य में शुभ्र सूर्यालोक में स्याह धुआं धीरे-धीरे लीन होता जा रहा है। श्याम और शुभ्र में कोई सीमा रेखा नहीं रह जाती वहां!

चार्ल्स सोच रहा है परमात्मा अद्वितीय है, आत्मा एक है। जाति, धर्म, वर्ण से हट कर हर आदमी समान है। पृथ्वी सबकी है—फिर भी आदमी-आदमी में इतना भेद-भाव!!

कोणार्क के धूनीगृह में विष्णु महाराणा ने पोथी खोली। कुशिया के वंश वाले भास्कर थे। पता नहीं कितनी पीढ़ी पहले लिखा है अनुभूतिपूर्ण कोणार्क का इतिहास! उसके बाद वंशधरों ने इष्टदेव की तरह इसे सहेज कर रखा, पूजा है।

1. जगन्नाथ जी के महाप्रसाद में थोड़ा जल डाल वह मुंह में दिया जाता है।

पोथी जीर्ण होने पर फिर उसे नये ताड़पत्रों पर नकल उतारी। पुरातन जीर्ण पोथी को चन्द्रभागा के मुहाने में विर्सजित कर देते।

यह पोथी सौ वर्ष पहले लिखी गई है। कुशभद्रा के शिल्पी पति लक्ष्मण महाराणा ने लिखा है। बालविधवा हो गई थी, जीवन-भर-पति के हाथ की लिखी ताड़पोथी की पूजा करती रही। जब ससुराल आई तब वहां बुढ़िया की सास और एक देवर जीवित थे। वे भी दो वर्ष में आगे-पीछे होकर चले गए। तब से बूढ़ी अकेली है। न परिवार न संतान। बुढ़िया की सम्पत्ति भी सिर्फ इतनी ही है। पति की निशानी। पति को जीवन-भर देखा नहीं। जब सात वर्ष की थी तब छब्बीस वर्ष के लक्ष्मण महाराणा के साथ फेरे लिए थे। नौ की हुई तो वह सम्बन्ध भी टूट गया। लक्ष्मण महाराणा की अकाल मृत्यु हो गई। बुढ़िया ससुराल आई पति की मृत्यु के बाद।

जीवन-भर मुंह की खारी रही। दुनिया-भर के लोगों को किसी को बेटा, बेटी पोता, पोती कह कर सहज ही जीवन का सारा बोझ, सारा दु:ख-दर्द अकेले झेल गई। उस ताड़पोथी को लेने अनेक गवेषक बुढ़िया के द्वार पर आये हैं। काफी लोभ दिखाया। मगर बुढ़िया ने कहा, 'इष्टदेव को बेचा नहीं जाता। पति कहे मैं इसे ही जानती हूं। किसका आश्रय लेकर आगे जीऊंगी?' महामारी में देवर, सास चले गए। तब से बुढ़िया बेगुनिया गांव छोड़ चली आई खेरंग। उसी के पूर्वजों का गढ़ा हुआ। वही बुढ़िया का सहायक हुआ।

चार्ल्स विस्मय में सोचता रहा। सात वर्ष की बालिका का विवाह! फिर नौ में विधवा होना! और फिर जीवन-भर पति के कुछ फर्द अबूझ अक्षरों को सहेजे यों काम, क्रोध, लोभ, मोह, रहित जीवन गुजार दे! यह इंडिया में ही संभव है। सच…इंडिया अलौकिक है, रहस्यमय है!

प्राची भावाविष्ट बैठी है। आंखें छलछला आईं। कुशभद्रा का दु:ख-दर्द खुद अनुभव कर रही है। चार्ल्स कुशभद्रा को देवी के आसन पर बिठा पूजा कर सकता है—पर उसका दु:ख-दर्द, नि:संगता की वेदना समझती है सिर्फ प्राची। इंडिया की महानता के नीचे दबा उत्सर्गीकृत जीवन का त्याग छुपाये है वह सारी कहानी। इसे प्राची ही जानती है क्योंकि प्राची यहीं जनमी है। वह भारतीय नारी है। त्यागपूत जीवन भारतीय नारी की परम्परा है। त्याग और वेदना मानो हाथ थामे राह चल रहे हैं।

प्रणाम कर विष्णु महाराणा ने पोथी पढ़ना शुरू किया:

सन् 1245 ई०। इतिहास प्रसिद्ध लक्ष्मणावती युद्ध में बंग सुलतान और दिल्ली के अमीर की संयुक्त सेना को पूरी तरह पराजित कर दिया प्रबल प्रतापी गंग सम्राट नरसिंह देव ने। हम्मीर मानमर्दन, दिल्ली विभंजन आदि गर्व एवं गौरवमय उपाधियों से विभूषित हुए। कवि विद्याधर ने 'एकावली' काव्य में

और कवि डिण्डम देव आचार्य ने 'भक्त भागवत् महाकाव्यम्' में राजा के शौर्य-वीर्य की कहानी लिपिबद्ध की।

इस युद्ध में विजय कलिंग जाति की एक ऐतिहासिक विजय है। उसी की स्मृतिस्वरूप चंद्रभागा के मुहाने पर सारे भारत में उच्चतम, आपात्मस्तक, कलाकारी से खचित विश्वविख्यात सूर्य मन्दिर की नींव रखी गई सन् बारह सौ छयालीस में।

कोणार्क के लिए दूरस्थ पहाड़ों से आये चित्रकुंदा, केरांडिमालिया, मांकड़ा, रेगेड़ा आदि किसम-किसम के पत्थर। श्वेत, श्याम, नील रंग का ग्रेनाइट पत्थर आया नीलगिरि और दूर की रियासतों से। नवग्रह समूह निर्माण के लिए छः सौ बयालीस मन का शिलाखंड आया। मन्दिर के ऊपर कलश स्थापित करने के लिए पच्चीस फुट ऊंचा छप्पन हज़ार मन का शिलाखंड सौ मील से अधिक जलपथ पार करके आया।

विष्णु महाराणा आत्मप्रसाद में भर हंस पड़े, "सा'ब, नवग्रह के एक तिहाई को कुल दो मील ले जाने में अंग्रेज़ों का आधुनिक कौशल धरा रह गया। कलकत्ता म्युज़ियम में ले जाने की आशा मिट गई। मगर दो सौ टन की शिला तब सात सौ मील से ला कर दो सौ फुट ऊंचे मन्दिर के शिखर पर स्थापित भी की गई। किसे विश्वास आयेगा? मन्दिर उद्धार का काम हाथ में लिया जब वैज्ञानिक-इंजीनियरों ने प्रांगण में स्थित शिलाखंड को बाहर लाना असम्भव देखा, अतः टुकड़े-टुकड़े कर बाहर लाये।

चार्ल्स आंखें फाड़े देखता रहा। कोणार्क युग में उत्कलीय कलाकारों का निर्माण कौशल एवं तकनीक बुद्धि किस स्तर की थी! वे सैकड़ों मील से विराट शिलाखंड ला सके और इतने ऊंचे उठाकर स्थापित कर सके! धन्य हैं वे कारीगर! नमस्कार! गुरु हैं! महान् हैं!

विष्णु महाराणा ने फिर शुरू किया :

"बारह सौ कारीगर पास में आकर टिक गए हैं। मन्दिर के नक्शे के अनुसार विभिन्न कार्य उनके बीच बांट दिए गए हैं। निर्दिष्ट समय में अपना-अपना काम पूरा करना है। मन्दिर की प्रतिष्ठा का दिन उसके आरम्भ से बारह वर्ष बाद याने सन् बारह सौ अठावन ईस्वी की बैशाख कृष्ण अष्टमी रखा गया।"

चार्ल्स ने पूछा, "अलग-अलग कारीगरों द्वारा बनाये अंश जोड़ कर कोणार्क खड़ा किया गया है! उन सब के बीच संयोजन दिखाना तो कारीगरी की चरम पराकाष्ठा हो गई! एकाग्र शिल्प साधना, चिंतन और भावों के साम्य का जीता-जागता नमूना है! मानो तब के कारीगरों में आत्मा का आत्मा से संयोग स्थापित हो चुका था। आज तो अजूबा लगता है।"

विष्णु महाराणा ने व्यथा भरे स्वर में कहा, "सा'ब आप आज की खंडित

पृथ्वी के एक अंश के वासी हैं। आप की दुनिया की परिधि सीमित है, मन चिंतन और चेतना सब संकीर्ण हो गए हैं। इस पृथ्वी ने आप को सिखाया है अहंकार, असहिष्णुता, उपेक्षा, अविश्वास। तभी आपको अचंभा हो रहा है। मगर महाराज नरसिंह देव के निर्मल शासन, उदारता और महत् कार्यों से तेरहवीं सदी का उत्कल एक नये उन्माद में पागल हो गया था। राजा, परिषद्, सामंत, प्रजा, कारीगर, शिल्पकार, भास्कर, कवि, संगीतज्ञ, पंडित सभी मानो एक आत्मा हो गए कोणार्क बनाने के लिए। सारे विरोध भाव दूर हो गए मन से। एक समन्वित, सुन्दर दिव्यदृष्टि मिली उत्कलीय कारीगरों और कलाकारों को। एक महान् उपलब्धि के सफल रूपायन के लिए कालजयी सृष्टि के पथ पर वे एकत्र बह गए संकल्पबद्ध उद्यम और साधना के स्रोत में। सब की भावना मिलकर एकाकार हो गई।"

चार्ल्स सोच रहा है—लिलियन दूर हो रही है। इसमें आश्चर्य की कोई बात नहीं। लिलियन से वह जान-बूझ कर अलग रहता है। मगर प्राची के साथ उसका चिंतन, भावना और आत्मा मिलकर एक क्यों नहीं हो रहे? कोणार्क यदि अखंडता का प्रतीक है—उत्कल यदि अनेक धर्मों के समन्वय का पीठ है, फिर प्राची के साथ उसका समन्वय क्यों नहीं हो रहा?

5

बंगोपसागर का नीला जल क्रमश: घन कृष्ण होता जा रहा है। नारंगी रंग के सूर्य कृष्ण जलराशि में अदृश्य होते जा रहे हैं। एक सीमेंट की बेंच पर बैठे हैं लिलियन और चार्ल्स। पास-पास, सटकर। पास ही छोटी-सी चाय की दुकान है। बिजली जल रही है। चाय की भाप शाम की हल्की हवा में तैर जाती है।

सागर का जल क्रमश: ठंडा हो रहा है। मगर लिलियन का नशा गहराता जा रहा है। चंद्रभागा के तट पर सूर्यास्त का रंग ज्यों-ज्यों बुझता जा रहा है त्यों-त्यों चार्ल्स की भावना गहरी हो रही है। वह सोच रहा है सात सौ वर्ष पहले की बात। तब उत्कल का पृथ्वी पर क्या स्थान था? कोणार्क ने तो चार्ल्स की सारी विद्या-बुद्धि को जीत लिया है। वह नक्शा देखते-देखते चार्ल्स थकता जाता है। कोणार्क का कोई भी कारीगर स्थापत्य में मेरा गुरु बन सकता है। हालांकि मैं अमेरिका का नामी स्थपति हूं।

चार्ल्स की यह भावमग्नता देख लिलियन खीझ उठती है। उसने कहा,

"चार्ली, चलो कहीं और चलें। चंद्रभागा के इस सूने तट पर क्या है देखने को? बेकार...! चलो गोवा चलें।"

"गोवा !" विस्मय में चार्ल्स ने पूछा।

"हां, गोवा ! फ़र्क क्या है ? कोणार्क मन्दिर और गोवा एक ही बात तो है।"

"कैसे ?" चार्ल्स ने पूछा।

वह लिलियन की बात से चकित हो गया था।

लिलियन ने एक घिनौना इंगित कर कहा, "कोणार्क में जो निष्प्राण मिथुन मूर्तियां देख मुग्ध होकर रुक गए हो, वहां तो ये सब जीती-जागती देख सकोगे। कोई रोक-टोक नहीं। कोई नियम-बंधन नहीं। यहां तुम पत्थर की नग्न मूर्ति देखते हो, वहां पर ऐसा ही नारी-पुरुष का अबाध प्रेम-बंधन देख सकोगे। मानो गोवा का बीच भारत में नहीं, कहीं और है। गोरे युवक-युवतियों का प्रमोद वन है। न्यूडिस्ट बीच पर सब मुक्त हैं—सब मस्त हैं—उन्मुक्त हैं। वहां ड्रग्स की कमी नहीं। मरीजुआना, हशीश, हेरोइन, अफीम...सब हैं। कोणार्क तो इस मामले में एकदम बोर है।"

लिलियन अपने आप ठहाका लगाने लगी, "सब से मजेदार बात बताऊं चार्ली—वहां निःसंगता का कष्ट भी भुलाया जा सकता है। वहां तुम गवेषणा में रात भर डूबे रहो तो भी मुझे कोई तकलीफ न होगी। रात बिताने के लिए "बॉय-गर्ल" हैं। कुछ कोकीन और कुछ हेरोइन मिला कर सिरिंज में भर कर नस में टीप दो। सुखानुभूति के चरम में पहुंच जाओगे। उसी मिश्रण को तो "बॉय-गर्ल" कहते हैं। यहां वो कुछ है ? ब्रूस निमंत्रण दे रहा है गोवा चलने के लिए। तुम भी चलो तो उसे कोई आपत्ति न होगी।"

अब तक चार्ल्स आत्ममग्न बैठा था। कुछ नहीं सुनी लिलियन की बात। ब्रूस का नाम आते ही लिलियन की ओर ध्यान चला गया। आंखों में ब्रूस के बारे में कौतूहल भरा है। लिलियन किसी भी आदमी की निगाहों को देख ताड़ लेती है। कहने लगी, "वह फ्रेंच युवक है। हिप्पी या फ्रीक भी कह सकते हो। गोवा के बागा बीच पर हेरोइन के धंधे में अच्छा प्रोफिट करता है। ज़िन्दगी को भरपूर जीता है वह। सच बोलो...चार्ली...भोग के लिए शरीर में इंद्रियों को रखा गया है—तो फिर यह कठोर पढ़ाई-लिखाई, रिसर्च...क्या होगा इनका ? इंद्रिय संयम की कुत्सित साधना करके क्या होगा ?"

चार्ल्स ने गंभीर स्वर में कहा, "मेरी पढ़ाई और मेरी रिसर्च मुझे आनन्द देती है। मैं अपने आनन्द के लिए हूं यहां। सुख और आनन्द की तलाश ही तो मेरी यायावरी ज़िंदगी का धर्म है। मगर लिली ! तुम कोणार्क को जिस दृष्टि से देखती हो, मेरा वह दृष्टिकोण नहीं। कोणार्क की कलाकारी से

पूर्ण मूर्तियां देखते समय भूल जाती हो कि कोणार्क एक देव मन्दिर है। यहां सृष्टि की सारी शक्ति के उत्स सूर्य की पूजा-अर्चना होती थी। कोणार्क हिन्दू जाति का एक तीर्थ है, यह बात तुम नहीं जानती। मुझे पता है कोणार्क की कल्पना और निर्माण के पीछे बारहवीं सदी के उत्कलीय प्राणों में धर्म के प्रति परम्परा पुष्ट एक महान् उत्सर्गीकृत प्रयास था। मुझे आज भी किसी महान् योगी की तरह ध्यान मग्न लगता है। मैं इसे बार-बार प्रणाम करता हूं।"

लिलियन अपने सजे हुए कसावदार बदन को हिलाकर ठहाका लगाने लगी। व्यंग्य का पुट दे कर उसने कहा, "कोणार्क के मिथुन चित्र भी किसी सूर्यपूजा के अंग हैं? उन्हें भी प्रणाम करते हो?"

चार्ल्स तिलमिला उठा। कहा, "मेरी गवेषणा की यह पहली सोपान है। आशा है अन्त तक तुम्हें कोई संतोषजनक उत्तर दे सकूंगा।"

"इसके लिए कितनी प्रतीक्षा करनी होगी?" लिली ने पूछा।

"मैं भी नहीं जानता।"—चार्ल्स ने कहा।

"मैं इतने दिन प्रतीक्षा न कर सकूं तो?" तिरछे देख कर लिली ने पूछा।

शांत स्वर में चार्ल्स ने कहा, "कोणार्क के कलाकार की प्रिया ने सोलह वर्ष बिता दिए इंतजार में। मैं अमेरिकी कारीगर हूं। मेरे लिए अनिर्दिष्ट समय तक मेरी प्रेयसी प्रतीक्षा करे, यही चाहूंगा!"

लिलि जोर से हंस पड़ी। संभल कर बोली, "चार्ली तुम पागल हो गए। इलाज होना चाहिए तुम्हारा। लगता है कोणार्क के किसी कलाकार की प्रेतात्मा तुम में प्रवेश कर गई है। वरना ऐसी अजीब बात नहीं कहते।"

चार्ल्स ने दबे स्वर में कहा, "सच! एक दूसरे के लिए सोलह वर्ष प्रतीक्षा करना अजीब नहीं तो और क्या है? तब के सभी लोग पागल थे?"

हल्के अंधेरे का झीना परदा हटा लम्बे-लम्बे डग भरता आ रहा है गोरा युवक ब्रूस। फ्रेंच फ्रीक ब्रूस! दो दिन में ही लिली का साथी बन गया है। ब्रूस के बेपरवाह व्यक्तित्व की तारीफ कर लिली ने चार्ल्स को धीरे से कहा, "ब्रूस को देख कर लगता है तुम जैसे कोई इंडियन हो या फिर कोणार्क का कोई भूत तुम्हें इंडियन बना रहा है। चार्ल्स! मुझे इंडियन मर्द अच्छे लगते हैं। मगर इंडिया नहीं। इंडिया में है क्या? अगर इंडिया जल्दी न छोड़ेंगे तो हमारी भेंट भी नहीं हो सकेगी। मैं ब्रूस के साथ जा रही हूं। वहां छुट्टियां बिताकर अमेरिका लौट जाऊंगी। तुम चाहो तो जीवन भर रह सकते हो। व्यक्तिगत स्वाधीनता में हमारे देश में हस्तक्षेप नहीं करते।"

चार्ल्स सोच रहा था—इंडिया में कई चीज़ें नहीं हैं, मगर उन्नत देशों में हैं। लेकिन ऐसी भी कई चीज़ें हैं जो दुनिया में कहीं नहीं मिल सकतीं। चार्ल्स उन्हीं की खोज में आया है। इस में अगर लिली हाथ से निकल जाये तो? चार्ल्स

लाचार है। चार्ल्स के पिता एडवर्ड नेव ने कभी इंडिया को प्रेम किया, पत्नी का प्रेम गंवाना पड़ा था।

लिलियन तो पत्नी नहीं—प्रेमिका है। जहां प्रतीक्षा नहीं, उत्सर्ग नहीं—वहां प्रेम सिर्फ विडंबना भर है। चार्ल्स यही समझता है।

लिली चली गई। ब्रूस के साथ। चार्ल्स ने होटल का कमरा छोड़ दिया। यायावर की तरह घूमता फिरा। वर्षा खत्म होने आयी। अब चार्ल्स को फ़िक्र क्या? दिन भर घूमना। रात में विश्राम के लिए धरती की गोद में हरी घास की सेज बिछी है। ऊपर खिचा है तारों भरा झिलमिलाता चंदोवा। झाऊवन के मर्मर स्वर में धरती लोरी गाकर चार्ल्स को सहला देती।

भोर में हेमंत के ओस कण पलकों से नींद मिटा देते हैं। उठकर चार्ल्स धरती को प्रणाम करता है। स्वगतोक्ति में कहता, "मां वसुंधरा तू कितनी उदार है, कितनी स्नेहमयी है! अमेरिकन सभ्यता में मेरी मां खो गई थी। पर मुझे लगता है जहां माटी है, वहीं मां है।" चार्ल्स कुछ मिट्टी मुट्ठी में भर माथे पर लगाता।

ऐसे ही चलती रही चार्ल्स की ज़िन्दगी। रोज कोणार्क मठ में विष्णु महाराणा ताड़पत्र की पोथी के कुछ अंश पढ़ कर चर्चा करते। चार्ल्स और प्राची उस कहानी का सार लिख लेते। पोथी पढ़ी जाने के बाद चार्ल्स जाकर कोणार्क की मूर्तियों को गौर से देखता। पोथी के विवरणों से मिलाकर देखता। कभी-कभी प्राची और चार्ल्स गांवों में जाते। घूमकर किंवदंतियां इकट्ठी करते। पुरानी मूर्ति ढूंढते। इसी में कभी-कभी चार्ल्स कुशभद्रा द्वारा बतायी उस प्रेतात्मा को ढूंढ़ने रात में अकेला निकल पड़ता तट के किनारे-किनारे। वह किसी निर्दिष्ट स्थान पर नहीं सोता। घूमते-घूमते जहां भी नींद आ जाती सो रहता।

प्रतिदिन सुबह निर्दिष्ट समय पर दोनों कोणार्क मठ में उपस्थित होते। विष्णु महाराणा तब पोथी पढ़ते। जिस दिन चार्ल्स नहीं मिलता, पोथी पढ़ना स्थगित रहता। प्राची घबरा जाती। इसी बीच चार्ल्स के लिए एक तरह की माया उसके मन में भर गयी। उसका भला बुरा देखना जैसे प्राची का कर्तव्य हो गया है लिली के जाने के बाद। रातों में फिरते उसे देख प्राची को घबराहट होती। प्राची सोचती—इस आदमी का कोई अभिभावक रहना जरूरी है। कुशभद्रा जब जीती थी—चार्ल्स को वर्षा पानी में भींगने नहीं देती, न धूप में तपने देती। कुशभद्रा की ममता भरी आंखें पीछा करती थीं। पर अब? स्वतंत्र है। प्राची इस मामले में क्या करे?

धर्मानन्द को भेजती खबर लेने। कई बार चार्ल्स दूर चला जाता। नींद लगी तो रास्ते के किनारे सो जाता। वह कभी झाऊवन में सोया मिलता। कभी रामचंडी के पास। कभी चित्रेश्वरी के पास मिलता। या कभी कुशभद्रा के श्मशान के

पास से धर्मानन्द उठाकर लाता। वह किसी और दुनिया में होता अन्यमनस्क, गंभीर, चिंतामग्न-सा। प्राची अनुराग भरे स्वर में कहती, "लिली के जाने के बाद तुम बदल गए हो, चार्ल्स ! वरन् उसे बुला लो या फिर अपनी राह बदल कर उसके साथ चलने की आदत डालो। आजकल गवेषणा में एकाग्रता नहीं रहती। कुशभद्रा की बातों में पड़कर सचमुच अशरीरी नारी खोजने लगे हो ! हंसी आती है।"

चार्ल्स शान्त स्वर में कहता, "कुशभद्रा की बहुत सारी बातें पोथी से मिल जाती हैं। विश्वास करो। मुझे उस प्रेतात्मा का संधान मिला है। उसे देखा है, बेलाभूमि के किनारे-किनारे—बहुत दूर से झाऊवन के हल्के धुंधलके में चल रही थी। चांदनी रात में वह नीलाभ शिखा जैसे दिखती है। मानो हवा पर तैरती फिर रही हो। मगर अवगुंठन नहीं खोलती। कभी उसे कंकाल के रूप में नहीं देखा। किसी अवगुंठनवती नारी के रूप में ही देखता हूं। वह कभी मेरी राह नहीं रोकती। न कभी मुझे भय दिखाती है। मुझ से दूरी बनाये रखकर दूर और दूर तैर जाती है। मुझे खींच ले जाती है, तेरहवीं सदी के कोणार्क निर्माण के अतीत में। मुझे विश्वास है इस छायामूर्ति का कोणार्क के साथ गहरा संपर्क है। उस संपर्क का रहस्य खोलना होगा !"

प्राची अचंभे में भर जाती। दबे स्वर में कहती, "कहीं भ्रम तो नहीं हो गया ? लिली के जाने के बाद दुबारा नशा तो नहीं करने लग गये ?"

चार्ल्स जैसे नशे में हो, "सचमुच हर रात मैं नशे में आ जाता हूं। वह अशरीरी आत्मा मुझे नशे में धुत कर देती है।"

प्राची चुप हो जाती। क्या यह सच कह रहा है ? विष्णु महाराणा हंसते, "आत्मा अजर है, अमर है, अनश्वर है। उसे अस्वीकार करने पर पोथी झूठी हो जायेगी। चार्ल्स जिसे ढूंढ़ रहा है, उसकी बात इस पोथी में लिखी हुई है। कोणार्क इतिहास की त्यागभरी अश्रुसिक्त महागाथा है। विश्वास करो तो सच, नहीं तो किंवदंती है।"

चार्ल्स अब दीनबंधु बाबू का पेइंग गेस्ट हो गया है। प्राची के मौसा अनुभवी साहित्य अध्यापक हैं। बड़ा बेटा पिछले वर्ष फिजिक्स में रिसर्च करने अमेरिका चला गया है। वह वाशिंगटन में है। चार्ल्स वाशिंगटन से ही आया है, यह सुनकर दीनबंधु बाबू और उनकी पत्नी चारुकला को लगा कि उनका अपना बेटा लौट आया है। एक कमरा उसके लिए छोड़ दिया गया है। चार्ल्स तो अपने लिए जगह ढूंढ़ ही रहा था।

इन दिनों वह दीनबंधु बाबू के पास उड़िया और संस्कृत सीख रहा है। धीरे-धीरे उड़िया बोलने लगा है। उससे अधिक समझ लेता है। टूटी-फूटी उड़िया उसके

मुंह से सुनकर दीनबंधु बाबू को अपने बेटे की तुतलाहट याद आ जाती है। उसकी गलतियां देख वे गुस्से में होने की बजाय खुशी में भर जाते। कहते, "नया नया बोलता तो दिनेश भी ऐसे ही गलती करता था। डरो नहीं बेटे, बहुत जल्दी सीख लोगे उड़िया। कोई कठिन नहीं।"

चार्ल्स खुश। धन्यवाद देता।

कोई अमेरिकन दीनबंधु बाबू से उड़िया सीख रहा है, इससे उनके भाव भी बढ़ गये। पढ़ाने में उनकी जितनी रुचि, सीखने में चार्ल्स की और भी रुचि। दीनबंधु बाबू सोचते — किसी भी उम्र में आदमी किसी विदेशी भाषा को सीख सकता है। बस, चाहिए संकल्प और उद्यम। चार्ल्स तो एकाग्र साधक ठहरा। जिसमें भी हाथ लगाता है हासिल कर लेता है। ठीक दिनेश की तरह। दिनेश ने भी फ्रेंच और जर्मन में डिप्लोमा लिया है। चार्ल्स के हर काम में दिनेश की याद आ जाती। दोनों पति पत्नी को। अतः चार्ल्स जल्दी ही उनके घर का बेटा बन गया।

सरल चारुकला नाश्ते में चीला, दही, केला परोसते हुए कहती, ' ये सब देह के लिए अच्छे हैं। होटल में खाने से रोग हो जाता है! जल्दी बूढ़े बन जाओगे। कितना भी कमाओ, कम ही रहेगा।"

चार्ल्स हंसकर कहता, "होटल में खाना, लॉजिंग में रहना, आजकल शहरी जिंदगी का चलन हो गया है। कुछ लोगों की ज़िन्दगी ही इसमें कट जाती है! कोई दिक्कत नहीं होती। सब आदत की बात है। तेरह की उम्र से होटल में खा रहा हूं।"

चारुकला सिर हिलाकर करुणा में कहती, "ऐं··· ! कितनी बुरी आदत डाल ली बचपन से! मगर दिनेश को होटल में खाना कभी अच्छा नहीं लगा। वह भी किसी का पेइंग गेस्ट होकर रह रहा है। उनके घर पर रहता है, खाता है। बहुत भले हैं वे लोग। बेटे की तरह स्नेह करते हैं। तुमने देखा होगा उसे? बस, तुम आ रहे होंगे, तभी वह गया है वहां। राह में भेंट जरूर हुई होगी!"

चार्ल्स हंस देता—कहता, "नहीं आंटी, दिनेश से भेंट नहीं हुई, हां, उसके लौटने से पहले पहुंचा तो जरूर भेंट होगी। देखें किसका काम पहले पूरा होता है। फिर भी उसे वहां दिक्कत कोई नहीं होगी। मैंने पत्र लिखकर सुविधा कर दी है। दिनेश मेधावी छात्र है, उसके प्रोफेसर खुश हैं। पिता ने लिखा है।"

दिनेश का पता पिता को भेजा था।

दीनबंधु और चारुकला का प्रिय होता गया चार्ल्स। बड़े चाव से वह भात, रोटी, पिठा आदि उड़ीसी पकवान खाता। मकान किराये एवं भोजन के बाबत काफी पैसा दे रहा है। मगर चार्ल्स को लगता—बहुत पैसा बच जाता है यहां!"

दीनबंधु बाबू के दो घर हैं। रास्ते के इस ओर पैतृक घर, जो कच्चा मकान है। वहां आंगन खूब बड़ा है। पिछवाड़े में सब्जी, बगीचा, कुआं और गड़ैया भी है। रास्ते के इस ओर अपनी कमाई से बनाया है पक्का घर। चार कमरों का मकान। ईंट और खपरैल का। बिजली भी लगा ली है। इसी में बाहर का एक कमरा चार्ल्स को मिला है। एक पंखा खरीद कर झुला दिया। बाकी तीनों में से दो कमरों में कुछ स्कूल कालेज के छात्र मेस बनाकर रहते हैं। चौथे में है दीनबंधु की बैठक। वहीं वे सुबह-शाम लड़कों को ट्यूशन पढ़ाते हैं। बाहर का कोई आता तो वहीं बात कर बाहर का बाहर ही चला जाता है।

वहां रहते-रहते पता नहीं कब चार्ल्स घर का अपना आदमी बन गया। पता नहीं चार्ल्स के खुले स्वभाव या चारुकला के स्नेही स्वभाव या दीनबंधु के मिलनसार स्वभाव के कारण सा'ब इतनी जल्दी घुल मिल गया है। दिनेश जिस शहर में था, उसके बारे में चार्ल्स से सुनने में अच्छा लगता। चार्ल्स को जब फुरसत होती, दीनबंधु बाबू के पास बैठक जमाता। वे खुश हो जाते। रिटायर्ड होने के बाद दीनबंधु बाबू के घर पर चार्ल्स के रहने के कारण उन्हें रिटायर्डमेंट से होने वाली निराशा छू भी न सकी। दूर देश का चार्ल्स सहज ही अपना हो जाता है।

चार्ल्स की खिड़की खुलने पर प्राची का कमरा दिख जाता है। देर रात गए तक वह पढ़ाई लिखाई करती रहती है। पुराने मकान में बिजली तो है नहीं। चार्ल्स घूम फिर कर रात में देर से लौटता है। दीनबंधु बाबू जागते रहते। कभी-कभी चार्ल्स बाहर कुछ खा लेता है। इसी में उसका रात का खाना हो जाता। पकाये भोजन की जगह फल, बिस्कुट, पावरोटी, अंडे दूध उसे ज़्यादा रुचते हैं। वैसे भी वह थोड़ा ही खाता है। बचपन से ही बाहर खाता रहा है। ये चीज़ें कहीं भी मिल सकती हैं। स्वास्थ्य के लिए भी ठीक हैं। वह मशाले नहीं खा पाता। कितना भी खाकर आता, चारुकला दूध का गिलास थमा देती। कहती, "रात में घर पर भूखे रहे कोई तो अपना प्रवासी आदमी मुश्किल में पड़ जाता है। मेरा दिनेश दूर देश में है। अतः रात में भूखे रहना ठीक नहीं।" इच्छा न रहने पर भी वह हंसते हुए दूध का गिलास पी लेता। वह घर का आदमी हो गया है। एक आत्मीय दूर देश में है, बस, इसके बाद वह और करीब आ गया इस परिवार के। कुछ देर तक वह चारुकला और दीनबंधु से बातें करता। कभी-कभी प्राची भी आ जुटती। प्राची बोलती कम है, सुनती अधिक है। चार्ल्स नाप तौल कर बोलता। चारुकला और दीनबंधु उमर का लिहाज़ छोड़कर गप्पों में डूब जाते। ताड़ पोथी के वर्णन के मुताबिक जो नक्शा पूर्णांग कोणार्क का चार्ल्स ने बनाया था, गहराई से देख वह खुद आश्चर्य में भर गया। प्राची को पास बिठाकर नक्शा समझाया। सचमुच क्या चार्ल्स कोणार्क का प्रमुख स्थपति है अथवा चार्ल्स ने ही मानो इसे प्रत्यक्ष रूप दिया है। जितना ही वह नक्शे को देखता, उतना ही आत्म-

विस्मृत होता जाता। प्राची कब आती, कब शुभ रात्रि कहकर चली जाती, लालटेन लगा कर पढ़ने बैठती, उसकी ओर ध्यान भी नहीं रहता।

चार्ल्स कोणार्क के स्थापत्य, भास्कर्य, कला संबंधी सूक्ष्म जानकारियां इकट्ठी करने लगा। ताड़ पोथी और अन्य सूत्रों से उनका मिलान करता। इधर प्राची राजा नरसिंह देव, रानी सीतादेवी अन्यान्य चरित्रों में खो जाती। मानो एक-एक आकर प्राची के आगे जीवन्यास पा रहे हैं।

रात बहुत हो जाती। प्राची के कमरे में से प्रकाश की किरणें आकर चार्ल्स के बिजली के प्रकाश में मिल जातीं। बिजली के उजाले की तरह चार्ल्स का रंग उज्ज्वल, मगर आंखों को मुलायम नहीं। प्राची की देह का रंग लैंप की तरह हल्का गुलाबी और फीके हल्दी रंग का नरम मिलाजुला शेड। अनुज्ज्वल मगर मधुर।

चार्ल्स ने नक्शे से सिर उठाकर खिड़की की ओर जम्हाई लेते देखा। अचानक मीठा-मीठा रूप उसकी आंखों में हल्का नींद का स्पर्श दे गया। वह रूप प्राची का है। चार्ल्स प्राची की बात सोच ही रहा है कि प्राची के कमरे में रोशनी गुल हो गई। अब चार्ल्स की आंखों में सिर्फ अंधेरा। स्विच दबाकर अपने कमरे की बत्ती बुझा दी। थककर वह बिस्तर पर लेट गया। आदतन आंखें भींचते ही नींद आ जानी चाहिए। मगर आज उसकी आंखों में सपने घिर रहे हैं। यायावर चार्ल्स की आंखों में सपने घिरना अजीब व्यक्तिक्रम है। किसके लिए ! कौन है वह स्वप्न सुन्दरी ? अतीत, वर्तमान या भविष्य ?

वर्तमान चार्ल्स की मुट्ठी में है। भविष्य कभी चार्ल्स को स्वप्नाविष्ट नहीं करता। अतीत ही उसे बार-बार भावमग्न कर देता है। चार्ल्स सपना देख रहा है :

…सात सदियों का समय रथ लौट रहा है सपने के जादुई स्पर्श से। चार्ल्स पूर्णांग कोणार्क के आंगन में घूमता फिर रहा है।

कोणार्क का केंद्रीय मंदिर सूरज के सात घोड़ों द्वारा खींचे जा रहे रथ की अनुकृति में बना है। मंदिर के दो खंड हैं। मुख्य मंदिर या विमान। दूसरा है जगमोहन या मुखशाला। दोनों एक ही पीठ पर संयुक्त रूप से बने हैं। अतः मन में सूर्यरथ का आभास पैदा कर देते हैं। रथ में बारह जोड़ी चक्के और सात अश्व संयोजित हुए हैं। विमान मुख्य मंदिर 'रेख मंदिर' और मुखशाला 'पीढ़ मंदिर' की शैली में बने हैं। पूर्व की ओर एक अन्य पीठ पर बड़े मंदिर के सामने कुछ हट कर वंदापना या नाट्य मंदिर किसी चित्रपट की तरह दिख रहा है। मुख्य मंदिर के दक्षिण-पश्चिम कोने में कुछ हट कर सूर्यशक्ति छायादेवी का मंदिर है। उत्तर-पश्चिम कोने में शाम्ब पीठ है। दक्षिण पश्चिम में कुछ दूरी पर भोगनिर्माण के लिए रसोई घर। सामने दोनों ओर स्नान मंडप, ढोल मंडप और कुछ अन्य छोटे-छोटे मंदिर हैं। उससे सटकर है प्रतिष्ठा होम वेदी की। यूप, मंदिर निर्माण के

समय पर्यवेक्षकों और परिदर्शकों के लिए चाहाणी मंडप (दृष्टि मंडप) बने हैं। ठाकुरजी के उपयोग के लिए रसोई के पास पत्थर की वापी। जनसाधारण के लिए उत्तर में एक और वापी खोदी गई है। केंद्रीय मंदिर, अन्य मंदिरों और मंडपों को घेरकर चारों ओर मेघनाद प्राचीर बनी है। पूर्व दिशा में सामने सिंहद्वार है जो लगता है जैसे उदार हाथ बढ़ाकर खुले हृदय से विश्वमानव का आह्वान कर रहा हो। सूर्य के प्रकाश में जाति, देश, धर्म या संप्रदाय का कोई भेद नहीं। सबके लिए वह समान है।

कोणार्क का सूर्य मंदिर सर्वधर्म का पीठ है। ईश्वर एक - मानव एक — यही कोणार्क कला का संदेश है। सिंहद्वार से चार्ल्स धीरे-धीरे अंदर जा रहा है।

किसी दक्ष की स्थपति की तरह वह मंदिर का भूमि विन्यास देख रहा है। पश्चिम में आयताकार पीठ पर सर्वमुखी महाप्रशस्त गर्भस्थल है। पूर्व में है प्रशस्त मुखशाला। विमान (मुख्य मंदिर) के दाहिनी, पश्चिम और उत्तर में विमान की दीवार से सटे हैं मित्र, पूषा और हरिदश्व नाम के तीन पार्श्वदेवताओं के मंदिर। मुखशाला के पूर्व, दक्षिण और उत्तर में तीन द्वार हैं। हर द्वार से पीठ के आखिर तक प्रशस्त सोपान श्रेणी होते हुए वह बार-बार टहल रहा है। हर द्वार की सोपान श्रेणियों के दोनों ओर अपूर्व कारीगरी से बना स्तंभ है। पूर्व सोपान श्रेणी पर दोनों स्तंभ पर बाहर की ओर मुंह किए एक विराट सजीव गजसिंह की मूर्ति। दक्षिण सोपान के प्रांत भाग स्तंभ पर आरोहण किये हैं दो समराश्व। उत्तर की ओर स्तंभ पर रणहस्ती। पूर्व की ओर सिंहद्वार, दक्षिण में अश्वद्वार और उत्तर में गजद्वार होकर चार्ल्स बार-बार मंदिर के चारों ओर घूम रहा है।

अब चार्ल्स आकर खड़ा हो गया है। पूर्व में सोपान श्रेणी और नाट्यमंडप के पीछे सोपान श्रेणी के बीच—पचहत्तर फुट ऊंचे चिकने अरुण स्तंभ को अपने आगे कर। षड्भुजाकार अरुण स्तंभ का पीढ़ नीचे से छः फुट ऊंचा है और सूक्ष्म कलाकारिता से संपन्न है। स्तंभ के ऊपर आसन जमाकर हाथ जोड़े विराजमान है अरुण। चार्ल्स को लगा पीछे कोई छाया है। मुंह फिराकर देखा। प्राची मंद-मंद मुस्करा रही है। प्राची का हाथ पकड़कर वह आगे बढ़ गया। मानो इतनी देर हुई खोजते-खोजते फिर रहा था, और अब वह मिल ही गई हो।

रथ के दो पहियों की तरह समान ताल पर चलते हुए चार्ल्स और प्राची प्रांगण में फिर रहे हैं। मुखशाला की पूर्वी सीढ़ियों से ऊपर चढ़कर जगमोहन तोरण के सामने 'नंद्यावर्त' सीढ़ियों के पास अरुण द्वार के निकट आकर अटक गए। दाहिनी ओर सीढ़ियों के पास जगमोहन गुमुट द्वार और उत्तर में भंडार विजय द्वार होते हुए कोई आ-जा रहा है। हर द्वार पर स्तंभवाही त्रिमुखी तोरण हैं। तोरण पर कलाकारी किये हुए अलंकरण। भास्कर्य के अलंकरण सौंदर्य में चार्ल्स डूबा हुआ है। उत्साह, आवेग में प्राची की नरम हथेली थामे हैं। उसके

हाथ शीतल निर्विकार हैं, मानो प्राची के लिए यह जग भी विस्मयकारी नहीं है। जैसे तेरहवीं सदी के कलाकार के लिए यह सब सहज बात है।

चार्ल्स प्राची का हाथ और भी गहराई से जकड़ने जा रहा है कि देखा—कोणार्क मंदिर अचानक किसी प्रस्फुटित पद्म में परिणत हो गया है। अब तक चार्ल्स एक गंधलोभी भ्रमर बना पद्म पुष्प के चक्कर काट रहा है।

पद्म पीठ पर सूर्य मंदिर का सौंदर्य पद्म पुष्प से भी अधिक मनोरम दिख रहा है। मानो किसी ने खूब करीने से दो स्तरों में पत्थर की उल्टी पद्म पंखुरियां सजा दी हैं। उनकी पीठ पर जाली का काम सूक्ष्मता से किया गया है। समूचे मंदिर में पद्म पुष्पों की भरमार है। लगता है उत्कल में सूर्यदेव के चरणों में शिलापद्म का अर्घ्य दिया है!

चार्ल्स मंत्रमुग्ध हुआ जगमोहन की ओर से मंदिर में प्रवेश कर रहा है। प्रवेश द्वार पर सूक्ष्म कारीगरी देख वह विमूढ़ हो रहा है। देहरी के पास अलमा बाड़ के सामने तोरण का स्तंभ है। त्रिमुखी तोरण केंद्र में नवग्रह पाट विराजमान हैं। नवग्रहों में हर मूर्ति एक-एक स्तंभवाही तोरण में सुसज्जित हैं।

धीरे-धीरे वह मंदिर में प्रवेश करता है। मुखशाला से देवल की ओर अन्दर चौदह फुट लंबा और सात फुट चौड़ा द्वार है। ग्रेनाइट पत्थर के द्वारदेश की सजावट अद्भुत कलाकारी से की गई है। मंदिर के फर्श पर वह पांव रखता है। खूब करीने से साढ़े पांच इंच मोटे ग्रेनाइट पत्थर की बिछावट की गई है। उत्तर दीवार के पास 'पादुक नाले' में पवित्र चरणामृत की धार बह रही है।

स्वप्नाविष्ट चार्ल्स को 'प्रवेश-निषेध' कहने वाला कोई नहीं। रत्नवेदी के ठीक आमने-सामने खड़ा है।

सुन्दर कलात्मक सूक्ष्म खुदाई की गई है ग्रेनाइट पत्थर के सिंहासन पर। पश्चिम दीवार से गज भर हटकर स्थित है वह। सिंहासन भी पंचरथ की आकृति में है। यह ग्यारह फुट आठ इंच लम्बा है। सिंहासन पर रत्नजड़ित सुंदर वेदी—सूर्य विग्रह के लिए। वेदी के पीछे पांच फुट ऊंची मंडल आकृति की बनी है—इसी के सहारे सूर्य मूर्ति टिकी है। फर्श से सिंहासन तक सीढ़ी है।

सूक्ष्म कारीगरी देख चार्ल्स सूर्य को प्रणाम करना भूल जाता है, उस महान् कलाकार को भक्ति अर्घ्य दे रहा है। सिंहासन के नीचे हाथी है। वहां श्रेणी पर सूक्ष्म कलाकारी में लता निर्मित है। हाथी के ऊपर दोनों ओर माला निर्मित। पांवों के पास लता और बीच-बीच में तरह-तरह के जीव-जंतुओं के चित्र।

पांवों के पास पद्मपंखुड़ियों का दृश्य अत्यंत मनोरम है। पुष्प, लता आदि के बीच हरिण, खरगोश, हाथर, मेंढक आदि जीव मानो चार्ल्स का स्वागत कर रहे हैं।

सिंहासन के बीच में उपासना का दृश्य है। सामने राजा नरसिंहदेव और

रानी सीतादेवी नतजानु बैठे हैं। राजा पूर्णवेश में देवार्चन कर रहे है। बायीं काख में तलवार। राजा के पीछे दो और आगे पांच मंत्री खड़े हैं' सेवक फूल माला डालने झुक रहा है। रानी के पीछे स्त्रियां एक ओर कतार में हैं। उनके हाथ में धूप, अर्ध्य, झांण, मृदंग हैं। नृत्य कर रहे हैं। उनका रूप-लावण्य और भंगिमा चार्ल्स को रोमांचित करने की जगह भक्ति भाव संचार कर रही हैं।

सिंहासन के सामने दोनों ओर उलटसिंह पिछले पांवों पर खड़ा है। दोनों ओर जानु के नीचे दो हाथी हैं। सिंहासन के विकराल मुंह के पीछे उल्टी पूंछ आगे तक गई है। सिंहासन के पीछे दो कोनों में एक हाथी पर उलटसिंह खड़ा है। सिंहासन में पत्थर को सटाये रखने के लिए पीतल जोड़ दिया गया है।

सिंहासन के सामने, बांये, दांये महावत के साथ हाथी शोभा बढ़ा रहे हैं।

चार्ल्स ने कोणार्क निर्माता वीर नरसिंहदेव को देखा। विस्मय में सोच रहा है—सूर्यदेव की अर्चना के समय कमर में तलवार क्यों रखी ?

गंभीर स्वर में मानो कोई कह रहा है, "हे विदेशी युवक ! मैं दे रहा हूं तुम्हारे प्रश्न का उत्तर। तब उत्कल में चारों ओर मुगल आतंक था। हरदम उत्कल की स्वाधीनता शक्तिशाली मुसलमानों द्वारा लुप्त होने की आशंका बनी रहती थी। सूर्यदेव सकल शक्ति के उत्स हैं। देश की स्वाधीनता की रक्षा करना राजा का पहला कर्तव्य है। सूर्यदेव की तरह शक्तिमान होने के लिए महाराज नरसिंहदेव आशीर्वाद मांग रहे हैं। उत्कल स्वाधीनता की रक्षा में पूर्ण प्राण तत्पर रहने के लिए सूर्यदेव के आगे प्रतीज्ञाबद्ध हो रहे हैं।"

तब तक चार्ल्स नतजानु हो चुका है। सूर्य विग्रह के आगे नहीं, नरसिंह देव के सामने। उसकी हथेली प्राची से अलग हो गई है।

स्वप्न राज्य में वह नरसिंह देव को पाकर विस्मित हो रहा है। वीर नरसिंह देव को भक्ति के वेश में देखकर उसका हृदय भक्ति में विगलित हो रहा है।

चार्ल्स मोहाच्छन्न हो गया है। राजा नरसिंह देव के व्यक्तित्व के आगे···।

सुबह चार्ल्स सोया है नरसिंहदेव की पत्थर की मूर्ति के चरणों में। आकर धर्मानंद ने उसे उठाया। कोणार्क मठ में बड़ी बहन प्रतीक्षा कर रही है। पोथी पढ़ी जायेगी।

चार्ल्स ने आंखें मलते हुए कहा—"कौन धर्मपद ?" चार्ल्स धर्मानंद को इसी नाम से बुलाता है।

"हां ! धर्मानंद हूं। बड़ी दी ने ढूंढ़ने भेजा था।"

भावाविष्ट की तरह चार्ल्स ने कहा, "तुम्हें नहीं···धर्मपद को ढूंढ़ रहा था रात भर। दीवार के चारों ओर उसे तलाशता रहा। भोर होने से पहले द्वार खुलने से पूर्व पता नहीं मैं कब यहां आकर सो गया।"

धर्मानंद ने संदेह में पूछा, "धर्मपद ! कौन ?"

कोणार्क का हर अज्ञात कारीगर जिसका नाम इतिहास में कहीं नहीं लिखा, पर मंदिर के शिला पुष्प की हर पंखुड़ी पर उसका नाम अमिट अक्षरों में खुदा है। महाराज की हर मूर्ति में दरअसल वे ही तो भास्वर हो उठे हैं। उनमें हैं—विष्णु महाराणा, नील महाराणा, कमल महाराणा, धवल महाराणा…!

उनमें हरेक की व्यक्तिगत साधना मिली हुई है। हरेक का व्यक्तिगत योगदान है। उसी से तो कोणार्क का कलश चढ़ा है। उनमें हरेक धर्मपद हैं।

कमल महाराणा बीस-बाईस वर्ष का कद्दावर युवक। गठीली देह। गोरा रंग, ऊंची काठी। सौम्य चेहरा। माथे पर घने बाल। उन्नत नासा। कलाकार की तरह दीर्घ आयत उज्ज्वल आंखें। कोणार्क निर्माण में लगे बारह सौ कारीगरों में कमल अलग ही दिखाई देता है। कोणार्क के निकट रूपाशगढ़ के कमल के अधीन सौ के करीब कारीगर कार्य में लगे हैं।

राजा के निर्माण विभाग के मंत्री सदाशिव सामंतराय महापात्र अपने समय के दक्ष इंजीनियर और कुशल स्थपति। दो वर्ष अनथक परिश्रम कर मेधा, कौशल के बल पर उन्होंने कोणार्क मंदिर का नक्शा और निर्माण की योजना बनायी है। उनकी योजना अनुसार बारह वर्ष लगेंगे। इसमें बारह सौ कारीगरों को नियुक्त किया जाना है।

बारह सौ कारीगर चाहियें—ऐसे लोग-जो बारह वर्ष तक एकाग्रचित्त अविराम कार्य कर सकें। घर-बार, परिवार, माता-पिता, संतान-संतति सब को बारह वर्ष के लिए भुला सकें। भूल जाना होगा अपने आप को, अपनी सुख-सुविधा, प्रेम-प्रीत, कामना-वासना सब कुछ। कोई मामूली बात नहीं है!

रूपाशगढ़ के दल बेहरा निर्माण संचालन के दायित्व में हैं। सही कारीगर चुन कर उसे नियुक्त करना, फिर ठीक तरह से कार्य हासल करना उनका दायित्व है। राज्य में चारों ओर दूत चले। राजा के आदेश का ढिंढोरा बजाया गया। खास-खास कारीगर राजा के आदेश को सिरोधार्य कर पास के इलाके में दल बांध कर आये। पीछे रह गया हंसी-खुशी का संसार-बेटी-पोतों का रोना-धोना परिणीता की विरह व्यथा-बड़े-बूढ़ों की दीर्घ सांस-एक युग तक न बेटे का मुंह देख सकेंगे, न पत्नी। अंतिम घड़ी गंगाजल देने भी आ सकेंगे या…मुखाग्नि दे सकेगा। सारे प्रश्न रह गए अनुत्तरित। बस एक ही बात आशीर्वाद है बेटे। जाओ, देश के कार्य में पीछे न हटना, शिल्पी को साधना के मार्ग में काम, क्रोध, लोभ, मोह, मद, मात्सर्य का क्या काम? कोणार्क कालजयी बने, उत्कलीय कारीगर अमर हो जाय, उत्कल की ख्याति दिगदिगंत में फैले।

कमल आया है बारह सौ कारीगरों में एक। सबकी तरह वह भी प्रतिज्ञा कर आया है—कोणार्क का कलश न बैठने तक वापस नहीं लौटेगा। सचमुच फिर

मुड़कर नहीं देखा। उन दिनों वाला कर्तव्यबोध आजकल कहां दिखाई देगा?

विष्णु महाराणा कुछ क्षण चुप रह कर याद कर रहे हैं। यह उनके जन्म-जन्मातंर की कहानी है। असंख्य रोमांचक घटनाएं। कमल महाराणा ताड़पोथी में वर्णित कहानी का नायक ठहरा।

कमल अपने जीवन का इतिहास लिख गया है ताड़पोथी पर। वह बेगुनिया की कुशभद्रा के पति लक्ष्मण महाराणा से पता नहीं कितनी पीढ़ी पहले हुआ है। उसी वंश में घर पर छोड़ आया था किशोर पत्नी चंद्रभागा को। उसके बारे में, जो कुछ छोटे भाई धवल महाराणा से सुना था, औरों से जो सुना, खुद जो सहा और कल्पना की वही सब सही सही लिख गया है ताड़पत्तों पर।

सुंदर युवक कमल! खंडगिरि के पास छोटे-से गांव में कारीगर वंश में पैदा हुआ उस ज़माने में नामी स्थपति और भास्कर। पास के गांव में नौ वर्ष की चंद्रभागा से विवाह हुआ। कलाकार की आंख के सपने से भी सुन्दर थी—मानो कमल महाराणा के लिए ही बनी हो। उसे पाकर कमल और भी सुन्दर मूर्ति बनाएगा। चंद्रभागा भी तो विधाता के हाथ की कारीगरी का संगमरमरी नमूना है। कला-कौशल में विधाता के आगे कमल को हार माननी होगी। हर आदमी चंद्रभागा को देख यही कहता, 'कमल की आंखों के सपने शरद के आकाश के नीलम की तरह और गहरे हो जाते' विधाता के हाथ से बनी बालिका वधू को कल्पना नेत्रों में आकर कमल महाराणा मूर्ति गढ़ता जाता नशे में। कमल की मूर्ति के सामने कहीं विधाता हार तो नहीं जायेंगे? हालांकि कला में कभी कहीं हार नहीं मानी पर कमल का मन होता विधाता की गढ़ी बालिका वधू के रूपलावण्य के आगे हारता ही रहूं।

चंद्रभागा के रूप की कल्पना कर महाराणा के आगे अधखिले पद्म के अनुराग रंजित-सी लजायी-छवि अंकित हो जाती।

चंद्रभागा अब की बार वधू बनकर आयेगी। बारह वर्ष की किशोरी की पगध्वनि कमल महाराणा के हृदय द्वार पर गमक उठी है। मगर वह दो महीने बाद आयेगी नव वर्षा के अभिषेक में अभिसारिका वेश में।

कमल की मां नववधू के लिए घर सजा रही है।

लक्ष्मी बनकर चंद्रभागा घर में पांव रखेगी—बेटे का सुख, सौभाग्य, यश, कीर्ति, स्वास्थ्य, संतोष और दीर्घ जीवन लिए।

बहू के एक ही कदम में श्री होती है। शुभ आगमन के लिए तिथि, वार, नक्षत्र, लग्न सब तय हुआ है।

दो महीने। एक-एक कर साठ दिन हैं। कमल का मन करता छुप कर देख आता चपल किशोर चंद्रभागा नदी की ही एक शाखा की तरह हो जाएगी गंभीर-मंथर-मृदुस्रोता। धरती सर्वंसहा—कल्याणी बहू। कुमारी चंद्रभागा का

अकलुष सौंदर्य फूलों में मिलकर इस गांव से उस गांव तैर आया —कलाकार कमल को आमंत्रण देता।

उस दिन चंद्रभागा के गांव होकर लौट रहा था कमल महाराणा। किसी दूर गांव गया था। शायद जानबूझकर ससुराल के पहाड़ के नीचे-नीचे हरे खेत के किनारे किसी को ढूंढ़ता-सा लौट रहा था। यह उसका रोज का लौटने का रास्ता नहीं है। साथ छोड़, कमल किसी अंजान आकर्षण में खिचा इधर से कई बार गुजर चुका है। गांव के सिरे पर पद्म पोखर है। वहीं गांव की बहू-बेटियों का स्नान पर्व होता है। अनायास वह कमल महाराणा की आंखों को खींच लेता है। खिलते पद्म में विकसित लावण्यमय चेहरे पहचान में नहीं आते। लगता है सारा पोखर ढेरों पद्म फूलों से भरा है।

उस दिन कमल ब्रज बंधु के साथ लौट रहा था। रास्ता छोड़ पद्म पोखर के किनारे-किनारे चल रहा था कमल। वह आगे था। कोमल दुपहर की धूप पेड़-पौधे, धरती-आकाश सबको नारंगी कर रही थी। कमल की निगाहें तिरछी हो बार-बार चली जातीं स्थिर सरसी में किसी का चेहरा देखने। असमय में तीन किशोरियां स्नान कर रही थीं। लाल साड़ी पहने एक छरहरे बदन वाली कमर तक पानी में खड़ी थी। पद्म नाल की तरह सुकुमार देह। सिर पर आंचल। दूर से कमल को वह पद्म फूल की तरह लगी। हलकी गुलाबी साड़ी की पंखुड़ियों में पीला पद्म केशरी मुंह। उसमें कजरारी आयत आंखें। सचमुच पद्मकेशर पर दो भ्रमर एक साथ मधुपान कर रहे हैं।

ब्रज बंधु ने कहा, "कमल। वो लाल साड़ी वाली ही तेरी है। उनके घर के पास ही मेरी फूफी का घर है। उसे जानता हूं।" तभी पोखर में से एक ने कह दिया, "देख री मेरी लाडो। जिनको मन में रात-दिन देखती हो, जिनके घर जाने की तैयारी हो रही है, लो वे तेरे अपने खुद ही हाज़िर ! नहाकर चरण छू..."

जल तरंग की तरह दोनों हंसकर सहेली के साथ परिहास कर रही हैं। कमल महाराणा कांपते हृदय से आंख उठा प्रियतमा बालिका वधू की सद्यस्नान छवि को मन ही मन आंकने का प्रयास कर रहा है। मगर अचानक वह तो गायब हो गई। वहां तो पद्म फूल खिलखिला रहा है। लड़की लजाकर डुबकी लगा गई। वहां सिर्फ एक भंवर चक्कर खा रही है।

कमल निराश हो गया। अगले क्षण लंबे डग भरते हुए पोखर पार करने लगा। जल्दी वहां से न गया तो वह लावण्यवती पोखर में स्वांसरुद्ध न रह जाय। उसे उन लाजवती लड़कियों पर एक तरह का गुस्सा आ गया। कुछ ही दिन बाद तो गले की माला बनेगी वह। पर आज निगाह पड़ते ही डुबकी लगा बैठी !

पोखर से डलान की ओर जाते-जाते उसने फिर एक बार मुड़कर देखा। भीगे बदन से एकलय पीछे उसे देख रही वह बिजली की तरह फिर एक बार झप से पानी में डुबकी लगा गई। कलकल हंसी का झरना फिर बह गया। दोनों किनारों को छूते हुए।

कमल सीधा चला आया। बस अब कुछ दिन धीरज रख लें, पर बेचारी बारह वर्ष की बहू को लाज में डुबकी खाने न देगा।

दूर से देखी चंद्रभागा की अस्पष्ट लावण्यमय छवि को बार-बार याद करता है। पर सब वह पद्म फूल बन जाता है।

कमल महाराणा सोच रहा है—यहां आने पर इसका नया नाम पद्मिनी या 'कमली' हो जाय तो अच्छा।

शुभ घड़ी में वह बहू बन कर कमल महाराणा के घर कुमारी की सारी श्री लिए आयी । पर तब तक कमल का घर श्रीहीन हो चुका था।

कोणार्क के निर्माण का बुलावा आने पर कमल सिर्फ दस-बारह दिन पहले ही चंद्रभागा तीर जा चुका था। वर्ष-दर-वर्ष बारह वर्ष की प्रतीक्षा का उपहार उस किशोरी बहू को मिला।

इसके सिवा कलाकार कमल अपनी प्राणप्रिया को और दे भी क्या सकता है?

रूपाशगढ़ के दलबेहरा जिस दिन गांव के चुने हुए कारीगरों को लेकर चले, कमल ने कोई प्रतिवाद न किया।

विश्वविख्यात सूर्य मंदिर के पाषाणों पर पद्म खिलाने से पूर्व चंद्रभागा के पद्ममुख का दर्शन करना होगा, इतना भी वह नहीं कह पाया। वह अकेला तो नहीं ऐसे बारह सौ कारीगर देश की पुकार पर घर छोड़ आये हैं। कोई आया है सुहागरात छोड़। कोई वेदी से सीधा चला आया है।

जैसे युद्ध की पुकार पर देश की स्वतंत्रता के लिए चले आते हैं। हजारों वीर पाइक (सैनिक) संतानों को कोई कुण्ठा नहीं, किसी को दु:ख नहीं। यह कोई राजा का आदेश नहीं है। देश का आह्वान है जगन्नाथ का निर्देश है। राजा तो महाप्रभु का ही आज्ञावाहक सेवक होते हैं। वे जगन्नाथ जी की इच्छा को कार्यरूप देते हैं। सृष्टिकर्ता का निर्देश मानने पर सृष्टि का कल्याण होता है। सृष्टि के कल्याण के आगे व्यक्ति जीवन का सुख:दु:ख छोटा मानकर कमल महाराणा ने सबसे पहले कदम आगे रखा।

अपने अनजाने वह पद्मपोखर के सहारे-सहारे जा रहा था। समूचे पोखर में पता नहीं क्यों, एक भी पद्म खिला न था। मानो मान में भरे पद्म पंखुड़ियों के होंठ कलियों में बंद पड़े थे। चुपचाप। मुंह पर कोई अभियोग नहीं। मगर पंखुड़ियों पर बिंदु-बिंदु अश्रु जल।

चंद्रभागा तट पर सूर्योदय और सूर्यास्त देखते-देखते कलाकार कमल को याद आ जाता किशोरी चंद्रभागा का धुंधला चेहरा। इसी बीच वह ससुराल आ गई होगी। सूने घर में सुहागरात बीती होगी। अब बीमार सास की सेवा कर रही होगी। चौदह वर्ष का किशोर देवर धवल उसकी देखरेख करता होगा। घर लीपना, आलपना बनाना, रसोई करना, तुलसी के बिरवे में पानी देना। कमल के लगाए पेड़-पौधों में पानी देती होगी, फूल खिलाती होगी। बहू के सारे काम करती होगी। संध्या दीप जलाती होगी, समूचे परिवार के मंगल के लिए आलोक बिखेरती होगी पति की प्रतीक्षा में—आगमन पथ पर।

चंद्रभागा वही सब तो करती रही। संध्या दीप जलाती कमलशून्य अंधेरे घर में। सारे घर को आलोकित कर उस अंधेरे को समेट लेती अपने हृदय में। कमल के हाथों से बनायी अनेक मूर्तियों की तरह वह स्वयं भी उस घर की शोभा बढ़ा रही थी। वैसे ही पाषाण बनती जा रही थी। वह भी मानुषी है, उसकी देह है। मन को सुख-दुःख छूता है, किसी को याद करती है। न पाकर बिसूरती है, ये बातें कोई नहीं समझता वहां। कोई जानता भी नहीं। चंद्रभागा स्वयं भी अपने दुःख को पराया समझ चुटकियों में उड़ाकर टाल जाती है।

कष्ट को प्रकट किये क्या होगा? कौन उसके इस दुःख को दूर करेगा। एक दिन की बात नहीं– महीने-दो महीने का दर्द नहीं—साल-दो साल भी नहीं—बारह वर्ष की नीरव तपस्या है। फिर राजा का आदेश-जगन्नाथ की इच्छा।

कमल महाराणा भी पत्नी को पीछे कर मूर्ति को सामने किये है। सामने कतार की कतार लास्यमयी नारी मूर्तियां। पत्नी चंद्रभागा की तरह सब चुपचाप हैं। मगर उस नीरवता को भाषा हृदय से हृदय को छूती है। मूर्तियां चुपचाप पूछ रही हैं—

"कब जीवन्यास मिलेगा कलाकार हमें? कब प्रतीक्षा पूरी होगी?"

चुपचाप स्वगत करता कमल कहता, "जीवन्यास पाने पर तुम जरा-व्याधि, मृत्यु के शिकंजे में चली जाओगी, मैं तुम्हें जीवन-मृत्यु से ऊपर ले जाना चाहता हूं। मैं तुम्हें अनंत यौवन संपन्न कर सदा जीवित रखना चाहता हूं। तुम और भी पथरा जाओ। मैं भी पत्थरा जाऊंगा। पत्थर की दृढ़ता ले कर मैं शिला पर खिलाऊंगा पद्म। कमल महाराणा पत्थर पर पद्म खिलाएगा।

6

नाट्याचार्य सौम्य श्रीदत्त को प्रणिपात करते हुए सम्मान प्रकट किया कलाकार कमल ने। सौम्य श्रीदत्त ने आशीर्वाद दे कर कहा, "दीर्घायु भव ! शिल्पी। तुम उत्कल के गौरव हो। कोणार्क के हर प्रस्तर पर खुदी नट-नारी मूर्ति तुम्हारे हाथों नृत्य-वाद्य-संगीत विशारद हो उठी है। इन्हें देखकर नीरव चंद्रभागा तट पर नूपुर की झुनझुन सुन पाता हूं। ओड़िशी संगीत की सरल गूंज जाती है। वह स्वर कोणार्क में स्थापित होने के लिए बनी हर मूर्ति में से तैर आता है। कलाकार तुम महान् हो ! विश्व वंद्य हो !"

कमल ने विनय से हाथ जोड़ लिए, "नृत्याचार्य ! आप ही तो इस स्थापत्य और भास्कर्य के सृष्टिकर्ता हैं। आपसे शिक्षा पाकर और आपके संचालन में कोणार्क की हर शिला नृत्य-वाद्य-संगीतमय हो उठी है। आपने जो अभूतपूर्व चित्रपट वर्णन के जरिये हमें दिया, हम उसे ही निहाण की नोंक से पत्थर पर खिलाते हैं। आपके बिना कोणार्क की यह नृत्य शैली कैसे संभव होती ?"

नृत्याचार्य सौम्य श्रीदत्त प्रशान्त वदन से हास्य खिला कर घूमते हुए नवीन मूर्तियों का पर्यवेक्षण कर रहे हैं।

विभिन्न शिल्पी-शिविरों में एक साथ कार्य जारी है। एक-एक दक्ष कलाकार के अधीन झुंड के झुंड कारीगर शिविर में एकाग्रचित्त, एकनिष्ठ तपस्या में मग्न हैं। शिविरों में कतार की कतार पूरी, अधूरी असंख्य पाषाण मूर्तियां रखी हैं। कार्य पूरा होने पर उन्हें ले कर मंदिर में विभिन्न जगहों पर सजाया जाएगा।

जगमोहन के ऊपरी स्तर पर समांतर छत पर छः जीवंत भैरव मूर्तियां स्थापित होंगी। सारा कार्य समाप्तप्राय: है। विभिन्न शिविरों में छः मूर्तियां तैयार हुई हैं। मगर सबका आकार इकसार है। जगमोहन के पूरब, उत्तर, दक्षिण में मुगल रूप में इन्हें रक्षक बना कर रखा जाएगा। युग-युग के लिए। मानो कोणार्क की कला-कारीगरी को काल के हाथों से बचाना होगा।

इन्होंने अस्त्र धारण किया है, डमरू, कुठार, रुद्राक्षमाला, मुंडमाला, त्रिशूल, विषपात्र आदि लिया है। नृत्य की भंगिमा में भयंकर सभी भैरव मूर्तियां चतुर्मुख और खप्परधारी हैं। भैरव गण अत्यंत तेजोदीप्त हैं, नाट्यशास्त्रानुसार सूचीपाद नृत्य भंगिमा में अधीष्ठित हैं।

मूर्तियों को देख श्रीदत्त संतोष प्रगट करते हैं। भैरव मूर्ति के पास करालकाल भी पराजित हो जायेगा — श्रीदत्त में इतना आत्मविश्वास था।

जगमोहन के ऊपरी दोनों स्तरों में मादल, मंजीर, झांझ, वीणा, वेणु, तुरही वादनरत जीवंत नारी मूर्तियां स्थापित होंगी। काम शुरू हुआ है। नृत्याचार्य ने कहा, "देखो कमल, कठोर प्रस्तर खंडों से निर्मित करनी होंगी नवनीत

कोमल नारी मूर्तियां। वे होंगी अलंकारमंडित और केशविन्यास में अनन्य लावण्यमयी। उनके यौवनदीप्त सुगठित अवयव अनेक अलंकारों से और केशविन्यास से अभूतपूर्व लावण्यमय होंगे। उनकी लंबित ठवनि में उत्कल शिल्पी का नैपुण्य युग-युग तक घोषित होता रहेगा।

कमल चुपचाप राजा का आदेश नृत्याचार्य के जरिये सिर नवाये ग्रहण करता रहा। सौम्य श्रीदत्त ने गंभीर स्वर में फिर कहा, "दक्षिण के नृसिंहनाथ मन्दिर की सेवा निमित्त महाराज ने एक शत सांनी (नर्तकियां) की नियुक्ति की है। महाराज परम धार्मिक हैं। कोणार्क के लिए तो और भी अधिक होंगी। सुबह-शाम नाट्य मंडप में सूर्यदेव के आगे नृत्य होगा। जीवंत देवदासियां नृत्य में मामो पाषाणी कन्याओं के आगे हार मानेंगी। यही महाराज की मंशा है। आदेश है।"

कमल ने विनीत स्वर में कहा, "कोणार्क निर्माण में लगे सभी स्थपति उत्कलीय नृत्यकला से परिचित हैं। चित्रकला व वास्तुकला सीखने से पहले नृत्यकला सीखनी पड़ती है। कोई नृत्यशैली ठीक से जाने बिना नृत्यमूर्ति नहीं बना सकता। हम महाराज के आदेश का पूर्ण प्राणपालन करेंगे।" नृत्याचार्य गुरु ने गंभीर स्वर में कहा, "शिल्पी। तुम पर पूरी आस्था है, पूरा भरोसा है बारह सौ कारीगरों पर। नाट्यमन्दिर की नृत्य मूर्तियों का सारा दायित्व तुम पर न्यस्त कर मैं निश्चित हो सकूंगा। उत्कलीय नृत्यकला के सम्बन्ध में तुम्हें गहरा ज्ञान है। फिर भी ओड़िसी नृत्य के बारे में पुनः बता देता हूं। नाट्यमंडप की सभी मूर्तियां नृत्य भंगिमा में इसी रीति के अनुसार होंगी।"

कमल महाराणा खूब ध्यान से नृत्याचार्य के निर्देश मानस पटल पर अंकित कर रहा था, "नृत्य में मौलिक विलासपूर्ण ललित ठवनि को 'भंगिमा' कहा जाता है। सभी अवयवों की सहायता से भंगिमा की रचना होती है। नृत्य में रूप और सौंदर्य की वृद्धि के लिए 'भंगिमा' निहायत जरूरी है। नृत्य की भंगिमा में नितंब एक पार्श्व में उन्नत होता है। मस्तक थोड़ा ढुलक कर रहता है। पाद छंदाकृत स्थिति में रहते हैं। उनकी बात ध्यान से सुनते हुए कमल ने पूछा—"महाशय, मैं सोच रहा हूं नाट्यमंडप की नृत्यमूर्तियों में ओड़िसी नृत्य की विशेष भंगिमा को रूप दिया जायेगा। इन में अलसा, दर्पण, पार्श्वमर्दला, मर्दला, अर्लला, विराज, प्रणमा, मानिनी आदि भंगिमाएं आती हैं। आप इन से संतुष्ट हैं तो?" कमल के नृत्यशास्त्र सम्बन्धी ज्ञान को देख नृत्याचार्य उल्लसित हो उठे। परीक्षक की तरह पूछा—"नृत्य के आनुसंगिक वाद्यों का क्या हो? कोई योजना है?"

कमल ने अपनी विस्तृत योजना रखी, "नृत्य के साथ ओड़िसी नृत्य के विशिष्ट वाद्य यंत्र मर्दल, वंशी, आदि होंगे। कहीं वीणा, करताल, झांझ और महुवरि का व्यवहार होगा। नृत्य में त्रिभंगी और चौक भंगिमा में स्थित रहते समय नाट्यशास्त्र वर्णित पताका, अर्धपताका, अराल, अंजलि, कपित्थ, पुष्पपुट आदि

मुद्राओं का विन्यास मूर्तियों में जीवंत खिलेगा।"

नृत्याचार्य ने मधुर स्वर में कहा, "नाट्य मन्दिर में विभिन्न भंगिमा में स्थित नृत्य मूर्तियां और यंत्रधारी नारी, पुरुष संगीतज्ञ उत्कल की विशिष्ट नृत्यशैली के निदर्शन होंगे। मेरे छात्र समय की लहरों में लीन हो जायेंगे। पर उत्कलीय नृत्य कोणार्क की मूर्तियों में रची अपूर्व भंगिमा व मुद्रा में जीवित रहेगा। नृत्याचार्य सौम्य श्रीदत्त काल की धूल में अगोचर हो जायेंगे। पर जीवित रहेगा कमल महाराणा, उत्कलीय नृत्य परंपरा। कोणार्क सिर्फ देव मन्दिर भर नहीं रह जायेगा। कला मन्दिर के रूप में युग-युगांतर तक सम्मान पायेगा। चित्रकला, संगीत, नृत्य एवं शिल्पी कला का अपूर्ण भंडार होगा, आगामी युग में नृत्यकला के शिक्षक कोणार्क को देख नृत्य सिखा सकेंगे। कोणार्क नृत्य राज्य का महान ग्रंथ होगा। सिर्फ शास्त्रीय नृत्य ही नहीं, उत्कलीय पारम्परिक लोक नृत्य भी उत्कीर्ण होगा इस पर। पाइक (सैनिक) कण कतार में तलवार-ढाल ले युद्ध नृत्य करते होंगे। घूमर बजा नाचते स्त्री-पुरुष होंगे। शास्त्रीनृत्य, संगीत व लोक नृत्य की उत्कलीय परंपरा का विशाल अजायबघर! कर सकोगे कलाकार?"

कमल ने प्रणाम कर कहा, "गुरुदेव। इससे पहले आप की मूर्ति अंकित होगी पाषाण पर। वह मूर्ति नाट्य मंडप के ऊर्ध्व भाग में रह कर पाषाण प्रतिमाओं को नृत्य निर्देश देती होगी। नृत्यशास्त्र में विशेषज्ञ के रूप में और आचार्य मान कर गंग नरपति ने आप को कुण्डल और पदक से सम्मानित किया है। आप को सौम्यपदवी दे कर अलंकृत किया है। महाराज की पृष्ठपोषकता में आपने उत्कल की महान नृत्य परंपरा को कोणार्क की शिलाओं पर उत्कीर्ण करने में तत्परता दिखायी है। आपकी मूर्ति के बिना कोणार्क अधूरा रहेगा। अधूरी रहेगी मेरी शिल्प साधना। आप के उचित सम्मान के लिए गुणग्राही महाराज ने आप की मूर्ति उत्कीर्ण करने का निर्देश दिया है।"

श्रीदत्त ने शांत स्वर में कहा, "यह महाराज की महानता है।...पर कमल ..." कमल चकित हो देखता रहा इस पर से लगी कोई वेदना कमल के आगे रूप ले कर आ रही है।

कमल ने गहरी सांस ले कर कहा, "कोणार्क निर्माण के पथ में 'पर' को कोई महत्व नहीं दिया जायेगा, गुरुदेव। आप कलिंग शिल्पी पर आस्था रखें।" नृत्याचार्य ने गंभीर स्वर में कहा, "एक बात याद रखना शिल्पी। नाट्यमंडप की शिल्प कला में अश्लीलता का लेश मात्र भी चिह्न न रहे। देवार्चन के लिए यहां देवदासी नृत्य होगा। नर्तकी के मुद्रा विन्यास और भावप्रकाश में खिलेगी नैसर्गिक मानव एवं अकलुष आनन्द की प्रतिछवि। भक्ति भावना में नर्तकी का रूपलावण्य सूर्यलोक की तरह उद्‌भासित होगा। अतः आप का प्रतिरूप जरूरी होगा। प्रतिरूप के बिना नृत्य कला की भंगिमा और मुद्रा विन्यास सही नहीं हो

सकता। इसके लिए किस देवदासी को आदेश दूं ? तुम जैसे सौम्य तरुण कलाकार की आंखों के आगे रख वह हृदय के उद्वेलन की उपेक्षा कर सकेगी तो ?"

"प्रतिरूप को ज्ञान चक्षु के अलावा अन्य चक्षुओं से नहीं देखेंगे, यह विश्वास मेरी तरह हर शिल्पी में है। बारह वर्ष के लिए हर आवेग के द्वार रुद्धकर आये हैं हम। इससे विच्युत नहीं होना है—वचन देता हूं। नारी-पुरुष में नैसर्गिक प्रेम भी संभव है। सूर्य पद्म का सम्पर्क इसी का प्रतीक है। पद्म क्षेत्र में इसमें अन्तर नहीं आयेगा। पर गुरुदेव, प्रतिरूप की आवश्यकता नहीं। कोणार्क सुंदरी ने कलिंग शिल्पी के हृदय में आसन जमाया है। पाषाण में संगीत का छन्द खिलाया है। आंख मूंदते ही वह सामने आ खड़ी होती है। जिस रूप में चाहो उसी में। वह शिल्पी की मानसप्रिया ठहरी !" कमल महाराणा ने विनयपूर्वक कहा। सौम्य श्रीदत्त सोच रहे थे नृत्यकला में भावधारा और शाश्वत आनन्द की धारा प्रवाहित करने के लिए किस रूपसी देवदासी को प्रतिरूप किया जाय !

प्राची के साथ कोणार्क की कला के बारे में गवेषक की दृष्टि से कार्य कर रहा है चार्ल्स। कोणार्क को कई बार देखा है प्राची ने। मगर कमल महाराणा द्वारा लिखी पोथी पढ़कर मिलान कर देखने पर कोणार्क अलौकिक लगता है। लिली के साथ हाथ में हाथ डाले चार्ल्स ने कोणार्क को कई बार देखा है। मगर प्राची के साथ वह अपूर्व लगता है। ये मिथुन चित्र भी नैसर्गिक लगते हैं।

नाट्य मन्दिर का निरीक्षण करते-करते कमल महाराणा की एकाग्र साधना को प्रणिपात कर रहा है चार्ल्स। लेकिन प्राची उधर कमल महाराणा की मानसप्रिया की निष्ठा और एकाग्र प्रतीक्षा की सराहना कर रही है।

नाट्य मन्दिर मुखशाला की तरह एक पंच रथ मन्दिर है। नाट्य मन्दिर की पीठ तीन भागों में विभक्त है। प्रथम भाग की उच्चता सवा दो फुट और इसके चारों ओर पद्म पंखुड़ियां घेरे हैं। द्वितीय भाग नौ फुट। सुन्दर अप्सरा, नृत्यरत रमणियां, शिवतांडव आदि दृश्य खुदाई किए गए हैं। समूचा पीठ नृत्यरत-वाद्य मग्न रमणी मूर्तियों से भरा है। पीठ का ऊपरी अंश पद्म पखुड़ियों, पुष्पलता और नृत्यरस स्त्रियों की सुन्दर मूर्तियों से भरा है।

चार्ल्स और प्राची नाट्य मन्दिर में आ गए। मन्दिर के पूर्व, पश्चिम और दक्षिण पार्श्व में तीन द्वार। उत्तर में सिर्फ एक द्वार है। किसी में देहरी नहीं। पहले भी न थी। वर्ष की विभिन्न ऋतुओं में और दिन के विभिन्न समय में सूर्य की अलग-अलग अवस्थिति के साथ संयोग बनाये रख कर ये द्वार बने थे। सूर्य की गति के अनुसार हर ऋतु में आद्य सूर्य की प्रथम रश्मि नाट्य मन्दिर के द्वार होते हुए बड़े मन्दिर के सिंहासन पर रत्न वेदी को स्पर्श करती है। दिन के अलग-अलग समय में सूर्य रश्मि मुक्त रूप में नाट्य मन्दिर में प्रवेश कर पाती है।

नाट्य मन्दिर का स्थापत्य देख चार्ल्स अवाक !

मगर प्राची तो नृत्यकला में खो गई है। मन करता है सौम्य श्रीदत्त के चरणों में प्रणाम करूं। पर वह सौभाग्य कहां ?

नाट्य मन्दिर पर पीठ के पूर्व द्वार की सीढ़ी पर उत्तर पार्श्व में एक मूर्ति के चरणों में एक शिलालेख खुदा है। प्राची नें ध्यान से पढ़ा : कलिंग नागरी लिपि में लिखा है—'सो माह चं'। गाइड बताता है —सोमं वैष्णव या सोमगुप्त। कोणार्क की और किसी मूर्ति के नीचे ऐसा कोई शिलालेख नहीं है। प्राची सोचती है—ये हैं नृत्याचार्य सौम्य श्रीदत्त।

अपूर्व है यह मूर्ति ! कमल महाराणा ने बहुत मन देकर बनाया है इसे। मूर्ति के नीचे नृत्यगुरु का नाम खुदा है। एक फुट नौ इंच ऊंची और नौ इंच चौड़ी एक ऊंचे आसन पर दंडायमान मूर्ति ! उन्हें घेरे हैं नृत्य भंगिमा में उत्कीर्ण नर्तक-नर्तकियां, नृत्यगुरु का परिधेय वस्त्र भी कटि से पावों तक जड़ित है। माथे पर पगड़ी। कानों में मकराकृत कुंडल, वक्ष पर है पदक खचित रत्नहार। पदक द्वारा महाराज ने सम्मानित किया है नृत्यगुरु को। गिनी बजाकर वे नृत्य निर्देशन दे रहे हैं। गिनी वाला बायां हाथ वक्ष के सामने कुछ नीचे है। दाहिने में एक और गिनी है। नाट्यशास्त्र में अनुमोदित कपित्थ मुद्रा में बांये हाथ की गिनी पर चाप देने के लिए नृत्यगुरु उद्यत हैं। मूर्ति को देखते न देखते सौम्य श्रीदत्त की सौम्य मूर्ति प्राची की आंखों के आगे जीवंत हो उठती है। मन ही मन सोच रही है कि कौन है बड़ा ?—कमल महाराणा या नृत्यगुरु सौम्य श्रीदत्त ?

चार्ल्स नाट्य मन्दिर में विभिन्न कारीगरी के चित्र देखते हुए यहां की स्थापत्य और शिल्पकला की बात सोच रहा है। हर प्रतिमा में यहां चित्रकला मंडित शिलाखंड आधुनिक स्थपति के लिए वर्षों के उदययन और गवेषणा का विषय हैं। उसने सारी पृथ्वी घूम कर देखी है। कहीं अन्य मन्दिर की प्राचीर पर या पीठ पर ऐसी उच्च स्तर की सूक्ष्म स्थापत्य कला नहीं देखी। किधर से भी देखो नाट्य मन्दिर के शिलाखंड चित्रकला के ही विस्तृत चित्रपट से दिख रहे हैं। पद्मफूलों की तो भरमार है। चार्ल्स इस नैपुण्य के आगे उर्नभपूत है।

दो भागों में विभक्त हो उत्तर-दक्षिण तक फैले नाट्य मन्दिर के पश्चिम की सीढ़ियों के सामने नर्तकियां शोभा पा रही हैं। चार्ल्स लंबे डग भरता जल्दी नीचे पहुंचा। फिर दक्षिण की ओर घूम कर प्राची के आगे आ खड़ा हुआ। सीढ़ियों से ललित भंगिमा में उतर रही है प्राची।

चार्ल्स को भ्रम हो रहा है—कहीं नाट्य मन्दिर की नृत्यमयी सुन्दरी जीवन यास पाकर उतर रही है।

चार्ल्स सोच रहा है प्राची उस दिन शायद कमल महाराणा के आगे मॉडल बन कर खड़ी रही होगी। नाट्य मन्दिर की हर मूर्ति सीधे-सादे वेश में पवित्र लग

रहा है।

चार्ल्स को ध्यानमग्न देख प्राची को हंसी आ गई। नाट्य मन्दिर के उत्तर-पूर्व में आगे बढ़ते हुए धीरे से बोली, "आओ, नाट्य मन्दिर की भग्न छत देखें। वर्षों से ऐसे ही पड़ी है। तुम यहां आने से पहले यायावर थे। लगता है कोणार्क ने तुम्हें दार्शनिक बना दिया है।"

चार्ल्स ने प्राची का अनुसरण करते हुए उत्तर दिया—"कोणार्क नहीं, कोणार्क से जीवन्यास पाकर उतर रही अप्सराएं सम्मोहित कर रही हैं। मैं लाचार हूं।"

फिर प्राची ने मुड़कर देखा। हंसते हुए बेखबर पड़े नाट्य मंदिर के भग्न गर्भ-गृह के निकट पहुंच गई। चार्ल्स दूसरी ओर से घूमकर आया और सामने खड़ा हो गया। बीच में है पांच फुट व्यास का सुंदर पद्मफूल खुदा शिलाखंड।

कोणार्क के अन्य मंदिरों की तरह नाट्य मंदिर की छत भी काल के कराल स्रोत में ढहकर गिर पड़ी है। नाट्य मंदिर के शीर्ष पर निर्मित गर्भ मुद्रा[1] धूप-वर्षा से मुक्ताकाश तले पड़ी है। सारी गर्भ मुद्रा दो स्तर की पंखुड़ियों वाले खिले पद्म फूल में रूपांतरित हो गई है—कमल या किसी और उत्कलीय शिल्पी के स्पर्श से। ऊपर के स्तर में सोलह और भीतरी स्तर में आठ पद्म पंखुड़ियां आंख फैलाये आकाश की ओर देख रही हैं। ऊपरी स्तर पर हर पद्म पंखुड़ी में सोलह नर्तकियों की सुन्दर मूर्तियां खुदी हैं। प्राची को लगता है नाट्य मंदिर में देवार्चना करने वाली देवदासी की प्रतिमूर्ति इन शिलाखंडों पर दिख रही थी। इसी चिरंतन नृत्यकला के प्रतिबिंब को आज भी उसका कण-कण बांधे हुए है।

चार्ल्स देख रहा है—शिलाखंड की सोलह पद्म पंखुड़ियों में प्राची की ही छवि अंकित है। मानो अपराह्न के सूर्य की किरणें चमका रही हैं प्राचीप्रभा को शिलाखंड में। शिलाखंड कोई दर्पण बन गया है अथवा उस युग में शिलाखंड उत्कलीय शिल्पी के हाथ के स्पर्श से नृत्यमयी नारी हो गया है!

चार्ल्स ने देखा केन्द्र में एक छोटे पद्म फूल पर सूर्यदेव की मूर्ति खुदी है। सूर्य के दोनों हाथों में दो पद्म फूल हैं। गाइड समझा रहा है—आकाश में सूर्य हो या न हो शिलापद्म अनंत प्रतीक्षा में उनकी ओर ताकता पड़ा है। हालांकि सूर्य कभी धरती पर नहीं उतरते। अपनी पत्नी छाया एवं संज्ञा के साथ विश्व परिक्रमा करते रहते हैं। यही है प्लेटॉनिक लव ! नैसर्गिक प्रेम ! भारतीय नारी पद्म की निष्ठा लिए इसी तरह देखती रहती है अपने पति की राह। वह पति देवता हो या दानव, एकनिष्ठ प्रेम में वह जीती रहती है। कोणार्क एकनिष्ठ प्रेम का पीठ है।

---

1. गर्भ मुद्रा—मंदिर की ऊपरी छत के केन्द्र में निर्मित फूल की आकृति का अंश जो नीचे की ओर मुंह किए होता है।

बारह सौ कारीगरों की पत्नियां बारह वर्ष तक ऐसे ही एकनिष्ठ प्रेम में रोज बैठी देखती रहीं।

प्राची अचानक अनमनी हो उठी है। एक गहरी सांस निकल आयी हृदय से। चार्ल्स सोच रहा है-- यह सब अनावश्यक है। इतना कष्ट पाने का मतलब? कमल! तुम्हारे प्रति संवेदना प्रकट करता हूं। तुम्हारे त्याग व वेदना का मूल्य यह भग्न कोणार्क है! यह परित्यक्त शिलापद्म है!

नाट्य मंदिर के आगे पूर्व में सीढ़ियों के दोनों ओर दीवार के अंत में वह गर्जसिंह की प्रकांड मूर्ति! उत्तर पार्श्व में गर्जसिंह के पास है चित्रोत्पला! वही फूलों की डलिया लिये बैठी है। शनिवार है। फूलों की डलिया में भरे हैं खिले हुए पद्म।

चित्रा ने चुनकर सुंदर-सा फूल बढ़ा दिया चार्ल्स की ओर। चार्ल्स ने हंसकर थैंक्यू कहा और बदले में पांच का नोट आगे किया। चित्रा मुस्कराकर बोली, "खुल्ले पैसे दे दो!"

चार्ल्स ने कहा, "रहने दो! यह खिला पद्म अनमोल है! इसके दाम तो पांच से भी अधिक हैं।"

चित्रा ने जीभ दांतों तले भींच ली। आंखें फाड़कर कहा, "ना···ना·· सा'ब! ज्यादा पैसे लेना पाप है! व्यवसाय करती हूं, पेट भरने के लिए! तो क्या अन्याय करने लगूं? धर्मपीठ है—धर्मदेव सब देख रहे हैं। यह पैसा पचेगा नहीं।"

चार्ल्स अचंभे में भर गया। एक देहात की गंवार-सी दिखती लड़की के मुंह से धर्म-अधर्म की व्याख्या सुनकर! धीरे से पूछा, "कहां से सीख लिया यह सब?"

"कोई बच्ची हूं जो कोई सिखा देगा? ये पैसे बापू जमा करते हैं—मेरे ब्याह की खातिर! इसमें ठग लूंगी···मैं ठगी जाऊंगी!"

चित्रा की पद्म सरीखी पलकें भय और आशंका से सिहर उठीं।

दक्षिण में गजमूर्ति के सहारे टिका खड़ा है धर्मानंद—फोटो का पैकेट लिए। चित्रा की बात सुनकर ठहाका मार कर हंसा।

चित्रा गुस्से में लाल। पूछा, "क्यों धर्मू हंसे क्यों?"

धर्मा ने वैसी ही हंसी में कहा, "हंसू नहीं? तेरी नीति मानकर चलें तो किसका पेट भरेगा? इस युग में ज़ोर जिसका, मुलक उसका। देखो—गर्जसिंह की मूर्ति। हाथी आदमी को कमज़ोर देखकर मार रहा है और सिंह हाथी से बलवान होकर हाथी पर हमला कर रहा है। इस दुनिया में दुर्बल पर सबल का अत्याचार सदा चला है। लाचार लोग शक्तिशाली लोगों द्वारा दबाये जाते रहे हैं। इस दुनिया में सबल और शक्तिशाली कौन है, जानती हो?"

"कौन ?" चित्रोत्पला ने पूछा।

धर्मानंद बड़े आदमी की तरह गंभीर होकर बोला, "जिनके हाथ में धन है, क्षमता है, वे ही हैं शक्तिशाली। ग़रीब लोग सदा हर बात में दुर्बल हैं। जो जितना अन्याय, अधर्म करते हैं वे उतनी ही जल्दी बड़े आदमी बन पाते हैं। धन आने पर क्षमता आती है, सम्मान आता है। ग़रीब लोग तेरी तरह से न्याय, धर्म, उचित राह चलकर सत्यवादी तो बनते हैं, पर भूखे रहते हैं। दहेज के लिए फूल बेच-बेच कर पैसे जुटाते बूढ़ी बन जाती हैं तेरी तरह। घड़ी, साइकल, रेडियो और राह खर्च का हिसाब जानती है ? इतने पैसे जुटाने में कितने वर्ष लगेंगे ?"

चित्रा का चेहरा सूख गया। अगले क्षण सहज हो गई। चार्ल्स को बाकी पैसे लौटाकर धर्मानंद से बोली, "ग़रीब कमज़ोर रह जाते हैं। पर भगवान कमज़ोरों की रक्षा करने के लिए हैं। गर्जसिंह की मूर्ति देखी। सिंह कैसे आदमी को बचा रहा है। यहां सिंह में स्वयं धर्मदेवता विराजमान हैं।"

"पाप की कमाई दो दिन की है। तू यों व्यवसाय कर कितने दिन में बड़ा आदमी बनेगा, देखना है।" चित्रा ने मुंह फेर लिया।

छोटे से धर्मू के मुंह से अन्याय से बड़े होने का रहस्य सुन चार्ल्स को विस्मय हुआ। मगर प्राची को दुःख। कौन सिखा रहा है धर्मू को ये बातें ?

प्राची को लगा धर्मू इसी बीच बड़ा हो गया है। धीरे-धीरे बदल रहा है।

प्राची धर्मू के सामने खड़ी हो गई। पूछा, "किसने बताया ? क्या जल्दी बड़ा बनने का गुण पहले पता नहीं था ?"

धर्मू कुछ न बोल सका। प्राची से ऐसे सवाल की कल्पना न थी मन में। प्राची ने जिरह के ढंग से पूछा, "सुनते हो ? तू इतना-सा बच्चा ! ये बातें कहां से आ गईं ? पहले तो ऐसा न था।"

धर्मा ने सिर खुजलाकर कहा, "चित्रा को चिढ़ाने के लिए कह दिया। देखा तो ब्याह के लिए कैसे छटपटा रही है।"

चित्रा ने मुंह फुलाकर कहा, "दी ! यह छोकरा सदा ऐसे ही चिढ़ाता है। मेरे ब्याह से इसे चिढ़ क्यों ? तुमने बेटा बनाया है तो किसी और को कुछ बढ़ता ही नहीं। अब कमाई भी बढ़ गई है ! देखो ना, बेटे का चेहरा ही बदल गया है !"

धर्मू वहां न रह सका। फोटो बेचने का नाम ले प्राची के पास से खिसक आया।

मगर प्राची धर्मू की बात से संतुष्ट नहीं हुई। लगा जैसे मेधावी धर्मू में दबी आत्मा सबल के विरुद्ध विद्रोह करने में राह ढूंढ़ रही है। मगर धर्मू इस विद्रोह के लिए सही रास्ता नहीं पा रहा। प्राची समझ गई इसे। धर्मू क्या किसी भी तरह शक्तिशाली बनने की प्रतिज्ञा कर चुका है ? उचित हो या अनुचित !

प्राची का मन धर्मू के लिए हिल उठता है। मगर धर्मू की फैली जरूरतें वह

कैसे पूरी करे ? न सामर्थ्य है न शक्ति ! लाचार होकर धर्मू की बात मन से हटा देती है । मन को समझाती है—धर्मू बड़ा होगा । कोणार्क के नंगे चित्र बेचने से दुनिया का दैन्य, उसकी पीठ की नग्नता तो छुपेगी नहीं । इसमें इतना विचलित क्यों होना ?

प्राची की विचलित दशा देख चार्ल्स आगे बढ़ आया । पद्मफूल प्राची की ओर बढ़ाकर कहा, "इतनी छोटी लड़कियां धर्मपद की उमर के लड़कों को बेटा नहीं बनातीं, मित्र के रूप में लेती हैं । उसे बेटा मानने पर ही उसकी ज़रा-सी बात पर इतनी चिढ़ गई ! दरअसल तुम्हारे बेटे की उमर के लायक नहीं है वह ।"

प्राची ने पद्म ले लिया, "धन्यवाद ! मेरी उमर में मेरी मां के चार बेटियां हो चुकी थीं । पता है मेरी उमर ?"

"यह जानना गलत नहीं मेरे लिए ?" हंसकर बोला चार्ल्स ।

प्राची हंसकर आगे बढ़ गई, "क्षमा करना । गलती की भी तुम्हारे यहां अजीब परिभाषा है ।"

चार्ल्स भी हंस पड़ा । कहा, "माफ़ करना । तुम्हारे देश में ये बड़ी अजीब बात है । धर्मपद, चित्रा, कोणार्क—सभी । और सबसे अजीब है यह गजसिंह की मूर्ति ।"

अठाईस सौ टन वज़न की इतनी विराट तीनों मूर्तियां जीवों को लेकर बनी हैं । उन्मत्त सिंह वीर दर्प में एक विशाल हाथी पर आक्रमण कर दबोचे है । हाथी की पीठ पर बैठा अगले पंजों को उठाये सिंह खूब भयंकर दिख रहा है । ये सभी मूर्तियां मिलकर एक पत्थर पर खुदी हैं । सचमुच यह अजीब है !

प्राची ने चार्ल्स को निर्माण-संबंधी शिल्पशास्त्र की बातें बता दीं : "हर मंदिर में पूर्वद्वार पर गजसिंह मूर्तियों का विधान है । इसे 'सिंह द्वार' कहा जाता है । पहले गजसिंह की मूर्ति पूर्व द्वार पर स्थापित की जाती थी । यह धर्म संस्था होने का प्रतीक समझी जाती है । धर्म की रक्षा हर राजा का कर्तव्य होता । अतः राजा नरसिंह देव ने धर्मदेव के मंदिर के बाहर गजसिंह की मूर्ति स्थापित कर धर्मरक्षा का प्रमाण दिया था ।"

चार्ल्स की ओर तिरछी निगाहों से देखा और कहा, "तुम्हारे यहां धर्म रक्षा करने की चेष्टा भी अजीब बात है ?"

चार्ल्स ने कहा, "ज़रूर, धर्मरक्षा कोई दुनिया का लक्ष्य नहीं । उमर में छोटा होते हुए भी धर्मानंद ने यह बात अच्छी तरह समझ ली है । मगर तुम नहीं समझीं ।"

प्राची ने चार्ल्स के पीछे मुखशाला के रूद्धद्वार के आगे खड़ी थी । चार्ल्स की बात का कोई जवाब नहीं दिया उसने ।

प्रत्यूष ! सूर्यदेव समुद्र स्नान के बाद इतनी जल्दी आकाश तक उठे न थे। बालिआरंजनी पत्थर (एक तरह का बलुआ पत्थर) से नाट्य मंदिर के लिए नृत्य-मूर्ति बना रहा है कमल महाराणा। कमल आंख भींचे कल्पना नेत्रों में एकदम हूबहू रूपसी लास्यमयी को देख रहा है। कमल सोच रहा है—किस पर यह मूर्ति बनाऊं ? सुगठित, सुन्दर देहवल्लरी या देह पर अलंकरण हों ?

सुगठित देह पर अलंकरणों की उत्कर्षता और फिर साथ में अपूर्व लास्यमयी भंगिमा ही चिरंतन कला बनकर विस्मय के साथ आनन्द दे सकेंगी। स्थापत्य एवं भास्कर्य दोनों एक-दूसरे के होंगे परिपूरक। देह के विभिन्न अंगों पर अलंकरण को लेकर एक काल्पनिक चित्र बना चुका था कमल। लेकिन नर्तकी के अंग सौष्ठव का सही-सही चित्र अभी भी कल्पना में आंख-मिचौनी खेल रहा था।

छम छम ! छम् छम् ! सुन्दर ताल-लय के छंद पर साफ सुनाई पड़ रहा है दूर से। धीरे-धीरे नूपुरों का छंद निकट हो रहा है। कौन ? देवदासी भद्रा ? ना ना···श्वेता है ? या मुग्धा ?·· ना। फिर इनके सिवा नाट्य मंदिर में कौन हो सकती है प्रतिरूप ?···मगर उनकी भावमुद्रा में स्वर्गीय आभा खिलेगी तो ? नृत्य मूर्ति धीरे-धीरे धरती पर कदम रखती मानो तैरती आ रही है। तैरती हुई कमल से कुछ दूरी पर सामने आकर स्थिर रह गई। क्या मेरी कल्पना ही मूर्त हो गई ? जीवन्यास मिला है कल्पना को ? कौन है देवकन्या ? भद्रा, मुग्धा या श्वेता की तो यह भंगिमा नहीं। स्वर्ग से कोई अप्सरा धरती पर उतर आयी है क्या—धर्मदेव के मंदिर में प्रतिरूप बनने के लिए !

कमल ने पहले इस लास्यमयी रूपसी के पांवों की ओर देखा। दो अधखिले पद्म कोरक हैं ! पद्म कोरकों के सहारे-सहारे उदय सूर्य की आभा में दो पतली अलता की रेख खिची हैं ! ये अलता वाले पांव यदि पद्मकोरक हैं—मुख शोभा की किससे तुलना की जाएगी—समझ में ही नहीं आता ! संकोच में धीरे से दृष्टि ऊपर उठती गई—उन सुठाम अवयवों को स्पर्श करते हुए और मुख पर जा कर टिक गई···। एक पल कमल की निहान थिर हो गई। पर अंतर की निस्तरंगता टूट गई—हिलोर-सी मच गई। इतना रूप, ऐसा लावण्य, यह स्वर्गीय भावमुद्रा ! कमल महाराणा इसे रूप दे सकेगा तो ? इस रूपसी को निर्निमेष देखता रहा। चुम्बक की तरह स्थिरचित्त उस मूर्ति की स्वर्णिम आभा ! पत्थर पर खिला सकूंगा क्या ?

कमल महाराणा मुश्किल से उद्दाम उद्वेलन को आयत्त में कर सका। अपने तारुण्य के अनिच्छाकृत आवेग को अनुशासित कर लिया कुछ क्षण में।—यहां तपस्वी बैठा है। सूर्य पीठ पर बारह वर्ष तक ब्रह्मचर्य पालन करना होगा। इंद्रिय संयम सहित पाषाण पर पद्म खिलाने होंगे। जो कार्य शुरू किया है, पूरा करना होगा। अगर मैं पथभ्रष्ट हो गया, इंद्रिय संयम नहीं रख पाया, विचलित हो गया,

कला के उत्कर्ष में त्रुटि कर बैठा, तो शिल्पी का धर्म ही डूब जायगा। फिर घर पर प्राणप्रिया पत्नी निष्ठा, गहनविश्वास लिए लौटने की राह देखती बैठी है। किशोरी वधू पद्मफूलों की निष्ठा लिए प्रतीक्षामाण है। और मेरे मन में यह अज़ीब—अनहोनी! अनुचित—अदम्य उद्वेलन! क्या मतलब है इस सब का?

कमल महाराणा उस लास्यमयी के आयत नेत्रों में दृष्टि स्थिर कर अपने अस्थिर मन को शांत करने लगा। स्थिर स्वर में कहा, "कौन हो किशोरी? कोमल पद्म कलिका को पत्थर के देवता के आगे अर्पित कर किसने तुम्हें देवदासी बनने का निष्ठुर आदेश दिया?"

किशोरी निरुत्तर थी। क्या यह मौनवती है? किशोरी के लिए कमल महाराणा के मन में कोमल स्पंदन मृदु छंद में थिरक उठा।

—हाय देवदासी! अर्पित है उसका सारा जीवन—पाषाण देवता के चरणों में उत्सर्गीकृत है उसका यौवन, सारा भौतिक सुख, कामना, वासना, प्रेम, विवाह, मातृत्व सब कुछ निषिद्ध है उसके लिए! सारे सामाजिक नियमों से अलग। देवदासी देवता के मनोरंजन के लिए रहती है। मगर देवदासी के भी मन होता है—हृदय होता है। उसमें कामना, वासना, मातृत्व की लालसा, घर बसाने का छोटा-मोटा सपना—ये सब पाप हैं। देवता का विरुद्धाचरण होगा। देवदासी शरीर में नारी है। उसकी सुन्दर देह की सुरक्षा के लिए मन्दिर की ओर से घर, ज़मीन एवं अन्य संपत्ति की व्यवस्था है। देवदासी को कमी किस बात की है? शरीर के लिए सारी ज़रूरतें महाराज की ओर से पूरी करने की व्यवस्था है।

देवदासी काफी संपत्ति की अधिकारी है। उसी के लोभ से ग़रीब पिता अपनी कन्या को देवता के चरणों में उत्सर्ग कर देते हैं और उसी उत्सर्गीकृत जीवन का आश्रय लेकर कुछ प्राणी जीने का रास्ता पा जाते हैं। चौड़गंग देव के शासन से जगन्नाथ मंदिर में यह प्रचलन है। मगर यह कौन-सी देवदासी है?

विलासमयी ललित भंगिमा में स्थिर थी लास्यमयी किशोरी। उदित सूर्य का लाल रंग किशोरी के चंपई रंग में लाज घोल रहा है। पर किशोरी का मुख अपूर्व दीप्ति में उद्भासित हो रहा है।

"कौन हो तुम? किशोरी! किस मंदिर में हो देवदासी? किस देवता के चरणों में अर्पित हो?" कमल महाराणा ने कोमल एवं मधुर स्वर में पूछ ही लिया।

मृदु समीर में फूल की पंखुड़ियां हल्के से कांप उठीं। वीणा की कोई रागिणी अति मंद स्वर में भर गई, "मैं शिल्पा, नृत्यगुरु सौम्य श्रीदत्त की कन्या, सूर्यदेव के चरणों में समर्पित हूं।"

कमल महाराणा के तरुण हृदय में मृदु तरंगें एक पल में जैसे स्तब्ध रह गईं। नृत्यगुरु की कन्या के प्रति मन में संभ्रम भर गया। गंभीर हो कर कहा, "प्रतिरूप

बनने के लिए पिता से आदेश ले लिया है? पर यह काम है बहुत कठिन! एकाग्रता, धीरज, निष्ठा और गहन अनुराग न हो तो घंटों एक ही स्थान पर एक भंगिमा में खड़े रहना बहुत मुश्किल होगा। तुम कर सकोगी किशोरी?"

शिल्पा ने तनिक हंसकर कहा, "अवश्य। स्वेच्छा से आयी हूं नाट्य मंदिर की नृत्यमूर्तियों का प्रतिरूप बनने के लिए। पिता के अज्ञात में ही स्वयं को सूर्यदेव के आगे अर्पित किया है। अनुपम इस सूर्य मंदिर के निर्माण में मेरा यत्किंचित अवदान रहे, मैं धन्य हो जाऊंगी।" किशोरी कह गई—

कमल का स्थिर होता चित्त फिर कांप गया। कहा, "पिता के परोक्ष में तुम जैसी किशोरी कन्या का शिल्पी के आगे प्रतिरूप बन जाना अनुचित होगा।"

"कोणार्क के शिलाखंडों में मैं भी युग-युग तक जीना चाहती हूं, कलाकार। मुझे प्रतिरूप बनने की अनुमति दें! महाराज की इच्छा पूरी होने पर जगन्नाथ की बांछा पूरी होगी। जगन्नाथ के चरणों में मेरा भक्ति अर्घ्य..."

कमल महाराणा ने कहा, "परंतु किशोरी। तुमने शास्त्रीय नृत्य की शिक्षा ली है?"

शिल्पा मुस्कराकर बोली, "विधिवत् रूप से नृत्य शिक्षा नहीं ली। मगर पिता जब नृत्य सिखाते हैं, मैं गौर से सुनती रहती हूं। देख-देखकर नृत्य का अभ्यास करती हूं। विश्वास है पिता के कल्पित नाट्य मंदिर में नृत्यमूर्ति के लायक प्रतिरूप बन सकूंगी।"

कमल ने विश्वास में कहा, "विश्वास रखूंगा। पर पिताश्री को आपत्ति तो नहीं होगी?"

शिल्पा ने मधुर स्वर में कहा, "मैं हूं नृत्यगुरु सौम्य श्रीदत्त की नृत्यकला। मुझे देखे बिना उन्हें नृत्यविद्या विस्मरण हो जाती है। मेरा मुख, आंख, चरणों के छंद उनमें संगीत को जन्म देते हैं। वे मुझे कहते हैं—कला। उनका कहना है कि मैं उनसे दूर हो जाऊं तो उनका कलाहरण हो जाएगा। मेरे जन्म के बाद ही उनमें कला का उत्कर्ष हुआ है। मैं हूं उनकी कला का उत्स। मुझे छोड़कर वे नहीं रह सकते। अतः मैंने ही स्वेच्छा से सूर्यदेव के चरणों में स्वयं को निवेदित कर दिया है। सूर्य मंदिर बनने के बाद मैं देवदासी का जीवन अपना लूंगी। पिता मेरे जीवन भर गुरु रहें—और मैं सदा-सदा उनकी कला की प्रेरणा। एक बार जब स्वयं को सूर्य की शक्ति के आगे समर्पित किया है—पिता मुझे वापस लौटा लाने का प्रयास नहीं करेंगे।"

कमल विचलित हो गया—यह सरला किशोरी अभी पिता के स्नेह में अंधी हो रही है। और जब यह उम्र के आह्लाद में उमड़ कर मौसमों के स्पर्श से घर छोड़ सागर की छाती पर बरस जाने को आतुर हो उठेगी, बौरा जायगी तब!

इस समय वह कुछ नहीं समझेगी। भावप्रवणता में बह कर इतनी बड़ी प्रतिज्ञा कर बैठी है। यह तो अनुचित होगा।

एक अभिभावक की तरह स्वर को गंभीर बनाकर कहा, "किशोरी। अभी तक तुमने जीवन संगीत सुना भी नहीं। उस स्वर की मूर्छना इस प्रतिज्ञा को चकनाचूर कर देगी। जीवन को बिना समझे इतनी बडी प्रतिज्ञा करना ठीक नहीं है।"

शिल्पा हंस पड़ी। पूर्वाकाश की रक्तिम आभा जैसे नीले गगन को धीरे-धीरे आलोक रंजित करने की तरह शिल्पा की लाज भरी हंसी उसके सारे मुखमंडल को अनिवर्चनीय माधुरी में भर गई।

कमल आत्मविस्मृत हो रहा। अतीत, भविष्य, कर्तव्य, राजाज्ञा सब विस्मरण हो रहा है। आंखों के आगे से वृक्ष, लता सब लीन हो रहे हैं। असंख्य नृत्यमयी शिल्पा उद्‌भासित हो रही हैं। स्थिर भाव से देखता रहा। प्रशांत मुख, अशांत प्राण !

शिल्पा ने कहा, "पता नहीं आपने विवाह किया है या नहीं। पर बारह सौ कारीगरों में अनेक विवाहित युवक हैं, युवा पत्नियों को छोड़कर देश के लिए चले आये हैं। किसी ने स्त्री को देखा है, किसी ने नहीं। वे बारह वर्ष एकाग्र होकर काम करेंगे। लौटते समय देह और मन से बसंत जा चुका होगा। जीवन का सुन्दर, श्रेष्ठ समय झर चुका होगा। कलिंग त्याग की धरती है—उत्सर्ग का क्षेत्र है—पवित्र समर्पण के इलाके में क्या कलिंग कन्या नहीं ?"

कमल सम्मोहित होता जा रहा है। प्रेमोच्छ्‌वास में रोमांच भर रहा है। इस किशोरी के बिना कोणार्क अधूरा रह जायगा। कोणार्क के प्रस्तर खण्डों पर स्थापत्य और भास्कर्य की महिमा प्रस्फुटित करने के लिए इस किशोरी का कोई विकल्प नहीं। इसे आंखों के आगे न रखने पर निहाण अचल हो जायगा।

कमल ने कृतज्ञता में कहा, "किशोरी ! तुम्हें जन्म देकर उत्कल धन्य है। तुम्हारे रूप, गुण, महानता की कोई परिभाषा नहीं।"

शिल्पा को हंसी आ गई। मानो आकाश से मृदु सूर्य रश्मियों की धरती पर पहली बौछार हो रही है।

कमल ने स्वगत में कहा, "किशोरी। तुम्हारा ठीक चित्र कोणार्क के प्रस्तर पर अंकित हो गया तो मैं धन्य हो जाऊंगा। उत्कल का कलाकार गर्व में भर उठेगा। मैं कृतज्ञता में बंध जाऊंगा। तुम अगर अपने सुगठित अवयवों को ललित कोमल भंगिमा, नैसर्गिक सौंदर्य, अकल्पनीय भावमुद्रा को अपनी आंखों से देख पाती, तब समझती कि तुम क्या हो !"

कमल महाराणा की कल्पना हर शिला में नया रूप ले रही है।

7

सात सौ वर्ष पहले कमल महाराणा ताड़पोथी में लिख गया है अपने जीवन का इतिहास। शिल्पी जीवन के पृष्ठों पर कोणार्क का इतिहास ही तो लिपिबद्ध हुआ है। जीवन के सारे स्वप्न, सारे सत्य तुच्छ हो गए कोणार्क को पूरा करने के सपने के आगे। कोणार्क ही बन गया बारह सौ कारीगरों का जीवन। उसी इतिहास का विश्लेषण कर रहा है अमेरिकी स्थपति चार्ल्स···। प्राच्य एवं पाश्चात्य जीवनधारा को मिलान कर देख रहा है। प्राच्य एवं प्राचीप्रभा उसे खींच रही हैं—पराजित कर रही हैं। इस पराजय में भी विजय का एक आनंद है। गवेषणा पीठ को वह चाहता है—प्रेम कर बैठा है इस देश की संस्कृति, साहित्य, नृत्य, संगीत एवं जीवनधारा से ! इस देश के फूल, फूलवाली चित्रोत्पला को—। इस देश के चित्र और चित्र बेचने वाले बालक धर्मानंद को—यहां के संगीत और संगीतमयी नारी प्राचीप्रदा को। चार्ल्स के हृदय की उदारता के संकेत हैं ये एक-एक।

जयदेव का 'गीत गोविंद' होता ही है कोमल-कांत, पर प्राचीप्रभा के कंठ पर वह और भी मधुर-मंजुल हो जाता है। संस्कृत के इस गीत काव्य का भाव-विन्यास भी चार्ल्स कुछ-कुछ समझने लगा है। प्राचीप्रभा के कंठ से गीत माधुरी में चार्ल्स मुग्ध हो जाता है। मन की सारी ग्लानि, अवसाद, निःसंगताबोध सब कहीं लीन हो जाते हैं। वसंत का स्वर ही मानो हर अबोध का अर्थ कर देता है।

वसंत की लता की तरह उस संगीत का स्वर चार्ल्स के यायावरी मन की उजाड़ धरती पर फूलों की बहार खिला देता है। प्राची का स्वर ही मानो अबोध्य का अर्थ कर देता है।

चारुकला के ठाकुरघर में जगन्नाथ, बलभद्र एवं सुभद्रा की त्रिमूर्ति की पूजा की जाती है। चार्ल्स उस कमरे में नहीं जाता। बाहर रह कर ही वह प्राचीप्रभा का संगीत सुना करता है। जगन्नाथ की उस अधूरी-सी दिखती मूर्ति के आगे आंख भींचे तन्मय हो प्राचीप्रभा 'गीत गोविंद' गाती। गाते-गाते आंखें झरने लग जातीं। चारुकला और दीनबंधु सुनते-सुनते भीगे नयनों से जगन्नाथ की ओर देखते रहते। अपलक वे कुछ क्षण बाहर के जगत् से एकदम कट जाते।

चार्ल्स आश्चर्य में सोचता—प्राची को दुःख क्या है ? ठाकुर के आगे आंसू क्यों बहा रही है ?

मन का संदेह वह बता देता। प्राची हंसकर कहती, "दुःख में नहीं—ये तो सुख के आंसू हैं। 'गीत गोविंद' गाने में बड़ा आनंद है, उसे सुनने में आनंद है, तुम उसे नहीं समझ सकोगे। पश्चिमी संगीत सुनने की आदत है न तुम्हें···?"

प्रतिदिन जगन्नाथ के आगे भक्तिगीत गाते-गाते कोई युवती क्यों आंख से

आंसू बहाती है—चार्ल्स नहीं समझ पाता। वह तो इतना जानता है इस उमर में युवती किसी प्रिय पुरुष से प्रेम कर सकती है। मगर प्राची कहती है, "मैं मैत्री के देवता जगन्नाथ से प्रेम करती हूं।" अजीब लगती है यह बात उसे। प्राची तो कहती है, "जगन्नाथ मेरे स्वामी हैं—प्रभु-इष्टदेव हैं।" कैसे ?

चार्ल्स प्राची का गहन दर्शन नहीं समझ पाता। प्राची कहती—संगीत का मूल है आनंद की प्राप्ति। यह आनंद स्थूल से सूक्ष्म एवं क्रमशः सूक्ष्मतम होकर चिदानंद और अंत में ब्रह्मानंद में पहुंचा देता है। संगीत चित्तवृति को स्थिर करता है और ईश्वर प्राप्ति करा देता है। ईश्वर संगीतमय है, सच्चिदानंद है। आनंदमय तक पहुंचने के लिए आनंदमय का मार्ग है संगीत। अतः मैं गाती हूं।

चार्ल्स सोचता—क्या प्राची कोई देवदासी है ? वह जगन्नाथ के यहां निवेदित है ? उस में अब कोई कामना, वासना या सुखकर कल्पना नहीं ? आज भी क्या यहां देवदासी प्रथा जीवित है ?

इन सारे प्रश्नों को प्राचीप्रभा टाल जाती। कहती, "जगन्नाथ स्वयं संपूर्ण हैं। यहां अपूर्णता का लेश भी नहीं। उन्हें पाने में सब मिल जाता है। उनके पास वही पूर्णता मिलती हैं। अत: उनके आगे अर्पिता हूं।"

वह सोचता—मेरे देश में होती तो अब तक किसी साइकेट्रिस्ट के पास होती। भगवत् प्रेम ऐसी युवती के पास एकदम अननेचुरल। लगता है प्राची अपने अंदर कोई कमी महसूस कर रही है। तभी वह जगन्नाथ को जकड़े है।

कोणार्क की दीवार के आगे जगन्नाथ और महिषमर्दिनी मूर्ति के सामने प्रणाम की भंगिमा में खड़ी है। मुखशाला के दाहिनी ओर पीठ पर एक हिस्से में जगन्नाथ और एक हिस्से में महिषमर्दिनी दुर्गा कलात्मक पीठ पर स्थापित हैं।

राजा नरसिंह देव जगन्नाथ दर्शन के निमित्त पधारे हैं, पुजारी से माला स्वीकार कर रहे हैं। अपलक नेत्रों से देख रही है प्राची। कोणार्क म्यूजियम में सुरक्षित ग्रेनाइट पत्थर की जगन्नाथ—दुर्गा मूर्ति के पास भी प्राची इसी तरह चुप खड़ी है। वह जगन्नाथ में निमग्न हो जाती या आत्ममग्न होती, पता ही नहीं चलता। जगन्नाथ मानो एक रहस्य की ओट में प्राची के जीवन के साथ बंध गए हैं—पता नहीं किस अनादि काल से !

चार्ल्स पूछता, "जगन्नाथ को देखकर तुम यों अनमनी क्यों हो जाया करती हो ?"

"बताया था कि वे मेरे स्वामी हैं।" वह हंसकर आगे चल पड़ती। चार्ल्स उसके पीछे-पीछे चलता। कोणार्क के कैनवेस पर उत्कलीय जीवन के एक पर एक दृश्य देखता जाता मुग्ध भाव से। क्या प्राची एक दूसरी मीराबाई है ? क्या वह भी ऐसे ही किसी दिन जगन्नाथ में लीन हो जायगी जीवन का सत्य पीछे कर।

चार्ल्स को याद भी नहीं कि कब घर छोड़ा, उसे तो यह भी नहीं पता कि घर

कहते किसे हैं ? लगता है मां-बाप के साथ जो कुछ दिन इंडिया में बिताये, बस उन्हीं दिनों घर था, परिवार था। मां जिस दिन साथ लेकर डाइवोर्स कर वाशिंगटन लौट गई, तब से न घर है न परिवार। मां के नये पति एवं नये घर में चार्ल्स खुद को पराया ही समझता। और जिस दिन से माँ को छोड़ चला आया है, तब से वह मुक्त है, आजाद है, यायावर है।

इंडिया का पारिवारिक जीवन उसे आकर्षित करता है। नौ वर्ष की बातें याद आ रही हैं। छोटा-सा बंगला। वही ममी, डैडी और चार्ल्स। एक के लिए दूसरे में ममता, स्नेह, आशा-आशंका, चिंता, उद्वेग मानो सबको बांधे है। कोई किसी को छोड़ नहीं पायेगा। एक के बिना दूसरे का जीवन अधूरा है, असार है। एक दिन मगर चार्ल्स की धारणा झूठी साबित हो गई। देखा चार्ल्स रास्ते पर अकेला चल रहा है। उसके देश के युवक-युवती इस उमर में अकेले मुकाबला करते हैं।

मगर इंडिया में तो अजीब है। दीनबंधु बाबू और चारूकला अभी भी अपने छब्बीस वर्ष के अपने पैरों पर खड़े, कमाने खाने के लायक बेटे के लिए चिंतित हैं। प्राचीप्रभा उनकी बेटी नहीं, भतीजी है। चारुकला की बड़ी बहन की बेटी। मगर प्राचीप्रभा के लिए उनका स्नेह, आदर, चिंता और उद्वेग चार्ल्स को विस्मित कर देता है।

चार्ल्स विस्मय में खड़ा है एक दृश्य के सामने। मुख्य मंदिर के दाहिनी पार्श्व पीठ पर कितना सटीक चित्र खुदा है ? विदेश में लंबा समय बिताकर बेटा बहू पोता लौटे हैं घर। बूढ़ी मां आनंद में अधीर हो बेटे को छाती से लगा रही है। बहू सास के चरणों में प्रणाम कर रही है। पोता भी दादी को गोद के लिए मिन्नत कर रहा है। यह दृश्य पक्की फोटोग्राफी की तरह कोणार्क की दीवार पर रँगा है। भारत के पारिवारिक जीवन की ऊंचाई बता रहा है।

चार्ल्स सोच रहा है—जिस दिन मैं वाशिंगटन लौटूंगा, स्वागत कर लेने के लिए खाली घर में कोई न होगा। यहां तक कि मित्र लिलियन ने भी पत्र लिख दिया है, "गोवा बीच पर बॉय फ्रेंड ब्रूस के साथ मजे में दिन बिता रही हूँ। वह सुख अवर्णनीय है। अगर तुम गोवा आओ तो तुम्हें भी वही मजा मिलेगा। आनंद उठा सकते हो।" चार्ल्स ने इस पत्र का कोई उत्तर नहीं दिया। मेरा मन, प्राण, खत बेकार है वहां।

एक और दृश्य के पास रुक गई प्राचीप्रभा—श्रमिक दंपत्ति का चित्र प्राचीप्रभा के मन में हिलोर भर देता है। मर्द है—कंधे पर बड़ा फावड़ा लिए। औरत है—सिर पर बोझ रखे। उसकी काख में शिशु है। शिशु छाती में सिर दिए हुए खूब तृप्ति के साथ अमृतपान कर रहा है। निःसंकोच हो खुली छाती लिए संतान को अमृत पिला रही है स्नेहमयी जननी।

हल्के से एक सांस छोड़ी प्राचीप्रभा ने—बेचैनी की। कहीं हृदत की व्यथा कोई सुन न ले। हृदय का रहस्य जान न ले। इस के लिए वह सहमी हुई है। मगर प्राचीप्रभा की गोपन सांस चार्ल्स तक पहुंच गई। वह आकर प्राचीप्रभा के पीछे खड़ा हो गया।

"चित्र में कोई खासियत है ?"

प्राची ने कहा, "कितना ही सभ्य या उन्नत देश का निवासी हो, आदमी की मूल ज़रूरत तो इतनी ही होती है। 'मेरा' कहने के लिए छोटा-सा घर, जीवन के उबड़-खाबड़ रास्ते पर चलने के लिए और बोझ में साझेदारी करने के लिए कोई साथी और अंतिम बात है—अपने रक्त मांस का प्रतीक—अपनी एक संतान धरती पर अपना कंटीनिएशन—पुनरावृत्ति। बस यही तो है जीवन !"

"चाहो तो वो सब तुम पा सकती हो। घर, स्वामी, संतान-कुछ भी दुष्प्राप्य नहीं। इस पर चिंता क्यों ?"

वह कहता गया।

प्राची आगे बढ़ गई। उदास स्वर में जवाब दिया—"तुम्हारी तरह मैं भी यायावर हूं चार्ल्स ! न घर है, न द्वार, न बंधन और न कोई दायित्व ! कभी-कभी अपने जीवन का दायित्व भी बोझ जैसा लगता है।" एक लंबी सांस छोड़कर चुप हो गई। चार्ल्स अवाक्। शायद असावधानी में प्राची ने अपने जीवन का रहस्य कुछ उघाड़ दिया है। और जानने का आग्रह होते हुए भी हर बात वह पूछ नहीं पाता। प्राची को दुख किस बात का है ? अभाव क्या है ? उसके जीवन की समस्या कितनी गहरी है ? क्या इस बारे में मैं कुछ मदद कर सकता हूं ? सारे प्रश्न आकर चार्ल्स के गले में रुंध जाते हैं। प्राची काफी आगे निकल गई है। मुखशाला के दाहिने पार्श्व की पीठ पर खुदी महाराज नरसिंह देव की मूर्ति के आगे प्राची स्थिर खड़ी है। चार्ल्स को वह किसी प्रश्न चिह्न-सी दिख रही है।

जीर्ण ताड़पत्र की पोथी में चित्रित सारे चरित्र जीवंत हो उठे हैं सात सदियों का अतीत पार कर। समय को पराहत कर उद्भासित हो रहे हैं महाराज नरसिंह देव कोणार्क के शिलाखंडों पर। हर शिलाखंड महाराज की वीरता, प्रजावत्सलता, उदारता एवं महानता की घोषणा कर रहा है।

उत्कल के कलाकार की देह पर नरसिंह का चित्र अमर लेखनी से स्वतः प्रवृत्त हो लिख गए हैं। जगह-जगह राजा-रानी की युगल मूर्ति। राजा का देवार्चन का दृश्य, शिकार का दृश्य, युद्धक्षेत्र का दृश्य, प्रमोद के समय झूला झूलने का राजा-रानी का दृश्य— कितने राजभक्त थे ये शिल्पी ! राजा को अमर करने का प्रयास करते-करते शिल्पी स्वयं अमर हो गए। कीर्तिमय राजा का यशगान करते-करते अपनी जैसी ही गा रहे हैं परोक्ष में। जबकि अपना नाम कहीं नहीं लिखा इन उदारचेत्ता शिल्पियों ने !

जिस राजा ने शिल्पी-कुल को सोलह वर्ष तक घर से दूर रखा, विरह-दुख: में जलाया वे उन्हीं का यश गाते रहे—कितने उदार थे लोग !

विष्णु महाराणा पोथी पढ़कर यही व्याख्या करते रहे।

गौड़ के शासक इख्तियार उजबेग के साथ निरंतर संघर्ष लगा रहा। उत्कल की उत्तर सीमा पर स्थित 'अमर्दन' दुर्ग तक मुसलमान सेना चढ़ आयी, उजबेग ने दिल्ली से सहायता माँगी। प्रबल पराक्रमी नरसिंहदेव एवं देशप्राण उत्कलीय सेना की असीम वीरता से मुसलमान सेना घबराकर पीछे हटने लगी। ऐसी संकट की घड़ी में युद्ध से लौटकर रानी सीतादेवी के साथ भोग-विलास में डूबे नहीं। इधर सूर्य मंदिर का कार्य प्रगति पर। उधर अनुगत पाइक सेनानी राजा के आह्वान पर युद्ध क्षेत्र में अवतीर्ण हो रहे थे। इधर बारह सौ कारीगर एवं उनकी मदद के लिए हजारों अन्य नागरिक घर-बार छोड़ राजकार्य में जुटे थे। महाराज युद्ध के शौर्य से लौटकर मंदिर निर्माण का कार्य निरीक्षण करते। रात सुनसान हो जाती तब वे छद्मवेश धारण कर प्रजा का सुख-दुःख जानने के लिए अकेले अंधेरे में घूमते। कभी दण्डपाणि (पुलिस), कभी ग्रामभट्ट (चौकीदार) या कभी कोई ग्रामीण या कभी सैनिक अथवा अनजान पथचारी के रूप में इधर-उधर घूमते। प्रजा के सुख-दुख की सही खबर लाते। न्यायोचित समाधान करते। राज्य में न दुःख रहता, न असंतोष, न चोरी-डकैती होती। कभी घुसपैठिये मुसलमान सैनिक उत्पात करने के लिए हाथ-पांव मारते; मगर सजग सीमांत सैनिक एवं दण्डपाणि उनके लिए उचित व्यवस्था कर देते। राजा एवं पाइक बल पर जनता को आस्था थी।

चाँदनी रात ! रात के रंग में फूल भी पत्तों से अलग पहचान में आ जाते। महाराज पुरोहित वेश में घूम रहे हैं। जनपद आ जाता तो लोगों की निगाह से बचने के लिए एकांत में घोड़ा बांध देते गांव की सीमा पर। पैदल अंदर जाते। सौम्य कांति पुरोहित, गांव की सरहद पर घोड़ा, राव चांदनी रात में गांव का सौंदर्य देख रहे हैं। गांव के उद्यान में सुगंधित फूलों का समां लगा है। पुरोहित धीरे-धीरे चले जा रहे हैं। दिन भर कार्य करने के बाद मन स्निग्ध हो आया है।

बरामदे में बूढ़ा भगवान का नाम ले रहा है। पुरोहित कुछ क्षण ठिठके रहे। बूढ़े ने आंखें खोलीं। पुरोहित ने पूछा—गांव में सब कुशल-मंगल है तो ?

बूढ़े ने पुरोहित की ओर श्रद्धा से देखकर पूछा—"आप किस गांव के हैं ? कभी देखा नहीं इधर ? बेटे, ठीक से इन आंखों को दिखता भी नहीं।"

पुरोहित ने मुस्कराकर कहा, "इस गांव में नया रिश्ता करने का विचार है। मैं जगन्नाथ का सेवक ठहरा। गांव में कुशल है तो ?"

"महाराज की दया से सब मंगल है। जिस राज्य में जनता का मंगल सुनने के लिए राजा कान खड़े किये हैं, वहां दुःख कैसा ?" बूढ़े ने आनंद में कहा।

पुरोहित ने दोनों हाथ जोड़ प्रणाम किया। कहा—"राजा की कृपा नहीं, इसे जगन्नाथ की कृपा कहें। राजा कौन है? वह तो जगन्नाथ की आज्ञा मानकर चलते हैं। उन्हें छोड़ने पर राज्य की स्थिति कहां?"

बूढ़े ने कहा "हमारी निगाह में तो राजा जो, जगन्नाथ सो। इस देश के पालक हैं जगन्नाथ राजा के रूप में। जगन्नाथ के ही अंश हैं, वरना राज्य में इतनी सुख-शांति होती?"

पुरोहित ने पूछा, "सुना है, कोणार्क में मंदिर बन रहा है। कुछ कारीगर इस गांव से भी गए हैं।" बूढ़े ने हिसाब कर कहा—"हां, एक कौड़ी छः जन कारीगर मंदिर कार्य में लगे हैं। क्यों तुम्हें क्या चाहिए पुरोहित-पुत्र?"

हंसकर पुरोहित ने कहा, "हमारे गांव में विष्णु मंदिर बनेगा। कुछ अच्छे मंदिर-शिल्पी चाहिए। सुना है, मंदिर-शिल्प में इस गांव का अच्छा नाम है। वे कब लौट रहे हैं?"

बूढ़े ने आश्चर्य से कहा—"इतना भी नहीं जानते? बेटे, वे अभी लौटने वाले नहीं? सोलह वर्ष लगेंगे। मुख्य मंदिर के बनने में ही बारह वर्ष लग जायेंगे। फिर प्रांगण में अन्यान्य मंदिर, कूप, झूलन मंडप, परिक्रमा आदि बनने में चार वर्ष। तुम उनकी प्रतीक्षा मत करो। दूसरे शिल्पी तलाशकर काम पूरा करा दो।"

पुरोहित ने विस्मय से कहा—"सोलह वर्ष-घर बार छोड़ मंदिर बनायेंगे? पर यह तो उन पर राजा का अन्याय है।"

बूढ़े ने जीभ दांतों तले दबा ली। हाथ जोड़कर कहा, "ऐसा न कहें पुरोहित जी! इस देश के राजा भला अन्याय करेंगे? गंगवंश के शासक में अन्याय का स्थान नहीं। फिर नरसिंहदेव के शासन में? मंदिर बनाने में राजा को क्या लाभ? वह कोई राजमहल नहीं, देवालय है! यह सौभाग्य किसे मिलता है?"

पुरोहित ने चिंतित-से होकर कहा, "हां, जगन्नाथ के संकेत पर बन रहा है मंदिर, धर्म देव पृथ्वी पर पधारेंगे। पृथ्वी पर धर्म की स्थापना होगी, पर शिल्पी परिवार को कष्ट में ही जीवन व्यतीत करना होगा। बूढ़े ने खीझकर कहा—तुम पुरोहित हो, पर उम्र में छोटे हो। तभी राज्य की खबर नहीं। शिल्पी एवं सैनिक परिवारों का सारा दायित्व राजा ने लिया है। उनके परिवारों के लिए स्वतंत्र भत्ते एवं जमीन की व्यवस्था हुई है। वे आराम से हैं। महाराज की जयकार हो रही है।"

पुरोहित ने रुक कर कहा—"धन्यवाद! जगन्नाथ जी सब को सुख से रखें इस गांव का सुख-समृद्धि और बढ़े।"

चांदनी में रास्ता देखते हुए आगे बढ़ गया। गांव के बीच देवालय! देवालय की दीवार के सहारे कुआं। कोई किशोरी घूंघट में उधर धीरे-धीरे पानी लाने जा रही है। काख में पीतल का गगरा लिए है—खाली गागर ही किशोरी को कष्ट

दे रही होगी। फिर जल भरने के बाद ! भरा गगरा उसकी देह को विचलित कर देगा।

छद्मवेशी राजा बकुल वृक्ष की छाया तले खड़े देखते रहे। किशोरी ने कठिनाई से गागर कुएं पर रखी। उसके माथे पर जमी पसीने की बूंदें चांदनी में दिख रहीं हैं। किसी लता की तरह वह मंदिर की दीवार के सहारे टिक गई। शायद थकान मिटा रही है।

वह किसी की प्रतिक्षा में है। यहां पानी भरने के बहाने मंदिर के बाहर आयी लगती है।

चुपचाप राजा खड़े हैं। इस निष्पाप किशोरी के बारे में कोई ऐसी-वैसी बात आ नही रही मन में।

वह एक ओर अपलक देख रही है। बेचैन हो तेज सांस ले रही है। घूंघट में मानो अंजुरी भर चांदनी थम गई है। नाक पर ईषत् पाटल अगस्त फूल की तरह किशोरी के बंद अधर।

—कौन है यह राधा ? राजा संशय में पड़ गये। किसकी प्रेयसी है यह बाला ? किस हृदयहीन पुरुष के झूठे वादे में भूलकर निंदा एवं अपवाद की परवाह किये बिना पानी लाने के बहाने गगरी ले घर से निकली है ?

किसी की हल्की पदचाप। किशोरी उत्कंठित हो गई। विरह और नहीं सह पायगी। छद्मवेशी महाराज के आगे पलभर में गुप्त मिलन का दृश्य होगा ! राजा किसके लिए दंड की व्यवस्था करेंगे ? इस किशोरी के प्रति ? मन कुंठित हो रहा है ! कलंकित चंद्र से झरती चांदनी की तरह इस झूठे प्रेम में पड़ी कोमल निष्पाप, निर्मल किशोरी इसे कालिमा छू भी नहीं सकती !

किशोरी का चेहरा, आंखें सब घूंघट में हैं। लगता है, हृदय का उद्वेग होठों के उपकूल पर आकर टकरा रहा है। मन का उद्वेग अंकित हो रहा है।

कदम पास आ रहे हैं। वह सीधी खड़ी हो गई। आंचल कमर में लपेटा। गगरी उठा कर कुएं तक आ गई। रस्सी में फांस कर गगरी कसी। धीरे-धीरे कुएं में उतार दी। गगरी पानी को छू रही है !

बकुल की ओट में छिपे राजा देख रहे हैं सारा दृश्य। उन्हें किंचित् हँसी आ गई। प्रेमी पर किशोरी को कितना मान है। जिसके आने की प्रतीक्षा में इतनी देर बैठी रही, उसके आने में विलंब देख मान में भरी कैसे पानी निकालने की छलना कर रही है। मगर इतनी बड़ी गगरी जब पानी से भर जायेगी, वह कैसे खींच पायगी ? असंभव ! उलटे भार से किशोरी कुएं की ओर झुक जायगी। जरा-सी देर हो गई ! अत: आत्महत्या के लिए यह अजीब बहाना निकाल लिया ? या किशोरी की इच्छा है ?

इस असहाय हालत में प्रेमी पुरुष का हृदय अनुग्रह में विगलित हो उठेगा, वह

जोश में भरी गगरी को खींच लेगा। हर नारी चाहती है कि उसके मन का पुरुष निर्भीक हो, वीर हो, शक्तिशाली हो। शायद प्रेमी की शक्ति-परीक्षा के साक्षी होंगे महाराज।

धीरे-धीरे पानी भरने पर गगरी भारी होती जा रही है। किशोरी ग्रीवा बांकी कर देख रही है पगध्वनि की ओर। पर उसका कोमल क्षीण तन लरजता जा रहा है कुएं की ओर! पर कहां है उसके मन का वह शक्ति-पुरुष? पगध्वनि दूर जाती-जाती लीन हो रही है। किशोरी का हिसाब गलत हो गया लगता है! कोई और ही पथिक था जो अपनी राह चला चला गया। अब! कौन इस संकट से उबरे? प्रेमी तो देर करेगा, तब तक गगरी के भार से वह कुएं में···

पल भर में गगरी भरकर डूबने की आवाज सुनाई दी। किशोरी की चीख निकली ही थी कि कुएं की ओर घिसटती किशोरी को दो दीर्घ, बलिष्ठ बाहुओं ने, किशोरी की छरहरी देह को निर्भय आश्रय में खींच लिया। एक हाथ में किशोरी का भयकातर, अर्धचेतन शरीर थामे, दूसरे में पलक झपकने भर में गगरी खींच लाए आर्तत्राण परमपुरुष!

मुंह पर से किशोरी का घूंघट फिसल गया है। आकाश से दूज का चांद महाराज के आश्रय में बांका हो उतर आया है। धरती उसी के हलके प्रकाश के सौंदर्य में उजली हो रही है। किशोरी की मुँदी पलकों में छलछलाये आंसू झरने को उतावले हो रहे हैं। भय से, लज्जा से, दुःख से कांप रही है देह-लता।

शिशिर-बिंदु में भी इतनी ऊष्मा! महाराज के हाथ पर किशोरी की आंख से दो शिशिर-बिंदु झर गए। नासाग्र पर तिलफूल का सुनहरा नक्षत्र थरथरा रहा है। अयत्न केशों की लहरें खुल रही हैं, महाराज के वक्ष की वेलाभूमि को छूती हुई।

परम पराक्रमी गंग नरपति एक पल तो अजीब अनुभूति में विमूढ़ हो गए। अगले क्षण विवेक ने याद करा दिया—तुम राजा हो, पालक हो, रक्षा करने वाले हो। इस देश की कला, संस्कृति की रक्षा के लिए तुमने राजकीय सुख, विलास भुला दिया है। मातृजाति की रक्षा करना तुम्हारा परम कर्त्तव्य है। जो मातृजाति की रक्षा न कर सका वह मातृभूमि की रक्षा कैसे करेगा? उसकी पराजय सुनिश्चित है।

महाराज ने उदार स्वर में अभय दिया, "डरो नहीं किशोरी! कोई विपद नहीं। धीरज रखो। अपने होश में आओ!" किशोरी ठिकाने से हुई। सलीके से जमीन पर खड़ी हुई। महाराज भी उससे कुछ हट कर अलग खड़े हुए। किशोरी के अनावृत मुख पद्म पर चंद्रालोक झीना-सा घूंघट कर रहा था। अपरिचित पुरुष की आंखों में किशोरी का यह मुक्त सौंदर्य चंद्र के लिए भी ईर्ष्या की चीज थी।

छद्मवेशी महाराज पर निगाह पड़ते ही वह चौंक उठी। तभी खुली केश-

लहरी घूंघट में संकुचित हो गई। कुछ क्षण पहले महाराज के आश्रय में झरा जरा-सा निष्पाप चंद्रालोक नीली साड़ी की ओट में ढंक गया। महाराज की आंखों के आगे छाया का परदा खिच गया। क्या आकाश मेघाछन्न है—चंद्र अस्त हो गया ! या इस पल धरती अंधेरी हो गई है ?

राजा पुन: कर्तव्य में लौट आए। शांत स्वर में पूछा, "बाले ! तुम कौन हो ? किसकी कन्या हो ? किसकी प्रेयसी ?"

वह चौंक उठी। कोमल मूर्छना झर गई—"मैं किशोरी नहीं, बधू हूं। कोई प्रेमिका नहीं। यह प्रश्न अपमान कर रहा है मेरा।"

किशोरी के निर्भीक उत्तर से राजा चौंक उठे। सत्य प्रकट करने में जिस देश की किशोरी के प्राणों में इतनी निर्भीकता है, उस देश का राजा स्वयं को धन्य समझता है।

महाराज ने अनुताप भरे स्वर में कहा, "क्षमा करना देवि ! मैं विदेशी ठहरा। अनजाने कह दिया। कौन हैं आप ? किसकी बहू हैं ? यहां चंद्रालोक में देवालय के मार्ग में किसकी प्रतीक्षा में हैं ?"

"स्त्री की प्रतीक्षा सिर्फ पति के लिए होती है। प्रतीक्षा में जन्म-जन्मांतर बीत जाते हैं। विफल प्रतीक्षा में भी इस देश की नारी का गौरव है।" किशोरी घूंघट की ओट से स्पष्ट उत्तर दे रही है।

महाराज उल्लसित हो उठे। उसकी बातों पर मुग्ध हो गए। फिर पूछा, "पर पथ के किनारे क्या पति की प्रतीक्षा की जाती है ? मेरे मन में संशय जाग रहा है देवि ! मुझे संदेह-मुक्त करें।"

किशोरी ने घूंघट की ओट से तिर्यक दृष्टि से देखा—छद्मवेशी गंग नरपति की ओर। पूछा, "आप कौन हैं विदेशी ? देवदूत की तरह मुझे मृत्यु के मुंह से उबार लिया। बिना परिचय सारी बातें कैसे कह सकती हूं ?"

महाराज ने नम्र स्वर में कहा, "मैं जगन्नाथ का सेवक हूं। उनके चरणों में रावत के रूप में सेवा किया करता हूं। घर दूर के गांव में है। आया था बंधु के यहां।"

गहरी सांस छोड़कर वह कह उठी, "तब तो खैर विपद कट गई। मृत्यु मुख से रक्षा की है, फिर भी पर पुरुष हैं। आपके स्पर्श ने मेरी काया को कलंकित किया है, यह जानकर सास मुझे त्याग देती। पर आप ठहरे जगन्नाथ के सेवक। आपने नहीं, उन्हीं बलियार भुज जगन्नाथ ने मेरा उद्धार किया है।"

महाराज ने भावावेग में कहा, "मैं निमित्तमात्र हूं। जो भी मंगलमय कार्य होता है, उन्हीं जगन्नाथ की इच्छा से होता है। ईश्वर का हाथ ही उद्धार करता है। देवि ! आप निष्कलंक हैं। पर··· इतनी रात··· यहां किसकी प्रतीक्षा में थीं ?"

"आयी थी पानी लेने। घर की लिपाई होगी।"

"कुएं के पानी से घर लीपा जायगा?"

"हां, ससुर का निर्देश है।"

"इतनी बड़ी गगरी में पानी ले जाओगी?"

"सास की आज्ञा···रोज इसी में पानी ले जाती हूं।"

"आश्चर्य है।" अविश्वास भरे स्वर में कहा।

किशोरी समझ गई। कह उठी, "तभी तो देवर की प्रतीक्षा कर रही थी। वह रोज पानी निकाल दिया करता है। गगरी उठाकर पिछवाड़े बरामदे में रख देता है। उसी से उड़ेल कर घर-लिपाई करती हूं। सास कुछ जान नहीं पाती। मुझे कष्ट देकर उन्हें आनन्द मिलता है। आज अपने देवर को आता सोच गगरी कुएं में उतार दी। आप समय पर न आते तो गगरी के साथ मैं भी कुएं में खिंची चली जाती। भाग्य से पहुंच गए, वरना खत्म हुआ समझो।"

"मगर गगरी से भी मूल्यवान तुम्हारे प्राण हैं।" महाराज बोले।

"पर सास की निगाहों में गगरी।" भीगे स्वर में कह उठी वह। राजा ने दुःख भरे स्वर में कहा, "तुम जैसी वधू-बाला को सास क्यों कष्ट देती है? क्या कसूर है? इसका कोई उपाय नहीं? बोलो···कोशिश करूंगा···" छद्मवेशी की बात बीच में रह गई।

दीर्घ सांस छोड़कर वह बोली, "सास इतना कष्ट नहीं देती···"

"तो फिर···कौन है वह नराधम, जो कष्ट देता है?" राजा ने पूछा।

"आप उसका क्या कर सकते हैं?" किशोरी ने पूछा।

महाराज ने दृढ़ स्वर में कहा, "सजा दूंगा उसे।"

"इसके लिए आपके पास शक्ति है?" तिर्यक प्रश्न किया उसने। राजा बात बदल कर बोले, "मैं जगन्नाथ के हाथों उसका दंड विधान कराऊंगा। मैं पुरोहित हूं। सभी का दुख, दुर्दशा भगवान जगन्नाथ को बताकर हित साधन मेरा कर्तव्य है।"

"पर मेरे दुख का कारण तो स्वयं महाराज हैं। इस राज्य के भाग्य-विधाता, मेरे ओछे भाग्य के लिए दायी हैं। आप महाराज का क्या बिगाड़ सकते हैं? महाराज तो जगन्नाथ के खूब के निकट के आदमी हैं।" वह निर्भीक कहती गई।

गंगनरेश अभिभूत-से हो गए। इसी लावण्यमय लाड़ली गुड़िया को कुछ क्षण पहले मृत्युमुख से निकाला है। कितनी निर्भय हो मेरी छाती में आश्रय लिया था। अब अभय हो कह रही है कि इसके दुःख का कारण मैं हूं!

सहज स्वर में कहने लगी, "नहीं समझ रहे? महाराज मेरी तरह की बारह सौ शिल्पी-वधुओं के दुख का कारण हैं। ससुराल आने में दस-बारह दिन बाकी थे, मेरे पति को कोणार्क-निर्माण के लिए बुला लिया गया। ससुराल में कदम

रखते समय मेरे पति कोणार्क की पाषाणी नायिका में स्वयं को खो चुके थे। मैंने आज तक पति को देखा नहीं। अतः सास की निगाहों में मैं सुलक्षणा नहीं। फिर मेरे पाप से सास पोते का मुंह देखे बिना आंख मूंद लेगी। सचमुच वह तो टूट गई है ! कितने दिन अब रहे उसके ?"

"उफ् ! इसमें तुम्हारा क्या दोष ?" ठगे हुए-से राजा ने पूछा।

किशोरी कहने लगी, "जरूर अपराध कुछ होगा। बेटी के लक्षण से घर का सुख-दुःख बढ़ता है।"

राजा ने शांत स्वर में कहा, "तुम्हारे पति कोणार्क सूर्य-मंदिर के शिल्पी हैं। इसमें गर्व नहीं होता !"

"गर्व और गौरव तो होता है पर दुःख उतना नहीं होता। दिनों दिन सास की यातना बढ़ती है और सही नहीं जाती।" किशोरी ने दुःख-भरे स्वर में कहा।

महाराज चिंतित हो उठे। धीरे से पूछा, "देवि ! तुम चाहती हो कि तुम्हारे पति मंदिर निर्माण कार्य बीच में छोड़ लौट आयें ? मैं जगन्नाथ प्रभु के आगे यही विनय करूंगा।"

वह फिर चौंकी। घबरा गई, "नहीं महाशय ! ऐसा मैं कभी नहीं चाहूंगी। यदि बारह सौ शिल्पी-वधुएं यही चाहने लगीं तो मंदिर बनेगा कैसे ? सूर्य-मंदिर पृथ्वी पर अनूठा होगा तभी उत्कल की शिल्प कला युग-युग तक प्रसिद्ध होगी। मेरे पति की अमर कीर्ति कोणार्क के कण-कण में अंकित रहेगी। वे युग-युग तक उत्कलीय प्राणों में जीवित रहेंगे। हर स्त्री चाहती है उसका पति अजर हो, अमर हो। मैं उससे अलग नहीं।"

"पर तुम्हारा यह दुःख, यह यातना···!" राजा का स्वर वाष्पाछन्न हो गया।

वह घूंघट की ओट में भी हंस पड़ी। मधुर स्वर में कहने लगी, "सहने की चेष्टा करूंगी। मेरे पति कष्ट सह रहे हैं—मैं भी सहूंगी।"

गंग नरपति स्तंभित हो गए। यह सरल बाला बार-बार मुझे धिक्कार रही है। उत्तम शासक का गर्व चूर्ण-विचूर्ण कर रही है। मैंने जीवन में कभी पराजय नहीं जानी। आज गंग नरपति ग्राम-बाला के आगे बार-बार पराजित हो रहे हैं !

धीरे पुनः सौम्य स्वर में पूछा, "तुम्हारे पति कष्ट में हैं—यह किसने कहा ? गंग नरपति बारह सौ कारीगरों के भोजन, आवास, वस्त्र, निवास, स्वास्थ्य, सुरक्षा की सारी देखभाल कर रहे हैं। उन्हें कोई कमी नहीं। श्री बलाई नायक व्यय भंडार के अधिकारी हैं। अललू नायक वहां भंडार नायक हैं। गंगई नायक कोठे का करण (लेखाकार) नियुक्त किया है। बयालीस वाटी के भ्रमरवर हरिचंदन आय-व्यय रक्षक हैं। रूपाशगढ़ के दलबेहरा ने इस सारे कार्य का दायित्व लिया है।"

किशोरी ने पूछा, "मगर आप यह सब कैसे जानते हैं ?"

मैं राजपुरोहित हूं। सबका हित-संवाद रखना पड़ता है। राजा बोले।

"पर आप तो कह रहे थे कि घर आपका बहुत दूर गांव में हैं !" संशय में पूछा किशोरी ने।

तभी राजा ने उत्तर दिया—

"जिस गांव में भी घर हो, पर वह इस राज्य का एक अंश है। मैं उस गांव का पुरोहित हूं। मगर राजा तोमरसिंह देव हैं। मैं उन्हीं के राज्य के मंगल के लिए जगन्नाथ की सेवा करता हूं। उनके राज्य की सारी खबर रखता हूं।" यह जगन्नाथ का आदेश है, हर पुरोहित का कर्तव्य है।"

सरल बाला का संशय कट गया। खुले मन से कहने लगी, "आप राज्य की हर खबर में कारीगरों की खबर भी रखते हैं ! उनका केवल सुख जानते हैं ! दुःख नहीं ?"

"उन्हें क्या दुःख है ? राजा स्वयं उसकी तदारख करते हैं। महारानी सीता देवी भी रनिवास छोड़ वहां उनकी दुख-सुख की खबर लेती हैं। मां की तरह उनका पेट पहचानती हैं।" स्थिर स्वर में बोलते गए।

वह म्लान स्वर में कहने लगी, "राजा रानी कारीगरों का पेट पहचानते हैं। मन नहीं, यही तो दुःख है।

फिर चिंता की रेख उभर आई। गंभीर स्वर में पूछा, "प्रजा के मन की बात जानने के लिए कभी-कभी वे गुप्त रूप में फिरते हैं। सुना है राज्य में सुख-शांति है। कारीगर चैन से कार्य में लगे हैं। उनके परिवार भी आराम से हैं।"

उदास स्वर में कहने लगी, "गुप्त रूप में प्रजा के पेट की बात ही जान पाते हैं। कारीगर और पाइक परिवारों के अभाव असुविधा दूर करते हैं पर कभी शिल्पीप्रिया का दुःख नहीं जान पाते। नहीं समझते शिल्पी मन का हाहाकार !"

"उनके मन में वेदना किस बात की।" महाराज ने पूछा।

वह एक पल मौन रही। अपने अंदर साहस संचय कर बोली, "आप पुरोहित हैं। जगन्नाथ के सेवक। मेरे रक्षक। वरना कोई शिल्पी वधू इस निर्जन रात में—अकेले में—मन की व्यथा परपुरुष के आगे खोलकर कहेगी ?"

"डरो नहीं देवि ! दुःख खोलकर कहने से ऊना हो जाता है। मुझसे यदि कुछ हो सके···" महाराज एक लय से उसे देखते रहे।

उसने निःसंकोच कहा—"भोजन, कपड़ा, ज़मीन और अन्य सहायता देकर बारह सौ कारीगरों और शिल्पी बंधुओं की बारह वर्ष की विरह वेदना का महाराज उपशमन कर सकेंगे ?"

स्तब्ध हो गये नरपति। ऐसा प्रश्न कभी उनके मन में नहीं आया था। वास्तव में इस सरल किशोरी बाला ने ऐसा प्रश्न उनके आगे रख दिया है। उत्तर

के लिए उनके पास भाषा नहीं। फिर भी कुछ कहना होगा। उदार, निर्विकार स्वर में बोले—"जाति के वृहत्तर लक्ष्य के लिए व्यक्ति को विराट स्वार्थ का त्याग करना पड़ता है। पृथ्वी की अनेक अमर कीर्तियों के पीछे असंख्य जीवन की अश्रुल, पवित्र त्याग की कहानी लिखी है। यह तुम नहीं जानती, तभी यह प्रश्न विचलित कर रहा है। कोणार्क में धर्मदेव का मंदिर बन रहा है। अतः वह होगा संन्यास का पीठ, जितेन्द्रिय का पीठ, त्याग-उत्सर्ग का पीठ। पद्मक्षेत्र कोणार्क में सूर्य और पद्म के पवित्र निष्काम प्रेम को जीवन का आदर्श बनाकर बारह वर्ष तक कारीगर कोणार्क में ब्रह्मचर्य पालन करते हुए अपनी दक्षता दिखायेंगे पाषाण की देह पर। बारह सौ शिल्पी वधुएं पद्मफूल की निष्ठा लिये उनके लौटने की राह देखती रहेंगी। ब्रह्मचर्य, संयम, जितेंद्रिय आदमी मजबूत होता है—प्रतिभावन होता है। कोणार्क को कालजयी बनाने के लिए कलाकार को वैसा मजबूत होना जरूरी है। इस देश के महाराज उत्कलीय शिल्पी से इतने संयम, इतनी निष्ठा, इतनी शक्ति की आशा करते हैं।

उस सुन्दरी ने तत्काल उत्तर दिया—राजा प्रजा के आदर्श होते हैं। राजा क्या कोणार्क मंदिर निर्माण के बारह वर्ष तक संयम, निष्ठा, ब्रह्मचर्य पालन कर अपनी शक्ति और प्रतिभा को कोणार्क की धूल में अर्पित कर सकेंगे? शिल्पी के हृदय से मिला सकेंगे? विरही शिल्पी को और शक्ति देने के लिए राजा इतना स्वार्थ त्याग कर सकेंगे? यदि नहीं—तो फिर शिल्पी से वैसी आशा कैसे करेंगे? जो राजा नहीं कर सकते, सो प्रजा कैसे करेगी? उनका शरीर भी तो रक्त-मांस का बना है—उनमें क्या सारी कामना-वासना लोप हो जायेंगी राजा की इच्छा मात्र से? आप तो विचारवान पुरोहित हैं?"

प्रबल पराक्रमी राजा नरसिंह देव चकित, मर्माहत खड़े हैं। सचमुच—मैंने तो सोचा था कि कलाकार सिर्फ कलाकार होता है, स्रष्टा होता है। वह भी आदमी है—आदमी की कामना-वासना देह-भोग आदि होंगे। इस बात पर तो कभी विचार ही नहीं किया। जगन्नाथ का सेवक कहलाकर, उनके धर्म का प्रचार कर भेजा है उत्कलीय सेना को युद्ध क्षेत्र में, युवक कारीगरों को भेजा है। अर्कक्षेत्र की ओर—देश, जाति और संस्कृति के लिए त्याग करने, बलिदान करने, पर मैं डूबा पुत्र-पत्नी और दुनिया के सुख में! यह ग्राम्य वधू उमर में छोटी है, पर ज्ञान दिया है—मार्ग दिखाया है—शक्ति दाता है!

एक पल पहले वाली सरल बाला अब शक्तिमयी दुर्गा की तरह महिमामयी हो उठी है। घुटने टेक प्रणाम कर रहे हैं महाराज। कहा—"प्रणाम स्वीकारें। बालिका हो, पर हो विचक्षण! तुम्हारा क्षोभ मैं जगन्नाथ तक पहुंचा दूंगा। जगन्नाथजी महाराज को जो निर्देश देंगे उसका वे जरूर पालन करेंगे।"

किशोरी चौंक उठी। पीछे हट गई। नम्र करुण स्वर में कहा—"क्षमा करें

पुरोहित महाशय ! महाराजा के प्रति मेरा कोई अभियोग नहीं है। मैं तो उनके यश और ख्याति से मुग्ध हूं। बारह सौ शिल्पी-प्रियाओं का विरह, उनकी वेदना, दुख-दर्द मैं अनुभव कर रही हूं। आपकी सहृदयता देख इतना ही प्रकट कर दिया है। जगन्नाथ के आगे आप राजा की मंगल-कामना ही करना। साथ में मेरे पति के यश, कीर्ति, दीर्घ जीवन की कामना भी करना। कहना शीघ्र कोणार्क मंदिर का निर्माण कार्य पूरा हो। प्रतिदिन महाप्रभु से यही मनौती करती हूं।" किशोरी का स्वर भीगा-भीगा-सा ! पुनः बोली, "जितनी जल्दी पूरा होगा यह कार्य, उतनी ही जल्दी पति लौट सकेंगे। और कोणार्क का कार्य पूरा न हुआ तो वे फिर नहीं लौटेंगे ?"

महाराज ने भावविह्वल स्वर से कहा—"तुम्हारे पति की मंगल कामना करूंगा। उनका नाम ?"

"पति का नाम ? मैं कैसे ले सकती हूं ? मैं चंद्रभागा हूं ! गांव के छोर पर पद्म सरोवर है। पद्म फूलों से पति को अनुराग है। मेरे लिए रख गए हैं पाषाण का पद्म। हृदय को पत्थर बनाकर पद्मफूल की निष्ठा लिए उनकी प्रतीक्षा कर रही हूं, बस इतना उन्हें जता देना।"—उसने गहरी सांस छोड़ी।

"देवि ! चंद्रभागा—पाषाण का धीरज रखें, सुखी रहें—जगन्नाथ आपका मंगल करेंगे।"—राजा नरसिंहदेव साधारण आदमी के स्तर पर आकर मानवीय दुखानुभूति को हृदय में संचित करते महल में लौट आये।

रूपसी रानी सीतादेवी जागकर प्रतीक्षा कर रही हैं। तल्प शैया पर पुष्प पंखुड़ियां रानी के सौंदर्य के आगे मुरझा रही हैं, रात के अंत में फीके चंद्र की तरह ! राजा का अभिवादन कर अंतःपुर में ले गई महारानी। महाराज को चिंतित देख पूछा—

"राज्य में सब कुशल-मंगल है तो ?"

"जगन्नाथ की कृपा से सब मंगल है।" महाराज ने गम्भीर स्वर में उत्तर दिया।

महारानी ने कोमल स्वर में पूछा—"फिर उदास कैसे हो नाथ ?"

"देर तक प्रतीक्षा करनी पड़ी। विलम्ब के लिए क्षमा करना" महाराज ने कहा।

महारानी ने कुण्ठित स्वर में कहा—"आपके लिए सारे जीवन की प्रतीक्षा में भी क्लांति नहीं। आप सिर्फ मेरे ही प्रभु तो नहीं। इस राज्य के पालक हैं। राज्य की सारी प्रजा आपकी है।"

"महारानी, आपको पाकर धन्य हूं !"

"लज्जित न करें। उत्कल की महारानी बनकर जीवन धन्य है।"

"पर मेरा जीवन अभी भी अधूरा है। कोणार्क सम्पूर्ण हुए बिना मेरा जीवन

पूरा नहीं। मैं अधूरा रहा तो आपका जीवन पूरा कैसे हुआ ?" महाराज ने तिर्यक प्रश्न किया।

रानी ने दृढ़ स्वर में कहा—"कोणार्क की पूर्णता के लिए मैं कुछ कर सकती हूं ? अगर किसी काम आ सकी तो स्वयं को धन्य समझूंगी।"

महाराज ने कृतज्ञ स्वर में कहा—"आप धूप वर्षा में घूम-घूम कर कारीगरों का कार्य तदारख करती हैं। उनकी सुविधा-असुविधा देखती हैं। मगर कोणार्क कुछ और चाहता है···"

"जो आदेश महाराज !" रानी ने उत्सुकता में पूछा।

"मुझे स्वप्नादेश हुआ है—कोणार्क पूरा न होने तक व्रत रखना होगा।" —महाराज ने कहा।

"कैसा व्रत ? आदेश कीजिए। पुरोहित को बुलाकर पूजा, यज्ञ, हवन···की व्यवस्था करें।"

महाराज ने स्थिर शांत स्वर में कहा—"गार्हस्थ जीवन में बारह वर्ष का संन्यास मांगता हूं आपसे ! श्रीकृष्ण पुत्र शांब ने बारह वर्ष ब्रह्मचर्य व्रत का पालन किया, सूर्य पूजा की थी। अर्क क्षेत्र तभी से जितेंद्रिय पीठ है। मैं राजा हूं—बारह सौ शिल्पियों का आदर्श बनना होगा। अन्यथा कोणार्क अधूरा रह जायगा। गंगवंश के गौरवमय इतिहास में अपूर्णता का दाग रह जाएगा।"

"कोणार्क पूरा होगा। पूरा होगा आपका व्रताचार, बारह सौ शिल्पीप्रिया की मर्मवेदना को हृदय में अनुभव कर सकती हूं। सूर्य मंदिर संपूर्ण होने पर भानुदेव का मंगल होगा। सूर्यदेव की कृपा से ही तो भानुदेव को संतान रूप में पाया है। आपके कर्त्तव्य-पथ में मुझ जैसी सामान्य नारी की कामना-वासना कोई अंतराल पैदा नहीं करेगी।"

महारानी एक-एककर अभिसारिका का वेश खोल रही हैं। कुछ क्षण बाद वे महाराज के आगे संन्यासिनी बनकर खड़ी हो गईं। वाष्परुद्ध स्वर में महाराज ने कहा--प्रणाम स्वीकारें देवि ! आपका त्याग, निष्ठा और एकाग्रता शिल्पियों की प्रेरणा बने !"

महाराज धीरे-धीरे रनिवास से बाहर निकल आये।

"रात के अंधेरे में थरथराती है दीपशिखा ! किसी की राह तकती बैठी है कोई नारी मूर्ति ! जितेंद्रिय कोणार्क निर्माण-पथ में कौन है यह अभिसारिका ?"

महाराज के कदम थम गए।

चंद्रालोक में दीपशिखा लिए खड़ी है सद्यः पतिवियुक्ता भग्नी चंद्रादेवी ! वीर परमार्दिदेव की अमर आत्मा को कैसी प्रतिश्रुति दी है ! शायद संन्यासिनी चंद्रादेवी कह रही हैं—यवन पराजित होंगे। कोणार्क संपूर्ण होगा। उत्कल युग-युग तक स्वतंत्रता अच्क्षुण रख सकेगा। कला एवं स्थापत्य में उसकी वीर सन्तानें

अपनी कीर्ति को अम्लान अक्षरों में लिख सकेंगी।

राजा नरसिंह स्वगतोक्ति करते हैं—राजा परमार्दिदेव की तरह के असंख्य वीर शहीदों के समर की निपुणता, वीरता, शौर्य और विजय की गाथा कोणार्क के शिला खंडों पर खुदी रह जायगी। बहन चंद्रा इन्हीं के आत्मोत्सर्ग का स्मृति सौध होगा। शक्ति के उत्स सूर्य का निवास-स्थल।

—आश्चर्य! अद्‌भुत है यह देश! कैसी हैं यहां की कहानियां, किंवदंतियां? कितनी महान् है परंपरा यहां की! विस्मयपूर्ण है इतिहास! चार्ल्स स्वगत कह रहा है!

प्राची किसी संन्यासिनी की तरह ध्यानमग्न हुई बैठी है नरसिंह देव के व्यक्तित्व के आगे नतमस्तक बनी।

चार्ल्स मृदु स्वर में अभियोग कर रहा है—"राजा होकर एक साधारण बालिका की बातों में सुन्दर राजरानी के पास रहकर गृहस्थ जीवन में भी बारह वर्ष का संन्यास ले लेना निर्बोधता है। यह सब असंभव जैसा लगता है।"

प्राची ने शांत स्वर में कहा—"रामायण पढ़ी है, चार्ल्स? प्रभु राम का प्रजानुराग जानते हो? एक साधारण प्रजा, किसी धोबी की बात को सम्मान देते हुए उन्होंने सती सीता को निर्वासन-दंड दिया था। सबके सामने सीता को अपने सतीत्व की परीक्षा देनी पडी थी—अग्नि-परीक्षा! प्रभु तो अंतर्यामी हैं। क्या उन्हें पता नहीं था कि सीता सती हैं या अ-सती? किन्तु प्रभु के रामराज्य में प्रजा के मतामत को सम्मान दिया जाता था, और यह उसका चरम दृष्टान्त है। भारतीय शासन पद्धति में गणतंत्र और साम्य का स्वर अनादि काल से झंकृत होता रहा है। राजा नरसिंह यदि किसी शिल्पी-प्रिया को आदर देकर बारह वर्ष का संन्यास लेते हैं, इसमें आश्चर्य की क्या बात है?"

कोणार्क नित नूतन है।

जितना देखो, नया लगता है। हर दृश्य वहां का देखते-देखते वड़े देवल के भग्न पाषाण खंडों पर लंबे-लंबे डग भरते हुए दक्ष पर्वतारोही की तरह चार्ल्स पश्चिम पार्श्व से उतर आया। पीछे पड़ गई प्राची। गाडी में मंदिर चढ़ना-उतरना इतना सहज नहीं। वह सावधानी से सीढ़ियां उतर उत्तर पार्श्व की सूर्य मूर्ति तक पहुंची। लड़खड़ाते कदम प्राची भग्न प्रस्तरों पर रखती उतर रही है।

चार्ल्स नीचे प्रतीक्षा में है। सहायता के लिए अनायास हाथ आगे कर दिया उसने।

प्राची को कुछ मदद चाहिए थी। बिना सोचे हाथ पकड़ लिया। प्राची और चार्ल्स के हाथ में अंतर थोड़ा-सा। झुककर हाथ को पकड़े या घुटना मोड़ चार्ल्स

और थोड़ा आगे करे। पद्मनाल की तरह दीर्घ उज्ज्वल हाथ ! पद्म पंखुड़ी जैसी गुलाबी हथेली। प्राची का सुठाम गोल हाथ ! वहां उसका मधुर रंग ! प्राची मुग्ध हुई चार्ल्स के दीर्घ हाथ की तारीफ कर रही थी मन में। लगा चार्ल्स का हाथ कांप रहा है और वह स्पंदन स्वयं प्राची भी अनुभव कर रही है। युगों की कुण्ठा के संस्कार, उसने आगे बढ़े हाथ फिरा लिये। अपने हाथों पर जोर दे बिना चार्ल्स के सहारे उतर आयी। बोली, "देखा, तुम्हारे सहारे बिना भी आ गई। हर बात में लड़कियों को कमजोर कहना ठीक नहीं। चार्ल्स ने धीरे-धीरे हाथ पीछे कर लिए। पूछा मेरे हाथ का सहारा लेती तो क्या हर्ज था ? क्या वह भी तुम्हारे देश में शास्त्र विरोधी आचरण है ?"

प्राची ने आगे चलते हुए कहा—"जरूर लड़कियों का दाहिना हाथ किसी के लिए सुरक्षित होता है। उसे कोई दूसरा पकड़ नहीं सकता।"

"उस दिन दाहिने हाथ से मुझे पकड़ खींच लिया था खतरे में से। याद है ?" चार्ल्स ने पूछा।

प्राची ने कहा—"वह ईश्वर का हाथ था। मेरा नहीं। ईश्वर का हाथ ही आदमी की रक्षा करता है।"

चार्ल्स खिन्न हो गया। गम्भीर स्वर में कहा—"मुझमें भी आत्मा है। ईश्वर है। मेरा हाथ भी ईश्वर का हाथ है।"

"तुम्हारे अंदर के ईश्वर को भारतीय संस्कृति के नीति-नियम नहीं मालूम। अतः अब गड़बड़ है।" हंसते हुए प्राची उत्तरी पार्श्व से उतर आयी। पीछे-पीछे है चार्ल्स। चार्ल्स सोच रहा है—यह भी कितनी आगे है। कदम आगे बढ़ाऊं या पीछे लौटा लूं ?

"शिल्पी।"

"कहो, शिल्पा"

"आज आपका निहान स्थिर क्यों है ? देर से मैं नृत्य मुद्रा में हूं।"

कमल महाराणा ने निगाह उठाकर देखा। सामने लगा जैसे कोई विद्युत तरंग आकाश की छाती पर थम गई है। रात के अंधेरे में शिल्पा नृत्य मुद्रा की विशिष्ट भंगिमा में स्थिर है। हर रात शिल्पा कमल महाराणा के लिए प्रतिरूप बनकर खड़ी रहती है। कमल महाराणा ने असंख्य अप्सराएं उतारी हैं—पत्थर की देह पर ! शिल्पा को आगे रख कमल महाराणा ने जीवनचित्र लिखा है पत्थर की पोथी पर। नारी के विभिन्न रूप, ढंग; वेशभूषा, रसोई, केश-विन्यास प्रसाधन, देवपूजन पति के साथ जीवन का बोझ उठाकर पति से कदम मिलाकर चलना, शिशु को स्तनपान कराना, वेणी-बंधन आदि जीवन के दैनंदिन कार्यों से भरपूर। जन्म से मृत्यु तक सब कुछ चित्रित हुआ है शिल्पी की छेनी से—शिल्पा के सहयोग से।

पर आज । कमल महाराणा की दृष्टि उदास है, चेहरा खिन्न है और निहान स्थिर ।

"क्या हो गया है ? आज किस वेश में, किस भंगिमा में रहना होगा ? आज के लिए कोई निर्देश नहीं । क्या शिल्पा लौट जाये ? पर कोणार्क पूरा जो नहीं हुआ—आदेश दीजिए महाराज !" शिल्पा की आंखों में अवश अनुरोध ।

कमल ने उदास स्वर में कहा—"पिछली रात नील महाराणा का गोलोक वास हो गया । उसका स्थान लिया है भक्त महाराणा ने । उसकी गढ़ी मूर्ति पूरी की है भक्त महारणा ने ।"

शिल्पा ने स्थिर स्वर में पूछा—"यही तो जीवन का विधान है । किसी के लिए कोई कार्य रुकता नहीं । कोणार्क पूरा होगा ।"

कमल महाराणा ने गहरी सांस छोड़ी । संयत स्वर में कहा । "हां कोणार्क पूरा होगा । नील महाराणा का काम भक्त महाराणा करेगा । कृष्ण महाराणा के बाद शिव महाराणा आयगा । मगर अधूरे रह जाएंगे नील महाराणा के सपने, कामना, बाछाएं आशा-आकांक्षाएं । अकाल मृत्यु न हो जाती तो नील महाराणा लौट कर विवाह करता । उसकी वाग्दत्ता वहां प्रतीक्षा कर रही होगी । दिन गिनती होगी ।"

"मुझे दुःख है । राजवैद्य की सारी चेष्टा के बावजूद नील महाराणा चले गए । उनकी आत्मा को सद्गति मिले ।" शिल्पा के नेत्र मुंद गए प्रार्थना में ।

कमल महारणा को म्लान हंसी आ गई । कहा—"शिल्पा, अतृप्त आत्मा की सद्गति नहीं होती । नील महारणा की अमोक्ष आत्मा कामना में प्रवृत्त होकर पिछले जन्म की कामना पूरी करने के लिए अशरीरी ही भटकती फिरेगी । कौन जाने बारह वर्ष में बारह सौ कारीगरों में कितने लौटेंगे । शायद कमल महाराणा भी किसी दिन अतृप्त कामना लिए लौट सकता है और तुम उसकी आत्मा की सद्गति कामना कर इसी तरह प्रार्थना करोगी ।"

शिल्पा ने स्थिर स्वर में कहा, "नीलमहारणा शिल्पी हैं । कोणार्क पूरा होने पर उनकी आत्मा को संतोष मिलेगा ।"

म्लान हंसी में कहा—"शिल्पा, शिल्पी भी एक हाड़-मांस का बना आदमी होता है । भूख, प्यास, नींद की तरह मैथुन भी उसके जीवन की आवश्यकता होती है । नील महाराणा ने बारह वर्ष ब्रह्मचर्य की शपथ ली थी । वह कोई सन्यासी ले न सका । उसकी अवदमित वासना का विनाश होगा कैसे ? पत्थर पर पद्म खिला रहा शिल्पी कोई पत्थर नहीं होता ।"

अंधेरे में निष्कंप दीपशिखा की तरह स्थिर नेत्रों से देख रही है शिल्पा ! एकनिष्ठ साधना की प्रतिमूर्ति कलिंग शिल्पी कमल महाराणा में आज कैसा विच-लन है ? शिल्पा इसमें क्या मदद कर सकती है ?

कमल महाराणा को आंखों में कुछ और ही दृष्टि है। आज अपलक नेत्रों से देख रहा है गुरुकन्या रूपसी शिल्पा की ओर। शिल्पा का स्थिर हृदय क्रमशः हिल रहा है। मगर कमल की दृष्टि का अर्थ नहीं समझ पाती किशोरी शिल्पा। आज शिल्पी कमल किस भंगिमा में उसे देखना चाहता है?

कमल महाराणा मन ही मन कह रहा है—"नील महाराणा को अतृप्त आत्मा को शांति देनी होगी। वरना नील और उसी की तरह की अनेक अमोक्ष आत्माओं की दीर्घ बारु और उनकी अशुभ दृष्टि से कोणार्क ध्वंस हो जायेगा। कोणार्क में देवार्चन और नाना धर्म कार्यों में बाधा खड़ी करेंगे। नील महाराणा के वंशधर के रूप में उनकी अशुभ दृष्टि से कोणार्क की रक्षा करना शिल्पीकुल का परम कर्त्तव्य है।"

कमल ने प्रकट कहा—"शिल्पा। अब तक तुम शिल्प शास्त्र सम्मत हर नृत्य मुद्रा का प्रतिरूप देती रही। अतृप्त आत्मा की अशुभ दृष्टि से मंदिर की रक्षा करने के लिए शिल्प शास्त्रानुमोदित कुछ और भास्कर्य कोणार्क की देह में खुदाई करने होंगे।"

"आदेश दीजिए। प्रस्तुत हूं।" शिल्पा ने नम्र स्वर में कहा।

कमल महाराणा ने कुण्ठित स्वर में कहा, "नहीं, इसके लिए कोई निर्देश नहीं दे सकता। हर चित्र का प्रतिरूप नहीं मिल सकता। कल्पना की आंख से वह सब कलाकार देखता है। बस इतना ही अनुरोध है कि तुम शिल्पी की प्रेरणा बनी रहोगी। मेरे सामने रहोगी। तुम्हारे नेत्र, होंठ, मुख, सुठाम अवयव, रूप-लावण्य खिलेगा मेरी कल्पना की नायिका में।"

"चित्र क्या है?" शिल्पा ने उत्सुकता में पूछा।

कमल ने विभोर स्वर में कहा—"नारी-पुरुष के मधुर मिलन के यथार्थ चित्र कोणार्क पर अंकित होंगे। उन काम मूर्तियों को देख कर भूत, प्रेत, पिशाच आदि आनंद पायेंगे। उनकी अतृप्त वासना यह मैथुन दृश्य देख तृप्त होगी। नील महाराणा की अशरीर आत्मा को संतोष मिलेगा। अपनी वाग्दत्ता को लेकर ऐसे कितने स्वप्न नहीं देखे होंगे—प्रिया से विछिन्न होकर कोणार्क आने के बाद।"

"पर शिल्पी—ऐसे दृश्य मंदिर के चारों ओर अंकित करने से कलिंग शिल्पी का अपमान होगा। आगामी वंशधर सोचेंगे कि कलिंग शिल्पी की कामुकता पाषाण की देह में प्रतिफलित हुई है। मंदिर निर्माता महाराज का भी अपमान होगा। उनकी विकृत कामवृत्ति को चरितार्थ करने के लिए शिल्पियों ने काम-मूर्ति मंदिर में खड़ी की हैं—वंशधरों का यह सोचना अस्वाभाविक नहीं होगा। कोणार्क कलिंग का ही तो नहीं रहेगा। कोणार्क होगा विश्व विदित… विश्व-वंदित। विश्ववासियों के आगे कलिंगशिल्पी और कलिंग नरपतियों की महानता

के चित्र आंकना आपका परम कर्त्तव्य है। बारह वर्ष की एकाग्र साधना को कला में कलंक न लगाये। बस, यही अनुरोध है।"

कमल ने उच्छसित स्वर में कहा—"जिस राज्य की किशोरी कोणार्क को विश्ववंदित करने के लिए, कलिंग-शिल्पी को अमर करने के लिए निंदा अपवाद की परवाह किये बिना सूनी रात में कमल महाराणा की शिल्पी आंखों के आगे प्रतिरूप बन खड़ी है, उस राज्य की कला कभी कलंकित नहीं होगी। मंदिर की दीवारों में काम मूर्ति को स्थान देना शास्त्र सम्मत है। शिल्पशास्त्र कहता है—देवता देवार्चना, ध्यान और धर्मचर्चा के दृश्यों से सुखी होते हैं। गंधर्वगण नृत्य कला में, असुरगण भयंकर मूर्ति से, यक्षगण यक्ष मूर्ति से; किन्नर गण आधे नर, आधे पशु पक्षी के चित्र से; मनुष्य राजाओं के चित्र से और राजकार्य के दृश्य से; पशुगण अश्वबंध और गजबंध से; पक्षी गण पक्षीबंध से होते हैं पर भूत, प्रेत, पिशाच आदि मंदिर में मैथुन दृश्य और काम मूर्तियों को देखकर संतुष्ट होते हैं। उन्हें संतुष्ट किये बिना अमोक्ष आत्माओं की अशुभ दृष्टि पड़ेगी मंदिर पर, मंदिर के कार्यक्रमों में विभ्राट पैदा होगा। शिल्पशास्त्र में लिखा है— मंदिर की दीवारों पर ऐसी मूर्तियां स्थापित हो जो सभी जीवों, एवं भूत-प्रेतादि को भी आनंद प्रदान करें। हर आत्मा सौंदर्य की प्यासी होती है। और कोणार्क होगा स्वर्ग, मर्त्य और पाताल में सौंदर्य एवं आनंद की श्रेष्ठ पीठस्थली।"

"तंत्र साधक उलग्न होकर साधना करते हैं। इसी कारण वे बज्र और भूत प्रेतों की अशुभ दृष्टि के शिकार नहीं होते। मंदिर की यौन मूर्तियां तंत्रसाधना की कामकला विद्या के रूप में हैं। मंदिर में कामकला की पूजा का विधान है।"

तंत्र शास्त्र की बात का उल्लेख करते-करते भाव विह्वल कमल महाराणा शिल्पा के कोमल मुखपद्म की ओर मुग्ध भाव से देखता रहा। कमल के आगे खिल उठा अस्पष्ट एक मुखपद्म। वह मुख है प्राणप्रिया चंद्रभागा का। आज इतने दिन बाद नील महाराणा की मृत्यु अपनी बालिका वधू का बार-बार स्मरण कर रही है। मन में रह-रह कर प्रश्न उठता है—इस जन्म में चंद्रभागा से क्या मिलन हो सकेगा ? नील की तरह कमल महाराणा के जीवन में यदि कोई ऐसी अनहोनी हो जाय···कमल और चंद्रभागा की अमोक्ष आत्मा कोणार्क के आकाश पर घूमती फिरेगी। तब अशरीरी मिलन क्या संभव होगा ?

कमल महाराणा अन्यमनस्क हो उठा है। अगले क्षण अपने को संयत किया। शिला पर सूक्ष्म छेनी चल पड़ी। मूर्ति के अवयव उभर रहे हैं। शिलाखंड में से अनगढ़ पत्थर में खिल रहे हैं सूक्ष्म अलंकार—परिधान में प्रिया की देह मंडित करता जा रहा है जरी की कारीगरों की तरह सूक्ष्म झालर उभरती जा रही है। कल्पना में डूबा कारीगर अनंत उर्मिल लहरों में स्वयं को बहा देता है—खो देता है।

सामने है गुरुकन्या शिल्पा।

कोणार्क के चक्र पर सूक्ष्म काम में कारीगर उभार रहा है जीवन चक्र, कालचक्र और सृष्टि चक्र के अद्भुत दृश्यों को।

रथ के आकार में निर्मित मुखशाला की पीठ पर दक्षिण व उत्तर पार्श्व में बारह-बारह कुल चौबीस चक्र बनाए गए हैं। मुख्य मंदिर (बड़ देवल) के दक्षिण एवं उत्तर में चार-चार, पूर्व में सीढ़ियों के दायें-बायें दो-दो चक्र क्रमान्वय से बनाये गए। तब सारा मंदिर कला कारीगरी से मंडित किसी विशाल रथ की तरह प्रतीयमान होगा। सात अश्व उड़ान मुद्रा में थामे होंगे।

चक्र का हर अंश सूक्ष्म कारीगरी से मंडित कर रहा है शिल्पी। यहां तक कि बीच की अपेक्षाकृत प्रशस्त जगह पर एवं चक्र की कीली में भी खूब सूक्ष्म कारीगरी खिली है।

सूर्य रथ के बारह चक्र (पहिये) बारह माह के प्रतीक हैं। पहियों में आठ-आठ अर (तीली) आठ प्रहर की प्रतीक हैं। सातों अश्व हैं सप्ताह के सात दिन। इस प्रकार ये मानो जीवन, काल एवं सृष्टि के चक्र को अनंतकाल तक प्रवाहमान कर रहे हैं।

दक्षिण दिशा के चक्र शुक्लपक्ष के संकेत स्वरूप ज्योत्स्नायित हो रहे हैं आध्यात्मिक जीवन दृश्य में। भगवान् विष्णु के विभिन्न अवतार, ग़ज़लक्ष्मी, अन्यदेवी, देवता, गजारोही, अश्वारोही, देव उपासना आदि के दृश्य दक्षिण में चित्रित हुए हैं।

उत्तर दिशा के पहियों पर कृष्ण पक्ष की रात्रिका स्पर्श है। अंधकाराछन्न जीवन के दृश्य चक्र के विभिन्न अंश पर खिला रहा है शिल्पी। दिन-रात प्रकाश अंधकार का खेल है जीवन, यही है पृथ्वी का रहस्य। उत्तर पार्श्व के पहियों पर अलस नर्त्तकी, केश विन्यास, प्रसाधन और सुबह से रात्रि पर्यंत नारी के विभिन्न रूप खिलाये गये हैं। अंत में सृष्टि का रहस्य अंकित कर रहा है कलाकार पत्थर की कीवल में—शिल्पी के छंद में। शयन पलंग—नारी पुरुष का मिलन—मिथुन दृश्य जीवंत हो रहा है शिला के कण-कण में।

सूर्य आलोक का उत्स है, शक्ति एवं पौरुष का आधार है। सूर्यरश्मि सत्य को प्रकट करती है। कोणार्क का शिल्पी भी सूर्य मंदिर में जीवन का परम सत्य प्रकट कर रहा है। स्पंदित हो रही है पाषाण की हृदय कंदरा—शिला की रेणु-रेणु पर वसंत का रोमांच। पर निस्पंद है शिल्पी की मानसी शिल्पा और अविचल महान् शिल्पी कमल महाराणा।

स्थिर चित्र की तरह खड़ी है शिल्पा। किसी स्वर्गीय आभा में उज्जवल हो उठा है कमल महाराणा का चेहरा।

जो तरुण शिल्पी यों सही-सही जीवन का चरम और परम सत्य प्रकट करते

हुए भी अविचल, निर्विकार एवं एकनिष्ठ साधना में रमा हुआ है। वह जितेंद्रिय है, महान् है।

नील दीपशिखा में ज्योति बिखर रही है सृष्टि के चक्र पर कलाकारिता को उद्‌भाषित करती हुई। मृदु-मधुर स्वर में कोई कह रहा है—'धन्य हो शिल्पी। धन्य है तेरी एकनिष्ठ साधना। जितेंद्रिय पीठ पर तुम चरम परीक्षा में उत्तीर्ण हुए। विरह वेदना में दग्ध होकर, विकारग्रस्त मन की अवदमित वासना को यदि पाषाण पर अंकित करते तो हर मूर्ति पर तुम्हारे शिल्प की पराकाष्ठा यों इस पर प्रकट नहीं हो पाती। तुम या तो वाचाल हो जाते या फिर अथर्व बन जाते! कोणार्क रह जाता अधूरा! कामुक शिल्पी के हाथ में एक महान् जाति की संस्कृति का प्रतीक सूर्य मंदिर कैसे बनता?

शिल्पी का स्वप्न टूट गया। पति विहीन चंद्रिका देवी रात में उजागर रह कर शिल्पी को आलोक पथ दिखा रही हैं—वीर सेनापति परमार्दिदेव की स्मृति को जिन शिलाखंडों पर विरही शिल्पी विजय की गीति कविता लिख रहे हैं, उन्हें दे रही है प्रेरणा तल्पशय्या। राजकीय विलास आदि तजकर बनी है संन्यासिनी। कोणार्क की संपूर्णता उनके जीवन का भी लक्ष्य है।

वंदनीय है यह नारी। कमल महाराणा भक्ति पूर्वक प्रणाम निवेदन कर रहा है चंद्रादेवी के चरणों में। शिल्पा कब की आंखों से स्वप्न की तरह ओझल हो गई। आश्चर्य है। तो शिल्पा सच नहीं है—मात्र कल्पना है। आज तक जिसे कमल ने शिल्पा समझा है। वह सिर्फ उसकी शिल्पकला है।

स्थिर कदमों से—अस्थिर मन मुखशाला पर ऊपरी हिस्से में खुदी नर-नारी मूर्तियों का निरीक्षण कर रहा है चार्ल्स। सोच रहा है—मूर्तियां इस बलुवे पत्थर की न होकर ग्रेनाइट पत्थर पर बनी होतीं—अकथनीय सौंदर्य और अतुलनीय होतीं। मूर्तियों की सुंदर गठन शैली शिल्पी को सदियों तक गौरव में भरे हैं। ऐसी युग्म मूर्ति स्थिर अविचल कैसे गढ़ी गई कलिंग शिल्पी के हाथ से? उसका हृदय पत्थर का था—शरीर क्या सदा स्पंदनहीन रहा?

कल-कल करता झरना भर गया। चार्ल्स ने आंख हटा कर देखा—डाली लिए चित्रोत्पला अभिनव ही ठवनि में पल्लू दांतों में भींचे खिल-खिलाती हंस रही है। कहती है—साब बड़ी दी जाकर कहा।···तुम कहां उलझे रह गए? धर्मानंद धीरे-धीरे बढ़ा रहा है फोटो का पैकेट। धीरे से कहता है, "इन्हीं दृश्यों के जोरदार चित्र हैं···साब। खूब बिकते हैं। पास रखने लायक चीज हैं। सुन्दर की तृप्ति नहीं···

चार्ल्स थोड़ा अचकचा गया। प्राची कुछ दूर खड़ी मुस्करा रही है। शिशु की

तरह सहज, पवित्र मुस्काता चार्ल्स संयत हो गया। धर्मानंद ने कहा, "थैंक यू। रहने दो ये फोटो—लिली ने कई लिए हैं, 'वरन दी...को दो...

धर्मानंद ने जीभ दांतों में भींच ली। कहा, "बाप रे! वह कान रगड़ देगी। रहने दो मेरे फोटो। अपने देश को जाते समय जितनी इच्छा लेते जाते। वहां चित्रों की काफी डिमांड है। धर्मानंद दूर चला गया प्राची के डर से।

चार्ल्स धीरे-धीरे जाकर प्राची के आगे खड़ा है।

काले ग्रेनाइट पत्थर से बने देव, दानव, मानव मूर्तियों के सामने खड़ी है प्राची जीवंत मूर्तीयां चिकनी हैं, सुगठित देह मंत्रमुग्ध कर रही है, वह स्वप्न राज में जा पहुंची। शायद कमल महाराणा, हरित महाराणा, ध्रुव महाराणा, कृष्ण महाराणा, शिव महाराणा अभी कार्य शेष कर दोपहर के विश्राम के लिए गए हैं। मूर्तियां अनंत काल अतिक्रम कर सद्यः निर्मित स्थापत्य की तरह सतेज, जीवंत दिख रही हैं। शिल्पी फिर लौटेंगे। अविराम कार्य करते जायेंगे।

प्राची ने स्वगतोक्ति में कहा, "हे अमर शिल्पी! तुम्हारी अविनश्वर आत्मा के आगे मैं अपनी सारी भौतिक कामना—वासना, भूल-भटकन उत्सर्ग कर स्वयं को अर्पित कर रही हूं।"

कोणार्क मानो एक जाति की आत्मा है, एक महान् संस्कृति की मुखशाला है। चंद्रभागा, शिल्पा, प्राचीप्रभा, चित्रोत्पला आदि भूत—भविष्य को सभी एक-एक फूल की पंखुड़ी बन कलिंग शिल्पी के चरणों में झरती जा रही हैं प्राची प्रभा की श्रद्धांजलि में।

चार्ल्स पर आंख पड़ते ही प्राची मानो स्वप्नलोक से लौट आयी है। हंसकर पूछा, "इतनी देर रुक गए।

चार्ल्स का सुन्दर गोरा चेहरा पद्म पंखुड़ी की तरह ईषत् लाल पड़ गया है। प्राची की तिरछी निगाहों में देख दबी आवाज में कहा, "वे नग्न चित्र निहायत इरोटिक हैं।" बस इसके आगे वह कुछ न कह सका। मुंह फेर कर वह झाऊ के वन की ओर देखने लगा।

प्राची हलके से हंस पड़ी, "सारे दृश्य मंदिर शास्त्र के अनुसार हैं। तंत्रशास्त्र की बात भी उस पामलोफमेंन्यूस्क्रिप्ट में है।"

चार्ल्स ने अभियोग के स्वर में कहा, "मगर ये तर्क वैज्ञानिक नहीं।"

प्राची ने स्निग्ध स्वर में कहा, "सात सौ वर्ष पहले के मंदिर शास्त्र की नीति-नियम संबंधी बातें उनके लिए वैज्ञानिक ही थीं।"

प्राची आगे बढ़ गई, चार्ल्स पीछे है। गाइड समझा रहा है—मूर्तियों को गौर से देखें साब। औरों की तरह सिर्फ मूर्तियां देखकर, सेक्स को लेकर मंतव्य न दें। मूर्तियों के चेहरे और नयनों में दिव्य देवभाव खिल रहा है। कलिंग शिल्पी और कलिंग जनों का चरित्र यदि निम्न स्तर का होता या कामना की आग में

झुलस कर मूर्ति निर्माण में लगा होता, तो ऐसे दिव्य भाव और यह नैसर्गिक अभिव्यक्ति कैसे संभव होती ? शिल्पीगण स्थिर चित्त से निष्ठा के साथ बारह वर्ष शिल्प साधना कैसे करते ? बारह सौ शिल्पियों के कामानल में ध्वंस हो जाती पवित्र देहधारिणी उस युग की मंदिर की देवदासियां—ध्वंस होती कलिंग की कला, संस्कृति दुनिया में कोणार्क का नामोनिशान भी नहीं रहता···।"

आश्चर्य ! अजीब है यह देश। आश्चर्य है कलिंग शिल्पी और कोणार्क !··· चार्ल्स मन-ही-मन कहता है।

गाइड ने आगे बढ़कर कहा, "मानव जीवन में जिन नवरसों की धारणा है, उनमें प्रणय आदिम रस है। कोणार्क के बाह्य रूप में कलिंग शिल्पी हर रस को सजा रहा है, आदि रस की उपेक्षा कैसे कर देता ? कोणार्क फिर नवरसों का आधार नहीं होता। जीवन चक्र अधूरा रहता। जीवन में हर रस को दिव्य भाव से प्रस्फुटित कर कलिंग शिल्पी ने अपनी विशेषता का परिचय दिया है।"

"हो सकता है तुम्हारी बात सच हो। कोणार्क में किसी रस की कमी नहीं। चार्ल्स अब तक प्राची के पास जा चुका है। प्राची वैसे ही आगे चल रही है; कहती है, "वृहत् संहिता में लिखा है—पक्षी, श्री वृक्ष, स्वस्तिक, पूर्णकुम्भ, पत्रावली, मिथुन-चित्र सारे मंगल सूचक होते हैं।" कोणार्क के सूर्य मंदिर में हर मंगल सूचक चित्र को स्थान मिला है। शिल्पी की अतदृष्टि ने विश्व जीवन के किसी विषय को अछूता नहीं छोड़ा तो फिर प्रणय मूर्ति को कैसे छोड़ती ?

गाइड ने हंसकर कहा, ''एक बात और है जिस पर गौर करें सा'ब। मिथुन चित्रों को देखते-देखते आप पिछड़ गए—मगर दी' आगे बढ़ गईं। इससे कुछ समझ में आता है ?"

चार्ल्स बुद्धू की तरह देखता रहा। प्राची मुस्कराती रही। धीरे से बोली, "यह तुममें मुझमें अंतर है—तुम पश्चिम के पर्यटक ठहरे और मैं हूं प्राची प्रभा—"

गाइड ने समझाया—मंदिर के बाहरी भागों पर यौन चित्र देवोपासकों की परीक्षा करते हैं। उनकी भक्ति, निष्ठा, मनोभावना, इंद्रिय-संयम की शक्ति इन यौनचित्रों में पकड़ी जाती है। जिस के मन में विकार भर जाता है, जिसकी संयमशक्ति लुप्त हो जाती है, वह ईश्वर के पास नहीं पहुंच सकता। यदि पहुंचता भी है—उसकी सिर्फ देह—मन फिरता रहता है कामना जगत् में। जो इन दृश्यों से प्रभावित नहीं होता, वह आगे बढ़ जाता है भक्ति और मुक्ति के मार्ग पर—ठीक हमारी ही तरह देखो इनके चेहरे पर शिल्पी के हाथ का अंकित वह दिव्यभाव लिखा है।"

"जरूर—तुम्हारी ही एक सन्यासिनी है—महायोगिनी या पत्थर की मूर्ति। पर मैं आदमी हूं—साधारण मानव, काम, क्रोध, लोभ, मोह में मैं कभी-कभी अंधा हो जाता हूं। में स्वाभाविक आदमी ठहरा। पर तुम्हारी दी···। चार्ल्स ने बात

बीच में रोक दी। प्राची ने दिखावटी गुस्से में कहा, "चार्ल्स ! अपने बारे में तुम कुछ भी कह सकते हो। दूसरे किसी के बारे में नहीं।"

"सॉरी ! प्राची प्रभा ! कभी-कभी आदमी सीमा भूल जाता है।" सामने प्राची हंस रही है। उस हंसी में अपूर्ण दिख रही है। पीछे हंस रही है चित्रोप्तला—उज्ज्वल—सबको माफी मांगते देख कर।

चार्ल्स को हंसी आ गई। हंसते-हंसते जीना भी एक कला है। उसमें चित्रा सबको लांघ जायेगी दुनिया में। दु:ख और आभावों में जो यों खुल कर हंस पाती है—वैसी कोई भारतीय नारी ही हंस सकती है—जिसका नाम चित्रोप्तला है।

गंग नरेश की राजधानी सामयिक रूप से पद्म क्षेत्र कोणार्क ही बन गई। राजप्रसाद में सिर्फ सीतादेवी हैं। राजा नरसिंह देव लगे हैं बंग सुलतान के साथ लड़ाई में। कोणार्क सूर्य मंदिर का कामतदारख करने महारानी सीतादेवी बीच-बीच में कटक—(राजधानी) से कोणार्क में आकर रहती हैं। बहिन चंद्रादेवी भी रहती हैं। कोणार्क राजप्रसाद में। पति की मृत्यु के बाद मंदिर निर्माण में प्राण लगा रखा है उन्होंने।

कोणार्क नगरी के दुर्ग द्वार पर पहुंच गए हैं महाराज नरसिंह देव। कई दिन हुए महारानी से भेंट नहीं हुई। शायद महारानी से जानबूझ कर दूर रहते हैं। व्रत का पालन। एक किशोरी के आगे सत्यभ्रष्ट होना नहीं चाहते। कोणार्क यदि जितेंद्रिय का पीठ है, तो पहले राजा को ही इंद्रिय—संयम का पालन करना होगा।

पति की बात रखने के लिए सीता देवी ने सारे राज वैभग त्याग दिये। घूम-घूम कर शिल्पियों के सुख-दु:ख की खबर लेती हैं। उनका कार्य देखती हैं। कृष्ण पक्ष की रात को अंधेरे में गई हैं शिल्पी शिविर। कभी-कभी सारी रात इसी तरह घूमते बीत जाती है।

महाराज ने विश्राम नहीं लिया। सुकुमारी कश्मीरी राजकुमारी महारानी सीता देवी तल्पशैया छोड़ पति संग उनके संकल्प में साथ दे कर प्रेरणा दे रही हैं। महाराज को विश्राम कहां? यह क्या अन्याय नहीं? चाहे वे समरक्लांत हों-विश्राम उनसे कोसों दूर है। राज्य की सीमा पर शत्रु की हुंकार। राज्य में सूर्य मंदिर का निर्माण—उसके लिए शिल्पीकुल रात-दिन तत्पर। इस में महाराज हैं श्रेष्ठ संग्रामी। महाराज वेश बदल गुप्त वेश में निकल पड़े हैं। हमलावर यवनों के भय से राज्यवासी आतंकित हो उठे हैं। हर क्षण डरते सहमते रहते हैं। उन्हें अभय देना होगा। समझा देना होगा कि राजा नरसिंह जब तक जीवित हैं, उनके पुत्र-पौत्र जीवित हैं, कलिंग की स्वाधीनता का सूर्य अस्त नहीं होगा।

अंधेरे में महाराज का अश्व छूटा जा रहा है। द्वारपरीक्षक विस्मय में देख रहे हैं। 'महादण्डपाश, (इंस्पेक्टर जनरल ऑफ पुलिस) घोड़े की पीठ पर अंधेरे में

गायब।

बालुका पूर्ण सागर तट—घनी लता—घना जंगल—बलुवे पत्थरों वाली जमीन—छोटी-छोटी झाड़ियों वाला झुरमुटों का वन—बृहत् समतल भूमि पार कर अश्व चला जा रहा है। गांव, नगर पुर अंधेरे में सब समान दिख रहे हैं। ग्राम भट्ट अंधेरे में सजग, सतर्क हैं। कौन ? कोई हमलावर शत्रु—यवन सैनिक ? प्रबल प्रतापी शत्रु दमनकारी नरसिंह की दक्ष; सतर्क सीमांत रक्षक छावनी पार कर शत्रु सैनिक इस राज्य में प्रवेश करना क्या संभव है? यदि ऐसा हो सकता तो हमलावर शत्रु सैनिक राज्य में प्रवेश करते ही उसका सिर शरीर पर न रहता—रात दिन की तरह यह सत्य है—

फिर भी गांव-गांव में यवनों का भय मन का संतुलन हिला देता है। रोमांचक अफवाहें—कानों-कान फैल जाती हैं—धरती से आकाश तक। कुछ लोगों को इस में मजा आता है शाम होते न होते गांव सुनसान यवनों के अत्याचार के डर से आतंकित हो जाता है···बहू-बेटियां डरती हैं! निस्तब्ध रात में घोड़ों की टाप घबराहट पैदा कर देती है—मांएं रोते बच्चों को डराती हैं, सो जा···मुगल आया···।

ग्राम भट्ट से कुशलक्षेम सुनी और महादण्डपाश के बेश में महाराज अभय दे कर कहते—प्रभात में ढिंढोरा पीटा—कि राज्यवासी सुरक्षित हैं। साधारण जीवन अबाध चलता रहे। सब निर्भय रहें। शत्रु सेना सीमा भी नहीं छू सकती। गंग वंश के शासन में असंभव है। राजा की यह बात सबको सूचित कर दे।

अश्व चल पड़ता है दूसरे ग्राम की ओर। अंधेरे में लघु पर क्षिप्र छंद सुनाई देता है, जैसे कोई दौड़ रहा है बाट छोड़ अमराई की ओर। ऊपर पदचाप से असहाय, भीतस्वर स्पष्ट सुनाई देता है। पांवों में न छंद, न लय, न गति, न स्थिरता। कभी धीरे-धीरे कभी तेज। इस पल थमा तो अगले पल तेजी से दौड़ा। शब्द पकड़ कर अश्व ने रास्ता बदला। पीछे से कुछ और कदमों की आवाज आ रही है। कुछ अस्पष्ट गुंजरण। पगध्वनि अब अस्थिर हो गई है। आगे-आगे छाया मूर्ति तरंग की तरह दौड़ रही है—सागर की ओर? आगे पद्मपोखर है। विलंबित चंद्रोदय की मलिन ज्योत्स्ना में बंद पद्मकली की पंखुड़ी पर शिशिर बिंदु झर रहे हैं।

दौड़ती किशोरी अगले क्षण पद्मपोखर में छलांग लगा लेगी। अचानक एक बलिष्ठ हाथ उस मृणाल बाहु को थाम अश्व पर उठा लेता है। और अंधेरे में अश्व अदृश्य हो जाता है। अश्व के आगे-आगे कुछ छाया मूर्तियां दौड़ रही हैं। कौन हैं ? यवन सैनिक हैं कोई ? किशोरी का अपहरण करने वाले थे। इसी बात पर किशोरी पद्मपोखर में छलांग लगाने जा रही थी ? बांया हाथ किशोरी की मूर्छित देह को कस कर थामे है। घोड़ा दौड़ा जा रहा है। पग ध्वनि लीन हो गई।

अब सब सुनसान। चारों ओर स्थिरता शांति।

पल्ली, जनपद, ग्राम पीछे रह गए। किशोरी की देह शिथिल हो रही है। पहले उसकी सुश्रुषा जरूरी है वरना उसका उद्धार व्यर्थ हो जायेगा।

घना जंगल। एक भग्न मंदिर के पास रुका अश्व। चारों ओर बृहत् समतल भूमि। कुछेक ध्वंस घर। कभी यहां पोखर रहा होगा। पास में युगों का परित्यक्त कुआं।

राजा घोड़े पर से उतरे। किशोरी की मूर्छित देह को यत्न से सुला दिया मंदिर प्रांगण में। कुछ वनलता लाकर उसे अपने उत्तरीय से लपेट उसे कुएं में उतार दिया। भाग्य से कुएं में अभी भी झरी है। उत्तरीय भिगो कर खींच लिया। किशोरी के मुंह पर निचोड़ा शीतल जल और साथ में पुष्पित फूल की डाल तोड़ हवा करने लगे। अंधेरे में राह तलाशकर कोई चंद्रकिरण की धार किशोरी की मुंदी पलकों तक पहुंच गई।

राजा विस्मय में सोचते रहे—कब···कहां देखा है यह निष्पाप।

राजा विस्मय में सोचते रहे—कब···कहां देखा है यह निष्पाप पद्म मुख? मक्खन-सा हाथ एकदम निस्तेज हुआ पड़ा है। उस पर चमकती दिख रही हैं राधाकृष्ण की युगल मूर्ति। सुन्दर ढंग से अंकित गुदे हैं नीचे चार अक्षर राधाकृष्ण! आहा! महाराज के मुंह से शिल्पी के हृदयहीन कार्य पर निकल पड़ा। मक्खन-से हाथ को सुई से किस दुष्ट ने बींधा होगा?

चेतना पाकर वह उठ बैठी है?

महाराज ने पूछा—"कौन हो?"

नारी ने स्थिर मगर दृढ़ स्वर में पूछा—"आप? मुझे क्यों बचाया?"

"आत्महत्या घोर पाप है।"

"पापिनी को घोर पाप करने के सिवा रास्ता नहीं।" कोह न रोक सकी।

"क्या पाप किया है तुमने?"

"कोणार्क में मंदिर बनाते-बनाते मेरे पति···" फूटकर रो उठी।

महाराज का हृदय करुणा से भर गया। नील महाराणा की वाग्दता? स्थिर स्वर में पूछा, "नील महाराणा ने विवाह नहीं किया था। यद्यपि विवाह निश्चित हो चुका था कई दिन से, तो तुम···"

"नील महाराणा से मेरा कोई संबंध नहीं।"

कोणार्क के कारीगर शिविर में सिर्फ नील की मृत्यु हुई है। बाकी सब स्वस्थ हैं। आराम से कार्य में लगे हैं।"

"पर मेरे पति की मृत्यु का संवाद किसी ने आकर सास को दिया है। महाप्रभु आप कौन हैं? क्या मेरे पति को पहचानते हैं? तो वे क्या कुशल से हैं?" किशोरी उत्कंठा, विस्मय, पुलक एवं करूणा मिश्रित रागिनी से झंकृत हो उठी।

नतजानु महाराज कहने लगे, "राजधानी कोणार्क नगरी का महादंडपाश हूं। नगरी में शांति कानून बनाये रखने का दायित्व मुझ पर है। मैं महाराज का सेवक हूं—महाराज भी राज्य के सेवक हैं—जगन्नाथ के वंशबद। अतः मैं भी जगन्नाथ का अधीनस्त्य ठहरा। देवी शांत, स्थिर हों। जगन्नाथ-सेवक मिथ्या नहीं कहेगा। नील महाराणा की मृत्यु का संवाद विशेष दूत के हाथों उनके परिवार को भेजा था —दुःख के साथ। तुम्हारे पति के बारे में अशुभ सूचना मिथ्या है—भित्तिहीन है। कोई दूत ऐसी खबर लाया था?"

"ना, दूत नहीं—लोक-मुख से प्रचारित हो गई यह बात। सास ने विश्वास कर लिया।"

"ऐसी अफवाहों पर विश्वास न करो, कोई भी हो। तुम्हारे पति सभी के साथ देवकार्य कर रहे हैं। चलो—घर पहुंचा दूं।"

किशोरी ने हाथ उठा ऊपर की ओर जोड़ लिए। कृतज्ञता व्यक्त कर कहा, "जगन्नाथ महाप्रभु। मुझे कुछ भी हो, उन्हें कुशल-मंगल से रखना। आसुरीष्ट मिटा देना उनके। करुणासागर प्रभु!"

महाराज ने भी ऊपर देख हाथ जोड़े। मन-ही-मन कहा, "प्रभु पुरुषोत्तम। नील महाराणा की आत्मा शांति प्राप्त करे, सद्गति हो—बाकी बारह सौ को दीर्घायु करें—बारह सौ परिवारों का मंगल हो—तुम्हीं भरोसा हो सबका। आप की वांछा पूर्ण हो।"

किशोरी का हृदय विगलित हो रहा है इस परम पुरुष की सहृदयता पर। औरों के लिए जिस का दय हृहोता है—कोई हो, वह नमस्य है—वह पुरुषोत्तम है।

राजा ने नम्र स्वर में कहा, "देवि, अनुमति दें—आपको पहुंचाकर कर्तव्य पूरा करूं। अब भोर का तारा आकाश में उगने वाला है। रात्रिशेष होने से पहले राजधानी लौटना होगा।"

मृत पति किस दिव्य कृपा के बल से जी उठे? वह विस्मय, आनंद, अंधेरे में भी रात्रि कुसुम की तरह उस किशोरी के अवगुण्ठित चेहरे पर आनंद के फूल तोफा-तोफा खिल उठे हैं। घर लौटने की बात पर वे खिली पंखुड़ियां शायद कुम्हला रही हैं। अभी धरती पर झर कर धूल में मिल जायेंगी। "ईश्वर आपका भला करें। मुझे अपनी राह पर मरने के लिए छोड़ दें। पति जीवित हैं। ईश्वर और देश के कार्य में मन लगा है। बस यह जानने के बाद मरने का दुःख नहीं रहेगा।"

महाराज खिन्न हो गए। अजीब है यह किशोरी पति की मृत्यु पर आत्म-हत्या करने चली। पति जिंदा है जानकर खुशी में घर जाकर सास को खबर देने की बात। मगर घर लौटना नहीं चाहती?

गंभीर व कठोर स्वर में पूछा, "मैं यहां महादंडपाश हूं। किसी निराश्रय नारी को आत्महत्या के लिए नहीं छोड़ सकता।"

—चलो, घर में सास को मैं समझा दूंगा।

किशोरी ने दुःख से कहा, "ससुराल कब से छोड़ दी। मेरे लिए वहां के द्वार बंद हैं, क्योंकि मैं पापिनी हूं—कलंकनी हूं।" वह लज्जा व दुःख में गड़ी जा रही है।

"क्या है वह पाप ?"

"मुझ पर देवर का स्नेह, उनकी सहानुभूति है। पति की विदेश यात्रा। पर सास की निगाह में मैं कुलक्षणी हूं। अतः मुझे यातना दी गई। देवर ने विरोध किया। हर रात मंदिर परिक्रमा में गहरी वापी से वह मेरे लिए पानी निकाल कर लाता है। घर पर कई कामों में मेरी मदद कर देता है। उसकी यह सहानुभूति, सहायता कइयों की आंखों में चुभती है। गांव भर में अफवाह फैला दी गई—हर रात मंदिर की परिक्रमा में बकुल की छाया में—मैं देवर के साथ—'किशोरी का गला भारी हो गया। मुंह ढांप कर फफक उठी. "हे भगवान। इस अभागिन पर दया दिखाने जाकर देवर जैसा देवता आदमी कलंकित हो गया! मैं तो अभागिन ठहरी। कलंक ही भाग्य में लिखा है। पर उसका क्या कसूर है? दुःखी पर दया करना भी अपराध है ?"

राजा स्तब्ध हुए सुन रहे हैं चंद्रभागा की दुःख कथा। चंद्रभागा की देह की परिचित पद्मगंध अब पहचान में आ रही है।

वे निरुत्तर हैं। चंद्रभागा की तरह कितनी ही किशोरियां पति से अलग रहते समय यातना पाती हैं। यह बात तो कभी दिमाग में नहीं आयी।

चंद्रभागा की गहरी सांस में आकाश धुंधला दिख रहा है। उसने कहा, "सास के दुख पर पीहर लौट आयी। बापू को बुलाकर कुलटा वधू को वापस लौटा दिया। आदेश दे दिया—बेटा लौटकर पापिनी का मुंह न देखे पीहर में ही कहां दुख का अंत होता है? मेरा झूठा कलंक मुझे सबके स्नेह-सहानुभूति से वंचित कर गया। जीवित रही, फिर भी पद्म की तरह प्रतीक्षा करती रही पति की। मन में आशा थी शायद लौट कर कभी भेंट करें। शायद मेरी आंखों की ओर देख मुझे समझें। पर अचानक वज्रपात की तरह सास के पास खबर आयी —तुम्हारा बेटा मेरे अभिशाप से मर गया! मैं जीती रही तो उनका वंश ही नष्ट हो जायेगा। उनकी इच्छा है कि मैं ही मर जाऊं। बस, मेरे पुत्रतुल्य देवर का मंगल मनाते हुए मैं पीहर छोड़ अपने प्रिय पद्मपोखर की मेड़ पर पति को देखा था कभी दूर से अस्पष्ट भाव से। इसी से वह पोखर मुझे बहुत प्रिय है। मगर आपने मेरे संकल्प में बाधा खड़ी कर दी—

महाराज ने दुःख भरे स्वर में कहा, "देवि। अब तुम पिता के घर लौट

जाओ। क्योंकि तुम्हारे पति जीवित हैं। वे तुम्हें अवश्य स्वीकार करेंगे। शिल्पी की आंखें तुम्हारी निष्पाप कोमलता जरूर पहचान लेंगी।"

चंद्रभागा दुःख में टूट पड़ी। खिन्न स्वर में कहा, "पिता मर चुके। भाई-भावज की दुनिया में एक कलंक हूं। बोझ हूं। मेरे कारण भाई गांव में सिर उठा कर नहीं चल पाता। वापस सारा गांव पार कर किस साहस के बल लौटूंगी? पता नहीं, गांव छोड़ कितनी दूर आ गई हूं। यदि लौट जाऊं तो भाई ही नहीं सारा गांव थूकेगा। सारे रास्ते बंद हैं। मुझे छोड़ कर आप लौट जायें राजधानी...।"

युग-युग में नारी अंधे न्याय से यातना भोगती रही है। महाराज किशोरी के निष्पाप चरित्र और निर्मलता के बारे में निःसंदेह थे। मगर उसे सामाजिक न्याय दिलाना आज उनकी क्षमता के बाहर है। राजा होते हुए भी वे लाचार हैं! कभी सती सीता को भी तो झूठा कलंक धारण कर निर्वासित होना पड़ा था। किशोरी का वापस लौटना संभव नहीं दिखता। यहां छोड़ना तो मृत्यु के मुंह में धकेलना है। ऐसा क्या उचित होगा?

घोर अरण्य में दिशाहीन अंधेरे आकाश की ओर देख अपना कार्यपथ सोच रहे हैं महाराज नरसिंह देव। आकाश का रंग बदल रहा है। हल्के अंधेरे में दिशा जानी जा न सकेगी। उदार आकाश कुछ मृदुरंग धरती पर भी बिखेर रहा है। किशोरी का अधमुकुलित चेहरा मानो अरुण रंग में भर उठा है। राजा की दृष्टि के आगे पद्म पंखुड़ियां खोल रहा है। मगर आदित्य दूर हैं ज्योत्स्ना के प्रकाश में जो शोभा एक बार देख विस्मित हुए थे, आज अरुणालोक में वही मुख देख वे अचंभित हो रहे हैं मंत्र-मुग्ध बने हैं। एक पवित्र कोमल प्रेमभाव में मानवीय मन की सारी संकीर्णता अंतर्हित हो रही है। यह निष्पाप किशोरी भाग्य की विडंबना में नर्कपुरी से लौटे तो भी पाप की छाया नहीं पड़ सकती इस पर। जब कि समाज की आंखों में वह कुलटा है—पापिन है—कुलक्षणी है!

जिसे अब तक किशोरी मान रहे थे, आज वह पूर्ण यौवना तरुणी है! इस बीच कितने वर्ष बीत गए! कोणार्क निर्माण आधा करीब संपन्न हो चुका है। इतने में सात वर्ष बीत चुके हैं। शिल्पी प्रिया की प्रतीक्षा तो समाप्त हो रही है। पर चंद्रभागा की प्रतीक्षा का अंत कहां?

राजा ने मुस्करा कर धीरे से कहा, "देवि! अभी भी प्रभात होने में कुछ क्षण बाकी हैं। मैं ले चलता हूं तुम्हारे गांव के पद्मपोखर के पास। प्रत्यूष में स्नान कर घर लौट जाना। किसी को पता नहीं चलेगा। कोई जगा भी न होगा तब तक।

विवेकशील पुरुष की ओर देखा चंद्रभागा ने। युवक महादंडपाश की प्रशस्त छाती, ऊंचा कपाल, उन्नत माथा—आयत उदार नेत्र—उज्ज्वल सौम्य कांत

उसके तरुण हृदय के अनलिखे पृष्ठों पर एक अपूर्व श्रद्धा और संभ्रम का चित्र अंकित कर दिया। चंद्रालोक में ऐसे ही एक दीर्घ पुरुष ने उसकी रक्षा की—ठीक वही नासा, वही आंखें—वही मधुर स्वर। उस दिन जीना श्रेय था। आज मृत्यु के सिवा गति नहीं। फर्क इतना ही है।

वे उसे लौटाना चाहते हैं। उन्हें क्या पता कि मृत्यु से जीवन कितना कठिन है। चंद्रभागा ने नम्र स्वर में कहा, "महाशय, मैं विवाहित नारी हूं। अपने होश में रहते आपके साथ घोड़े की पीठ पर बैठ लौटना मेरे लिए अनुचित है। आगे आगे चलें। गांव में संवाद लेकर मुझे बता दें। यदि मेरे अन्तर्ध्यान होने की बात किसी को पता न हो तो लौट सकती हूं। पति की प्रतीक्षा कर जीऊंगी।"

"मगर प्रभात होने ही वाला है। रात बीतने के बाद नहीं लौट सकोगी। अन्तर्ध्यान होने की बात फैल जायगी।"

चंद्रभागा ने नम्र स्वर में कहा, "कुछ भी हो, आपके संग घोड़े की पीठ पर बैठ लौटना मेरे लिए संभव नहीं। इससे गांव वाले एक और कलंक की कहानी फैला देंगे। आपके शीघ्र लौटने पर शायद रात बीतने से पहले ही मैं गांव की सीमा में पहुंच सकूंगी।"

महाराज मानो इस नारी के आगे आज्ञाकारी शिशु हो गए। मान गए। अविचल स्वर में बोले, "पर एक शर्त है—गांव की सीमा से निराश होकर लौटा तो तुम्हें कोणार्क नगरी ले जाऊंगा। वहां पति मंदिर बना रहे हैं। तुम उनकी प्रेरणा बनना—कोणार्क बनेगा अद्भुत रूप—शोभा का खजाना—

चंद्रभागा चौंक उठी। ऐसा करने पर राजा मेरे पति का सिर काट फेंकेगा। और मुझे नर्क में जाना होगा। महाराज के पास आदमी से ज्यादा कीमती पत्थर हैं। पत्थर पर प्राण खिलाना—इसके लिए वे मानव प्राणों की भाषा के प्रति पत्थर हो गए हैं।

राजा स्तब्ध खड़े रहे। यह ग्रामबाला उनके राजकीय विचार पर बार-बार चोट कर रही है। जिसकी बात माने बारह वर्ष का कठोर तप पालन करते रहे, वही राजा के रूप में उन्हें संभ्रम दिखाती है, पर आदमी के रूप में कोई श्रद्धा नहीं रखती। यही तो दुःख है राजा को।

राजा ने स्थिर स्वर में कहा, "राजा एक साधारण मानव हैं। उनके हृदय में हर आदमी की तरह दया, क्षमा, स्नेह, प्रेम, भक्ति करुणा है। राजा नरसिंह देव को जानता हूं। आदमी के लिए उनके मन में ममता है। तुम उन्हें नहीं समझ पाती, यह जानकर उन्हें दुःख होगा।"

राजा और दुःख! चंद्रभागा हंस पड़ी।

राजा नरसिंह ने दुःखपूर्ण हृदय से सोचा—सबका विचार है कि राजा को दुःख नहीं, यही उनके लिए सबसे बड़े दुःख की बात है।

राजा ने अपने दुःख को अपने अंदर संचित किया। इस दुखियारी का बोझ इतना अधिक है कि किसी और की भाषा वहां नहीं जा सकेगी। अपने दुःख के सिवा उसका और कोई संबल नहीं। आदमी बहुत दुःखी होकर देवता को पत्थर कहता है—राजा तो देवता का मामूली सेवक ठहरा। उसे अगर चंद्रभागा दुःख में टूटते समय पत्थर कह देती है—आश्चर्य की क्या बात है? राजा घोड़े पर बैठने से पहले पूछ बैठे, "निर्जन बन भूमि में डरोगी।"

आकाश में म्लान नक्षत्र की तरह चंद्रभागा ने हंसकर कहा, "मृत्यु के पास स्वयं को अर्पित करने जो निकली है, उसे कैसा डर?"

राजा घोड़े पर चढ़ गए, "डरना नहीं···अभी आया। जगन्नाथ पर भरोसा रखना।"

तड़ित वेग से घोड़ा चल पड़ा।

उधर प्रणाम कर स्वगतोक्ति में चंद्रभागा कहने लगी, "हे अश्वारोही युवक! कोई भी हो, चंद्रभागा के नमस्य हो। देवदूत की तरह बार-बार चंद्रभागा के मृत्युपथ में आ जाते हो। पर मृत्यु के सिवा अभागिन का रास्ता कहां? मृत्यु के अंतिम क्षण में भी तुम्हें याद करूंगी। तुम्हें देखकर ही समझ सकी कि पुरुष क्या होता? कैसा रूप होता है, कितनी शक्ति होती है उसमें, कैसा व्यक्तित्व होता है? तुम्हीं मेरे आगे प्रथम पुरुष के रूप में आये हो, क्योंकि अपने पति को मैंने कभी देखा तक नहीं।"

गांव की सीमा पर स्तब्ध खड़े रहे गंग नरेश। भोर से ही गांव की नींद टूट गई है। लोग धुंधले अन्धेरे में बातचीत करते हुए मौन भंग कर रहे हैं।

ग्रामरक्षी से पूछा, "गांव में सब कुशल तो हैं?"

"नहीं, महाराज! पिछली रात यवन सैनिक एक जवान लड़की को उड़ा ले गए। हालांकि लड़की गांव का कलंक थी। मृत्यु ही श्रेय है उसके लिए।"

महाराज ने गंभीर स्वर में कहा, "शायद लड़की लौट आये। कोई यवन गांव में नहीं आया था। ग्राम रक्षी ने विनीत स्वर में कहा, "आप महादंडपति हैं। अतः स्पष्ट बता देता हूं। अपनी आंखों से देखा है यवन सैनिक घोड़े पर चढ़ा ले भागा। कई और लोगों ने देखा है। दुःभाग्यवश वह जीवित लौट आये तो भी यहां उसकी जगह नहीं। उसका लांछन और दुःख मृत्यु से भी अधिक बढ़ जायेगा। गंग नरसिंह के राजत्व में चोरी, डकैती, लूट-पाट का नाम नहीं। यवन के सिवा कौन करेगा ऐसा? बर्बर कार्य किसका हो सकता है?"

प्रभात की प्रथम किरणें पड़ रही हैं। गंग नरपति मुड़कर लौट पड़े। रात बीत गई। अंधेरे में भ्रमण समाप्त हुआ। मगर मन अंधेरे में डूब गया है। चंद्रभागा के लिए क्या करें? पति के पास पहुंच जाये तो दुर्दशा खतम होगी, पर

कोणार्क निर्माण के संकल्प में बाधा आयेगी। बारह सौ कारीगरों की एकाग्र साधना के मार्ग में चंद्रभागा का आविर्भाव रुकावट पैदा करेगा। वे कर्त्तव्यच्युत होंगे। कोणार्क जितेंद्रिय पीठ है। यहां चंद्रभागा की भूमिका क्या होगी? अब क्या होगा?

इसी विचार में खोये राजा भग्न मंदिर तक पहुंच गए।

भग्न मंदिर का प्रांगण! कुछ क्षण पहले वह यहीं खड़ी थी। पत्रों को भेद सूर्य किरणें बिखरी हुई हैं। चारों ओर मधुर पद्म गंध फैली है। जबकि कोई पद्म नहीं रहा अब!

वे पद्म गंध के सहारे इधर-उधर होते रहे।

चंद्रभागा के चरणों के आघात से हरी घास पर फूल खिले हैं। फूलों पर दु:खी चंद्रभागा के अश्रुजल शिशिर बनकर पड़े हैं। उन आंसुओं को पोंछ रहे हैं उदार सहश्रांशु।

पर चंद्रभागा कहां? क्या हर दु:ख से ऊपर उठ गई है? झुककर खुदे कुएं में झांका। सूर्य किरणों में नीचे तक साफ दिख रहा है।

वह स्वेच्छा से अन्तर्हित हो गई है—या वन में किसी हिंस जंतु के आक्रमण की शिकार हो गई? ऐसी कोई सूचना भी नहीं? अभी तक वन की शांति भंग नहीं हुई। लता, पत्र-पुष्प, घास सब अक्षत हैं। प्रकृति के रंगीन आंचल पर कोई सलवट नहीं दिखती। यानी, कोई दुर्घटना नहीं हुई। अपराजेय सम्राट का मन किसी असह्य पराजय की ग्लानि में अवसादग्रस्त हो गया, सोचा—सारा शौर्य, वीर्य, ऐश्वर्य, वीरता, पौरुष को पददलित कर चंद्रभागा उन्हें पराजित कर गई है। गंग शासन के इतिहास में यह कहानी लिपिबद्ध नहीं होगी, पर उनके हृदय के पृष्ठ पर मरने तक स्पष्ट रहेगी। कोणार्क निर्माण के त्यागपूत इतिहास के पृष्ठ पर चंद्रभागा का नाम कहीं नहीं होगा—पर चंद्रभागा की आत्मा कोणार्क के आकाश में खोजती रहेगी अपना शिल्पी, अपना कोणार्क!

गंग नरेश ने ऊपर की ओर देखा। आकाश में—अरण्य में चंद्रभागा की आत्मा को खोजा। दूर, बहुत दूर आकाश में नील भेद रहा है सर्व दु:खहारी नीलाद्रि बिहारी का नीलचक्र! नीलचक्र पर उड़ रही है पतितपावन ध्वजा! नरसिंह के हृदय की सारी ग्लानि, सारा अवसाद एक पल में दूर हो गया। वे भावाविष्ट हो गए। दृढ़ विश्वास हो गया—प्रभु पतित पावन हैं, चंद्रभागा का दु:ख मेंट दिया। उसने मुक्ति का मार्ग पकड़ लिया। जो जगन्नाथ की शरण जाता है—अन्धेरे में प्रकाश के द्वार खुल जाते हैं। दोनों भुज पसार पतितपावन पताका को प्रणाम किया। मन-ही-मन मान में भर कर कहा, "प्रभु! चंद्रभागा की विदाई ही आपकी इच्छा, तो कल रात पद्म पोखर में प्राण त्याग देती। मेरे द्वारा रक्षा क्यों करायी, फिर बुला क्यों लिया। परीक्षा उसकी या मेरी? अप-

राजेय का गर्व अबला से करवाया खंडित । गंग नरेश पराजित हुए—आपकी यही इच्छा है? सेवक के आगे यह रहस्य कैसे हैं ?"

काफी गवेषणा के बाद भी शून्य पुरुष जगन्नाथ रहस्य बने हैं—ठीक प्राची की तरह—कोणार्क की तरह।

चार्ल्स जगन्नाथ को नहीं समझ पाता—प्राची को नहीं पहचान पाता—कोणार्क की कला का रहस्य नहीं जान पाता!

भास्कर्य और चित्रकला का महान् पीठस्थल उत्कल। वहां जगन्नाथ का आधा—अधूरा रूप देख चार्ल्स व्यथित है, विस्मित है। प्राची कहती है—जगन्नाथ स्वयं संपूर्ण हैं—स्वयं सिद्ध हैं। वे अपूर्ण में पूर्ण हैं। इनमें उदारता, व्यापकता, असीमता का शैल्पिक परिप्रकाशन हुआ है।

जगन्नाथ का विपुल विखंडित शरीर, उत्तोलित, खंडित भुजा है। विस्फारित एवं वर्तुलनेत्र हैं, हाथ रेखा—युत बांके अधर हैं। चार्ल्स स्तंभीभूत है। उधर प्राची भावाविष्ट है। मुग्ध स्वर में कहती है, "प्रभु कितने सुन्दर हो।"

चार्ल्स आश्चर्य से कहता है, "प्राची जैसी सुन्दर युवती की आंखों में जगन्नाथ इतनी सुन्दरता लिए हैं! पर कभी तो प्राची ने उसके रूप की तारीफ नहीं की। उसे यों मुग्ध नेत्रों से कभी नहीं देखा।"

चार्ल्स सोचता है प्राची आंखों से सुन्दरता नहीं देखती, हृदय से देखती है। जगन्नाथ प्राची के समूचे हृदय को घेरे हैं। वहां पार्थिव जगत् की दुर्लभ वस्तु को भी कोई स्थान नहीं।

प्राची ही नहीं—दीनबंधु बाबू और चारुकला भी जगन्नाथ की भक्ति में विभोर हैं। दीनबंधु बाबू के घर की हद कोठरी के प्रवेश द्वार पर जगन्नाथ का पटचित्र सजा है। मानो कोठरी में आने से पहले जगन्नाथ पर निगाह जरूर पड़ेगी। स्वयं चालित यंत्र की तरह सिर झुका जायगा। प्रणाम मुद्रा में। पांवों से जूते स्वतः उतर जायेंगे। जूतों सहित दीनबंधु बाबू के कमरे में प्रवेश निषेध है। चार्ल्स उनके घर के नियमों का पालन करता है। दीनबंधु इससे खुश है, चारुकला और करीब आ जाती है।

दीनबंधु बाबू के घर पर बारह महीने में तेरह पर्व होते हैं। चार्ल्स को आश्चर्य के साथ खुशी भी होती है, क्योंकि इन पर्वों के समय तरह-तरह की मिठाई, खीर, खिचड़ी बनती रहती है। उड़िया परिवार में तरह-तरह की मिठाई और तरह-तरह का स्वाद। चार्ल्स अल्पहारी है। मगर वे सब चीजें लगती अच्छी। थाली भर पीठा लेकर चारूकला उसे पास बैठाकर खिलाती। चार्ल्स खाता है एक या

दो, वे बेटे को याद कर उसे डांटती, "मेरे दीनू की तरह तेरी भी यही आदत है—इतनी मेहनत कर—निकम्मा होकर पीठा बनाये। क्या सिर्फ मेरे लिए? एक-आध खा लिया, क्या पेट भर गया? बता इतने में किस मां का मन मानेगा? दीनू को लगता है युगों हो गए उसे गए—कहां—वहां कोई पीठा-वीठा मुंह पर रखता न होगा?"

कहते-कहते आंखें भर आतीं। हठपूर्वक चारुकला एक-दो पीठा और खिलाती चार्ल्स को।

महिमामयी मातृमूर्ति की ओर देख चार्ल्स मंत्रवत् कुछ और पीठा खा लेता। वह आश्चर्य से सोचता—सच, चारुकला क्यों इतना कष्ट देती हैं अपने आपको?

एक-एक व्रत पर चारुकला बूंद भर पानी भी नहीं लेती। निर्जल रहती। बेटे-बेटी, पति के सौभाग्य और मंगल की कामना कर चारुकला की तरह उड़िया घरों (परिवारों) की स्त्रियां निष्ठा से व्रत रखती हैं। माटी-कंकड़, पत्थर, छाज-बुहारी, सिल-बट्टा, सुपारी, नारियल, पेड़-पौधे, भूत-प्रेत, नाग-सांप, बैल-गाय, चील सियार, गेंज तक में देवता का रूप देखती है। चारुकला की तरह की सरलमना उड़िया औरतें यह सरल विश्वास आज की इस जटिल दुनिया में कितना दुर्लभ है! पति एवं बच्चों की दुर्गति दूर करने के लिए, रिष्ट खंडन के लिए, आयु वृद्धि के लिए, अपनी देह को क्षय कर रही है चारुकला···

त्याग के इस आनंद को विस्मय से देखते हुए सोचता, ऐसा आत्म-संतोष कभी मां के पास तो नहीं देखा। भोग-विलास में डूबी होने पर भी असंतोष और अपूर्णता की करुण मूर्ति हो जाती है।

अल्पना की कला में चारुकला की दक्षता उसे और विस्मित करती। सिर्फ चारुकला ही नहीं, गांव की कोई उड़िया बहू-बेटी की अल्पना किसी विशिष्ट शिल्पी को पार कर सकती है।

उस दिन कोई व्रत था। प्राची तब चौरा के आगे अल्पना बना रही थी—आंगन में। प्राची आधुनिका होने पर भी हर बात में चारुकला की पट्टशिष्य है।

निविष्ट चित्त से प्राची···अल्पना बना रही है। जगन्नाथ जी का प्रतिरूप अंकित कर रही है। गोबर से लिपा माटी की फर्श पर रंग-बिरंगे जगन्नाथ बना रही है।

दोनों बाहु के रूप में अर्ध चंद्र बन गया। उन पर विशाल नेत्रों के लिए बड़े-बड़े बिंदु बनाते समय प्राची उनमें स्वयं कहीं खो गई है।

चार्ल्स का ध्यान टूटा। "आज चंद्रभागा को खोजना है।"

प्राची ने आश्चर्य में पूछा, "मतलब क्या है?"

उसने चिंता प्रकट करते हुए कहा, "रात भर उसी की सोचता रहा। घने बन में कहीं गुम गई है। आज ताड़पोथी से ढूंढ निकालना होगा।"

"अगर वह न मिले?" प्राची ने हाथ धोये।

चार्ल्स का अभियोग था—"उसे ढूंढ़ना चाहिए राजा को। वरना अन्याय है।" प्राची ने कोणार्क परिक्रमा में प्रवेश कर कहा, "वह मिली तो दु:ख बढ़ेगा। खोयी रहने दो—लीन रहे जगन्नाथ के चरण में। वहीं तो सारी जटिलता सुलझती है।"

क्षुब्ध चार्ल्स ने कहा, "तुम निष्ठुर हो। किसी और पर जितनी, अपने लिए भी उतनी ही।"

प्राची उदास होकर बोली, "दुनिया में सब जगह निष्ठुरता ही अधिक है। इसके तले अनेक आशा, आकांक्षाएं दब जाती हैं। इस गर्जसिंह मूर्ति की तरह कोमलता सदा दुर्बल है, असहाय है, वह सदा निष्पेषित होती रही है।"

एक लय में चार्ल्स गर्जसिंह की मूर्ति देखता रहा—मगर मन-ही-मन खोजता रहा शिल्पीप्रिया चंद्रभागा—सात सौ वर्ष का अतीत हर पल टटोलते-टटोलते…।

9

इन दिनों राजधानी कोणार्क बनी हुई है। महाराज वहीं निवास करते हैं। सीता देवी के मन में हरदम यही बात रहती है—महाराज उदास और खिन्न क्यों हैं? किस चीज का दु:ख है? क्या है उनका अभाव? पश्चाताप क्या है? मूलत: उत्कल की राजधानी कटक है। विशाल बारवाटी दुर्ग की प्राचीरों में दु:ख और पश्चाताप को स्थान कहां?

इस विशाल दुर्ग के उत्तर में महानदी एवं विरुपा के बीच चौव्दार का अभेद्य दुर्ग स्थित है। पश्चिम में महानदी व काठजोड़ी का कराल स्रोत है। उस स्रोत के किनारे बीड़ानासी का दृढ़ दुर्ग है। दक्षिण दिशा काठ जोड़ी के ही उस पास सारंग गढ़ का अति उच्च दुर्ग! इस तरह बारवाटी के केन्द्रीय दुर्ग की रक्षा के लिए उत्तर पार्श्व में चौव्दार; दक्षिण पार्श्व में सारंग गढ़ के किले में सशस्त्र उत्कल सेना सदा जाग्रत है। यही नहीं, स्वयं बारवाटी दुर्ग का बहिर्भाग वृहत् परिखा और उसके किनारे खूब ऊंची मजबूत पत्थर की दीवार घेरे है। बाह्य प्राचीर के बाद दुर्ग में भीतर की ओर दूसरी सुरक्षा प्राचीर भी है।

दुर्ग के द्वार पर ढाल-तलवार लिए पाइक चुस्ती से पहरा दे रहे हैं। प्रहरी पाइक के सिर पर टोपी, समूची देह व्याघ्रचर्म से ढंकी। देह हल्दी-तेल में चिकनी, माथे पर बड़ी-सी सिंदूर की बिंदी उसे और भीषणाकृति बना देती है। बारबाटी दुर्ग रात के प्रशांत स्पर्श में ऊंघने लगा है। मगर पहरेदारों की आंखें और सतर्क हो जाती हैं—सारी देह सजग है। हाथ में लंबी तलवार अंधेरी रात में दिशा-निर्देशक की तरह चमक उठती है। दूसरे के हाथ में लोहे की कीले लगी ढाल अंधेरे में मेघ खंड की तरह रात का रंग और गहरा कर देती है।

फिर भी प्रबल पराक्रमी महाराज को निश्चित नींद नहीं। क्यों क्या कारण है? महारानी की नींद उचट जाती है। कितने वर्ष? कब तक यह व्रत रहेगा? कोणार्क मंदिर का निर्माण पथ में स्वयं को उत्सर्ग कर राजा की देह मन क्या शिलाखंड की तरह पथरा गई है? अपनी युवा देह के रक्त मांस को पत्थर बना दिया है? भगवान आदित्य की कृपा से नरसिंह देव की प्रतिमूर्ति पुत्ररुप में भानुदेव को पाया है। चंद्रकला की तरह वह शोर्य, वीर्य पराक्रम आदि में बढ़ रहा है। पिता के विभव का योग्य उत्तराधिकारी बन रहा है। फिर महारानी को क्या दु:ख है? पश्चाताप क्या है?

सब कुछ होते हुए भी अंतर एक तरह के सूनेपन के कारण अवसाद में भर जाता है। उत्कल की महारानी हुए भी सम्राट पति के आगे भीख मांग रही है—अंजलि खाली है। अभी भी मानो महाराज का हृदय सिंहासन मंडित नहीं कर पा रही। राजा खिन्न हैं चिंतामग्न हैं पता नहीं किस दु:ख में?

विजयी नरसिंह देव ने दक्षिण-पश्चिम में गुलबर्गा और बीदर राज्य विजय किया है। उत्तर में आक्रमण कर बहुत सारा धन-रत्न पाया है। उनकी समर कुशल उड़ु सेना अनुगत सामंत राजाओं के सहयोग एवं अनुशसित युद्ध कौशल के आगे मुसलमान सेना बार-बार मुंह की खाती रही। राज्य की सीमा पर निरंतर यवन आक्रमणों का भय लगा रहता, मगर अंदर किसी तरह की कोई दिक्कत न थी, ढेकिया पाइक धनुष-तीर तलवार लिए शांति बनाये रखते और बाहरी खतरे के लिए भी सदा प्रस्तुत रहते। पाइको को निष्कर ज़मीन मिली थी। जिस पर खेती करते। साथ में समर अभ्यास चलता। मांग आने पर कूच को सदा तत्पर। गांव-गांव में सैनिक शिक्षा होती। जगह-जगह पर किलेदार किलों के अधीन क्षेत्र की चौकसी करते। शांति काल में पाइक गण कृषि कार्य करते। युद्धकाल में वे ही हाथ हल छोड़ धनुष, तीर, फर्सा, तलवार, ढाल उठा लेते, योद्धावेश धारण करते। गंग वेश का स्वर्णयुग—देश में शांति, संतोष वीरता और शौर्य के सहावस्थान का युग था फिर भी नरसिंह देव चिंतित रहते।

समर क्लांति दूर करने के लिए वे दुर्ग में आराम नहीं करते, न विलास में डूबते। महारानी के संग की लालसा छोड़ प्राय: कोणार्क नगरी में ही रहते। हर

रात अंधेरे में घूमने का कार्यक्रम—जनता के दुःख—कष्ट तक सीधे पहुंचने के लिए जारी था। मानो छद्म-वेश में खोजते। पूछने पर स्मित हास में कहते—आदमी जो नहीं पाता, उसे ही वह खोजता है। उस खोजने के कष्ट में ही दुनिया का सब से अधिक आनंद मिलता है।

रानी पूछती—"वह कौन है ?"

"शिल्पी की आत्मा; कोणार्क की आत्मा। उसी की तलाश है। पत्थर में खोजने पर मिलेगी ?"—नरसिंह उलटा पूछते।

रानी दीर्घ निःश्वास छोड़ती—"मिल सकती है। मैं भी तो पत्थर में आत्मा ढूंढ रही हूं आप में स्वयं को ढूंढ रही हूं। कभी निराश नहीं होती। कोणार्क की संपूर्णता ही पत्थर में प्राणों की आत्मा का संचार करेगी। आप में स्वयं को पा सकूंगी। इतना विश्वास है मुझे।"

नरसिंह दीर्घसांस लेकर कहते—"मैं जिस आत्मा की तलाश में हूं, वह तो आकाश में नीलिमा बन कर समा गई है। अरण्य में सुरभि बन कर फैल गई है, गाढ़े-नीले सागर में लहर बन कर बहुत दूर चली गई है। अब वह ढूंढ़ने पर कहां मिलेगी ? कैसे मिल सकती है ?"

निरंतर कार्य जारी है। कमल महाराणा यहां नाट्यशाला के दक्षिणी पार्श्व में प्रतीक्षा मूर्ति की स्थापना कर उसके सूक्ष्म कलाकारीगरी वाले अंश को और जादुई स्पर्श दे रहे हैं। अपूर्ण बनती जा रही है वह प्रतीक्षा मूर्ति ! कौन है वह प्रतीक्षा करती नारी ? अर्द्ध उन्मुक्त द्वार पर किंवाड़ पर सुगढ़ हाथ रखे किसकी प्रतीक्षा कर रही है युगों से ? अवगुठन तनिक सरक गया है। चंद्रिका की तरह दिख रहा है पान-पत्र सा निष्पाप मुंह कुछ अंश चिबुक का भी दिख रहा है।

पाषाणी अधरों पर भी स्पंदन जाग रहा है शिल्पी हाथों के स्पर्श में कमल महाराणा का निहान स्थिर है। फूल-पंखुड़ियों को छूने की तरह पाषाणप्रिया के अधर हलके से छूने का अनुभव हो रहा है ! अस्पष्ट स्वर में प्रिया के कानों में कह रहा है—चंद्रभागा ! मेरे इस स्पर्श में पुलक का अनुभव हो रहा होगा। मुझे पूरा विश्वास है, क्योंकि तेरी प्रतीक्षा की दीर्घ सांसें मेरी देह को छू रही हैं। में जानता हूं तुम अनंत तक मेरी प्रतीक्षा करती रहोगी। अतः तुम्हारी प्रतीक्षा का चित्र आंक रहा हूं कोणार्क की शिला पर। शिल्पीप्रिया की 'प्रतीक्षा' कोणार्क को महान् कर गई है—दुनिया को कभी-न-कभी जरूर पता चलेगा। सुख से रहो चंद्रभागा ! प्रतीक्षा की घड़ियां समाप्त होने जा रही हैं !

महाराज नरसिंह स्तंभित रह गए। शिल्पियों का काम देखते-देखते वे कमल की प्रतीक्षा मूर्ति के पास देर से खड़े हैं। धूप में कमल की बलिष्ठ काया पसीने से

भीगी है। बूंदें झर रही हैं—कोणार्क की परिक्रमा में। महाराज के आदेश पर सेवक पाटछत्र थामे खड़े हैं कमल के सिर पर। महाराज नरसिंह सोच रहे हैं—शिल्पी सम्राट् और शिल्पी में कौन बड़ा—कौन छोटा ? जगन्नाथ की बाहुछाया तले दोनों अभिन्न हैं। नगण्य सेवक हैं दोनों।

मंत्रमुग्ध महाराज 'चंद्रभागा' नाम सुनते ही चकित हो गए। अस्पष्ट विस्मित स्वर में कह उठे—"चंद्रभागा !" शिल्पी का ध्यान टूट गया। मुड़कर देखा, महाराज अवाक् देख रहे हैं। धूप में चेहरा उनका पाटल हो उठा है जब कि कमल पर पाट छत्र उठाये हैं।

हाथ जोड़ कातर स्वर में कहा, "अपराध क्षमा हो मणिमा ! महाराज, आप की उपस्थिति किंकर नहीं जान पाया।"

महाराज स्नेह नेत्रों से देखते रहे। गंभीर स्वर में कहा—"राजसिंहासन पर बैठकर ही कोई राजा बनता है, पर शिल्पी तो उस के बिना भी सम्राट् है। सारे संसार को उसके आगे झुकना पड़ता है। मुझे भी।"

कमल अभिभूत हो कह उठा—"महाराज की उदारता की कोई तुलना नहीं।"

"किंतु···शिल्पी···" कहते-कहते रुक गए।

"आदेश कीजिए, मणिमा।"

"इस प्रतीक्षारत नारी के संबंध में पूछूं ?"

"कोई त्रुटि हो तो अवश्य कहें महाराज, संशोधन होगा।"

"कलिंग-शिल्पी की त्रुटि ! आज कलिंग-शिल्पी सारे स्वर्ण, दीप, जावा, सुमात्रा, बाली, बोर्नियो, मलयद्वीप एवं सिंहल देश में कला निपुणता के बल पर पूजा जा रहा है। देश-देश में भ्रमण कर वह कला के उत्कर्ष के प्रमाण दे रहा है। त्रुटि इन आंखों की हो सकती है, पर शिल्पी हाथों से संभव नहीं···

"तो फिर ?" शिल्पी पूछ रहा है।

राजा ने नतदृष्टि पूछा—"क्या यह मूर्ति एकदम कल्पना है ?"

"कुछ सत्य और कुछ कल्पना·······"

"वह कौन है ?···"

"शिल्पी-वधू चंद्रभागा !"

राजा ने अपराधी की तरह सिर हिला दिया। सोचने लगे—यही पति कोणाक पूरा कर गांव लौटेगा··· अपनी अधूरी ज़िंदगी देख हाहाकार में किसे शाप देगा ? राजा को या चंद्रभागा को ?

स्वच्छ सलिला चंद्रभागा का जल छिटक कर महाराज के हृदय में स्थिर स्मृति बन गया है। स्मृति मौके-बेमौके जुही की कली की तरह महक उठती है। एकाग्रता नष्ट कर देती है स्थिर हृदय में तरंग भर देती है। अभी भी मानो

उसके जूड़े की महक उनकी देह के चारों ओर फिर रही है। उसके लाचार शरीर का स्पर्श वलिष्ठ इन बाहुओं को अवश कर देता है।

क्या कमल इस बात को जानता है? जिस वधू को एक बार भी नहीं देखा —राजा नरसिंह ने उसकी मूछित देह को एकबार अपनी छाती पर आश्रय दिया है। जानेगा तो क्या सोचेगा?

महाराज ने पूछा—"ऐसी प्रतीक्षा में तुम्हें विश्वास है?"

"यह विश्वास ही तो कलिंग-शिल्पी की शक्ति है। वह टूट जाये तो उसकी शक्ति खत्म हो जायगी। आप तो प्रजा का अंतःकरण जानते······"

कमल ने लाज में भर सिर झुका लिया।

नरसिंह ने देखा शिल्पी का आनत चेहरा विश्वास के भास्कर्य में चमक उठा है। अपनत्व भाव उन्हें और जकड़ रहा है। मन-ही मन वे कह उठे—"शिल्पी तुम्हारा विश्वास जीता रहे, तभी महानता और त्याग की कथा कोणार्क के भाल पर लिख सकोगे। शिल्पी कोणार्क में कालजयी हो सकेगा।"

राजा धीरे-धीरे आगे बढ़ गए। नाट्यमन्दिर के दक्षिण पार्श्व में अपूर्ण दृश्य है! स्नानरता ललना की लंबी वेणी छाती पर सर्पिल छंद में जलाधार की तरह अपने पार्श्व में बह जाती। सिक्त वेणी से सुवासित जलकण झर रहे हैं। तृषित चंचु बढ़ाकर वेणी के सिरे पर बूंदें पी रहा है मराल। अपूर्व कल्पना है कलिंग शिल्पी की! रूपसी की वेणी के सिरे से सुवासित जल भर कर धरती पर गंदलाने की बात शिल्पी सह नहीं पाता!

पर कौन है यह नारी? यह तो चंद्रभागा का नाक, कान, मुंह नहीं। कोई वधू नहीं, किशोरी कन्या के विलास स्नान दृश्य है। रूपसी के कोमल चरणों में माटी न छू जाये—अतः स्नान के समय भी ऊंची कठऊ पहने है!

नरसिंह प्रश्नवाची बन गये हैं! कौन है यह नारी? महाराज के साथ-साथ हैं नृत्यगुरु सौम्य श्रीदत्त। राजा के मन के संशय वे ही दूर करते चल रहे हैं। स्थिर खड़े हो गए हैं स्नानरता किशोरी की मूर्ति के पास। क्या उत्तर दें? कौन है? कैसे शिल्पी की तूलिका से रूप मिला? फिर स्नानरता कैसे खड़ी हुई शिल्पी की दृष्टि के आगे? कोई देवदासी भी नहीं है। यह तो उनकी स्नेहमयी कन्या शिल्पा है। तो क्या उनके अनजाने कमल की आंखों के आगे वह स्वयं को प्रतिरूप बनाती रही है? कमल ने बार-बार मना किया है शिल्पी के शिविर में देवदासी भेजने से।

वह कहता—देवदासी देवता की है, शिल्पी की नहीं। कोणार्क-शिल्पी कल्पना नेत्रों से शिल्पा को देखता है। रक्त-मांस से बनी देवदासी तरुण शिल्पी के आगे प्रतिरूप बने तो शिल्पी-भीत हो सकता है—पर कल्पना का प्रतिरूप कोणार्क शिल्पी को जितेन्द्रिय बनाकर और भी शक्ति प्रदान करता है।

पर यह क्या? कमल के निहान की नोंक से उनके प्राणों का केन्द्र शिल्पा

ही भिन्न-भिन्न भंगिमा में ! भिन्न-भिन्न रूप में नैसर्गिक छंद में खिल उठी है !

नृत्यगुरु ने अस्पष्ट स्वर में कहा, "अद्भुत है शिल्पी की कल्पना ! कमल महाराणा यशस्वी हों।"

अन्यमनस्क हुए से महाराज मुख्य मंदिर की ओर बढ़ गए। नृत्यगुरु भी अनमने हो उठे। शिल्पा उनकी इकलौती कन्या ! वह देवदासी नहीं हो सकती।

महाराज सोच रहे थे—क्या चंद्रभागा के अन्तर्ध्यान के लिए मैं दायी हूं ? कमल की इतनी निष्ठा और साधना का यही उपहार दिया जायगा ?

विमान के दक्षिण पार्श्व में भी वही प्रतीक्षारती वधू चंद्रभागा है ! अधखुली देहरी पर प्रिय के लिए आकुल प्रतीक्षा का जीवंत चित्र ! वही पाषाणमूर्ति मानो अवगुंठन के पीछे से उपहास कर रही है। इस प्रतीक्षा का अंत कहां ? राजा के आदेश पर पत्थर का मन किए शिल्पी ने अपनी प्रिया को पत्थर बना दिया है ? कोणार्क की दीवारों पर युग-युग की प्रतीक्षा का चित्र ! वह अनंत काल की प्रतीक्षा...कलिंग शिल्पी कमल महाराणा अब अपनी प्रिया को रक्त-मांस की नहीं देख पायगा। पाषाण में वह सदा-सदा ढूंढता रहेगा अपनी प्रिया—कोणार्क पूरा कर स्वयं वह अधूरा रह जायगा।

राजा ने दृष्टि लौटा ली मूर्ति पर से। एक और मूर्ति पर निगाह स्थिर रह गई। नृत्यगुरु ने धीरे से कहा, "इसमें भी कमल महाराणा का कला-वैभव खिल रहा है।"

मगर कमल की यह कैसी अद्भुत कल्पना !

नृत्यगुरु ने कहा—"शिल्पी कल्पना की आंख से अपनी प्रिया के मन की बात पढ़ता है। विरहिणी शिल्पी-प्रिया के मन में कभी-कभी मातृत्व की इच्छा तीव्र होती होगी। परन्तु इस बात पर वह पथभ्रष्ट नहीं हो सकती। तो वह क्या करती होगी ? कैसे अतृप्त मातृत्व की वासना मिटाती होगी ? अपनी संतान तुल्य पाले गए शुक को स्तन दान कर मातृत्व की कल्पना में खो जाती होगी ! मातृत्व की वासना तृप्त करती होगी।"

राजा को याद आयी—निर्जन वन में घर पर छोड़ आये शुक के लिए चंद्रभागा के मन का क्षोभ और वेदना की बात। कमल कितनी गहराई से प्रिया के अंतर को समझता है।

मुख्य मंदिर की दीवार पर कमल राजा-रानी का अपूर्व आलेख आंक गया है। कुछ विदेशी उनसे भेंट कर जिराफ भेंट में दे रहे हैं। पास में है शिकार का दृश्य। शिल्पी केवल प्रिया के खयाल में ही नहीं खोया है—राज्य की सारी खबर है। शिकार, वाणिज्य, युद्ध, नागरिक जीवन की कथा एक-एक कर लिपिबद्ध कर रहा है। पत्थर के पृष्ठों पर कोणार्क मानो कलिंग राज्य की एक सही दिनलिपि है। राजा स्वागत में कह रहे हैं—धन्य है शिल्पी कुल ! धन्य है कमल ! तुम

अजेय हो, अम्लान और विश्व वंद्य हो !

मुख्य मंदिर के पश्चिम में महाराज स्याणु बने खड़े हैं। कमल की कृतियों में एक-एक दिखा रहे हैं नृत्यगुरु सौम्य श्रीदत्त। कमल का अपने कल्पना नेत्रों से गांव में है। प्राणप्रिया चंद्रभागा के जीवन की हर बात देख पाता है—वह क्या दिव्य-द्रष्टा है ?

पश्चिम पार्श्व में वही दृश्य—सौम्य श्रीदत्त व्याख्या कर रहे हैं। शिल्पी, वाणिज्य एवं समर में नवयुवकों को विदेश खींच रहे हैं। घर पर विरही वधू है। असहायता का लाभ उठाकर कोई उससे अवैध संपर्क स्थापित करे तो क्या होगी उसकी सजा ? उस पापी पुरुष के लम्बे केश समूल काट रहा है विदेश से लौटता पति। यही है लंपट के लिए सजा।

मूर्ति को देख नरसिंह सफाई दे रहे हैं—ना-ना शिल्पी प्रिया चंद्रभागा का मैंने जानबूझ कर स्पर्श नहीं किया। रक्षक के रूप मे मैंने उसे मौत के मुंह से बचाने की कोशिश की थी। वह जगन्नाथ का निर्देश था। इसे तो लंपटता नहीं कहा जा सकता। नरसिंह देव आगे बढ़ गए। कोई देख तो नहीं रहा उनके अंत:करण को ?

पश्चिम पार्श्व में कदम बढ़ाकर नरसिंह स्थिर खड़े रह गए। चंद्रभागा का जीवन चित्र लिख दिया है कमल ने—कोणार्क के शिलाखंडों पर एक स्त्री किसी दूसरी के कान में कुछ कह रही है। चंद्रभागा की बदनामी यों कानों-कान सारे गांव में फैल गई। उसके विरुद्ध खड़ा कर दिया सबको। पास में एक और दृश्य है। सास ने चंडी रूप धारण कर लिया। बहू को गाली दे रही है। सास के वाक्-वाणों से मुरझा गई है। बहू चंद्रभागा का जीवन एक-एक कर करुण दृश्यों में भरा है। इतनी दूर रहकर कैसे देख सका कमल महाराणा ? चंद्रभागा की आत्मा के साथ इतना संपर्क था ?

राज्य की सीमा पर शत्रु के आक्रमण की आशंका लगी है, मगर महाराज के मुखमंडल पर चिन्ता की हलकी छाया भी कहीं नहीं दिखती, वे आज चिन्तामग्न हैं।

सेनापति तुलसी, सेनापति राजगोविंद, सुरु सेनापति, सेनापति विष्णुदेव, राज्य की पूरब, पश्चिम, उत्तर, और दक्षिण सीमाओं पर सजग हैं। शत्रु के अचानक हमले की कोई संभावना नहीं। राजा का मन कैसे बहलाया जाये ?

राजा का मन बहलाने में देवदासी का नृत्य यथेष्ट नहीं। वह तो देवता को उत्सर्ग होता है। राजकवि विद्याधर एवं राजगुरु भाव सदाशिव साहित्य, धर्म कला व संगीत चर्चा के जरिये नरसिंह देव को प्रफुल्ल रखने की चेष्टा करते हैं।

कोणार्क मंदिर की संपूर्णता के बारे में क्या महाराज को संदेह हो गया है। शायद इसी कारण चिंतित हैं।

मगर कोणार्क पूरा नहीं होगा, ऐसा संदेह क्यों ?

नृत्यगुरु सौम्य श्रीदत्त अब तक महारानी को विश्वास दिलाते आये हैं कि अमुक दिन शिखर बंध जायगा। एकदम निस्संदेह रहें। आप निश्चिन्त रहें इस बारे में।

आज सौम्य श्रीदत्त भी नीरव हैं। चिंतामग्न हैं। कोणार्क मंदिर निर्माण के बारहवें वर्ष में प्रतिष्ठा की तिथि, वार, नक्षत्र आदि की गिनती की जा चुकी है। पूर्व निर्धारित बैशाख कृष्ण अष्टमी के बदले माघ शुक्ल सप्तमी के दिन प्रतिष्ठा के लिए पंडितों ने मत दिया है। उस वर्ष माघ शुक्ल सप्तमी पड़ेगी—रविवार के दिन। रविवार है सूर्यदेव का जन्म दिवस। रविवार के दिन माघ शुक्ल सप्तमी! एक महान् अवसर! इस तिथि से तीन महीने पहले कार्य पूरा हो सकेगा?

क्या यही संशय अपराजेय नरपति को चिंतित कर रहा है?

महाराज के अवचेतन में एक कामना पल रही है—वरन् कोणार्क का काम कभी पूरा न हो। अविराम चलती रहे शिल्पी की साधना कोणार्क पूरा होने पर शिल्पी को सिद्धि प्राप्त हो जायगी। शिल्पी लौट जायगा गांव के अपने छोटे से घर में। वहां प्रतीक्षा कर रही होगी विरहिणी प्रिया। पर कमल लौटकर क्या पायगा?

चंद्रभागा की परिणति के लिए क्या मैं दायी हूं?

महारानी वह व्यथा कैसे समझेंगी? निर्दिष्ट समय से तीन महीने पहले मंदिर का निर्माण पूरा होने की मनौती स्वरूप महारानी ने पुरुषोत्तम जगन्नाथ के चरणों में कुण्डल, कर्णफूल, मुकुट, केश सज्जा के लिए मोती का जाल, पदक लगी तीन सरी की माणिक्र माला, रत्नहार, पांवों में कड़ा, कटि मेखला, पदपल्लव एवं उत्तरीय।

महाराज की मनोकामना पूरी होने पर दक्षिण इलाके के सामंत राजा साहस मल्ल ने श्रीकृष्णनाथ को एक सौ तीन स्वर्ण मुद्राओं से पूजा, पचास गौ प्रदान कर आनुगत्य प्रकट किया है। उधर सेनापति रामगोविंद श्रीकरण सुरु सेनापति ने महाराज के स्वास्थ्य एवं सौख्य की कामना कर श्रीकूर्मेश्वर के आगे अनेक द्रव्य अर्पित किये हैं।

महाराज सोच रहे थे—क्या चाहता हूं? चिंता किस बात की है? कोणार्क के लिए या चंद्रभागा के लिए?

महारानी के त्याग, संयम, निष्ठापूर्ण देवपूजा, सामंत राजा, सेनापति राजगुरु प्रजा की शुभकामनाओं के फलस्वरूप कोणार्क पूरा होगा। पर कमल का जीवन अब कभी चंद्रभागा बिना पूरा नहीं होगा।

राजगुरु भावसदाशिव भरोसा दिला रहे थे—महाराज की मनोकामना अवश्य पूरी होगी।

महाराज की उदारता एवं धर्मप्रीति की ख्याति से बंग में मुसलमानों द्वारा निर्यातना पाकर संन्यासियों के लिए उत्कल आश्रय स्थल बन गया।

राढ़ और गौड़ के अनेक तापस आश्रय की तलाश में उत्कल की ओर चले आये हैं। भुवनेश्वर में सदासिव मठ में उनके भोजन आदि का बंदोबस्त हुआ है। गांव-गांव से धान आ रहा है। तापस जन जगन्नाथ मूर्ति पर नरसिंह देव की मनोकामना पूरी करने के लिए ध्यान भजन करते हैं। इतने सारे प्रयासों में फिर चिंता कैसी ?

महाराज के मनोरंजन के लिए कवि-सभा का आयोजन हुआ है। राजकवि विद्याधर रचित अलंकार शास्त्र 'एकावली' का शुभ उद्घाटन उत्सव है। जिसमें राज्य के अनेक कवियों ने भाग लिया है। वर्धमान महापात्र, रघुवीर कविराज, गोविंद भज, कवि हरिहर रघुनाथ परिछा। इस अलंकार शास्त्र के तीन सौ चौंसठ श्लोक पढ़कर आलोचना करेंगे। इससे पहले विद्याधर रचित 'केलिरहस्य' काव्य ग्रंथ कवि सभा में पढ़ा गया था। चर्चा भी हुई। महाराज ने स्वयं इसकी भूरि-भूरि प्रशंसा की है। इसके लिए राजकवि को उपढौकन एवं पदक प्रदान किया गया था।

महाराज साहित्य रसिक के रूप में प्रसिद्ध हैं। युद्ध एवं साहित्य दोनों उन्हें इकसार छूते हैं। गंभीरतापूर्वक कवि सभा में वे सुन रहे हैं। एकावली शास्त्र में तीन सौ चौदह श्लोक महाराज की प्रशंसा एवं गुणावली से परिपूर्ण हैं। नरसिंह देव प्रतापशाली, विद्योत्साही, समर-निपुण, विद्वान्, दानी···आदि गुणों से सम्पन्न हैं···प्राणवंत ढंग से गुणों का वर्णन हुआ है।···मगर महाराज अपने रूप, गुण, पौरुष का वर्णन सुन उत्फुल्ल होने की बजाय विषण्ण और भावमग्न हो रहे हैं।

क्या सोच रहे हैं—कवि वचन सत्य है या चाटुकारिता ? कहां है नरसिंह का पौरुष, पराक्रम; शौर्य-वीर्य ?

एक ग्राम किशोरी तो उनके सारे पौरुष को पदाघात कर, लांछित कर खो गई है। उसे न्याय, सुरक्षा, जीने का अधिकार···कुछ भी तो न दे सके। यह तो सर्वथा निम्न कर्तव्य है किसी राजा का ! और इतना भी न किया तो वे पराजित हुए हैं। एकावली शास्त्र में प्रशंसा या यशोगान उनका विद्रूप कर रहा है। चंद्रभागा मेरे जीवन का भोग विलास ही नहीं, अपितु सारे सुख, अहं एवं आत्मविश्वास पर प्रश्नचिह्न लगा गई है !

राजा आज अन्यमनस्क हैं। विद्याधर ही नहीं, सभा में सभी कवि चिंतित हो उठे, उदासी में भर गए हैं। रचना महाराज को आनन्द न दे सकी तो क्या होगा उस राजसम्मान से या पद से ?

कवि रघुनाथ परिछा हैं गोपीनाथ बल्लभ नाटक के रचयिता। गोपीकृष्ण प्रणयलीला का मोहक वर्णन ! उस दिन कोणार्क नगरी में मंचस्थ होने की बात।

सिंहल एवं सुवर्ण द्वीप से जहाज आकर चरित्र बंदर पर लगे हैं। विदेशी व वणिक आज कोणार्क नगरी में हैं। मुक्ताकाश रंगमंच में वे भी नाटक देखेंगे। शायद कृष्णगोपी लीला देखकर महाराज को शांति-चैन मिल सके।

महाराज के चिंतित उदास चेहरे पर खास परिवर्तन नहीं आया। कवि सभा स्थगित कर दी गई। 'गोपीनाथ वल्लभ' नाटक मंचस्थ करने की योजना चल रही है।

महाराज नरसिंहदेव परम वैष्णव हैं। वामचारियों की भोग लालसा से स्वयं को बहुत ऊपर रखा है।

जयदेव के 'गीतगोविंद' की कांत कोमल पदावली में राधाकृष्ण की पवित्र प्रेमधारा हृदय में प्रवाहित हो रही है। समर क्लांत महाराज 'गीतगोविंद' में अष्टपदी राग में मंचित होकर जगन्नाथ और राधा-कृष्ण लीला में अभेद तत्व में खो रहे हैं—चेतना के बहुत ऊपर स्तर में चले गए हैं।

गंगवंशी राघवदेव के शासन काल में बारहवीं सदी में उत्कल के वरपुत्र भक्त जयदेव ने पुरी जिले में पुण्यतोया प्राची नदी के तट पर केन्दुबिल्व ग्राम में जन्म ग्रहण किया। जीवन भर श्रीक्षेत्र में रहे। जगन्नाथ को उत्सर्ग कर, उन्हीं के लिए प्रणीत 'गीतगोविंद' हर समय जगन्नाथ के आगे महारी के ललित स्वर में गाया जाता है। 'गीतगोविंद' के रसिक प्रभु जगन्नाथ सुललित पदावली सुनने के लिए कभी श्रीमंदिर छोड़ माली के घर पर पहुंच गए थे। माली की कन्या बैंगन की क्यारी में फल तोड़ते-तोड़ते 'गीतगोविंद' गुनगुना रही थी। प्रभु गोलोकविहारी माली कन्या के पीछे भक्ति में विभोर फिरते रहे। मंदिर लौटे तब तक महाप्रभु के वस्त्र बैंगन क्यारी में कांटों में उलझ छिन्न हो चुके थे। अंगवस्त्र में कांटों के कारण खरोंच के दाग। फिर भी श्रीरंगा उधर रत्नसिंहासन पर विराज कर मंद-मंद मुस्करा रहे हैं। पंडों से सारी बातें सुनकर स्वप्न में महाराज ने जानी। अगले दिन सवारी भेजकर माली कन्या को बुलवा भेजा। राजा का आदेश—प्रतिदिन माली कन्या जगन्नाथ मंदिर में 'गीतगोविंद' गायेगी। उसके लिए यथेष्ट जमीन, धन आदि की व्यवस्था कर दी गई। उसी माली कन्या के वंशधर महारी के रूप में युगों से 'गीतगोविंद' गाते आ रहे हैं।

जयदेव का जन्मस्थल। छोटा-सा गांव केंदुबिल्व—आज वही है केंदुली जहां प्राचीप्रभा ने जन्म लिया है। इसी कारण प्राचीप्रभा स्वयं को भाग्यशाली मानती है। जयदेव का चरित कहते-कहते वह चार्ल्स के आगे आत्मविभोर हो उठती है। 'गीतगोविंद' की पंक्तियां गाते-गाते वह प्रेमाश्रुओं में भीग उठती है। आवेग भरे स्वर में कहती है चार्ल्स! 'गीत गोविंद' में राधाकृष्ण प्रेम का अकूत सरोवर है। एक बार इसमें जो डुबकी लगाता है—जगन्नाथ को भी वश में कर सकता है।

युग-युग में महाप्रभु भक्त के अधीन रहते आये हैं।

चार्ल्स गंभीर हो जाता है। विचारों में डूबकर कहता—"इस देश में प्रेम-भक्ति में राष्ट्रदेव को वश करना सहज है। 'गीतगोविंद' के पद सुनने महाप्रभु रत्न सिंहासन छोड़ पीछे-पीछे फिरते हैं, पर जगन्नाथ-दीवानी परम वैष्णवी प्राचीप्रभा को वश में करना सातजन्मों की तपस्या का फल है। प्राची विस्मय से चार्ल्स की ओर देखती रही। चार्ल्स ने उदासी में कहा—"जन्म से आज तक की सारी बातें मैंने तुम्हें कही हैं। मगर तुमने अपने बारे में कुछ नहीं कहा। जगन्नाथ की तरह रहस्य बनी हुई हो?"

प्राची ने हल्की हंसी में कहा, "युग-युग से पुरुष ही नारी के पास अधीनता स्वीकार करता आया है, सुनी है जगन्नाथ की बात?" चार्ल्स भी हंस पड़ा। कहा, "आया था उड़ीसा की कला और स्थापत्य पर रिसर्च करने। लगता है तुमसे जगन्नाथ तत्व, राधाकृष्ण प्रेम लीला और गीतगोविंद सुनते-सुनते वैष्णव बनकर देश लौटना होगा।"

चार्ल्स की हंसी की ओर ध्यान दिये बिना वह कहती—"केंदुबिल्व गांव का वही माधव मंदिर। पत्नी पद्मावती को साथ लिए उस मंदिर के पास कुटी में रहते थे जयदेव। पति-पत्नी दोनों राधा-माधव सेवा में उत्सर्ग। जयदेव उस मंदिर में बैठ रचते 'गीत गोविंद'। वैष्णव शास्त्रों के अनुसार कृष्ण ने श्रीराधा के चरण पकड़ प्रेम की भीख मांगी थी। प्रभु जगन्नाथ राधा के चरण थाम प्रेम की भिक्षा मांगे, जयदेव का पुरुष मन मान ही नहीं रहा! लेखनी रुक गई। द्वन्द्व में पड़ गए। आगे कैसे वर्णन करें कृष्ण-राधा की प्रेमलीला? व्यथित हृदय पोथी वहीं बन्द कर दी। पुण्यतोया प्राची में स्नान करने चले गए। मन-ही-मन प्रभु से कहा, "आप अंतर्यामी हैं। इन हाथों में राधा के श्रीचरणों को कैसे धरूं? पुरुष होते हुए नारी के पांव पकड़ प्रेम-भिक्षा मांगना उचित होगा?"

जगन्नाथ ने भक्त हृदय का द्वन्द्व समझ लिया। जयदेव का रूप धारण कर आ गए। पद्मावती से पांडुलिपी मांगी। कहा—बीच रास्ते में पदयाद आ गया। भूल न जाऊं। अपने हाथों लिख कर चले गए—"देहि पदपल्लव मुदारम्!"

नदी से स्नान कर लौटे जयदेव को पता चला। भावावेग में आंसू बह चले। कहा—पद्मावती तुमने प्रभु के दर्शन किये। धन्य हो। मैं अधम उनके दर्शन नहीं कर सका। 'गीत गोविंद' प्रभु के कर-स्पर्श से पवित्र हो गया है। साहित्य के इतिहास में अमूल्य रत्न बन कर आज भी भक्त हृदय को आप्लावित कर रहा है।

चार्ल्स बार-बार दुहराता रहा 'देहि पदपल्लव मुदारम्' वह चाहता है प्राची-प्रभा के चरण युगल। मन-ही-मन सोचता है—श्रीराधा के चरण यदि इसी तरह कोमल मनोरम रहे तो जगन्नाथ ने तुम्हें थाम कर प्रेम की भीख मांगी, अस्वाभा-

विकता कहां रही इसमें ?

चार्ल्स को भावमग्न देख प्राची ने पूछा—"चलोगे ? एक बार केंदुली की माटी स्पर्श कर आओ । वह छोटा माधवमंदिर देख आयें ? अपना गांव है इसलिए नहीं कहती । साहित्य-जगत् के वरपुत्र भक्तकवि जयदेव का जन्म स्थान है, इसलिए कहती हूं ।"

चार्ल्स ने भाव भीने स्वर में कहा, "चलूंगा, पर जयदेव का जन्मस्थान है, इसलिए नहीं । प्राचीप्रभा का गांव देखने चल सकता हूं । कम-से-कम तुम्हारा गांव ही जीवन में एक बार स्पर्श कर आऊं ।"

सरल हास की तरंग प्राची के होठों पर फैल गई, "चार्ल्स ! तुम किसी भी स्थिति में परिहास कर सकते हो—जीवन को इसी तरह ग्रहण करने पर आदमी सुखी हो सकता है ।"

चार्ल्स मन-ही-मन सोचता हैं—परिहास । मैं ने तो परिहास नहीं किया । वरन मनकी गहन बातों को प्राची जानबूझ कर परिहास में उड़ा देती है । बार-बार यहां की संस्कृति में प्रभु जगन्नाथ राधा के चरण पकड़ यहां की भीख मांगते हैं । मैं तो मामूली आदमी ठहरा । फिर यहां मलेच्छ । प्राची है स्वच्छ सलिला पुण्यतोया । चार्ल्स के यायावरी हाथ इस जल में धोना कितने दुःसाहस की बात होगी । इस देश की फूल बेचने वाली चित्रोत्पला भी कभी लिलियन की तरह आगे बढ़कर पुरुष से मित्रता स्थापित नही कर पाती । उसके चारों ओर उड़ते गंध लोभी भ्रमरों के मृदु गुंजन से वह कभी अस्थिर नहीं होती । फूल खरीदते-खरीदते कभी उसे छूना तो दूर फूल की टोकरी छूने पर भी वह चिहुंक उठती है—दूर सरक जाती है । मुंह गंभीर कर लेती है । वह वाग्दत्ता है समर्पिता है । किसी और की छाया भी नहीं छूने देती !

चित्रोत्पला के पांव कितने दुर्लभ, दुष्प्राप्य हैं ।

फिर मुंह से निकल पड़ा—देहि पद् पल्लव मुदारम्...

प्राची को हंसी आ गई—"गीतगोविंद' के पद कंठस्वर से गाने के नहीं—अंत: स्वर के साथ गाना पड़ता है । तब जाकर प्रभु जगन्नाथ रत्नवेदी छोड़ पीछे-पीछे फिरते हैं । और जब वे पीछे चलते हैं—आगे मार्ग आलोकित हो जाता है ।"

चार्ल्स को लगा जगन्नाथ कदम-कदम पर प्राची को रास्ता दिखा रहे हैं और उसका रास्ता रोक लेते हैं । अत: प्राचीप्रभा और उसमें अंतर पहली भेंट में जितना था, आज भी उतना ही है ।

भारतीय संस्कृति में पत्नी भी पति के आगे स्वयं को याचित नहीं कर देती । ऐसा होता तो महारानी सीतादेवी राजा नरसिंह देव के बारह वर्ष के संन्यास धर्म को ध्वंस कर उनके आगे पत्नीत्व का न्याय मांग लेती । भारतीय नारी के लिए कामना की तप्त, ज्वाला से नारीत्व का मान अधिक बलवान है । तभी पुरुष

के आगे वह वंदनीय है। तभी प्रभु जगन्नाथ द्वारा राधा के चरण वंदन में कोई वैचित्र्य नहीं लगता।

लिली पुरुष मित्रों के आगे स्वयं को अनायास अर्पित कर देती है। तभी लिली से जल्दी ही आकर्षण टूट जाता है। लिली की तरह देह सर्वस्व कामुक नारियों किसी पुरुष के लिए कुछ क्षणों की अंधी जरूरत से बढ़ कर कुछ नहीं। वे पाशविक क्षण बीत जाने के बाद वे मुक्ताहीन खाली सीप-सी बेकार, अनाकर्षक हो जाती हैं।

लिली ने लिखा था ब्रूस को नई मित्र मिल गई है। लिली से अब उसका कोई सरोकार नहीं रहा, जो गोवा बीच लिली को स्वर्ग जैसा लगता था। अब उसे निसंग श्मशान-सा लगता है। वह आगे लिखती है—चार्ल्स जल्दी लौट आओ। तुम्हारे आने पर गोवा बीच का मजा लौट आयगा। इस ड्राइ रिसर्च में अपना यौवन बरबाद न करो। बाद में पछताओगे।

चार्ल्स को कोई पछतावा नही। हां, लिली की दुर्गति की बात सोचकर कुछ पीछे रह जाता है। प्राची कोणार्क परिक्रमा में घूमते-घूमते आगे चल रही है। उसके पद्म पंखुड़ियों की तरह गुलाबी पांवों को देखते हुए फिर याद आ गया। वही पद—

'देहि पद् पल्लव मुदारम्…

देवदासी नृत्य समाप्त हो गया है। कोणार्क के पुरातन अर्क मंदिर के प्रागंण में गोपीनाथ वल्लभ नाटक का मंचन होगा।

महाराज नरसिंह देव के राजत्व में नृत्य, गीत, साहित्य आदि भी चरम उत्कर्ष पर थे। पंडितों ने संस्कृत में काव्य, व्याकरण, दर्शन, विज्ञान, अलंकार कोश, ज्योतिष, स्मृति, आयुर्वेद एवं युद्ध विद्या में उत्कृष्ट ग्रंथों की रचना की है। राजा महाराजा उनके पृष्ठपोषक होते रहे हैं। पंडितों का यथोचित सम्मान किया है।

आज कवि रघुनाथ परिछा को प्रोत्साहित करने हेतु महाराज की पृष्ठपोष्कता में धूमधाम से नाटक मंचस्थ होने जा रहा है। नाटक के जरिये महाराज का मनोरंजन कर उनका विमर्ष भाव दूर करने के लिए रानी के परामर्श में सब तत्पर हो उठे हैं।

चरित्र बंदर से विदेशी पोतों में आगत कई अतिथि भी इस अवसर पर राधा-कृष्ण लीला का दर्शन करने आमंत्रित हैं।

देश-विदेश से वणिकजनों को आकर्षित कर रहा है धन-धान्य से भरपूर स्वर्णप्रसू उत्कल। शिल्पी, साहित्य ही नहीं, कृषि एवं वाणिज्य में नरसिंह देव के युग में कीर्ति के शिखर पर है उत्कल। महाराज के धर्माचरण के कारण देश में खाद्य, अन्न, फलादि की कोई कमी नहीं। दुर्भिक्ष या महामारी का नाम नहीं।

विदेशी वणिकों का विचार है उत्कल में माटी सरकाते ही हीरा, नीलम, मोती,

माणिक बिखर जाते हैं। सचमुच हीरों के व्यवसाय में खूब प्रगति हुई है इन दिनों। संबलपुर की खानों में साढ़े तीन तोले के हीरे मिलते हैं। देश में कई जगह लोहे का पत्थर निकाला जाता है। भुवनेश्वर में लोहे की कड़ियां भी बनने लगी हैं।

पाटवस्त्र, नमक, नारिकेल, कपास, मसालों, पीतल की चीजों, हाथियों को लेकर उत्कलीय वणिक जाते हैं—सिंहल, स्वर्णद्वीप ब्रह्मदेश, चीन आदि दूर-दूर के क्षेत्रों में। सागर के सारे द्वीप उन्मुक्त हैं उनके लिए। उधर इनके भास्कर्य एवं शिल्प का यथेष्ठ आदर है। देश-देशांतर घूमकर कारीगर गण खूब अनुभवी हो गए हैं। इसी कारण दुनिया भर के जन-जीवन को चित्रित करने में सफल हो रहे हैं। कोणार्क पत्थरों पर महाकाव्य रचा जा सका है—संगीतमय नीरव भाषा में!

विदेशी अतिथि यहां के महाराज के आतिथ्य एवं सत्कार पर मुग्ध हैं। युगों से जगन्नाथ देश इसके लिए प्रसिद्ध है। अतिथि को वे भगवान् मानते हैं। अतः विदेशों से आये अतिथि राजा-रानी को उपहार देने के मार्मिक दृश्य पत्थर पर अंकित हुए हैं। अतिथि के श्रद्धा उपहार को युगों के लिए सम्मानिन किया गया है—विश्वमैत्री की महानता लिख गए हैं आगामी वंशधरों के लिए। ये चित्र देखते मुग्ध हो रहे हैं। उत्कलीय मन की महानता को देश-विदेश में प्रचलित कर रहे हैं।

मगर विस्मय से दर्शक देखता रह जाता है कोणार्क के शिलाखंडों पर उकेरे गए चित्र जिनमें विदेशियों को महाराज उपहार एवं आतिथ्य प्रदान कर रहे हैं। जिस तरह महाराज उपहार ग्रहण करते हैं, उसी तरह सादर उचित सत्कार के साथ प्रदान भी करते हैं। हाथियों के लिए तो उत्कल सदा प्रसिद्ध रहा है। जिंदा हाथी समुद्री राह से विदेशों को भेजे जाते रहे हैं। सफेद हाथी प्रदान कर विदेशी सम्राटों का सम्मान करते—मगर वैसा कोई चित्र तो कोणार्क में नहीं मिलता। उत्कीर्ण नहीं हुआ है पत्थर पर कहीं?

यही प्रश्न प्रधानमंत्री शिव सामंतरायने पूछा है विशु महाराणा से। विशु ने कहा, "आदमी किससे क्या पाता है, यह तो हृदय में अक्षरों में लिखे रखने की बात है। किसे क्या देता है, यह विज्ञापित करने की चीज नहीं। गृहीता यदि दाता को याद रखे तो गृहीता की महानता प्रतिपादित होती है, और यदि दाता कहीं गृहीता को भूल जाये तो इसमें दाता की महानता प्रकट होती है। ऐसे में उत्कल नरपति द्वारा सफेद हाथी प्रदान करने का दृश्य कोणार्क पर अंकित करना अतिथि परायणता का असम्मान होगा। कलाकार ऐसा नहीं करेगा।"

महाराज ने विशु को संवर्धित कर सम्मान दिया।

उस दिन कमल का कार्य देखते-देखते महाराज मुग्ध हो रहे थे, "दुःख तो इस बात का है कि तुम्हारे योग्य सम्मान नहीं मिला।"

"महाराज का स्नेह ही शिल्पी का उपयुक्त सम्मान है।" कमल ने विनम्रता-

पूर्वक कहा।

महाराज ने कहा, "यह तुम्हारी उदारता है। शिल्पी मन आकाश-सा उदार न हो तो कोणार्क पर अंकित दृश्य महाकाल का सामना नहीं कर सकते। राजा-रानी के दृश्य कोणार्क की दीवारों पर अनेक स्थल पर हैं, पर शिल्पी ने कहीं भी अपने कार्य-रूप, अपनी बात नहीं लिखी, इतिहास में लिपिबद्ध होगा नरसिंह देव का नाम—कोणार्क निर्माता के रूप में। शिल्पी का कहीं कोई अपना पृष्ठ उन पृष्ठों में न होगा। स्वयं शिल्पी ने ही नहीं रखा, इतिहास में वह नाम कहीं आएगा ? महाकाल बारह सौ शिल्पियों के नाम, पते, गांव सब मिटा देगा। अपने क्रूर हाथों, अतः शिल्पी निर्भय हो अपना नाम, गांव, रूप, जीवन का चित्र यहां अंकित कर दो। यह कोई राजाज्ञा नहीं, राज्य की इच्छा है, अनुरोध है।"

कमल स्तब्ध सुनता रहा। हाथ जोड़ कहने लगा—

"जगन्नाथ की कृपा है जो महाराज मेरा नाम लिखने का आदेश नहीं दिया। वरना इस देश की संस्कृति का घोर अपमान होता।"

महाराज को आश्चर्य हुआ। पूछा, "इसमें संस्कृति का अपमान ? गुणी का उचित सम्मान तो देश का धर्म है।"

कमल ने नम्र स्वर में कहा—

"जगन्नाथ मंदिर के प्रतिष्ठाता इंद्रद्युम्न ने महाप्रभु से वर मांगा था—हे प्रभु ! मेरे वंश में कोई न रहे, ताकि भविष्य में कोई मेरा वंशधर यह न कहे कि मेरा पिता-पितामह···ने इसे बनाया है। इससे मंदिर की पवित्रता बनी रहेगी। ठीक वैसे ही उत्कलीय शिल्पी नहीं चाहेगा कि उसका नाम कहीं मंदिरगात्र पर अंकित रहे। यह कला देख कोई भी कहेगा—ये मेरे देश के कलाकार—मेरे पूर्वज कारीगर के हाथों के हस्ताक्षर हैं। उन्होंने ही कभी पत्थर पर पद्म खिलाये थे। इतना ही है शिल्पी का गौरव। यह कोई वंश गरिमा की बात नहीं—देश की गरिमा इसमें क्षुण्ण होती है।—महान् जाति का गौरव लिपिबद्ध है।

महाराज भाव-विह्वल हो उठे। आवेग में भर कहने लगे—अब तक मैं व्यक्तिगत संकीर्ण दृष्टि से कोणार्क की ओर देख रहा था। अतः बारह सौ कारीगरों के नाम दिखते रहे। पर अब एक महान् जाति की दृष्टि होते हुए कोणार्क देखने पर यह बारह सौ ही नहीं—इस देश के सभी कारीगरों के नाम स्वर्णाक्षरों में वहन कर रहा है। इसे महाकाल कभी मिटा न पायेगा। इतिहास के पृष्ठों में रहेगा मंदिर निर्माता, परन्तु जनता के हृदय पर आसन होगा शिल्पी का। शायद इसी लिए यहां किसी मंदिर की दीवारों पर शिल्पी का नाम नहीं।"

धन्य हो शिल्पी महाराणा !

कमल तुम्हारी मातृभूमि धन्य है !!

10

देवदासी नृत्य संपन्न हो चुका है। अब होगा मुक्ताकाश रंगमंच पर 'गोपीनाथ बल्लभ' नाटक। अनथक श्रम कर मंदिर गढ़ रहे कारीगरों के मनोरंजन के लिए कोणार्क नगरी में नृत्य-संगीत का आयोजन हुआ है। बीच-बीच में होता रहता है। यहां पत्थर पर खुदाई करने वाले कारीगर पत्थर नहीं हैं। वे आदमी हैं ? हृदय से संगीत के स्वर न बजें तो छेनी-हथौड़ी भी न चले, हालांकी इनसे चक्की, सिल, लोढ़े, कुण्डी आदि बन सकते हैं, पर संगीत सुने बिना सुक्ष्मकारीगरी अंकित नहीं हो सकती।

रंगमंच के एक पार्श्व में राजा हैं, रानी हैं, चंद्रिका देवी है। दूसरी ओर विदेशागत अतिथि, उनके पास है शिल्पियों के लिए आसन। शिल्पियों के सामने रंगमंच के ऊपर पार्श्व में नृत्यगुरु की किशोरी कन्या शिल्पा है। मंत्री शिव सांमत्तराय की कन्या कलावती भी कुछ तरुणी किशोरियों के साथ बैठी है। उन्हीं के पास हैं नृत्य गुरु श्रीदत्त। उधर ही वाद्यवृंद का स्थान नियत है।

राधाकृष्ण की प्रेम लीला अभिनीत हो रही है। परम वैष्णव नरसिंह देव, महारानी सीतादेवी, परम बैष्णव चंद्रिका देवी आदि सभी रसमग्न हो तल्लीन हैं। अभिनय चमत्कारपूर्ण है। दर्शक साधुवाद देते हैं बीच-बीच में।

शिल्पी गणों को उधर एकनिष्ठ हो देखते-देखते दिन भर की थकान विस्मृत हो रही है। कमल महाराणा की दृष्टि स्थिर है, पर अभिनय की कथावस्तु के पीछे उसका मन नहीं। वह कोई स्थिर सरसी देख रहा है। उसके नीलजल में सुन्दर कोमल सरसिज की पंखुड़ियां प्रातःकालीन सूर्य की अरुणिमा को भी लजा देती हैं। कौन है वह किशोरी ? वधू चंद्रभागा ? उसका मुख तो अंकित चित्र की तरह अस्पष्ट है। सिर्फ कल्पना में ही कमल ने उसे पूर्णता प्रदान की थी। किंतु यह परिचित चेहरा। कमल की मूर्ति में यह रूपायित हुआ है। वहां कोमल लीलायित देह—वह सुगढ़ नम्र चेहरा—वे ही स्वप्निल उदास आयत आंखें! उन आंखों की कुण्ठित तिर्यक दृष्टि कमल की ओर छुप-छुपकर छू रही है—जैसे बदली की ओट में छुपा चांद बीच-बीच में झोककर आंख मिचौनी खेलता है। कमल को उल्लसित कर रही है वह दृष्टि की छुअन।

यह किशोरी कमल की कल्पना की प्रतिरूप है। हर रात कमल की कल्पना में समा जाती है—जैसा चाहता है उसी भंगिमा में आकर खड़ी हो जाती है। कमल मूर्ति-दर-मूर्ति गढ़ता जाता है, पर आज इसने जीवन्यास किस मंत्र के बल से पाया ?

कमल सोच रहा है—यह किशोरी अगर आंखों के आगे सशरीर खड़ी रहती तो कोणार्क की दीवारों पर खुदी मूर्तियां जीवन्यास पा जातीं—कोणार्क नगरी

समूची नृत्यमयी किशोरियों की क्रीड़ाभूमि बन जाती !

मन-ही-मन वह किशोरी से कहता है, "तुम कोई भी हो—सदा मेरी कल्पना में वर्तमान रहो यदि मेरे सामने सशरीर खड़ी रहीं तो कभी कोणार्क नहीं गढ़ पाऊंगा।

मगर मेरी कल्पना वधू चंद्रभागा का रेखाचित्र धुंधला कर यह कौन उभर आयी है वहां पूरी तरह स्पष्ट···।

याद आया—नाट्यमंदिर की नृत्यरता मूर्तियों के संबंध में नृत्यगुरु श्रीदत्त के साथ चर्चा होती है। कमल उस दिन नृत्यगुरु के निवास पर गया था। ब्राह्म मुहूर्त से ही वे उठकर नृत्य मुद्राओं का अभ्यास कर रहे हैं। कमल ने सहमे से आंगन की ओर कदम बढ़ाया। एक पल स्थिर हो गया। आंगन में चारों ओर सुवासित जल छिड़का गया है। आकाश में कोई मेघ नहीं। कोने में एक ओर एक लावण्यमयी मूर्ति खड़ी है ? सद्य:स्नाता किशोरी ! गुरुकन्या शिल्पा अपूर्व लीलायित भंगिमा में भीगे केशों को मरोड़ रही है धीरे-धीरे जलधार नीचे जा रही है। पोषित मराल सामने वह सुवासित जल चंचु से पीता जा रहा है। चातक पक्षी की तरह ! शिल्पा के आलतासिक्त पांवों में स्वर्ण खड़ाऊं। खड़ाऊं से पांवों का रंग अधिक उज्जवल है ! मोहक है !!

कमल लौट पड़ा। किशोर चंचल नेत्र अचानक महाराणा के सौम्य-कांत मुख पर स्थिर हो गए। कमल की आंखों में क्षमा-याचना का भाव भर रहा है।

उस दिन नाट्य मंदिर की प्रथम मूर्ति बनाई थी कमल ने। सद्य:स्नाता किशोरी शिल्पा की मूर्ति ! फिर तो हर मूर्ति में शिल्पा ही उभर रही है। कमल महाराणा के अनजाने में विभिन्न रूप, वेश-भूषा, साज-सज्जा में आती रही। उसकी कन्या बन गई छेनी-हथौड़ी की चोट खा-खाकर कल्पना ! शिल्पा भी कल्पना में उससे बातें करती, प्रत्युत्तर देती।

कमल स्थिर दृष्टि से शिल्पा को देखता रहा। स्वगतोक्ति में कहा, "मैं कृतज्ञ हू तुम्हारे पास किशोरी। नाट्यमंदिर की सारी मूर्तियां तुम्हारे कारण ही जीवंत व लावण्यमयी बन सकी हैं। नाट्यमंदिर का कार्य पूरा हो चुका है। नृत्य-गुरु की हर कल्पना सफलता के साथ रूपायित हुई है। इसके लिए कमल सदा ऋणी रहेगा तुम्हारे पास। विदा, रूपवती—तुम अब शिल्पी की कल्पना से मुक्त हो जाओ और शिल्पी को भी मुक्त करो। मुक्त आकाश की तरह शिल्पी का मन मुक्त उदार न हो तो उस की शिल्प कला में उदारता खिलाना असंभव है। अत: विदा···मेरी कल्पना··· विदा···कोणार्क तुम्हें अमर अक्षरों में लिपिबद्ध किये हैं ···अब तुम भी मुक्त हो !

इधर कमल महाराणा अपनी कल्पना नायिका को मुक्ति दे रहा है। उधर

रूपवती किशोरी का मन-प्राण, उसकी अन्तरात्मा सौम्य, तरुण शिल्पी की तीक्ष्ण अन्तर्भेदी दृष्टि के आगे बंध गई है। एक लय में वह कमल की ओर देख रही है। बार-बार लंबी सांस ले रही है। सोचती जाती है, "प्रभु के चरण स्पर्श से शिला-खंड भी नारी हो गई थी। यदि आज किसी के चरण-स्पर्श से उसकी किशोरी देह-पाषाण हो जाती है, वही उसके जीवन की श्रेष्ठ अभिलाषा होगी। वही पाषाण खंड इस तरुणी शिल्पी के कर-स्पर्श से और उसकी कल्पना की भाषा को अपनी देह के कण-कण में लिखे रखने का सौभाग्य पायेगा। इस शिल्पी के हाथ में निहान-छैनी से पत्थर काट-काटकर उसकी नस-नस में अजस्त्र यंत्रणा भर देगा, तो वह यंत्रणा भी दुर्लभ और काम्य होगी।

नृत्यगुरु अपनी कन्या की ओर देख रहे हैं। उसके चेहरे पर पल-पल परिवर्तित भावों को पढ़ रहे हैं। क्रमशः उनका आतंक और मन की चिंता बढ़ती जा रही है।

तो क्या शिल्पा ही कमल का प्रतिरूप बना करती थी? जरूर इन दोनों में कोई नामहीन संपर्क स्थापित हो गया।

कोणार्क ब्रह्मचर्य और संन्यास का पीठ है। कोणार्क के शिल्पी ब्रह्मचर्य की शक्ति से बली होकर सूर्यमंदिर पूरा करेंगे। तभी नरसिंह देव भी बारह वर्ष ब्रह्मचर्य रख रहे हैं। जबकि मेरी इकलौती बेटी शिल्पा राजा के अतिप्रिय शिल्पी कमल महाराणा के स्थिर हृदय में विचलन की लहर पैदा कर सारी साधना और कोणार्क पीठ की पवित्रता नष्ट करने की ओर कदम बढ़ा रही है! यह बात महाराज की निगाह में आयी तो क्या परिणाम होगा? नृत्यगुरु के बारे में क्या सोचेंगे महाराज? फिर शिल्पा वाग्दत्ता जो है। मनसा-वासा-कर्मणा परपुरुष की कल्पना भी उसे स्पर्श करे तो कुमारी जीवन कलुषित होगा और नारीत्व की पवित्रता नष्ट हो जायेगी।

नृत्यगुरु ने स्वतः अपने मन से पूछा, "कोणार्क बड़ा या कन्या? कला काम्य है या कन्या काम्य है?"

पिता का अभियोग शिल्पा चुपचाप सुनती रही। पिता जितना विष उगलते जाते—वह उतनी ही उल्लसित होती जाती। सत्य, क्या उसे एक बार सद्यःस्नात हालत में देख शिल्पी अपने हृदय सिंहासन पर उसके रूप को स्वर्णाक्षरों में संजोये बैठा है? कोणार्क के नाट्य मंदिर की हर मूर्ति में उसी के अंगों की सुषमा खिलाई है कमल ने? तब तो मेरा जीवन धन्य हो गया, सफल हो गया है। मन करता है शिल्पी के चरणों में लोट जाऊं, पर वे चरण भी कितने दुर्लभ होंगे!

नृत्यगुरु गंभीर स्वर में कहते जा रहे हैं, "तू हर रात कमल के शिविर में रहकर उसकी मूर्तियों का प्रतिरूप बना करती है, मेरे सम्मान को क्षुण्ण करती रही आज तक! अपने को कलुषित किया, कमल की एकाग्रता नष्ट की! महाराज

शायद इसके लिए मुझे कठोर दंड दे सकते हैं, और अब तेरा विवाह होना भी कठिन हो जायेगा !

शिल्पा विस्मय पुलक में कह उठी, "बाबा···मैं वहां उपस्थित रहती और वे मूर्ति गढ़ते—यह किसने कहा ?"

नृत्यगुरु ने तुरंत कहा, "कमल को उसके प्रतिरूप के साथ बातें करते शिविर में सबने सुना है । मैंने भी दूर से कई बार उसके संलाप सुने हैं । कमल की बनाई हर मूर्ति में तेरी आंख, तेरी नासा, तेरी भाव-भंगिमा खिली है । यह सब कैसे संभव होता ?"

शिल्पा ने नम्र स्वर में कहा, "यदि मैं उनकी प्रतिरूप बनी, इससे कोणार्क की मूर्ति कला का उत्कर्ष हुआ है तो इसमें मेरा जीवन धन्य है । बाबा, मुझे तो इस शिल्पी के चरण छूने चाहिए !"

"याद रखो, तुम वाग्दत्ता हो । तुम्हारे विवाह में कुछ ही दिन बाकी हैं ।"

"मेरे हृदय में एक ही देवता पूजा पा रहे हैं । वहां अब किसी और को स्थान नहीं । शिल्पी की पूजा कर शिल्पा धन्य होना चाहती है । इसमें अपराध क्या है ?"

नृत्यगुरु विस्मय और आश्चर्य से खड़े रह गए । यह लड़की तो कला में कलंक बनेगी । इसके कारण कोणार्क कलुषित हो जायगा । कला की मृत्यु से कन्या की मृत्यु !

दृढ़ स्वर में श्रीदत्त घोषणा कर बैठे—"शिल्पी कमल विवाहित है । किसी विवाहित पुरुष के साथ एक वाग्दत्ता किशोरी का मिलन पाप होता है । दंडनीय है । शायद दरबार में उसे शीश गंवाना पड़े । हालांकि महाराज का कमल के प्रति गहन अनुराग है, पर कोणार्क पीठ पर उच्छृंखला और एकाग्रता भंग का अपराध अक्षम्य है ।"

आतंक में शिल्पा ने कहा, "पर कमल की एकाग्रता टूटी होती तो कला के ऊंचे शिखर को कैसे छूती ? विचलित मस्तिष्क और अस्थिर हृदय से कभी कोई सफल सृष्टि नहीं कर सकता । अत: कोणार्क पर अमर्यादा का कोई दोषी है, तो वह मैं हूं । दंड मुझे मिले । मैं वाग्दत्ता होते हुए भी कमल की असाधारण शिल्पी प्रतिभा को अंधी होकर प्रेम कर बैठी हूं । अपराध मेरा है— उनका नहीं ।"

नृत्यगुरु भौचक देखते रहे अपनी स्पष्ट वादिनी कन्या की ओर । कुछ क्षण बाद थोड़ा नरम पड़े, कहने लगे, "तेरी स्पष्टवादिता के लिए लगता है दंड कुछ नरम होगा, वरना अपने भावी पति के प्रति विचारों में भी अविश्वास दिखाने के कारण मैं मृत्युदंड का विधान करता ।"

शिल्पा ने स्थिर स्वर में कहा, "मुझे मृत्यु का कोई भय नहीं । कोणार्क में शिल्पी ने अमरत्व प्रदान कर दिया है इन मूर्तियों के कण-कण में । अब मृत्यु का

दुःख कैसा रहा ? यदि मेरी मृत्यु से कमल की शिल्प-साधना का पथ सुगम होता है—आपका सम्मान लौट आता है, कोणार्क पीठ की पवित्रता अच्क्षुण रहती है, तो मैं हंसते-हंसते मृत्यु-वरण करूंगी।"

दुःखपूर्ण स्वर में कहा, "तुझे मृत्यु दण्ड मिला तो भी कोणार्क पीठ अभिशप्त होगा, वरन् कलिंग राज्य से निर्वासन सब के लिए मंगलकारी होगा। मध्यरात्रि के बाद कोणार्क बंदर से बोहित्र रवाना होगा सिंहल द्वीप के लिए। सिंहल द्वीप यहां से जलमार्ग से तैंतीस सौ पचास मील पड़ता है। तुम सिंहल द्वीप में निर्वासित होकर चली जाओ, तभी कोणार्क शापमुक्त हो सकेगा। सिंहल, बाली, जावा, बोर्नियों और मलय देशों में कलिंगवासी 'क्लिग' नाम धारण कर रहते हैं। यहां साम्राज्य स्थापित कर तीन सदी तक शासन करते रहे। सिंहल द्वीप में बुद्धदेव का दांत पूजा जा रहा है। उस पवित्र दांत को जिस स्तूप में रखा गया है, वहां पास में एक मूल्यवान मोती है। उससे आलोक निकल अनंत आकाश तक जाता है। चरित्र बंदर से वह नीलाभ रश्मि अंधेरे में सागर पार कर भी दिखती है। उसे देखकर ही तुम्हारा अनुभव होगा। वहां कलिंग लोग कला, संस्कृति, स्थापत्य और जगन्नाथ धर्म के चिह्न रख गए हैं। तुम उन सबकी रक्षक बनना। कमल की प्रतिभा की उचित पूजा भी वही होगी। यही मेरा आदेश है।"

शिल्पा चुपचाप सुनती रही। पिता के दंडादेश के विरुद्ध कुछ नहीं कहना; पर जन्मभूमि का मोह ! स्वर्ण द्वीप में अकेली संन्यासिनी बन कैसे रह सकेगी ?

बेटी का वेदनापूर्ण मुख देख नृत्यगुरु ने कहा, "उत्कलीय शिल्पी सागर पथ से स्वर्णद्वीप जाते रहते हैं। तेरे काका सुदत्त कुछ नृत्य शिल्पियों के साथ गए हैं। वहां वे नृत्य-प्रदर्शन करेंगे, कुछ दिन रहकर नृत्य-शिक्षा देंगे। उत्कलीय नृत्य-गीत का काफी आदर है स्वर्णद्वीप समूह में। कुछ प्रस्तर शिल्पी भी अपने परिवारों सहित सुवर्ण द्वीप गए हैं। वहां मन्दिर निर्माण के लिए उन्हें सादर निमंत्रण मिला है। तुम्हें कोई दिक्कत नहीं होगी। तेरे भावी पति के यहां खबर दे दी जायगी कि वह सर्पदंश से कालकवलित हो गई। किसी को पता नहीं चलेगा कि नृत्यगुरु श्रीदत्त की वाग्दत्ता कन्या कमल महाराणा की प्रतिमा की पूजा करके अपने भावी पति के प्रति अविश्वास कर बैठी और अपने तथा अपने वंश के नाम पर कलंक लगाया !"

"मेरे कारण आपको झूठ बोलना होगा ?" शिल्पा छलछलाये नेत्रों से पूछ रही है।

नृत्यगुरु ने गंभीर स्वर में कहा, "वंश के कलंक से मिथ्यावादी का अपराध वरन् करना अधिक अच्छा होगा। जो पूर्वपुरुषों की कीर्ति व सम्मान की रक्षा नहीं करते, वे घोर पापी हैं।"

शिल्पा ने नम्र स्वर में कहा, "मेरे कारण आपको दु:ख हुआ। आपके आदर्श में अनुप्राणित हो मैंने कला को प्रेम किया था। तब भूल गई कि मैं बेटी भी हूं। ईश्वर को मन में रखने पर भी नारी कलंकिनी हो सकती है, ऐसा कभी नहीं सोचा था। क्षमा करना।"

शिल्पा के मुंह से नृत्यगुरु ने आंखें हटा ली। बिना मां की लाड़ली बेटी का निर्वासन सीता के निर्वासन-दंड से भी कठोर है, किन्तु कोणार्क पूरा करने के लिए सहना होगा। वरना कमल के नेत्रों में जो हल्के अंग्निकण दिखते हैं, कभी वे लपलपाती शिखा बनकर कोणार्क की पवित्रता ध्वंस कर देंगे। शिल्पीकुल का गौरवपूर्ण इतिहास राख हो जायगा।

—हो चाहे शिल्पा की मृत्यु, पर शिल्पी चिरंजीवी बने···शिल्पी का गौरव अक्षुण्ण रहे!

नृत्यगुरु स्थिर स्वर में आदेश दे रहे हैं, "सागर यात्रा के लिए प्रस्तुत रहना। और यह बात गोपनीय रहे।"

शिल्पा नतमस्तक। विदा से पहले एकमात्र विनय, "जाने से पहले मां से मिल लूं।"

बचपन से मां के स्नेह से वंचित रही। आज अंतिम बार मिलने से कौन रोकेगा?

मां गंगेश्वरी साक्षात् देवी हैं। सांई सांई बरहमपुर (बयालीसबाही) में उनका वह शिखरहीन मंदिर! वहीं पूजा होती है। कोणार्क मंदिर बनने से पहले माटी की झोंपड़ी में रखकर पूजा की जाती थी। इससे पहले देवी अमोक्ष फिरती रहती। गांव के छोर पर गोचर धरती। खेतों में, जंगल में बिन पूजे फिरा करती। गाय के थन से मुंह लगा दूध पी जाती। आने पर घर वाले देखते—गाय के थन खाली! गोपाल के बेटे ने एक दिन पीछा किया—कोई दिव्य सुन्दरी छोटी बछिया की तरह दूध पी रही है!

ग्वाले के सिर खून सवार हो गया। बस एक लट्ठ जमा दिया। देवी का सिर फट गया। उसी रात ग्वाले का बेटा अचानक मर गया। औरों को होश आया। खेत, खलिहान, बाड़ी, अमराई सब जगह देवी को तलाशा। बूंद-बूंद खून देवी के सिर का देखा। खून की बूंदों के सहारे खोजते गए। जाकर पहुंचे बेलखन के पास। देवी निकली। लाकर झोंपड़े मे स्थापना की गई। तब से पूजा होने लगी। ये कोणार्क बनने से पहले की बातें हैं।

सांई सांई बारहमपुर में शिल्पी शिविर है। देवी को प्रणाम कर हर रोज काम पर जाते हैं। नदी में पत्थरों को बेड़े पर लाद-लाद लाते हैं। मंदिर बनता गया। मंत्री शिव सामंतराय का आदेश रातभर में पत्थर पर पत्थर चिनाई का काम पूरा होगा, उस पर होगा कोणार्क मंदिर। रात बीत गई। ऊपर शिखर लग न सका।

तब से देवल नंगा ही है।

गंगेश्वरी की बहन है याज्ञेश्वरी। राजा को स्वप्न में दिखाकर कह गई—"गंगेश्वरी तेरी इष्ट देवी है। उनकी पूजा बिना तू राजा कैसे रह सकेगा ?"

राजा ने पूजा की व्यवस्था की। छ: एकड़ जमीन देवी के नाम कर दी। देवी को इष्ट देवी मान लिया। हर शुभ कार्य में उनकी पूजा-अर्चना अपरिहार्य बन गई। राजा उन्हीं के दर्शन कर शुभ यात्रा करते, युद्ध के लिए प्रस्थान करते।

शिल्पीगण हर दिन निहाण भी उनके दर्शन कर ही उठाते। उन्हें स्मरण कर ही मूर्ति गढ़ते। देवी के माथे पर रक्त के दाम वैसे ही हैं। उस पर तीन रेखाएं चंदन के तिलक की हैं। मां गंगेश्वरी का मस्तक ही पूजा पाता है। बिल्व वन में देवी का शरीर गोपन हो गया। मंदिर में सिर्फ मस्तक स्थापित हुआ।

गंगेश्वरी मंदिर के पूरब में है याज्ञेश्वरी। वे झोंपड़ों में पूजी जाती हैं। यह महषमर्दिनी चतुर्भुज रूप है। दोनों हाथों में त्रिशूल धारण किये महिषासुर का वक्ष भेद रही हैं। बाकी दो हाथों में घंट और खड्ग धारण किये हैं। ढाई फुट ऊंची काले पत्थर की देवी मूर्ति घंटी बजाकर शिल्पियों को जगाया करती हैं।

मां गंगेश्वरी और याज्ञेश्वरी में शिल्पी की गहरी भक्ति है। अपनी मां को याद करती तो गंगेश्वरी—याज्ञेश्वरी का रूप प्रत्यक्ष हो जाता है। आंख मूंद कर स्मरण करने पर वे सुनती हैं। चौदह वर्ष की किशोरी उन्हें याद कर विह्वल हो जाती है, नृत्यगुरू कहते, "मां गंगेश्वरी को याद किया, जब गर्भ में रही। कन्या होने से पहले सपने में बार-बार दिखी।"

कन्या की राशि, नक्षत्र गणना कर राज पंडित ने कहा, "यह कन्या देवी अंश से पैदा हुई है। इस पृथ्वी पर कुछ ही दिन में अपना—हंसी-खुशी का समय पार कर लौट जायगी।" तब से मां ने अपनी नयनों की पुतली इस बेटी को दे दिया नृत्यगुरू के चरणों में। सोलह से पहले ब्याह करने का फैसला कर लिया। कुछ महीने बाद वह ससुराल गयी।

आज वह मां के अंतिम दर्शन की मिन्नत कर रही है, उसकी आखिरी इच्छा है।

मंदिर के पश्चिम पार्श्व में काले पत्थर की चतुर्भुज गणेश मूर्ति को पहले प्रणाम किया शिल्पा ने। प्रवेशद्वार पर नवग्रह मूर्ति। वहां सिर नवाया।

मंदिर में अभी भी अंधेरा है। ऊष्मा है। अंधेरे से शिल्पा डरती है। पर यहां अंधेरे में मां गंगेश्वरी करुणा का हाथ पसार बिन मां की किशोरी को गोद में लेने की प्रतीक्षा में थी। जिस दिन पहली बार मां को खोजा, नृत्यगुरु अबोध कन्या को गोद में भर ले आया गंगेश्वरी के पास। देवी की ओर हाथ कर कहा, "देखो, यह तेरी मां है। पुकारने पर नहीं सुनती। बिना मांगे देती है। सब इसी की इच्छा। हमारी मरजी से कुछ नहीं होता। बेटी को देवी की ओर कर कहा, "तू

यदि जगत्—मां है, तो यह कन्या किस कसूर की दोषी है ? बिना मां की रहेगी ? कह दे उसे कि उस की मां है। वह अकेली नहीं है…"

नृत्यगुरू आंखें पोंछते-पोंछते बाहर आ रहे हैं। मां गंगेश्वरी की पूजा-अर्चना कर कितनी मनौती के बाद बेटी पद्मावती पायी। और बेटी की मां-मां सुनने से पहले ही उसने आंखें मूंद लीं। सब मां की इच्छा है। अब वही सम्हाले।

सचमुच अज्ञान शिशु शिल्पा उस दिन मंदिर से बाहर आ रही थी तब उसके होठों पर मां की छाती का दूध लगा हुआ था। हंसते-हंसते कह रही थी,—"मेरी मां जैसी और कोई नहीं। देवी प्रतिमा जैसी मां। वह मंदिर में पूजी न जाकर किसी एक के घर में कैसे रहती ?"

और इसके बाद शिल्पा ने कभी मां के लिए पिता से हठ नहीं किया। जब मां को खोजना चाहा, गंगेश्वरी के मंदिर में चली आती। मां के दर्शन मिले। मां की ऊष्म आशीषें उसे वरदान में मिल जातीं।

मगर आज ! किसके शाप से वह अपनी मां गंगेश्वरी, जन्म भूमि उत्कल, पिता, संगी-साथी, चंद्रभागा तीर, कोणार्क की हरी-भरी धरती से दूर सागर पार किसी अपरिचित द्वीप में निर्वासित होने जा रही है ?

मंदिर के प्रांगण में शिल्पा कुछ सोचती हुई जिज्ञासु है !

अंधेरे में कोई दीप-ज्योति सी मां के सामने स्थिर आंख मूंदे बैठी है। धीरे-धीरे मधुर स्वर में मंत्र पाठ करती जा रही है। प्रभात के काकलि की तरह मंत्रोच्चार हृदय को पवित्र आनंद में स्निग्ध वारिधारा में संजीवित कर रहा है। शिल्पा मानो अपने अशांत हृदय के उद्वेलित प्रश्नों का उत्तर पा गई है। ध्यानमग्न मूर्ति की तरह हाथ जोड़े खड़ी है शिल्पा। पीछे से प्रशस्त शरीर देख रही है। बलिष्ठ दीर्घ बाहु, प्रदीर्घ कुंचित केश, कानों के कुंडल भी स्थिर हैं; जैसे कोणार्क मंदिर की कोई हाथ से बनायी प्रतिमा है।

शिल्पा ने धरती पर सिर रख प्रणाम किया। यह प्रणाम ध्यानमग्न मूर्ति को था अथवा मां को। वह नहीं जानती। सिर उठाकर देखा तो आगे वर्षा हो रही है। धुंधली निगाहों में उसके आगे दीर्घ देह, आयत नयन, सुगढ़ देह, सौम्य वपु; युवक खड़ा है कोई। सहमता-सा हाथ बढ़ा कर रास्ता मांग रहा है। वह भूल ही गई कि मंदिर द्वार के बीच खड़ी है—रास्ता रोके। देवी कृपा से जो ध्यानस्थ मूर्ति जीवन्यास पाकर सामने खड़ी है—वह शिल्पी महाराणा है—कमल ! जिसकी प्रतिमा की पुजारिन बनने के कारण वह आज निर्वासित होने जा रही है। मन किया उस महान् शिल्पी के चरण छूकर प्रणाम कर लूं। मां क्या संतान के मन की बात यों जान लेती है ? वरना उन्हें क्या पता होता कि शिल्पा विदा से पहले फिर कमल को देखना चाहती है !

अवगुण्ठन में शिल्पा का चेहरा अर्धमुकुलित……भोर के चंद्र की तरह करुण

ओर म्लान दिख रहा है, कमल की आंखों में। एक बार उधर निगाह डाल वह चौंक उठा। मगर तभी दृष्टि लौटाकर उजले होते आकाश में निगाहें मिल गईं। नरम कोमल स्वर में कहा, "देवि, दया कर राह छोड़ो। काम पर जाने का समय हो गया।"

शिल्पा हटने जा रही थी, फिर स्थिर हो गई। मन-ही-मन कहा—"दो पल ठहर जाओ शिल्पी ! यही तो अंतिम भेंट है। तुम्हारे संग और मेरी मां के संग।" आंसू भर आये पद्म पंखुड़ियों में।

कमल ने विनम्र स्वर में कहा—"कोणार्क शिल्पी का हर पल अनमोल है। हर क्षण पसीना बहाकर वह कोणार्क की शिलाओं पर कला की साधना करता है। निर्दिष्ट समय पर अपने कार्य में जुट जाता है। देश के लिए आह्वान आने पर एक क्षण राजा भी नहीं रुकेंगे। मैं तो साधारण शिल्पी हूं।"

शिल्पा ने रास्ता छोड़ दिया। कृतज्ञ दृष्टि से कमल आगे बढ़ गया। बस एक बार अवगुंठित चेहरे की ओर निगाह डाली। शिल्पी की आंखों के मधुर नम्र स्पर्श से शिल्पा की समूची देह, उसकी आत्मा, उसकी सारी देहातीत सत्ता सिहर उठी। तो कमल महाराणा उसे पहचान रहे हैं।

'विदा' धीरे से, मानो हृदय के पास कमल ने मंद स्वर में कह दिया। तेजी से निकल गया। कर्मक्षेत्र की ओर साधना पीठ की ओर। क्या वह जानता है कि यही है अंतिम विदा का क्षण?

शिल्पी के आगे शिल्पा कितनी तुच्छ है। एक पल पहले कमल महाराणा के दोनों चरणों ने स्थिर रहकर जो पद्म खिलाया था। शिल्पा ने झुक कर दोनों हाथों से उन्हीं को स्पर्श कर माथे से लगाया। वह चरणरेणु छूते ही आंखों से आंसू झर गए। भीगे स्वर में कहा, "(स्वगतोक्ति) शिल्पी तुम्हारी जय हो ! जय हो मेरे देश की !! जन्म भूमि की !!!"

निर्दिष्ट समय पर बोहित्र ने बंदर छोड़ दिया। कुछ पत्थर शिल्पियों का परिवार, नृत्यगुरु श्रीदत्त के छोटे भाई सुदत्त का परिवार भी साथ था, सागर यात्रा के लिए। विदा देने खड़े थे स्वयं नृत्यगुरु, कमल महाराणा और अन्य कई शिल्पी।

नृत्यगुरु के छोटे भाई, उनकी अवगुंठिता पत्नी एवं कन्या ने श्रीदत्त के चरणों में प्रणाम किया और विदा मांगी। तन्वंगी अवगुंठिता किशोरी ने जब प्रणाम किया नृत्यगुरु का कंठावरोध हो आया। आंखों के सामने सागर की नील जलराशि पर दृष्टि स्थिर हो गई, मानो दो स्तरीभूत प्रस्तर के मानव खड़े हैं। कोह में किशोरी

एक पल स्पंदित हो स्वयं को सम्हाल कर पीछे हटती गई।

कमल महाराणा शिल्पी बंधुओं को उच्छासित विदाई दे रहा है। बालुका पर उसके पद चिह्नों की ओर दृष्टि निबद्ध किये हैं अवगुंठिता किशोरी। आज अवगुंठन उठाकर कमल महाराणा की ओर वह नहीं देख पायगी।

बोहित्र में उठने से पूर्व कमल महाराणा के चरणों से बने चिह्न को झुककर छुआ। माटी उठाकर माथे से लगाई अवगुंठित किशोरी ने और खूब यत्न से आंचल में उसे बांधा। धीरे से नृत्यगुरु से कहा,—"बापू ! यही इस जन्मभूमि की निशानी है। आंचल में लिए जा रही हूं। उसी के सम्मान को रखने की कोशिश करूंगी।"

नृत्यगुरु ने दीर्घ सांस ली। "सच, जन्मभूमि की मुट्ठी भर धूल भी आज बेटी के लिए अनमोल रत्न की तरह है।"

उन्होंने दबे स्वर में कहा—तू कलिंग कन्या है। तेरी जाति की कला, संस्कृति, परंपरा तू ही उसकी रक्षा करना ! इसीलिए तेरा त्यागपूत निर्वासन है। भूलना नहीं इस बात को।"

आंचल में बंधी धूल माथे से लगाकर किशोरी ने कहा, "नहीं, बापू···वचन देती हूं···।"

निर्वासित कलिंग कन्या को लेकर बोहित्र चल पड़ा। देश, जाति के लिए पिता का निष्ठुर त्याग ! निष्पाप किशोरी का दारुण निर्वासन कोई नहीं जान सका—वह इतिहास की आंखों से ओझल हो गई ! कमल महाराणा भी नहीं जान सका कि उसकी कल्पना, उसकी प्रेरणा सदा-सदा के लिए जन्मभूमि से विदा लेकर जा रही है।

अदृश्य होते जा रहे बोहित्र का मस्तूल धीरे-धीरे नीले आकाश में लीन होता जा रहा है। नृत्यगुरु सोच रहे हैं—सती सीता से भी कठोर दंड मेरी कन्या को मिल रहा है। हे महोदधि ! तुम्हीं साक्षी रहना। तेरे हाथ में अर्पित कर रहा हूं अपनी शिल्पा, अपनी प्रेरणा का उत्स !

उस दिन कोणार्क में शिल्पियों के मनोरंजन के लिए 'सीता-वनवास' गीति-नाट्य मंचन हो रहा था। दर्शकों में कमल महाराणा हैं। नृत्यगुरु की बांई ओर कुछ किशोरी कन्याएं बैठी हैं। कमल की दृष्टि बार-बार खोज रही है मंडप में। कहां है मेरी कल्पना ! कहां है नृत्यगुरु की कन्या ? शिल्पी की प्रेरणा ?

'सीता वनवास' के करुण अभिनय में सभी अभिभूत हो गए। स्त्रियों के घूंघट गीले हो चले। नृत्यगुरु के श्मश्रु पर अश्रु कण। सिंहल द्वीप में कलिंग कन्या अपनी

मां को याद करती होगी । मां गंगेश्वरी सागर लांघ वहां भी क्या इस अभागिन, बिना मां की बेटी को सांत्वना देने दर्शन देती होंगी ?

कमल महाराणा की दृष्टि स्थिर हो गई है ! अशांत हृदय अब शीतल-शांत है ! बाल्मीकि आश्रम में सती सीता ने आश्रय लिया है । गर्भवती है । कुछ दिन बाद मातृत्व की महिमा में मंडित होगी वह । वही होगी नारी जीवन की सार्थकता । कमल की कल्पना गुरुकन्या आज यदि पति-गृह में अपने को निर्वासित मानती है, तो कल वह मातृत्व की महिमा में जीवन की सार्थकता समझेगी । कमल का हृदय उसके लिए अशांत क्यों है—अस्थिर क्यों है ?

कोणार्क मंदिर समाप्त होने को आया, वरन् वधू चंद्रभागा को कल्पना में प्रत्यक्ष कर जीवन की अपूर्णता में कोणार्क की पूर्णता भर देगा। कमल का मन किसी कल्पित बंधन से पल भर में मुक्त हो गया । नृत्यगुरु उसे देखते हुए सोचने लगे—शिल्पा के कल्पित बंधन से पल भर में मुक्त करने के लिए पितृ हृदय को शिलाखंडों की तरह टूक-टूक काटकर त्याग का मंदिर खड़ा करना होता है, इसे शिल्पी समझेगा ?

सागर में जलराशि पर झूलते-झूलते चला जा रहा है दक्षिण की ओर कलिंग कन्या का जहाज । शिल्पा की निगाह के आगे कोहरे का धुंधला पर्दा—धुंधला दिख रहा है, अस्पष्ट जलकणों में वह और भी धुंधलाता जा रहा है । बाहर घोर वर्षा । शिल्पा बेखबर है । उसके हृदय में उससे भी बढ़कर वर्षा—तूफान जारी है ।

बोहित्र में सब अपने-अपने इष्ट का स्मरण कर रहे हैं । संकट घनीभूत होता जा रहा है । दूर विराट तूफान के लक्षण दिख रहे हैं । तूफान के हिचकोलों में कोई तिमिंगल बहती आ रही है । इस तूफान से भी अधिक खतरा तो तिमिंगल से है । तूफान गति बदल सकता है—थम सकता है । परन्तु तिमिंगल तो सीधी बोहित्र की ओर ही आ रही है । सागर का पानी भी लहर बनता जा रहा है । लगता है इनमें बोहित्र की अतल समाधि निश्चित है । कलिंग से आ रहे परिवार, कलिंग की कला, संस्कृति, परंपरा का मेरुदंड ये कलाकार, नृत्यशिल्पी, कारीगर, संगीतकार, वाद्यकार, वणिक्, सब की सलिल समाधि आसन्न है ! आसन्न मृत्यु से म्रियमाण हैं सभी । बस एक है जो इन सबसे निर्विकार है । मृत्यु का दुःख भी पीछे छोड़े है । मृत्यु दंड उसके लिए कुछ नहीं ।

सब चिंता कर रहे हैं । सब चीख-पुकार कर रहे हैं । यह तूफान तो थमेगा नहीं, कुछ देर में···। मगर इससे बचने का उपाय ? अंतिम चेष्टा की जाय···

उपाय तो है—अति निष्ठुर···कष्टकर है । कौन करे ?

उद्विग्न स्वर में सब पूछ बैठे—"क्या है ? बोलो, शीघ्र···वरना सब खत्म होने जा रहा है ।"

"किसी निष्पाप किशोरी को उसके आगे फेंक दिया जाय···तिमिंगल भी शांत···और तूफान भी शांत।"

बात की सच-झूठ परखने का अवसर नहीं। एक प्राण सब सोच रहे हैं—सब एक साथ मरें, इससे तो एक का मरना उचित होगा। पर कैसे बचें कराल इस मृत्यु से ? कौन है वह किशोरी ? इसी बीच मांएं अपनी कन्याओं को कसकर छाती से लगा चुकी हैं।—"ना···मैं खुद मरूंगी पर बेटी को न छोड़ूंगी। सबके साथ बेटी का भी मरण हो, पर सिर्फ बेटी का बलिदान न होने दूंगी।" अपनी-अपनी बेटी को विकल हो कह रही हैं।

निराश्रय किसी पौध की तरह बैठी है शिल्पा ! पास में न मां है, न बापू ! गोद में लेकर सुरक्षा वलय देने वाला भी कोई नहीं। यहां अकेली है समूचे बोहित्र में। सबकी निगाह उस पर जम गई है। वह दृष्टि असहाय, कातर और अनुनय से भरी है। शिल्पा को लगा ये सब तो उससे भी असहाय हैं। आज आसन्न मृत्यु की घड़ी में इन सबकी सहाय है सिर्फ—शिल्पा ?

शिल्पा की सारी असहायता दूर हो गई। निर्भय दृढ़ता से निःशंक हो तेजी से बढ़ती आ रही तिमिंगल की ओर देखा। बस, कुछ क्षण और रहे···फिर सब समाप्त ? वह और भी दृढ़ता से खड़ी रही।

···स्नेह भरे दादा सुदत्त आश्रय के लिए शिल्पा को आह्वान दे रहे हैं।

शिल्पा को मां गंगेश्वरी का स्मरण हो आया। आंखें मुंद गईं। पल भर में दोनों प्रसारित बाहु ! आलिंगन में भर उसे निश्चिह्न कर दिया।

नृत्यगुरु को मिथ्या कहना न पड़ा ? लौटते वणिकों से कन्या के बलिदान की बात बता दी गई।

रत्नाकर के अनमोल खजाने में एक मूल्यवान मणि बनकर संचित हो रह गई है।

पिता की बात रखकर शिल्प और कला की रक्षा के लिए शिल्पा ने आत्मदान कर दिया।

नृत्यगुरु स्थिर, अविचल पूछ रहे हैं—"कमल ! कर सकोगे कोणार्क की पवित्रता की रक्षा ? कोणार्क संपूर्ण करने के लिए किसी किशोरी की आत्माहुति का चित्र उत्कीर्ण कर सकोगे ?"

कमल का निहान थम गया। सोच रहा है···कोणार्क महान् त्याग का मंदिर है ! धर्मदेव की पूजावेदी के आगे त्याग की कथा अनवरत झर रही है। फिर एक ऐसे महान् त्याग को कोणार्क के कलश के रूप में उत्कीर्ण करना होगा ! इस त्याग का चित्र कमल महाराणा के हृदय पर उत्कीर्ण हुआ है—शिलाखंड पर अंकित करने की शक्ति कहां ? कल्पना बिना कला अधूरी है, निष्प्राण है !

निष्प्राण किसी मूर्ति की तरह कमल महाराणा नृत्यगुरु के आगे सिर झुकाए खड़ा है।

11

उस दिन का सांई सांई बरहमपुर आज का बयालीसबाटी मौजा है। सांई सांई बरहमपुर में बयालीस बाटी जमीन सामंत राजा के अधीन थी। शायद इसी कारण यह नाम पड़ा।

गोप बाजार में बस से उतरते ही धूल भरे रास्ते पर तीन कि० मी० चलकर गए थे चार्ल्स और प्राची ! वहां बयालीस बाटी गांव में मां गंगेश्वरी के दर्शन कर लौट रहे हैं। उन दिनों गंगवंश की इष्टदेवी गंगेश्वरी आज परित्यक्त किसी प्रासाद की तरह एक सिरे पर हैं। मंदिर में सांप, बिच्छू, गोधि, चूहों आदि ने घर बना रखा है।

अस्सी होगी उमर। बलदेव पाढ़ी फर्श पर कूर्म की तरह बैठे हैं। मुंह गरुड़ की तरह आगे निकला हुआ। लंबी नाक संसार की ओर वितृष्णा में सिकुड़ी थी। चार्ल्स या प्राची के आगे मंदिर के बारे में कोई किंवदंती कहने का आग्रह उनमें ज़रा भी नहीं। इसमें क्या है ? मां गंगेश्वरी की बातें पता नहीं कितने शहरी बाबुओं ने चटखारे लेकर चखने की तरह सुनी हैं। कभी किसी ने मंदिर की मरम्मत की कोशिश की है ? कलिंग शिल्पियों ने पत्थर पर पत्थर रख जो जुड़ाई कर दी, बस इतना भर हुआ था। रात इसी में बीत गई। अगले दिन से चला कोणार्क का काम। मां गंगेश्वरी के मंदिर में दधिनौती नहीं बैठी। तभी कोणार्क ढह गया। मां को भूल जाने पर कोई भी कीर्ति ढह जायेगी।—यह बात कोई आज भी समझता है ?

पुजारी बलदेव पाढ़ी को प्रणाम किया। मंदिर से आते-आते प्राचीप्रभा सोच रही है—पुजारी के अभियोग की बात कितनी गहरी है और सच है !

लौटते वक्त चार्ल्स ने कहा—"शिल्पा की त्यागपूत कहानी इतिहास में नहीं मिलेगी। फिर भी तुम्हें देख सोचता हूं आदर्श और मूल्य के लिए प्राण देने वाली लड़कियों का होना बहुत संभव है। मूल्यों की बात यहां से बिल्कुल खत्म नहीं हुई। वरना अस्सी वर्ष का बूढ़ा पुजारी अपने लिए कुछ न मांगकर गंगेश्वरी मंदिर की मरम्मत के लिए कुछ क्यों मांगता ? वह जानता है कि उसके दिन पूरे होने आए। अब गंगेश्वरी मंदिर ढहे या रहे उसके लिए !"

गांव के छोर पर टूंगी[1] के आगे पहुंचे। बांस की किवाड़ी खोली। अंदर जाकर जगन्नाथ विग्रह को प्रणाम किया। बाहर लू। गांव के छोर का श्मशान सूना है। धूप में सूखी घास। कुछ नंग-धड़ंग बच्चे खेल रहे हैं। टूंगी के पास बरगद। उसके नीचे साफ लीपा-पुता हुआ। सांझ ढले गांव के लोग वहां जमा

---

1. टूंगीघर—भागवत, पुराण शास्त्र आदि की चर्चा के लिए सामूहिक मिलन का स्थल।

होते हैं। प्राची थककर वहीं बैठ गई। चार्ल्स ने नरम स्वर में कहा—"धूप में चलते-चलते गंगेश्वरी तक चली आयी—बहुत कष्ट हुआ! आइ एम सॉरी!"

प्राची हंस पड़ी—"हालांकि गंगेश्वरी तक कई बार आयी हूं। यह अनुभव पहला है।"

"सो कैसे?" चार्ल्स ने कहा।

"तब शिल्पा को नहीं पहचाना था। अबकी बार मंदिर में उसकी विरही आत्मा को खोज पाया है।"

"पा गई?"

"हां!"

"कहां?"—विस्मय में चार्ल्स ने पूछा।

"अपने अंदर!" प्राची ने सहज ही कह दिया। अगले क्षण झिझक कर बोली—"पोथी पढ़ते-पढ़ते शिल्पा की कहानी इतना अभिभूत कर गई कि शिल्पा में ही खो गई।"

"या अपने में शिल्पा का संधान पा गई?" वह हंस पड़ा।

"बात एक ही है!" प्राची खड़ी होकर चलने लगी। चार्ल्स वैसे ही खड़ा है दार्शनिक बना। एक कदम आगे चलकर मुड़ कर देखा—"क्या सोच रहे हो?"

चार्ल्स ने श्मशान की ओर संकेत किया—"सोचता हूं, भारत के गांव के छोर पर आते ही दो सत्य कैसे प्रत्यक्ष रूप में स्पष्ट हो जाते हैं!"

"सो क्या?"

"ईश्वर एवं मृत्यु! गांव के छोर पर श्मशान और भागवत टूंगी या ग्राम-देवी! थका-हारा बटोही घूम-फिर कर बरगद की छांह के नीचे बैठता है—कितनी सहजता से उसे उपलब्ध करता है! लगता है भारत का हर वृक्ष कोई बोधिद्रुम है।"

"तुम तो भारत से प्रेम कर बैठे हो। मेरी क्लांति इसी में मिट गई। अब चलें सांझ से पहले बस पकड़नी होगी।" चंचल बाला की तरह वह तेजी से आगे बढ़ने लगी। पीछे-पीछे चार्ल्स। स्वगत में कहा—"हां, मैं भारत को चाहता हूं, क्योंकि इसमें तुम हो, तुम्हारी संस्कृति है, आदर्श और मूल्य हैं।"

प्राची धीरे-धीरे नृत्यमयी स्रोतस्विनी बनी बह रही है। उसके मृदु स्रोत में चार्ल्स बहता जा रहा है किसी अकल्पनीय आनन्द के स्वप्नलोक में।

उस दिन पोथी पढ़ना शुरू करने से पहले चार्ल्स ने कहा—"मैं चंद्रभागा की तलाश में रात-रात भर भागा फिरता हूं। चंद्रभागा को खोजते समय कई बार वही छाया मूर्ति दिख जाती है। वास्तव में चंद्रभागा के साथ छायामूर्ति का क्या कोई संपर्क संभव है?"

विष्णु महाराणा उदास निगाहों से आकाश की ओर देखते हैं—शायद सात सौ वर्ष से चंद्रभागा की अतृप्त आत्मा अमोक्ष फिर रही है।

"चंद्रभागा मरी कैसे ?" प्राची ने खीझकर पूछा। सचमुच जैसे उसका विश्वास है कि सात सौ वर्ष हुए चंद्रभागा जीवित है। आज भी कमल महाराणा के लिए प्रतीक्षा में है मूर्ति। कोणार्क की शिलाओं पर, उस मूर्ति में विदेही आत्मा आज भी वैसे ही दीर्घ सांस लेती है।

विष्णु महाराणा ने हंसते हुए कहा—"कौन जाने चंद्रभागा अभी भी जीवित होगी या नहीं ! अरण्य में वह अन्तर्ध्यान हो गई, फिर कोई खबर महाराज को भी नहीं मिली।"

"शायद महाराज ने विधिवद्ध ढंग से खोज करायी नहीं।" अभियोग के ढंग में चार्ल्स ने कहा।

विष्णु महाराणा ने चिंतित स्वर में कहा, "इसके लिए फुरसत कहां मिली ? चंद्रभागा के अंतर्ध्यान होने के बाद जब महाराज अंधेरे में पधारे, अंधेरे-अंधेरे में जनपद, गिरि-वन-कांतर में सर्वत्र ढूंढा है उस अभागिन किशोरी को। अधिक खोज के लिए विशेष दूतों को दंडपाश ने नियुक्त किया। खोजना खत्म नहीं हुआ, इसी बीच महाराज फिर रणक्षेत्र में चले गए।"

सेनापति रामगोविंद, मंत्री शिव सामंतराय, सुरु महासेनापति ने परामर्श दिया ?—"कुछ दिन विश्राम करें महाराज। उत्तर सीमा पर शत्रु शंकित है। राज्य में हर तरफ सुख-शांति है। कोणार्क का सूर्य मन्दिर समाप्त प्राय है। अभी और युद्ध का प्रयोजन क्या है ?"

नरसिंह देव ने दृढ़ता से कहा—"उत्कलीय पाइक वीर युद्धखोर नहीं हैं, पर युद्ध से कभी डरते नहीं। आक्रमण को देख उसका प्रतिरोध कर चैन से नहीं रहेंगे। स्वयं हमला कर शत्रु सेना को अपनी ताकत, साहस और रणकौशल दिखाना चाहता है। तब जाकर मुसलमान शासक बंग के नवाब उजबेग और उसकी सेना उत्कलीय जाति का लोहा मानेगी।"

नरसिंह के शासन का बारहवां अंक (संवत्)। नरसिंह रणवेश में सजे हैं। युद्धयात्रा से पहले सेनापति 'आखताया' से कहा, "यदि इस लड़ाई में मेरी मृत्यु हो जाय तो सीमाचल मंदिर में एक विमान, कलश, मुख्यमंडप और नाट्यमंडप निर्माण करा देना।"

युद्धयात्रा के शुभ लग्न में महाराज के ऐसे आदेश पर सब मर्माहत हो गए। ऐसी शुभ घड़ी में ऐसी इच्छा क्यों ? महारानी सीतादेवी ने इष्टदेवी मां गंगेश्वरी का स्मरण कर विजय तिलक लगा कर विदा दी थी।

बंग देश में घोर समर। इधर कोणार्क में शिखर स्थापन की तैयारियां जोरों पर हैं। राजा नरसिंह हाथी पर चढ़े शत्रु का पूरा मुकाबला कर रहे हैं। इधर

मंत्री शिव सामंतराय मुख्य स्थपति विशु महाराणा और कमल महाराणा का अथक श्रम व साधना चरम पराकाष्ठा पर है उद्यापन उत्सव के लिए।

राज्य की सीमा पर से मुसलमानों को हटाने का संग्राम और राज्य में धर्मदेव का मंदिर स्थापित करने का अदम्य उद्योग जारी है।

अचानक उत्कल के भाग्याकाश को विपत्ति ने ढंक लिया। बज्रपात हो गया। खबर आयी कि शत्रु मर्दनकारी अपराजेय महाराज नरसिंहदेव का देहान्त हो गया।

गौड़ के शासक उजबेग ने दिल्ली सुलतान से सहायता मांगी थी। दिल्ली के बल पर मुसलमान सैनिकों ने प्रबल आक्रमण किया। पीछे हटना नरसिंह ने कभी नहीं सीखा। राजा युद्ध से पीछे नहीं हटे। अचानक शत्रु सेना के आघात से महाराज हाथी के हौदे से गिर पड़े। देह खून में लथपथ। राजा को मृत जानकर उत्कल सेना युद्ध क्षेत्र में तितर-बितर हो गयी। सिर्फ महाराज का सफेद हाथी- 'निशंक'- खड़ा उनकी गिरी देह को पत्थर बना देखता रहा। उसकी छोटी-छोटी आंखों से अश्रु झरते रहे, महाराज के बहते रक्त में मिलते रहे। मृत्यु के डर से भागा नहीं। नरसिंह रहित होकर जीवित रहना उसे मंजूर न था। वह वीर नरेश का बहादुर हाथी था।

राजप्रासाद में यह दारुण संवाद पहुंचा। सीतादेवी मूर्छित हो गई। सारे राज्य में अंधेरा छा गया। सागर भी शोक में डूब गया। कोणार्क के प्रांगण में शिल्पियों के निहान थम गए।

मंत्री शिव सामंतराय सोच रहे थे उत्कल की स्वाधीनता का सूर्य अस्तमित हो जायगा ! अब कोणार्क मंदिर की प्रतिष्ठा कैसे होगी ?

युवराज भानुदेव छोटी उमर के हैं। वे क्या मुसलमान वाहिनी का मुकाबला कर सकेंगे ?

बिशू महाराणा सोच रहे हैं—कोणार्क मंदिर अधूरा रहेगा ! सूर्यदेव की पूजा वहां होगी भी या नहीं !

अगर उत्कल पर उजबेग का शासन होगा तो कोणार्क की सारी कला धूल में मिल जायगी।

पर कमल महाराणा की निहान एक क्षण स्थिर होकर फिर शिलापद्म प्रस्फुटित करने में लग गई। शिलापद्मों की श्रद्धांजलि स्वर्गीय अमर आत्मा के प्रति उंड़ेलता रहा। वह सोच रहा है—'महाराज ने देश के लिए प्राण विसर्जित किए हैं। वह भी जाति के लिए संग्राम कर रहा है, हट नहीं सकता। उत्कल के आकाश से स्वाधीनता का सूर्य हटने से पहले कोणार्क की रत्नवेदी पर सूर्य देव की प्रतिष्ठा कर देनी होगी। तभी नरसिंह की आत्मा को शांति मिलेगी। धर्मदेव की प्रतिष्ठा से उत्कलीय सेना को शक्ति मिलेगी, शत्रु पद दलित हो

सकेगा। अत: शोक में जड़ हो जाना शिल्पी का धर्म नहीं—' वह कर्म करता रहा।

सारे राज्य में महाराज की आत्मा की शांति और राष्ट्र की स्वाधीनता बनाये रखने के लिए पूजा-पाठ चल रहा था। महारानी स्वयं गंगेश्वरी के आगे हाथ जोड़ रही हैं। चंद्रादेवी अन्न-जल त्यागकर जगन्नाथ के चरणों में विनती कर रही हैं।

महाराज की नश्वर देह राजधानी में आते ही किशोर युवराज भानुदेव का राज्याभिषेक सम्पन्न होगा। महारानी सीतादेवी को रनिवास त्याग देना होगा। अब वे राजमाता होंगी। खूब सम्मान से शव सत्कार होगा। मंत्री को दोनों पर्वों का एक साथ आयोजन करना होगा। दु:ख से हृदय टूक-टूक हो रहा है। तो क्या उत्कल की स्वाधीनता अस्तमित होने जा रही है!

लाल रक्तस्रोत में अस्तगामी सूर्य की लाल किरणें प्रतिफलित हो रही हैं। आकाश म्लान रक्तिमा में रंजित हो रहा है। रणभूमि में सोये हैं—वीर नरसिंह—माटी मां के उदार आलिंगन से सम्मोहित होकर! कितने ही वीर मां के लिए लड़ते-लड़ते अंतिम सांस लेते हैं। कितनी ही ललनाओं के माथे का सिंदूर रणभूमि को लाल किये जा रहा है, घायल सैनिकों की करुण चीख-पुकार रात के अंधेरे को और भी भयावह बना रही है। मृत्यु की शीतल उदारता हिंदू-मुसलमान दोनों के रक्त को फेंटकर एकाकार कर रही है। रात गहरी होने के साथ-साथ मिश्रित-रक्त स्रोत की निविड़ता गहरी होती जा रही है। वीर शहीदों के जीवन-दीप धरती से आकाश की ओर बढ़कर आकाश में दीपावली की तरह जल रहे हैं। रात के विलाप में वर्षा का आकुल स्वर मिलता जा रहा है। आकाश रो रहा है। शोकातुर धरती की अश्रुधार बन गया है वह।

राजा नरसिंह की चेतना लौट रही है। कोमल अननुभूति विदीर्ण देह की यंत्रणा शांत, स्निग्ध होती जा रही है, कौन? प्राणप्रिया सीतादेवी है या स्नेहमयी बहन चंद्रादेवी? वे रणभूमि में कैसे आयेंगी?

नरसिंह के मुंदे नेत्र खुल रहे हैं। नवपल्लवित कोमल हाथों के स्पर्श से शरीर में जीवनी शक्ति भरती जा रही है। आंख खोल वे रोमांचित हो गए। अंधेरे में नीलाभज्योति की तरह सांवला कोई बालक हलके-से स्पर्श कर उनकी सुश्रुषा कर रहा है। पास खड़ा है सफेद पद्म जैसा कोई अन्य किशोर। वे अभिभूत हुए कुछ कहना चाहते हैं। पर भावावेग में कंठावरोध हो गया। नेत्र अश्रुप्लुत हो गए। देह थरथरा उठी। दोनों बालकों ने मिलकर राजा को उठाया।

निशंक ने सूंड उठा राजा को सावधानी से थामा। राजा ने चैन से एक बार फिर आंखें मूंद ली। निशंक धीरे-धीरे चल पड़ा। रास्ता दिखा रहे हैं दोनों बालक। कितने दिन बाद आराम की नींद मिली है, वे नहीं जानते। किधर जा रहे हैं, वे कितनी दूर आ गये, राजा को कुछ नहीं पता। जब नींद टूटी—महोदधि

तीर पर बालूका राशि में लेटे हैं। अंधेरे आकाश में भी नीलचक्र साफ चमक रहा है। कुछ ही दूरी पर पर्णकुटी में हलका प्रकाश—नये जीवन का संकेत है, तो पुरुषोत्तम क्षेत्र आ गया है! कौन हैं ये पथप्रदर्शक? कैसे पार किया यह मार्ग? सब कुछ सपने जैसा लगता है! महाराज दोनों हाथ जोड़े जगन्नाथ को प्रणाम करते हैं। निशंक महोदधि का शीतल जल छिड़क रहा है। अचानक महाराज को धीरे-धीरे उठा कर पत्तों की झोंपड़ी के बाहर सुला दिया। स्वयं भी बालू पर थककर पसर गया।

तभी उन्हें लगा जैसे जोरों की भूख लगी है। निशंक की भी वही दशा। तुरंत कुछ उपाय न किया तो जीना कठिन होगा। मगर इस झोंपड़े में रहनेवाला कुटुम्ब उनके लिए क्या कर सकेगा? पीने के लिए दो घूंट पानी भी यहां मिले या नहीं, संदेह है।

अंदर टिमटिमा रहा है दीप। लगता है उसमें तेल खत्म होने को आया है। फिर तो चारों ओर अंधेरा हो जायगा। इससे पहले भूखे-प्यासे अतिथि की उपस्थिति बता देनी होगी।

महाराज कुछ खांस उठे। अंदर से निकल आई कोई अवगुंठित नारी। झीने-झीने चंद्रालोक में पतले होंठ थरथरा रहे हैं। उसने पूछा, "भद्र! आप कौन हैं? क्या चाहिए?"

"आहत सैनिक! जान बचाकर युद्ध से लौटा हूं। भूख प्यास से अवश हूं। हाथी भी मेरा आतुर है। कुछ भोजन की व्यवस्था हो सके तो…" महाराज की बात पूरी होते न होते वह मुड़ चली। रुंधे स्वर में कहा, "महाराज युद्ध करते-करते प्राण गंवा बैठे हैं। आप उत्कल के पाइक होकर पलायन कर आए? उदार हृदय महाराज जीवित होते तो आपको क्षमा करते या नहीं वे जानें, पर मैं नहीं कर सकती! उफ्! महाराज की अकाल मृत्यु पर देश के कैसे दुर्दिन आ गए हैं।" नारी ने कोह में भरकर कहा।

महाराज की मृत्यु पर गहन संवेदना में भरी इस नारी को देख खड़े वे सोच रहे हैं—'काश! युद्ध क्षेत्र में सचमुच मृत्यु ही हो गई होती!' उन्होंने कहा, "देवि! मैं युद्ध करते-करते आहत होने से पूर्व भूलुंठित हो गया था। जान-बूझ कर भागा नहीं। जगन्नाथ ने मुझे यहां पहुंचा दिया है, महाराज का हाथी निशंक उन्हीं के निर्देश पर श्रीक्षेत्र में यहां तक ले आया है। पता नहीं इसमें महाप्रभु का क्या महत् उद्देश्य है। मगर मेरा प्रण है—वचन देता हूं आज आप मेरी प्राण रक्षा कर दें…कल मैं पुनः युद्धक्षेत्र में चला जाऊंगा। महाराज की मृत्यु पर वे मुसलमान सैनिक उत्सव के उल्लास में डूब जायेंगे। मद्यपान कर नृत्य-गीत में डूब जायेंगे। उन्हें पराजित करने हेतु मुझ में यथेष्ट शक्ति का संचार हुआ है। आज रात के आहार की व्यवस्था होने पर कल जगन्नाथ की वांछा पूर्ण होगी।"

नारी ने दुःखपूर्ण स्वर में कहा, "क्षमा करना ! अनजाने में कटु शब्द कह दिये। आप अतिथि ठहरे। महाराज का हाथी मेरी झोंपड़ी पर आया है, परम सौभाग्य है मेरा। कल प्रातः युद्ध में प्रस्थान करेंगे ! गरीब की कुटिया पवित्र करें।"

कठिनाई से महाराज अंदर दाखिल हुए। अवगुंठन में वह नारी चौंक उठी : अरे ! प्राणरक्षक महादंडपाश ! पहचान गए तो उस दिन के पलायन की बात पूछेंगे, कठोर दंड देंगे ! पर मैं तो जानबूझ कर नहीं भागी उस दिन। जगन्नाथ ही राह दिखाते ले आये। तब से कोई दुख नहीं। सूनी झोंपड़ी में निःसंग जी रही हूं। मगर लगता है जैसे अकेली नहीं हूं, आश्रयहीन नहीं हूं, असहाय नहीं हूं। कोई है जो मेरे पास-पास, अंतर में, मेरी आत्मा में है। वे ही मेरी सारी व्यवस्था करते हैं। श्रीक्षेत्र में कभी किसी दिन भूखी नहीं रही। माटी के दीये बनाकर श्रीमंदिर में बेचती हूं। बाकी समय में पति कमल का मंगल मनाती हूं। महाराज की विजय कामना करती हूं। कोणार्क पूरा होने के लिए प्रतिदिन घी का दीया जगन्नाथ जी को अर्पण करती हूं। जानती हूं कोणार्क मंदिर पूरा होने पर भी मेरे जीवन की अपूर्णता नहीं मिटेगी। लगता है, कमल से इस जनम में भेंट नहीं होगी। मगर कोणार्क मंदिर पूरा होने की कामना कैसे छोड़ दूं ? महाराज का मंगल हो—यह कैसे भुला दूं ? माटी के दीये में बाती बुझकर अपना संचय नहीं करती, खुद को तिल-तिल जला कर जग को आलोक प्रदान करने में ही अपनी सार्थकता समझती है। चंद्रभागा तो दीये की बाती से हीन नहीं—आदमी है—नारी है—उत्कल की दुखियारी बेटी है, अपने सुख की खातिर जीना उसका धर्म नहीं। औरों के लिए अपना जीवन जलाना ही उसका महामंत्र है।

दीप के प्रकाश में पहचान बचाने के लिए उसने घूंघट और आगे खींच लिया, अतिथि की देह क्षत ही क्षत देख करुणा में वह आर्द्र हो उठी। रक्त तो नहीं झर रहा। पर कष्ट जरूर हो रहा है। अतिथि क्षुधित हैं। क्या करूं ? बाहर महाराज का हाथी भी भूखा है। हंडिया में मुठ्ठी भर भात-लपसी पकाई है। थोड़ा सा साग सिझा लिया है। यही रात का मेरा भोजन। झोंपड़े में और कुछ खाने के लिए भी नहीं हैं। न बच्चा और न पति, दूसरा कोई नहीं। वह रोज लाती और खा लेती है। कल फिर दीये बेचकर पेट का जुगाड़ कर लेगी।

चंद्रभागा विचलित हो उठी। स्वयं भूखी रह अतिथि को लपसी परोस देगी ! पर इतने में क्या भूख मिटेगी इनकी ? किणकी की लपसी और साग···! खा सकेंगे ? फिर निशंक का क्या करें ? मन ही मन चिंता में पड़ गई। इनमें किसी को लौटा भी नहीं सकती। अतिथि घर से लौट जाये ! श्रीक्षेत्र की निंदा हो जायेगी। कभी ऐसा नहीं होता यहां। भूखे पेट अतिथि को नहीं लौटाया जाता। चंद्रभागा मन ही मन जगन्नाथ को कह रही है—कैसी परीक्षा ले रहे हैं, प्रभु ! सब आपकी इच्छा से होता है। यहां श्रीक्षेत्र में राजमहल है। धनी-मानी जनों की कमी नहीं।

कितने मठ, आश्रम, धर्मशाला हैं। फिर श्रीमंदिर भी है। किसी वीर युवक को महाराज के हाथी के साथ लेकर चंद्रभागा की झोंपड़ी के आगे ले आये! क्यों? श्रीक्षेत्र की मुठ्ठी भर माटी का आसरा लिए जीने वाली का क्या मान है, क्या अपमान? आप ही इस विपद से बचायें। जो भूखा-प्यासा पहुंचा है—आपका ही अतिथि है—मैं क्या करूं? मेरा इस पर क्या जोर है आपके बिना?

चंद्रभागा माटी के बर्तन में लपसी-दाल अतिथि को परोसने की बात सोच रही है। इस झोंपड़ी में जो ठिकाना लिए है, उसके पास और हो भी क्या सकता है! इसमें लज्जा की क्या बात है? चूल्हे की ओर गई। आवेग और आश्चर्य में स्तंभीभूत रह गई वह! सामने रखे हैं महाप्रसाद से भरे कुडुवा, हंडी वगैरह! कानिका (मीठे भात) दाल, बेसर (राई मिली तरकारी), खटा, खीर···। माटी के बरतन में प्रसाद परोसते-परोसते आंखें गीली हो गईं—'प्रभु तेरी इतनी करुणा मुझ पर! श्रीमंदिर में बैठ सारे संसार की दात-पुकार सुनते हो, अभागिनी चंद्रभागा की कातर विनती की ओर भी कान लगाए हो! कभी सपने में भी नहीं सोचा, यह संसार कभी हीन नहीं। हेय नहीं—निहायत ग़ैरजरूरी नहीं। मेरा जीना निरर्थक नहीं। अब जगन्नाथ के प्रेम पाश में बंध कर परम शांति में जीवन बिता दूंगी।'

गीतगोबिंद की पदावली की कोई पंक्ति गुनगुनाते हुए चंद्रभागा अतिथि के आगे प्रसाद परोस रही है। सारी झोंपड़ी में महाप्रसाद की महक भरी है। महाराज आश्चर्य में भरे पूछ रहे हैं, "टटका महाप्रसाद यहां किसने भेजा?"

चंद्रभागा ने नरम स्वर में कहा, "जो आपको यहां तक राह दिखा लाये, उन के सिवा कौन है मेरा? सब उन्हीं की महिमा है।" चंद्रभागा का स्वर रुंध गया। प्रसाद का कौर मुंह में लेते-लेते महाराज के नेत्र अश्रुसिक्त हो उठे। तो प्रभु की कृपा है मुझ पर! इस जाति पर है उनका आशीर्वाद! वरना मुझे यह दिव्य प्रसाद भेजने की चिंता न करते।

प्रसाद लेते-लेते महाराज की देह के क्षत मंत्रवत् लीन हो गए। टिमटिमाते दीप के प्रकाश में उनकी देह दिव्य कांति में झलमला उठी।

मुग्ध नेत्रों से देखते हुए चंद्रभागा सोचने लगी—"जरूर कोई महाप्रभु का वरपुत्र है! उनका आशीर्वाद पाकर जययुक्त होगा, एक क्षण सारी जाति महाराज की मृत्यु के शोक में टूट गई थी, इस जाति की विजय निश्चित है। यह युवक उस जाति का रक्षक होगा इसमें संदेह नहीं। उन्हें अतिथि पाकर जीवन धन्य हुआ है।"

महाराज के प्रसाद सेवन के बाद चंद्रभागा ने कुड़वा ले जाकर हाथी निशंक के आगे रखे। आदर से कहा, "इसके सिवा मेरे पास कुछ नहीं। इसी में संतोष करो! महाप्रसाद के अन्न का कण भर भी आतमा को परिपूर्ण कर देता है।"

निशंक समझने की तरह कुड़वा तोड़कर अन्न कण निकालने लगा। सूंड बढ़ाकर चंद्रभागा की समूची देह सहलाने लगा। चंद्रभागा रोमांचित हो गई; "निशंक ! यदि मेरी आयुष लेकर भी महाराज के प्राण बच जायें, कितनी सुखी होती ! उनके दर्शनों का सौभाग्य नहीं मिला, पर उनकी महानुभवता का परिचय मिला है। कौन कहेगा कि उनकी मृत्यु हुई है। कोणार्क निर्माता के रूप में वे अमर हैं। आज महाराज के हाथी की किंचित सेवा कर धन्य हो रही हूं !"

निशंक सूंड हिलाते-हिलाते चंद्रभागा की बातों में हामी भर रहा था। अपने प्रिय हाथी के साथ तरुणी की बातचीत सुन महाराज भी रोमांचित हो गए।

अपने लिए किंचित् प्रसाद रखना वह भूल गई। पर उसे क्षुधा ही कहां थी ? हृदय, मन, अन्तरात्मा सब कुछ किसी अपूर्व, अवर्णनीय परितृप्ति में भर उठे थे। रात की निर्जनता और सागर के गंभीर गर्जन में वह अपने हृदय में बजने वाला नया ही जीवन संगीत सुन रही थी। शोक, संताप, हाहाकार उसके अंतर से लीन हो गया।

महाराज ने कृतज्ञता में कहा, "देवि ! आप झोंपड़ी में विश्राम करें। मध्य-रात्रि बीतते ही युद्ध क्षेत्र की ओर प्रस्थान करूंगा। अब मैं पूर्ण स्वस्थ हूं। जगन्नाथ आपका मंगल करें।"

चंद्रभागा स्थिर हो वैसे ही खड़ी रही। शांत स्वर में कहा, "कहते हैं कल प्रातः महाराज की नश्वर देह राजधानी कटक पहुंचेगी। इसी उत्कंठा एवं वेदना में मेरी नींद उड़ गई है। आपको विश्राम जरूरी है। झोंपड़ी में आप विश्राम करें महाराज की आत्मा की सद्गति के लिए मैं प्रार्थना करूंगी।"

महाराज तरुणी की राजभक्ति पर अभिभूत हो गए। भाव भीने स्वर में कहा, "तुम्हारी कामना के बल से उनकी देह में प्राण संचार हो जायेंगे। वे पुनः युद्धक्षेत्र में शत्रु का मुकाबला करेंगे। किंतु इसके बदले तुम्हारी मृत्यु नहीं होगी, तुम्हारा नवजीवन प्रारंभ होगा। महाराज के प्रतिनिधि के रूप में कल तुम्हें राजधानी भेजूंगा। तुम्हारी राजभक्ति, देशप्रीति, अतिथिपरायणता का उचित पुरस्कार देने से देश का मंगल होगा। देवि, तुम्हारा परिचय ? कितने कष्ट से इस निर्जन सागर तट पर एकाकी जीवन बिता रही हो ? जान कर शायद दुःख लाघव कर सकूं।"

चंद्रभागा चुप ! जो डर अब तक छुपाया था, आज प्रत्यक्ष हो गया। यह दयालु उसे राजधानी ले जायेगा। महाराज के आगे परिचय देगा। कमल महा-राणा दुःख एवं अपमान में आहत होगा—पर मेरा दुःख क्या कम होगा ? समाज क्या मुझे कमल की वधू के रूप में स्वीकार करेगा ? एक बार जो घर से कदम बाहर रख चली गई है, कितनी ही निष्पाप हो। कुलवध का सम्मान नहीं पा

सकती। वरन् कमल लौट कर फिर सुख का संसार बसाये। यही समझ लेगा वह कि चंद्रभागा की मृत्यु हो गई है।

चंद्रभागा की नीरवता पर महाराज व्यथित हो गए। खिन्न स्वर में कहा, "जानता हूं, मुझ पर विश्वास नहीं होता। फिर मुंह बंद किये बिना कुछ कहे दुःख सहते जाना आदत बन गई है। जगन्नाथ चाहेंगे तभी मुझ पर विश्वास आयेगा—तुम्हारा दुःख दूर होगा।"

चंद्रभागा ने मन ही मन सोचा—"जगन्नाथ पर ही जिसे भरोसा है, वह किसी और पर क्या भरोसा करे? उसे दुख कैसा?"

महाराज झोंपड़ी के बाहर आ गए। शांत स्वर में बोले, "नारी को बाहर रख झोंपड़े में अन्दर विश्राम करना पुरुष का धर्म नहीं। देवि, अंदर जाइए। इस सागर तट पर, खुले आकाश के नीचे आराम से नींद आ जायेगी। इधर नील चक्र, उधर नील सागर—डर किससे?"

निशंक के पास महाराज ने बालू पर ही विश्राम किया। खूब ममता में निशंक सूंड फिराकर महाराज को सहलाता रहा। उन्हें नींद आ गई, चंद्रभागा झोंपड़े में जगन्नाथ का भजन गुनगुनाती कोई रास्ता खोजती रही।

महोदधि का गुरु-गंभीर गर्जन और आकाश के कुछ बिंदु वर्षाजल ने महाराज को गहरी नींद से उठा दिया। तब तक महोदधि के आलिंगन से लोहित गेंद आकाश की गोद में जा चुकी थी। महाराज ने सोचा—"प्रकृति कितनी उदार है—ठीक समय पर नींद से उठा दिया। और कुछ देर हो जाती तो समुद्र स्नान को आते पंडे-पढ़ियारी या कोई पहचान लेता! उनके जीवित रहने की खबर सारे राज्य में फैल जाती। यह समय आनंद उत्सव का नहीं है। नया जीवन पाने के लिए श्रीक्षेत्र की माटी का स्पर्श पाना जरूरी था। तुरंत युद्ध भूमि में लौट जाना होगा। विजय प्राप्ति के खयाल में मुसलमान सैनिक मद, मांस, नारी, नृत्य-गीत में सब कुछ भूल गए होंगे। अचानक हमला कर उन्हें दबाना होगा।"

पर इससे पहले इस करुणामयी नारी का कुछ करना होगा।

महाराज ने द्वार पर मृदु स्वर में कहा, "देवि! विजय दीप जलाकर विदा दें! शीघ्र लौटूंगा। फिर तुम्हारा दुःख दूर करना मेरा कर्तव्य होगा।"

झोंपड़ी का द्वार खुला है। अंदर अभी-अभी दीप जला है। निष्कंप शिखा। मानो उत्कल की विजय निशानी है। अंदर नारी का कोई अता-पता भी नहीं। कच्ची मिट्टी के दीये कोने में कुछेक पड़े हैं। महाराज ने घबरा कर चारों ओर आंखें फिरायीं। अलगनी पर इधर-उधर दो-एक साड़ियां झूल रहीं थी। एक पर महाराजा की निगाह टिक गई। संबलपुरी बंधेज की साड़ी पर कारीगरी में अनभूली स्मृति ताजा हो रही है। उस दिन हल्के प्रकाश में घोर जंगल मे मन्दिर प्रांगण में मूर्छित वधू चंद्रभागा का अर्धमुकुलित मुख···ऐसी ही बंधेज की साड़ी

की सूक्ष्मातिसूक्ष्म कारीगरी चमत्कृत कर गयी थी। महाराज को उत्कलीय प्रतिभा का परिचय दे रही थी। उत्कलीय कलाकारिता अप्रतिभ है, वे मन ही मन इस बात को हृदयगंम कर रहे हैं। इसी बीच चंद्रभागा की वह धुंधली छाया भूल चुके हैं। भूल-चुके हैं उसका मधुर स्वर—मगर नरसिंह के कवि प्राणों में उस दिन से अंकित हैं चंद्रभागा की कुंभ की झालर अंकित, मछली, शंख, पद्‌म, हाथी आदि का समावेश आंचल में, तो क्या वह चंद्रभागा है?

बात का ख्याल आते ही उनका मन आनंद में और करुणा के मिश्रित भाव में ओतप्रोत हो उठा। इतने दिन से जिसे मन ही मन खोज रहे हैं, आज अनायास उसे देख वे अवर्णनीय स्थिति में आ गए। कहीं यही साड़ी किसी और की तो नहीं।—या साड़ी की कारीगरी ठीक से याद नहीं—भ्रम तो नहीं हो रहा? यह पर्णकुटी में रहने वाली वैसी साड़ी तो नहीं पहनती? वरना चंद्रभागा के सिवा और कौन होगी?

महाराज झोंपड़ी से बाहर आकर इधर-उधर देखने लगे। विस्तीर्ण बालू पर प्रत्यूष की आभा मुरज डाल रही है। आस-पास कोई बस्ती नहीं दिखती। ऐसी सुनसान जगह बंधु-परिवार रहित जो नारी रहती होगी, वह चंद्रभागा के सिवा और कौन होगी? उफ् बेचारी! श्रीक्षेत्र में माटी के दीये बेचकर परम वैष्णवी बनी जीवन बिता रही है। आज फिर मेरे कारण इसकी शांति खो गई है!

महाराज निशंक की पीठ पर बैठे। सागर तट की भीगी बालू पर छोटे-छोटे निशान दूर तक चले गए हैं। किनारे-किनारे वह किस अजान जगह की ओर गई है। अधिक दूर तक नहीं गई होगी। कम से कम एक बार जाकर उसे बता देते कि उसके जीवन स्रोत में जो विक्षुब्ध भंवर पैदा हुई, फिर कभी नहीं होगी। श्रीक्षेत्र में परम वैष्णवी के रूप में शांति से रहे—जगन्नाथ भक्ति रस में डूबी—सुखी रहे। जगन्नाथ की आश्रित श्रीक्षेत्र वासिनी चंद्रभागा को और इससे अधिक दिलासा क्या दी जाय···

कुछ दूर जाने के बाद महाराज के आशायी हृदय में निराशा भर गई, उन नन्हें-नन्हें निशानों को सागर की लहरों ने धो डाला है। लगता है उस निष्पाप नारी की पदरेणु पाने को सागर भी असीम व्याकुलता में था। सागर की उत्ताल लहरें तट पर माथा पीटती हुई उसे चंद्रभागा को गोद में लेना चाहती हैं। चंद्रभागा की पवित्र देह को तरंग-बाहु फैला कर समेट लेने को उतावला है सागर!

राजा नरसिंह देव अपलक देख रहे हैं सागर तरंगों को—'हे रत्नाकर! लौटा दो मेरी जीवनदात्री चंद्रभागा। यदि चंद्रभागा को गर्भ में धारण किये बिना तुम्हारा नाम सार्थक नहीं होता—तो उसे सहेजकर रखना—दुनिया के निर्मम अंधविश्वास से, निष्ठुर अविचार से दूर बचा कर रखना।'

महाराज ने दिशा बदली। ढूंढते-ढूंढते सागर तट पर चलने की घड़ी अभी नहीं है। प्रभात से पहले युद्धक्षेत्र पहुंचना जरूरी है। चंद्रभागा का मूल्य कितना ही अधिक हो, देश की स्वतंत्रता उससे कहीं अधिक मूल्यवान है। आज का यह दिन —इसका हर पल कीमती है। नीलचक्र को भोर की किरणें स्पर्श कर रही हैं। प्रणाम कर महाराज दृढ़ चित्त से निशंक को मार्ग दिखाने लगे। और महाराज के अपने मार्गदर्शक हैं—वे ही नीचाचल बिहारी जगन्नाथ—अदृश्य रूप में।

यह सपना नहीं सच है! अजेय उत्कल के अपराजेय नरपति नरसिंह की मृत देह की जगह—लौट रहे हैं स्वयं नरसिंह देव! इतिहास प्रसिद्ध इस युद्ध में बंगाल के शासक और दिल्ली के सुलतान की सम्मिलित वाहिनी को एक दम ध्वस्त कर दिया जगन्नाथ के अदृश्य सेनापतित्व में उत्कलीय पाइक वाहिनी ने। उत्तर भारत की विशाल मुसलमानवाहिनी के ऐसे घोर विपर्यय एवं नरसिंह की अभूतपूर्व विजय सिर्फ जगन्नाथ की अपार कृपा से ही संभव हुई! हर उत्कलीय के हृदय से यही बात स्पंदित हो रही है। सर्वत्र "जय जगन्नाथ" की ध्वनि ही सुनाई पड़ रही है। वरना मृत नरपति भी कभी पुनर्जीवित होकर युद्ध में अवतरित हो सकते हैं।

सिर्फ उत्कल ही नहीं समूचा पूर्वी खंड जिसमें उत्कल, आंध्र का उत्तरी अंश, मध्यदेश का पूर्वी भाग, बिहार का दक्षिणी अंश, समूचा बंग, कामरूप एवं मणिपुर में जगन्नाथ की जयजयकार होने लगी। शताधिक जगन्नाथ मन्दिर निर्मित हुए। मुसलमानशासति बंगल में भी जगन्नाथ जी की द्वादश यात्राओं को समारोह पूर्वक मनाया जाने लगे।

गंगवंश के कुलदेवता थे महेंद्रगिरि स्थित गोकर्णेश्वर। परम वैष्णव गंग नरेश नरसिंह तो जगन्नाथ को ही कुलदेवता मान उनकी शरणापन्न हुए। उत्कल के राजा हुए स्वयं जगन्नाथ। उत्कल की स्वाधीनता के रक्षक रूप में जगन्नाथ के पर्वों के पालन की व्यापक व्यवस्था हुई। पुरुषोत्तम धाम की ख्याति चारों ओर प्रचारित हो गई।

मां गंगेश्वरी का ध्यान कर मूर्छित हुई पड़ी थी महारानी। स्वप्न में दर्शन दे रही हैं—'मां गंगेश्वरी सौभाग्य सिंदूर लगा रही हैं!' होश लौट आया। इधर द्वार पर महाराज उपस्थित हैं! धरित्री और मौसमी के महामिलन लग्न में आद्य आषाढ़ की वारिधारा झर पड़ी महारानी के नेत्रों से होकर। शुष्क नीरस धरती हो गई शस्य-श्यामला!

महाराज के आगमन का संवाद प्रचारित होते ही मंगल कामना की जा रही है। इसी समय मुखशाला के आगे द्वार तोरण में लोहे की कड़ी पर सात सौ बयालीस मन का काले ग्रेनाइट पत्थर पर खुदा नवग्रह प्रतिष्ठित हो रहा है। नौ प्रकोष्ठ में प्रत्येक में एक-एक में ग्रह मूर्ति मानव चिंतन का प्रत्यक्ष रूप पाकर

खोदित हुआ है। बांई ओर से रवि, चंद्र, मंगल, बुध, बृहस्पति, शुक्र, शनि, राहु एवं केतु की पद्मासन में विराजित अलंकार रचित मूर्तियां मानो अजेय उत्कल को अभय दे रही हैं।

राजधानी में आते ही महाराज ने महारानी को साथ लेकर कोणार्क की ओर प्रस्थान किया। नवग्रह के सामने आकर नतजानु हो प्रणति की। ग्रहशांति के लिए शांति होम, यज्ञ, पूजा, उपासना जारी था कोणार्क प्रांगण में।

शिल्पी विशू महाराज की विजय वेश में मूर्ति खोद रहे हैं। गंभीर स्वर में आदेश दिया, "यह विजय जगन्नाथ की है। श्रेष्ठ योद्धा है प्रिय हाथी निशंक। इसी के कारण मैं पुनर्जन्म पाकर लौट रहा हूं, शिल्पी, पहले इसकी मूर्ति खोदित हो! युद्ध में जो जिन हाथी-घोड़ों ने प्राण बलि दी है—कोणार्क की दीवारों पर उनके चित्र अंकित हों। तब कोणार्क विजय स्मृति मंदिर होगा।"

धन्य है वह नरपति जो पशु की महानता को भी सम्मान देता है! विशू महाराणा ने युद्धहस्ती निशंक की मूर्ति उत्कीर्ण करने का आदेश शिल्पियों को दे दिया।

मुखशाला के उत्तर द्वार की सीढ़ी पर दोनों ओर निशंक के अनुरूप ही विराट् युद्धहस्ती स्थापित हुए। युद्ध के सरंजाम से सजा, उसके पेट के नीचे से सांकल गई है—वह सचमुच की लौह सांकल का भ्रम पैदा कर देती है। हाथी अपनी सूंड से शत्रु पक्ष के सैनिक को दबाये है। हाथी के पांवों तले कुछ और सैनिक दबे हैं।

महाराज निशंक की प्रीतिमूर्ति देख मुग्ध हो उठे। शिल्पी की प्रशंसा कर कह उठे, "निशंक युद्ध में ऐसे ही वीरता दिखा रहा था। पर उसकी लौह सांकल तो खोल दो! वह कभी अविश्वस्त या स्वेच्छाचारी नहीं हुआ। वरन् युद्ध में तो मेरा परम विश्वस्त सहायक रहता है। उसकी लौह सांकल देख कष्ट हो रहा है।"

नतजानु शिल्पी कहने लगा, "महाराज, क्षमा करना! हाथी के साथ ही प्रस्तर की सांकल भी खुदाई की गई है। निकाल लाना संभव नहीं। ऐसा करने पर निशंक क्षत-विक्षत हो जायगा।"

लौह सांकल विस्मित नेत्रों से देखते रहे महाराज—"धन्य हो शिल्पी! धन्य है कला! यह असली सांकल हटा देने पर वह कभी आहत नहीं होगा—मैं क्षताक्त हो जाऊंगा। भास्कर्य की उत्कर्षता में यह सांकल मुझे भी प्रिय लग रही है!"

दक्षिण द्वार के सामने की सीढ़ी के पास युद्ध अश्व खोदित हुए। इनके कारीगरों को विशेष सम्मान दिया गया।

धीरे-धीरे कोणार्क पूरा हो रहा है। जीवन की अपूर्णता की ओर बढ़ रहा है कमल महाराणा। राजा नरसिंह चंद्रभागा के लिए उतने नहीं, जितने कमल के लिए चिंतित हैं।

कमल महाराणा की साधना के लिए उसे क्या पुरस्कार दिया? बार-बार चंद्रभागा सामने आकर भी छूट गई! अजेय नरपति चंद्रभागा के आगे पराजित होते रहे! यह जलन दूसरा कोई क्या जाने!

पुरी अष्ट पाटणा के चारों ओर भगवती कोट, नागा कोट, मरिच कोट, इंद्रद्युम्न कोट—ये चार दुर्ग हैं। श्रीमंदिर की सुरक्षा के लिए क्षेत्ररक्षी वहां अवस्थापित हैं। संदेहजनक किसी व्यक्ति को प्रवेश करते देख या बाहर निकलते देख उसे रोकने की पूरी व्यवस्था है। चारों द्वारों पर एक-एक घाट पृष्टि हैं। घाट छोड़ने का पत्रक देखे बिना पुरी में प्रवेश नहीं किया जा सकता।—या संतोषजनक उत्तर दिये बिना प्रस्थान नहीं कर सकता कोई!

अकेली चंद्रभागा अंधेरे में मुंह छुपा शहर नहीं छोड़ सकती। राजस्व वृत्ति पाकर रात्रि में पहरेदार बस्तियों में घूमते रहते हैं—उनकी बही में चंद्रभागा का कोई नाम या पता नहीं। तो फिर किस रास्ते वह लीन हो गई!

राजा नरसिंह युद्ध से लौट नवग्रह शांति होम की पूर्णाहुति दे, पुरुषोत्तम क्षेत्र आ गए। जगन्नाथ के चरणों में भक्ति-श्रद्धा अर्पित की और विचारा कि चंद्रभागा का अब अन्वेषण कराया जाय।

राजा नरसिंह सोचते हैं—'इस युद्ध में जगन्नाथ की ही विजय हुई है। मैं तो निमित्त मात्र हूं। अचानक शत्रु की तलवार से क्षत-विक्षत हो गया था। खून बहने के कारण तो बेहोश हो गया। श्याम वर्ण की कोई ज्योति उस घोर तमिस्रा में जल उठी। नीलकांत मणि की तरह श्यामल देवशिशु हाथ पकड़कर उठा रहा था! फिर कैसे श्रीक्षेत्र आ पहुंचा! चंद्रभागा की सेवा से स्वस्थ हो फिर लौटा युद्ध भूमि में—शत्रु दलन किया—कितनी विस्मय और रोमांच की कथा है!'

'रहस्यमय जगन्नाथ के सिवा यह सब कौन कर सकता है! धर्मयुद्ध में वे युग-युग में सारथी होते आये हैं!'

रत्नवेदी पर हस्तपदहीन अचल महामेरू जगन्नाथ विराज रहे हैं। रंगा-अधर मृदु-हास रहस्यपूर्ण कर रहे हैं, पाद नहीं—कैसे रत्नवेदी छोड़ जाता, हाथ नहीं—कैसे स्पर्श करता! कर्ण नहीं कैसे तेरी आर्त पुकार सुनता? हे वीर! कर्म ही भगवान है—मनोबल ही ईश्वर है, आत्मविश्वास ही पथप्रदर्शक है। करते जाना—धर्मयुद्ध में पराजय नहीं होती।'

महाराज रत्नवेदी के आगे नतजानु पूछ रहे हैं, "प्रभु! चंद्रभागा को कहां गोप्य कर रखा है? जल, थल, आकाश, त्रिभुवन में ढूंढूंगा। कमल महाराणा का सोलह वर्ष का साधनापूर्ण जीवन चंद्रभागा बिना कैसा होगा?"

रंगा अधरों पर मंद-मधुर-हास ! वह नीरव भाषा महाराज के कानों में गुंजरित हो उठी—नदी अपनी राह बह जाती है। किसी के बनाये रास्ते जाकर सागर में नहीं मिलती। नदी-पथ का ठिकाना खोजते चलोगे तो वन में कहीं रास्ता भूल जाओगे। राजन् ! तुम्हारी युद्धभूमि प्रतीक्षा करती है, यह घोर अरण्य नहीं।

महाराज अश्रु संवरण करते विनती कर रहे हैं, "प्रभु, अंतर्यामी, चंद्रभागा यदि जीवित है, कमल महाराणा से भेंट करा देना। यदि नहीं, तो उसे अपने चरणों में स्थान देना। इस अंधे समाज ने बिना कसूर के उसे तरह-तरह की यातना दी है। कम से कम उस पार तो शांति मिले।"

घूमते-घूमते वे दीप बेचने वाली स्त्रियों को देख रहे हैं—'सब वयस्क हैं, श्रीहीन हैं। चंद्रभागा भला इनके साथ बैठ दीप बेच सकती है ? होती, तो उस पुण्यवती ब्रह्मचारिणी से दीप लेकर प्रभु के आगे अर्पित करता।'

महोदधि तीर पर उसी जगह खड़े हुए देख रहे हैं—छोटी-सी झोपड़ी यहीं कहीं थी ! तूफान ने कुछेक के तिनके भी साफ कर दिए हैं। चंद्रभागा के निशान कहां मिलते !

वह तट भूमि चंद्रभागा बिना समूची उजाड़ लग रही है।

उत्तर द्वार पर ऊंचे मंडप पर निशंक और निर्भय की मूर्तियां स्थापित हुई हैं। कोणार्क के पतन के समय दोनों बालू के ढेर में दब गए। काल के कराल हाथों ने इन्हें क्रमशः क्षय किया है। विशाल हाथी के पूंछ और कानों को सहला रही है प्राची। चार्ल्स ने प्राची की एक फोटो खींच ली। मृदु हंसी में कहा, "यह भाव कितना चमत्कारपूर्ण है ! आहत महाराज की सेवा के समय चंद्रभागा के चेहरे पर ऐसे ही मधुर प्रेम खिल उठा होगा।"

प्राची ने हलके स्वर में कहा, "वो प्रेम देशप्रेम के सिवा कुछ नहीं। निशंक ने उस दिन वह देशभक्ति और साहस न दिखाया होता तो उत्कल की स्वाधीनता का सूर्य लुप्त हो जाता। तभी तो निशंक से प्रेम हो जाता है। चंद्रभागा आहत योद्धा को प्रेम करते-करते कह गई उनकी वीरता, साहस और देशप्रेम की बात।"

"बेचारी चंद्रभागा ! देशप्रेम और विभुप्रेम के सिवा क्या सांत्वना थी उसके जीवन में।" गहरी सांस छोड़ी चार्ल्स ने।

चित्रोत्पला फूलों की डलिया लिए दीवार पर धीरे-धीरे चली आ रही थी। चाल में अजीब एक छंद है। अब और पहले की तरह उछलती-कूदती नहीं। धीर-मन्थर है गति। चेहरे पर भी कोणार्क वाली नृत्यशैली खिल रही है। आज-

कल बात-बात में क्रीड़ा भाव खिल उठता है। पलक झुकाये ही वह चार्ल्स से बात करती है। धीरे से कहती, "सा'ब, बस कुछ दिन और कोणार्क में रह जाओ! अगले बैशाख में लगन···"

वह हंसकर कहता, "रहूंगा। काम पूरा होने पर भी रहूंगा। इस वर्ष रथ-यात्रा देखे बिना नहीं लौटना। अतः तेरे विवाह को देखकर जाऊंगा। यहां पर भोज खाऊंगा।"

"गरीब के घर कैसा भोज! किसी तरह सिर का बोझ उतार बापू हलके होना चाहते हैं। पौष में शांब दशमी के दिन खूब फूल बिके हैं। अगले माघ मेले में वैसी ही बिक्री हो गई तो आराम से ब्याह हो जायगा। चंद्रभागा मेले के बाद फूल बेचना खत्म। फिर घर छोड़ना नहीं होगा। अब लगन में कितने दिन रहे!" चित्रोत्पला के गाल पर अबीर की मूठ लगती। माथे पर आंचल आगे कर लेती है। आजकल माथे पर अंचल करने लगी है।

चार्ल्स पूछता है, "तो प्राची का विवाह कब होगा?" चित्रोत्पला जीभ दबा लेती। आंखें फाड़-फाड़ कहती हैं, "ना, ना ऐसा न कहना। सुनेगी तो दी' गुस्सा होगी। विवाह के नाम पर वह गुस्सा हो जाती है!"

उदासी में वह पूछता है, "तेरी दी' तो परम वैष्णवी हैं। सोचता हूं मैं भी वैष्णव हो जाऊं। दी' से दीक्षा ले लूं। दी' तेरी राजी होंगी न?"

चित्रा ने उत्साह में कहा, "पूछ लूं?"

हंसकर चार्ल्स ने कहा, "रहने दो। समय आने पर देखा जायगा।"

पर वह बात कभी नहीं पूछ पाया। हालांकि इससे पहले वह लड़कियों से साफ-साफ बात करने का आदी था। प्राची और लड़कियों से अलग है। और लड़कियों से जो संपर्क बनाता, यहां वह संपर्क भी कुछ अलग ही है। चार्ल्स जीवन-संगी बनाना चाहता है प्राचीप्रभा को। भारतीय पति-पत्नी के संपर्क और पारिवारिक संबंध चार्ल्स के स्नेह के लिए तरसते मन में गहराई से छा गए हैं। प्राचीप्रभा जिसकी भी पत्नी होगी, मेरी मां की तरह ज़रा-सी बात पर कभी तलाक नहीं लेगी। यह कोई कम बात नहीं!

युद्धहस्ती मंडप से प्राची कब की उतर चुकी है। चार्ल्स को अनमना देख पूछा, "क्या हुआ? कोई बात है?"

सावधान होते हुए हंस पड़ा। दूर खड़े धर्मानंद को दिखाकर कहा, "हां, धर्मानंद की बात सोचता हूं। इसने खूब उन्नति कर ली है। कमाई भी बढ़ गई। अच्छा खा-पी लेता है। कपड़े हैं। मजे में है। भग्न कोणार्क कितने लोगों की जीविका का साधन बन गया है!"

मगर इस बात पर प्राची उदास हो गई—अच्छा खाता-पीता है। चाल ढाल चेहरा-मोहरा बदल रहा। बहन का विवाह किया। एक भाई को पढ़ा रहा है।

पंद्रह वर्ष के चपल बालक ने अपनी दुनिया का बोझ उठाया है, इससे वह टूटा नहीं। सिर्फ कोणार्क के नंगे चित्र बेचकर ! प्राची को सोच कर थोड़ा कष्ट होता। अपने देश की कला-संस्कृति को विकारग्रस्त लोगों की अवदमित वासना में आहुति की तरह डालकर पेट भर रहा है धर्मानंद ! अपनी मां-बहिनों के अनावृत शारीरिक सौंदर्य को भी कभी बेच सकता है वह पैसों के बदले में !—खाने-पीने के लिए !

प्राची कहती, "धर्मू ! यह सब छोड़ दो ! और तरह के कलात्मक चित्र बेचकर कमाई करो। ऐसे चित्र चुन-चुन कर तुम कला को विकृत कर रहे हो—देश की संस्कृति को औरों के आगे इस तरह बिगाड़ रहे हो।"

धर्मानंद हंस कर कहता, "दी' ! मैं देश, जाति, कला, संस्कृति कुछ नहीं जानता। बस भूख, प्यास, गरीबी, अभाव की बात जानता हूं। इन्हीं से लड़ने के लिए इसके अलावा दूसरा कोई रास्ता नहीं दिखता।"

प्राची कोई उत्तर नहीं दे पाती। मगर धर्मानंद आराम से है—इस बात पर सुखी नहीं हो पाती। इतना समझती है कि धर्मानंद की बात अकाट्य है। सच भी कभी-कभी असह्य और क्रूर होता है।

नवग्रह मंदिर में दीया जलाने वह आगे बढ़ गई। आज शनिवार है। काफी यात्री पूजा के लिए जमा हुए हैं।

चित्रा से फूलों का हार लेकर चार्ल्स ने प्राची की ओर बढ़ा दिया, कहा, "मेरे भी ग्रह-शांति के लिए चढ़ा देना" वह उसे आश्चर्य से देखने लगी।

चार्ल्स ने हंस कर कहा, "यहां आदमी को आदमी मन खोल कुछ नहीं कह पाता। अतः पत्थर पर भरोसा करता है। औरों तक मन की बात पहुंचाने की खातिर पत्थर को माध्यम बनाना पड़ता है जब तक यहां हूं, यहां का चलन मानना ही होगा।"

प्राची को चोट लगी। म्लान पड़ गई वह। आहत स्वर में बोली, "किसे कहते हो पत्थर ? नवग्रह की महिमा तुम नहीं जानते। सुनोगे तो विश्वास नहीं आयेगा ! कोई कहानी नहीं—इतिहास की बात है !"

चार्ल्स कौतूहल में देखता है प्राची की ओर। दक्ष गाइड की तरह समझाने लगी—"काल ग्रेनाइट पत्थर के नवग्रह पाट को कलकत्ता म्यूजियम ले जाने की सरकार ने भरसक कोशिश की। सौ गज भी न ले जा सके। सारी चेष्टा विफल हो गई। तीन टुकड़े कर दिए। एक-तृतीय में नवग्रह मूर्तियां खुदी थीं। उसे भी ले जाने की कोशिश की। मगर विफल रहे। नवग्रह की पूजा होने लगी कोणार्क में। भारत में पत्थर में भी आत्मा है चार्ल्स ! देवी शक्ति है ! पत्थर में परमात्म सत्ता की तलाश करना भारतीय भक्तिमानस का परिचायक है। तुम भी विश्वास करोगे तो पत्थर में ही परमात्मा को पा सकोगे।"

वह हंस पड़ा।

यों ही मजाक में कहा, "प्राची ! तुम्हारा वैष्णवी रूप देखना बाकी है। कब अपना आश्रम बना रही हो ? हमारे देश में चलो। शिष्यों की कमी नहीं रहेगी। अर्थ की कमी नहीं होगी आश्रम के लिए।"

वह आहत हो गई। बात को संभालते-संभालते हंस पड़ी, "आश्रम के लिए डालर नहीं चाहिए। यहां चाहिए लकड़ी बल्लम, घास-फूस, माटी और मन की भक्ति व विश्वास। इन सबका तो मेरे देश में अभाव नहीं। फिर वहां जाने की क्या जरूरत है ?"

चार्ल्स ने हंस कर कहा, "ठीक से समझी नहीं। किसी तरह मैं तुम्हें अपने देश ले जाना चाहता हूं। सोचा था यह प्रस्ताव आकर्षक लगेगा।"

प्राची हंस पड़ी, "इच्छा तो मेरी भी होती है दुनिया देखने की। सारी इच्छाएं किसी की पूरी होती हैं कभी ? इच्छाओं को लगाम लगाकर न रखें तो आदमी राह, नीति, धर्म सब भूल जाता है—पांव फिसल जाता है—लड़खड़ा जाता है। इन सबसे मुझे डर लगता है।"

प्राची नवग्रह मन्दिर में चली गई। भोग लगाया। चार्ल्स का हार चढ़ाया। प्रणाम कर कहा, "प्रभु चार्ल्स के मन में शांति दें, सुख दें, स्थिरता दें।"

लौटते समय याद आया—आज तो सिर्फ चार्ल्स की बात ही कही है। अपना कुछ याद ही न रहा इस यायावर के बारे में कहते समय। तो क्या अपने से अधिक उसे चाहने लगी ?

चार्ल्स की ओर भोग बढ़ा दिया।

उसने लेकर चार्ल्स ने कहा, "हमारे देश लौटोगी तो और सब तो होगा बस यह दृश्य नहीं मिलेगा। भारत में यह मुझे सबसे ज्यादा इंटरेस्टिंग लगा।"

"वो क्या ?"

"यही पुजारिन का वेश ! उसके चेहरे पर करुणामयी जननी की महिमामयी आभा ! कभी अपनी मां में यह रूप नहीं देख पाया। तुम्हें इस वेश में देख एक अजीब वासना पैदा हो रही है। मन करता है तुम मेरी मां बन जाती !"

प्राची हंस पड़ी, "यह कोई अजीब नहीं है चार्ल्स ! अभी भी मां समझ सकते हो। भारतीय संस्कृति में कोई आदमी विवाहित नारी को मां की दृष्टि से और अविवाहित को बहन के रूप में देख सकता है। यही नियम है।"

"पर तुम तो विवाहित नहीं हो। मां-सी उमर भी नहीं हुई है अभी।" चार्ल्स ने कहा।

प्राची कुछ अप्रतिभ हो उठी। बात को बनाने के लिए हंस पड़ी। "मैं धर्मानंद की मां हूं। वह भी मेरे बेटे की उमर का नहीं। स्वयं को मां सोचने के लिए कोई उमर सीमा नहीं होती ! चार्ल्स, मातृत्व की भावना से जीवन धन्य करने के लिए विवाह की जरूरत नहीं। महाभारत में कुन्ती, सत्यवती, बाइबल में मदर

मेरी विवाह से पहले मातृत्व से मंडित हुई हैं।"

चार्ल्स ने कुछ खीझकर कहा, "इंपासिबल ! मैं तुम्हें मां नहीं कह पाऊंगा।"

"मुंह से न सही मन से सोचना। हर बात मुंह खोलकर नहीं कही जाती। आदमी-आदमी में संपर्क के लिए संलाप की जरूरत नही होती। भावों का आदान-प्रदान भाषा बिना भी होता है।" एक सांस में कह गई।

चार्ल्स ने लंबी सांस लेकर कहा, "खैर ! मुंह से न कहने पर भी मन में तुम्हारा आसन दृढ़ हो।"

"धन्यवाद ! तुम-से मेधावी पुत्र को पाकर गर्व होगा।" हंस कर वह बोली।

चार्ल्स ने कोई उत्तर नहीं दिया। लंबे-लंबे डग भरते हुए धर्मानंद के पास चला गया। इसी बीच वह काफी बड़ा हो गया है। उसके कंधे पर हाथ रख चार्ल्स ने मित्रता के स्वर में कहा, "मिस्टर धर्मपद ! खुशी है कि तुम मजे में हो। मेरा रिसर्च पूरी होने वाला है। जाने से पहले तुमसे एक अनुरोध है। चित्रोत्पला के विवाह के चित्र तुम उठाना। विवाह की सारी विधियों के चित्र। मैं साथ ले जाना चाहता हूं। भारतीय नारी का वधूवेश का दुनिया के आकर्षक चित्रों में स्थान होगा। तुम्हारी दी' का वैसा कोई चित्र मिलता तो मजा आ जाता। हालांकि मेरे लौटने से पहले इनकी शादी नहीं हो रही। चित्रोत्पला के विवाह के पूरे चित्र लेना। पैसे सारे मैं दूंगा। फिकर मत करना !"

"मुझे क्या ऐतराज है ? मगर चित्रा राजी हो, तब न ! आजकल पता नहीं क्यों मुझ पर वह अधिक नाराज है। शायद दो पैसे कमाने लगा इसलिए ईर्ष्या करती हो मगर सा'ब, वह नहीं समझ पाती कि अब भक्त घट रहे हैं। टूरिस्ट बढ़ रहे हैं। नवग्रह पूजा करने यहां कोई नहीं आता। यहां की कला देखने आते हैं। खासकर मिथुन मूर्तियों को। अत: उसके फूल उतने नहीं बिकते जितने मेरे फोटो।"

चार्ल्स कुछ नहीं बोलता। दीवार पर धीरे-धीरे चलती है चित्रोत्पला। खाली डलिया लिए। अस्त सूर्य का अबीर उसे घेरे हुए है। मानो सुनहली जरी का काम घेरे है उसे ! मुग्ध हुआ धर्मानंद उसे देख रहा है। चार्ल्स ने सोचा यह वाग्दत्ता किशोरी ईर्ष्या क्यों करेगी ?

चित्रोत्पला को विदा कहकर हाथ हिलाये चार्ल्स ने। तिरछे देख चित्रा ने शोख हंसी हंस दी। सिर हिलाकर विदा दी। स्वागत में चार्ल्स कहने लगा— "चित्रा, अगर विवाह तुम्हारे जीवन का श्रेष्ठ सपना है, तो उस दिन तुम्हारे आनंद में जरूर भाग लूंगा। अमेरिका लौटने से पहले देखना है चित्रा का विवाह और जगन्नाथ की विश्वविख्यात रथ यात्रा। यायावर की दिनलिपि में दोनों घटनाएं लिपिबद्ध होकर रहेंगी।"

12

आषाढ़ शुक्ल द्वितीया। प्रभु श्री जगन्नाथ की 'घोष यात्रा' श्रीगुंडिचा यात्रा! बाईस पावछ पर झूलते-रपटते आ चुके हैं; तीनों ठाकुर। महाखला (रथदांड) पर सिंह द्वार से बलगंडी तक प्रभु को आसीन करने के लिए सोलह चक्कों, चौदह चक्कों, और बारह चक्कों वाले तीन रथ हैं। मालिनी नदी (बड़ नदी) के उत्तर में मौसी मां—'गुंड़िचा' का घर है, 'आड़ मंडप' है। इंद्रद्युम्न पाटना में तीनों रथ प्रभु की प्रतीक्षा में खड़े हैं। बलगंडी में रथ पहुंचे तो दोल चाप में नदी पार कर तीनों ठाकुर नदी के उस पार जायेंगे। वहां चार चकिया पाटना रथ में आरूढ़ होकर तीनों भाई गुंड़िचा मंदिर के प्रांगण तक जायेंगे।

बड़दांड पर विशाल जन समागम। नीलाद्रि बिहारी गोलोकनाथ के प्रति भक्ति में विह्वल लोग छलछलाये नेत्रों से गद्गद देख रहे हैं।

महाराज नरसिंह के राजत्व में नीलाद्रिनाथ की यह घोष यात्रा प्रभु की विजय घोषणा कर रही है। विजय घोषित कर रही है समूची उड़िया जाति की। देश में पूर्व, पश्चिमी, उत्तर, दक्षिण मुसलमानों द्वारा कवलित। भारत का अंतिम स्वाधीन राज्य जगन्नाथ का देश उत्कल बचा है। इसकी स्वाधीनता बचाये रखे हैं स्वयं प्रभु जगन्नाथ!

युद्ध जय का उल्लास, महाराज की पुनर्जीवन प्राप्ति, कोणार्क सूर्य मंदिर की समाप्ति से पहले वाली पुलक, श्री गुंड़िचा घोष यात्रा का आनंद-पुलक··· इन सबमें निनादित हो रहा है। सींगी, पटह, डमरू, घंट, घटा, करताल, वीणा, नूपुर ध्वनि में वेदध्वनि, भक्तों के भजन-कीर्तन, महास्रोत बनकर पृथ्वी से आकाश तक प्रवाहित हो रहा है—निम्न से उर्ध्व गति कर रहा है। प्रभु की छलकती विश्वमय आंखें अगर देख लें तो फिर असंभव क्या रह जाता है। यदि स्रोत की गति अनवरत निम्न से ऊर्ध्व की ओर कर जाती है, इसमें विचित्र भला क्या है? प्रलय प्रयोधि संसार पारावार की अगाध जलराशि में डूबी आत्मा छटपटा रही है करूणाप्रवण परमात्मा के साथ मिल जाने के लिए।

सुख, दु:ख, मिलन-विरह, जय-पराजय, यौवन-जरा, प्राप्ति-खोना, आशा-निराशा से बहुत ऊपर विमुग्ध भक्त की आत्मा स्तब्ध होकर प्रतीक्षा कर रही है स्वयं निर्मित उस दारू ब्रह्म पुरुषोत्तम विग्रह की!

कामना, वासना, भोग-लालसा सब उस क्षण भूल जाता है। भक्त मानस में गुंजरित हो रहा है:

"रथेतु वामनं दृष्ट्वा पुनर्जन्म न विद्यते।"

ज्ञान, गरिमा, स्वाभिमान, अहं आदि छोड़कर उस परम मुहूर्त में भक्तगण उन परमपद में लीन होने को व्याकुल हैं। इस जाति के गर्व, गौरव, त्राणकर्त्ता,

रहस्यमय पुरुषोत्तम का पतित पावन वेश देखने बड़दांड पर उद्वेलित हो रही हैं। जन समुद्र की भाव तरंगें। प्रभु पतित पावन विराजमान हो रहे हैं। जाति, धर्म का भेद भूल भक्तजन आपस में गले मिल रहे हैं, जयजयकार कर रहे हैं। कौन किससे भिन्न हैं। सभी अभिन्न हैं। एकाकार वही एक मात्र लक्ष्यस्थल है, निर्वाण तीर्थ पदारविंद में!

परम वैष्णव महाराज ने पद्मक्षेत्र में रथ देवल बनाया है। पुरुषोत्तम के रथ में बाह्य भाग को अति रमणीय ढंग से बनाया है। चोड़ गंगदेव और अनंग भीमदेव के शासन में अमरावती कटक से लकड़ी लाकर रथ बनाया जाता था। नरसिंह ने त्रिभुवन सुंदर अरण्य से रथ का काष्ठ मंगवाया। रथ काष्ठ काटने वाले नायक दामोदर महापात्र राजाज्ञा के अनुसार नदी में बेड़ा बनाकर रथ काष्ठ लाये। इसके लिए प्रजावत्सल महाराज ने सिरोपाव देकर दामोदर महापात्र को सम्मानित किया। अनंग भीमदेव ने छत्तीसा नियोग की व्यवस्था करवा दी थी—रथयात्रा के लिए। नरसिंह देव ने हरवंशपुर मौजे में करोतियों के लिए करोतसाही, चित्रकारों के लिए चित्रकार साही, बलगंड़ी के आगे माली साही बसाई रथ सजाने के लिए। चित्रकार ही तो रथ को सुंदर सजाते हैं, माली उसे फूलों से सजाने का कार्य करते हैं।

बड़दांड़ पर खड़े हैं तीनों रथ—नंदीघोष, तालध्वज और देवदलन। काश्मीर राज्य को दूत भेजकर सुरुबुलि साल के चंदोवे मंगाकर रथों को सुन्दर चांदनी से सजवाया था नरसिंह देव ने। रथों पर सुनहले तीन बेंट की ध्वजा वाला कलश लगा दिया गया है। कनक मंडाई की जगह झलझलाता रत्न चंदोवा उड़ाया गया है। दक्षिण पवन में पताका फहरा रही है फर-फर। वह मणिमा महाप्रभु के रथ को शोभित कर रही है। एक और छोटे रथ पर वदंतरि रथ घंट वाद्यकार गण आगे-आगे चल रहे हैं। इस रथ को घोड़े खींच रहे हैं। चावल नारियल का भोग लगाया जा रहा है। भक्त उस भोग को बांट रहे हैं।

नरसिंह देव पधारे हैं। महाराज स्वयं रथ रज्जु थामेंगे और तदनंतर अन्य भगतगण[1] खींचेंगे। भगतों के खीचने के बाद छः सफेद हाथी बत्तीस हाथ तक रथ को खीचेंगे—बलगंड़ी-छता तक ले जायेंगे। फिर मालिनी नदी पार होकर तीनों देव जायेंगे मौसी मां के घर। सारथी बागडोर खींच चुके हैं।

मणिमा नरसिंह ने रथडोर थाम ली है। हरिबोल, हुलुध्वनि, वाद्यनाद से रथ दांड कांप रहा है, आकाश और पवन निनाद में भर गए हैं। मेदिनी दुलक रही है, वसुधा काँप रही है। मन, प्राण, हृदय स्पंदित हो रहे हैं। नंदिघोष घरघरा उठा। रथारुढ़ मैत्रीदेव की हृदय कंदरा में स्पंदन जाग रहा है भक्तों के लिए। धीरे-धीरे

1. भगतगणः—जगन्नाथजी के एक तरह के सेवकों का समुदाय।

रहस्यमय मुस्कान खिची है प्रभ जगन्नाथ के मुख पर। परम पराक्रमी शत्रु मर्दनकारी महाराज कितनी नम्रता से रथ रज्जु खींच रहे हैं। प्रभु के चरणों में राजा, प्रजा, रोगी, भोगी, धनी, दरिद्र सब छोटे-बड़े एक हो रहे हैं। कोटि-कोटि जनता एक मन-प्राण न्यौछावर हो रही है—दुर्लंघ्य संकट से पार करें, प्रभु ! नीलाद्रि-शिखर से श्रद्धा रेणु तक जा रहा है—करुणा की धूल उड़ाता। वरना जगत का उद्धार नहीं होगा ! तुम तो अचल-अटल महामेरू हो ! तुम्हारे चरणों में ब्रह्मा भी गुप्त हैं। स्वेच्छा से चलायमान न हों तो तुम्हें कौन चलायमान कर सकता है ?

बेंत लिए रथ को चलाने वाले 'डाहुक' आवाज़ दे रहे हैं :

"जाउ रथ जाउ। बलगंड़िठि जाउ
उआ चाउल खंड नड़िआ
टाउ टाउ करि खाउ।"
(चले, रथ चले। अरवा चावल, नारियल खाये कड़मड़।)

घर्र-घर करता नंदीघोष चल पड़ा है। फूलमाल विभूषित, चंदन चर्चित नील-कंदर निवासी रंगाधर विचित्र भंगिमा में झूमते-झूमते चले जा रहे हैं। ऊर्ध्वबाहु भक्तगण आगे-आगे चल रहे हैं। स्वर्ग, मर्त्य, पाताल उल्लसित हो रहे हैं।

कुछ मांगने की इच्छा लिए दूर-दूर से आये यात्री खड़े हैं—विवश, विमूढ़ ओर स्तंभीभूत हुए। सारी चिंता, चेतना, ज्ञान, गरिमा सब उन विशाल नेत्रों के आगे स्थिर हो गया है। क्या मांगें ? इस जगमोहन का रूप एवं छवि देखने के बाद मांगने को रह भी क्या जाता है ?

कितनी बातें कहने दौड़े आये थे भक्तगण ! पर श्री क्षेत्र में दर्शन करते ही सब कुछ भूल गए हैं। दुःख-शोक दर्द-रहित हो गए हैं—मृत्यु भी यहां अमृतमय हो गई है। इस रहस्यमय दारू देव के आगे कैसा सम्मोहन है, आचार्य शंकर ने कभी कहा था :

"न वैयाच राज्यं न च माणिक्य विभवम्
न यचेऽहं राऽम्यं सकल जन काम्यां वर वधूम्।
सदाकाले कले प्रमथ पतिना गीत चरितो
जगन्नाथ स्वामी नयन पथ गामी भवतुमे।

दिग्विजयी, परम प्रतापी, शत्रुजित नरसिंह देव भी सब कुछ रहे हैं:—

"मैं राज्य की कामना नहीं करता, स्वर्ण, माणि-माणक्य की कोई आवश्यकता नहीं। सर्वजन बांधित सुन्दर वधूरत्न की अब कोई अभिलाषा नहीं रही। प्रमथ-पति महेश्वर निरंतर युग-युग में जिन के चरितगान करते रहते हैं, वे ही प्रभु जगन्नाथ मेरे नयन पथगामी बनें !"

"अहो दीनानाथ निहितमचलं निश्चितपदम्।

जगन्नाथ स्वामी नयन पथगामी भवतुमे।"

(दीन-हीन के लिए जिन के अचल पद स्थापित हुए हैं, वे ही प्रभु जगन्नाथ मेरे नयनपथगामी बनें।")

जिस देश के इष्टदेव रत्नसिंहासन पर विराज रहे हैं, छपन पौटी भोग (एक विशाल मात्रा) ग्रहण करते हैं, दीर्घ पूजा-अर्चन छोड़ दुर्दिन में (घोर वर्षा के दिनों में) पतितों को दर्शन देने बाहर सड़क पर निकल पड़ते हैं—भेदभाव भुलाकर सबका आलिंगन करने बांह पसारे, सबको देखने नेत्र फैलाये, सबको हंसाने रंगा-अधर लिए पधार रहे हैं। यहां के राजा के लिए सिंहासन का मूल्य प्रजा के हृदय की तुलना में कितना तुच्छ है! उत्तराधिकार में या बाहुबल से सिंहासन पा सकता है, पर प्रजा के हृदय सिंहासन पर बैठने के लिए चाहिए त्याग, साधना, प्रजानुरंजन एवं मानव प्रेम। दीन दुःखी के हृदय सिंहासन पर बैठने के लिए यदि राष्ट्रदेव जगन्नाथ रत्न सिंहासन छोड़ सकते हैं, तो उनका मामूली सेवक पुरुषोत्तम पुत्र नरसिंह क्या नहीं छोड़ सकेगा?

छलछलाये नेत्रों से रथारूढ़ प्रभु अंतर्यामी को देखते हुए नरसिंह निवेदन कर रहे हैं—"पथ दिखाओ प्रभु! प्रजा का दुःख, संताप मिटाने के लिए राह दिखाओ।" आंख मूंदे महाराज गुनगुन स्वर में कह रहे हैं:—

जगन्नाथ स्वामी नयनपथगामी भवतुमे।

बन्द नयनों से अश्रु झर रहे हैं। आषाढ़ के आकाश में मेघ घिरे हैं--- देवलोक से आशीर्वाद मधु वारि झर रहा है। अचानक महाराज के नेत्रों में आ गई विद्युत् लता की तरह—कोई परम वैष्णवी? भाव समुद्र में डूबे एकलय से देख रही है! झर रहे अश्रुओं में कोमल गंडस्थल धुल रहा है। कौन है वह रूपसी वष्णवी? चंद्रभागा!

नारी की निगाह एक क्षण महाराज की निगाह से मिल गई। अचानक फिर वह मिल गई तेज़ी से उस जनसमुद्र में—उत्ताल उफनती मेघराशि में। बलगंडी की ओर बढ़ रहे हैं तीनों रथ। जनसमुद्र को चीरते हुए। जनता हटती जा रही है। विद्युल्लता का कहीं नामों-निशान नहीं, तो क्या यह पलकों का भ्रम था? जगन्नाथ का ध्यान करते-करते परम वैष्णवी चंद्रभागा याद आ गई—प्रभु ने स्मरण करा दिया।

विह्वल नरसिंह सोच रहे हैं—"जगत के नाथ की शरण में जो है उसे यह नराधम क्यों ढूंढ़ेगा?" चंद्रभागा का यह अभिनव रूप देखकर उन्हें लगा जैसे चंद्रभागा जन्मजन्मांतर के विवर्तन से ऊपर है, इससे वह मुक्त हो गई है।

पल भर में चंद्रभागा जन समुद्र की लहर में छुप गई। थरथरा रही है समूची देह! अंतर मन, आत्मा! तो परम पराक्रमशाली महाराज को कितनी बार

पास में पाया है—कितनी बार उनकी भर्त्सना की है विरह वेदना में घुलते हुए ! जबकि क्षमाशील, प्रजावत्सल नरसिंह ने बार-बार उसके प्राणों की रक्षा की है ! राजधानी को लेकर सुव्यवस्था की प्रतिश्रुति दी है । हाय ! तब चीन्ह लेती ! चरण धूल ले जीवन धन्य मनाती ! इसी की बात में महाराज ने बारह वर्ष का ब्रह्मचर्य व्रत रखा ! भले-बुरे के लिए बार-बार अंधेरे में घूमे, सिंदरपदा गांव पधारे—राजप्रासाद का सुख-वैभव छोड़कर । प्रभु जगन्नाथ का जो सेवक है, वह तो परम पवित्र पुरुष है । उनके स्पर्श से स्वयं को कलंकिनी क्यों समझा मैंने ?

रथरज्जु थामे नरसिंह को इतने निकट से देखा ! पहचान गए हैं, जितना उल्लास हुआ, ततोधिक विषाद् घेर रहा है । इसी परम पुरुष महाराज ने उसकी झोंपड़ी में रात्रि का आतिथ्य स्वीकार किया ! आज लगता है कोणार्क में मेरे पति कितने सुख में होंगे—आनंद में होंगे !

उस दिन यही आहत सेनापति कहीं उसे पकड़ राजधानी न ले जाये, घबरा कर भागी थी मैं ! सागर किनारे-किनारे मुंह छुपाकर । भागती कहां ? माटी के दीये बेचने पर राजा के लोग पहचान लेंगे । राजधानी जाने पर मेरा दुःख बढ़ेगा, घटेगा नहीं । पति को दुःख होगा । उनके लिए तो मैं मर चुकी हूं—यही ठीक है । कोणार्क पूरी कर लौटेंगे तो फिर विवाह कर लेंगे । नया संसार बसा लेंगे । बिना दोष के वे क्यों दुःख पायें ?

चंद्रभागा की सास सदा कहती हैं, "जा पीहर जा—जो मरजी कर—चाहे किसी और के घर जा बैठ । बेटे को खबर भेज दूंगी—बहू महामारी में गोलोक वासिनी हो गई ! लौटने पर सुलछनी बहू घर लाऊंगी !"

शायद पति के पास मृत्यु संवाद भेज दिया गया हो ! अच्छा ही हुआ । राजधानी लौटकर कुलवधू का आसन तो मिलने से रहा, पति को फिर दुःख में क्यों डालूं ?

इसी तरह सोचते-सोचते अचानक देवदासी मेखला से भेंट हो गई चंद्रभागा की । सूर्योदय से पहले समुद्रस्नान कर लौटने की व्यवस्था कर रही थी मेखला । गुनगुन स्वर में वह जयदेव रचित गीत गोविंद का कोई पद गा रही थी । वह मधुर स्वर एक पल में चंद्रभागा के अशांत हृदय को शांत कर गया । मंत्र-मुग्ध हिरनी-सी खड़ी रह गई संगीत की ओर कान उठाये । विस्मय में मेखला ने पूछा, "कौन हो ? असमय में अकेली ?"

चंद्रभागा ने करुण स्वर में कहा, "असहाय हूं ! इस संसार में सिर छुपाने की भी जगह नहीं । पता नहीं कहां जा रही हूं ? तुम्हारे स्वर से अमृतमय पदावली सुनकर धन्य हो गई । सदा यह गीत सुनती तो सारे दुःख मिट जाते !"

मेखला ने पुलक में पूछा, "मेरे घर पर आश्रय लोगी ? मेरी परिचारिका विवाह कर अन्यत्र चली गई है, मुझे भी तलाश है । रहोगी मेरे घर पर ?"

चंद्रभागा ने आकाश में प्रणाम किया—"जगन्नाथ की जो इच्छा, उसे कौन टाल सकता है ? मेरा मन पहचान, उन्होंने निर्भय आश्रय स्थल पर पहुंचा दिया। अब चिंता क्या ?"

मेखला के पीछे-पीछे चंद्रभागा धीरे-धीरे चलने लगी। प्रभाती तारा आकाश के नीले वितान में डूब रहा है।

खूब निरापद आश्रय में, जगन्नाथ की सेवा-पूजा करने में चंद्रभागा के दिन बीत रहे हैं। रथ पर जगन्नाथ का पतितपावन रूप देखने पर आत्मा विमुक्त होती है– दुःख-दर्द, हाहाकार भरी दुनिया में और जन्म नहीं लेना पड़ता। यही सोच वह बड़दांड़ पर जगन्नाथ के दर्शन करने आई है। वहां नरसिंह देव के दर्शन हो गए। हर्ष, विषाद्, पुलक, वेदना, आशा आशंका का भार छोटा-सा हृदय समेट नहीं पा रहा।

जीवन में जिस प्रथम पुरुष ने उसके मन में भक्ति, संभ्रम, ममता और मधुरता की फल्गु बहाई थी, वे हैं परम पुरुष नरपति, जगन्नाथ के सेवक, उत्कल के अपराजेय, अधीश्वर महाराज नरसिंह देव ! चंद्रभागा को उनकी सहानुभूति का स्पर्श मिला है, उनकी सेवा का अवसर मिला है। इतने सौभाग्य के बावजूद वह भाग्यहीन, समाज में परित्यक्त, पति स्नेह से वंचित, निराश्रय नारी है ! विचित्र है जगन्नाथ की इच्छा ! मैं लौट आयी मुंह छुपा कर अपने आश्रय स्थल पर। फिर एक बार लौट आयी जगन्नाथ के चरणों में।

अश्रुप्लावित नेत्रों से चंद्रभागा कह उठी, मान भरे स्वर में,—'हे महाप्रभु। कब तक··· कितने दिन होती रहेगी यह माया ! इस माया के जंजाल में बार-बार घुमा रहे हो ! कब दोगे अपने चरणों में जगह ? मेरा सौभाग्य भी रुला रहा है ! कैसी विडंबना है !'

आलोक छाया की हलचल में कोणार्क का हर शिलाखंड जीवन्यास पा रहा है। रेणु-रेणु में स्पंदन हो रहा है। कोणार्क के रंगमंच पर धर्मपद नाटक अभिनीत हो रहा है। स्थानीय युवकों ने खूब परिश्रम से इसे तैयार किया है। धर्मपद की भूमिका ली है धर्मानंद—या धर्मू ने। विष्णु महाराणा से पूछा, "धर्मपद को पहचानते हैं ?"—चार्ल्स उसके अभिनय से अभिभूत था।

भावविह्वल विष्णु महाराणा ने कहा, "हो सकता है सत्य है, किंवदंती है या कोई कहानी है। पर कोणार्क का हर शिल्पी एक-एक धर्मपद है, इसमें संदेह नहीं। हर शिलाखंड पर कला-कौशल इन्हीं धर्मपदों के त्याग, साधना, देशप्रेम का ज्वलंत निदर्शन हैं ! कहां गए वे दिन, वे धर्मपद ! कोणार्क क्षय हो रहा है

काल के कराल हाथों में। कौन इसकी रक्षा करेगा? कौन गढ़ेगा नूतन कोणार्क?"

प्राची ने उत्साहपूर्वक कहा, "बाबा, धर्मपद मरा नहीं। उड़िया जाति के प्राण स्पंदन में वह जीवित है। मैं हर रात आज भी धर्मपद की छाया-मूर्ति देखती हूं। सुनती हूं उसके निहान और छैनी की ध्वनि। भग्न कोणार्क को पुनर्जीवित करने के लिए हर रात कोणार्क शिल्पी की आत्मा उस प्रांगण में आती है। सात-सौ वर्ष का अतीत अतिक्रम कर धर्मपद हर रात वहां अपनी कला लिखता है।"

चार्ल्स हंस पड़ा, "प्राचीप्रभा! बड़ी कृपा होगी अगर उस विदेही धर्मपद के साथ मेरी भेंट करा देती। मैं उससे उत्कल की कला, कौशल के बारे में कुछ सीखना चाहता हूं।"

प्राचीप्रभा को कुछ ठेस लगी। ठंडे स्वर में बोली, "मेरी बात पर अविश्वास होता है। किसी सूनी रात में कान लगा कर देखो वहां, मन्दिर प्रांगण में निहान-छेनी की ठक-ठक सुन पाओगे। खिड़की खोलकर सोने पर यह शब्द स्पष्ट सुन पाती हूं मैं। विष्णु बाबा साक्षी हैं।"

विष्णु महाराणा ने सिर हिलाया, धीमे स्वर में बोले, "मैं तो हर दिन देखता हूं। अस्पष्ट छायामूर्ति! धर्मपद की उम्र की। कोणार्क प्रांगण में रात भर फिरती है, कभी-कभी पत्थर के टुकड़े पर कोई खुदाई करती होती है। विदेही आत्मा न हो तो रात के पहरेदार के ताला बंद करने के बाद लोहे का फाटक लांघ कोणार्क प्रांगण में आती कैसे? पर विदेही आत्मा क्या नया कोणार्क बना सकती है?"

चार्ल्स उत्सुक हो पूछता है, "मुझे उससे मिलवा सकते हो बाबा? जरूरी काम है, शायद रिसर्च की कोई नई दिशा खुल जाये!"

विष्णु महाराणा सर्वज्ञ सिद्धपुरुष की तरह मुस्काकर बोले, "अशरीरी आत्मा के साथ सीधे भेंट नहीं होती। चाहो तो दूर से दर्शन कर सकते हो। तुम्हारी उपस्थिति में शायद वह लीन हो जाये।"

"तो फिर कल रात में देर गए कोणार्क प्रांगण की दीवार पर खड़े होकर देखना। मैं धर्मपद हिंदू होटल के बरामदे में प्रतीक्षा करूंगा," विष्णु महाराणा ने कहा।

प्राचीप्रभा ने कांपते स्वर में कहा, "बाबा, मैं भी देखना चाहूंगी। मौसा जी से पूछकर मैं भी आऊंगी।"

"मन में भय न हो तो आ सकती हो और लोग अविश्वास करते हैं मेरी बात का," विष्णु महाराणा की बात में हताशा का पुट था।

चार्ल्स ने सांत्वना में कहा, "मैं भी कभी भूत-प्रेत पर विश्वास नहीं करता

था। पर वह अशरीरी छायामूर्ति कई बार मेरे सामने आ गई। तभी आपकी बात पर कुछ-कुछ विश्वास हो रहा है।"

"धन्यवाद साहब ! तुम भारत में भूत-प्रेत मानो न मानो। आदमी पर विश्वास करने लगे हो, इससे मन में स्थिरता आयेगी, शांति आयेगी," विष्णु आकाश की ओर देख गुनगुना उठे, "इतना अविश्वास, इतनी अशांति, इतनी प्रताड़ना न थी उस राज में। उस जमाने में," एक गहरी सांस छोड़ी।

तालियों के बीच पर्दा गिरा। पूर्णांग कोणार्क का चित्र सफेद पर्दे पर उभर आया। करुण राग में धर्मपद के आत्मोत्सर्ग की बात गूंज रही है। प्राचीप्रभा ने सोचा—उज्ज्वल चंद्र के पास अंधेरा होता है। हर कीर्ति के पीछे ऐसे ही कोई हाहाकार छुपा होता है जिसे इतिहास के पन्नों पर नहीं लिखा जाता। कोणार्क के इतिहास में शिल्पी कमल और चंद्रभागा जैसे कितने ही कारीगर, कितनी ही अभागिन नारियों ने अपने कुसुमित जीवन के यौवन को अर्घ्य रूप में चढ़ा दिया होगा। कौन उसका हिसाब रख सका है?

प्राची के आगे खड़ा है धर्मू—धर्मपद के वेश में। विह्वल हो देखती रही। चार्ल्स ने उठकर उससे हाथ मिलाकर अभिनंदन किया।

प्राची ने स्नेह स्वर में कहा, "धर्मु ! तुझ में यह कला भी है, मैं तो जानती ही न थी। कोणार्क को तू प्राणों से भी अधिक प्रेम न करता तो ऐसा अभिनय नहीं कर पाता। सच, मैं तुम्हें अब तक समझ नहीं पायी !"

धर्मू में संकोच भर गया, "दी' ! अभिनय कोई सच होता है? हालांकि कोणार्क मुझे बहुत-बहुत अच्छा लगा है। मगर यह तो शिल्पी के प्राण थे जो आज कोणार्क बन गया। मुझ जैसे अकिंचन लोगों की जीविका ! फ़र्क इतना ही है !"

दर्शकों में उच्छ्वसित अभिनंदन ! धर्मू अंधेरे की ओर बढ़ गया। मानो अपने अभिनय पर खुश नहीं है। कभी मेधावी छात्र धर्मू अपने बापू, मां, परिवार, पेशे और सारी दुनिया को लेकर नाराज था। प्राची भी जानती है। धर्मू की नाराज आत्मा के प्रति प्राचीप्रभा के मातृहृदय में सहानुभूति की आर्द्रता थी।

निर्जनता और कोणार्क—एक दूसरे को आकर्षित करते हैं।

दीनबंधु से अनुमति लेकर प्राची और चार्ल्स आधी रात के बाद कोणार्क की ओर आ रहे हैं। साथ में लाठी और लालटेन लिए है विश्वस्त नौकर गणेश। चंद्रभागा स्नानपर्व में कुछ ही दिन बाकी हैं। कोणार्क के इलाके में यात्रियों का आना शुरू हो गया है। रात भर प्राइवेट बसें घूं-घूं करती आती-जाती रहती हैं डर की वैसे भी कोई बात नहीं। दुकान, बाज़ार, लॉजिंग, होटलों में हरदम चहलपहल लगी रहती है। चार्ल्स पर दीनबंधु और चारुकला का अगाध विश्वास है। उसकी देह के रंग की तरह मन का रंग भी साफ खुला है। वह प्राची के प्रति

अपने मन में गहरी अनुरक्ति को दीनबंधु और चारुकला के आगे प्रकट करने में कभी कुण्ठित नहीं होता। रसिकता में कभी-कभी कह देता है—'प्राचीप्रभा और थोड़े खुले स्वभाव की होती तो कब का विवाह का प्रस्ताव दे देता ! पर ना··· बाबा—ऐसी दबू प्रकृति की लड़की के साथ यायावरी चार्ल्स की दुनिया नहीं बस सकती। इस लिहाज में लिली ही इक्कीस ठहरती है।' चार्ल्स हंस पड़ता। चारुकला और दीनबंधु कुछ गंभीर हो उठते। वे दबे स्वर में कहते, "ऐसी हंसी प्राची को अच्छी नहीं लगेगी। बेटी बहुत कोमल और भावप्रवण है। याद रखो, शादी-विवाह के बारे में हंसी नहीं सहेगी वह।" चार्ल्स प्रतिज्ञा करता, "नाप···तौल कर बात करूंगा प्राची से।" तब से चार्ल्स ने अपना वादा निभाया है। उसके बारे में दीनबंधु और चारुकला निश्चिंत हैं।

कोणार्क के बाजार में मिठाई की दुकानों पर रोशनी है। रात भर मिठाई बनेगी। कुछ आवारा कुत्ते बीच-बीच में भौंककर रात की निर्जनता तोड़ देते हैं और मिठाई की दुकानों और होटल के आस-पास सरगर्मी का आभास देते हैं। स्वयं सेवा दल का कैम्प लग चुका है। बच्चों की आवाज़ आ रही है।

प्राची और चार्ल्स पास-पास चल रहे हैं। परलोकगत आत्मा के प्रति आदमी के मन में कौतूहल लिए दोनों विचारों में डूबे हैं। सात-सौ वर्ष पुरानी शिल्पी की आत्मा क्या सचमुच घूमती रहती है कोणार्क में ? शिल्पी की आत्मा क्या अतृप्त है—अमोक्ष है ?

कोणार्क के पास छोटी-छोटी दुकानें और होटल बंद हो चुके हैं कब से। सचमुच जैसे ध्यानमग्न कोणार्क का मौन सौंदर्य क्षुण्ण होने की आशंका में कोणार्क के निकट कोई बड़ा होटल, लाजिंग नहीं खड़ा हुआ है अब तक।

धर्मपद हिंदू होटल के बरामदे में विष्णु महाराणा प्रतीक्षा कर रहे हैं। प्राची और चार्ल्स चुपचाप खड़े रहे। लालटेन धीमी कर ओट में रख देने का संकेत दिया विष्णु महाराणा ने।

ज्योत्स्नालोक में कोणार्क की नीरव छवि यायावरी मन को माया बंधन में घेर रही है। चार्ल्स सोचता है—सदा चांदनी के उजाले में कोणार्क के प्रांगण में रह जाऊं तो भी जीवन प्रवाह कहीं नहीं रुकेगा। प्राची मुग्धा काव्यनायिका की तरह कोणार्क शिलाओं में ढूंढ रही है अतीत, भविष्य और वर्तमान जीवन। किसी अदृश्य रज्जु में कोणार्क के साथ मानो उसका जीवन गुंथ गया हो। कोणार्क मानो प्राचीप्रभा का जीवन-काव्य है। उसके जीवन के काव्यकार को शिल्पी प्राणों को प्रणाम कर रही है।

चार्ल्स सोचता है ज्योत्स्नालोक में कोणार्क एवं प्राची दोनों का सौन्दर्य अनिर्वचनीय है। इसे बिना देखे लौट जाता तो जीवन अधूरा रह जाता।

अचानक कोई तैरता मेघ चांद को ढंक गया। हल्के अंधेरे में झीना आंचल

कोणार्क पर छा गया। ठीक उसी समय कोई छायामूर्ति हिल उठी, बड़े देवल के पश्चिम में। विष्णु महाराणा ने दबे स्वर में कहा, "यही, उसके आने का समय हो गया। लम्बे-लम्बे, अंधेरे में हाथ हिलाते पेड़ की डाल-पत्ते हिलाते आ रही है प्राचीप्रभा की ओर! प्राची चार्ल्स के और सट कर खड़ी हो गई। सांस रोके देखती रही छाया को। छाया सतर्क भंगिमा में इधर-उधर हो रही है। कुछ क्षण रुक कोणार्क के शिलाखंडों का निरीक्षण करती रही। हलके निहान व छेनी की आवाज़ आती रही। मानो छाया एकलय में कार्य में लग गई है।

चार्ल्स ने पूछा, "शक्तिशाली कैमरे से छाया मूर्ति की फोटो ली जा सकती है। हर्ज क्या है?"

विष्णु महाराणा ने धीरे से कहा, "ना, वैसा न करना। अतृप्त आत्मा की शांति भंग मत करो। अपना रक्त, मांस, प्राण देकर जिसे कभी शिल्पी ने गढ़ा था, उसके ध्वंस स्तूप पर खड़े होने पर उसे कुछ शांति मिलेगी। अशरीरी छवि को कैमरे में नहीं ले सकोगे। उसे वसे ही रहने दो। घूमने दो। इसमें हर्ज क्या है?"

चार्ल्स ने हल्की आवाज़ में कहा, "मन करता है उसके सामने जाऊं। कुछ पूछूं?"

मानो छाया मूर्ति ने चार्ल्स की बात सुन ली है। वह अशरीरी धीरे-धीरे तैरती हुई छाया देवि के मन्दिर की ओर आ रही है। प्राची की स्नायु शिथिल हो रही हैं। कुछ क्षण में वह सामने आ खड़ी होगी! प्राची पीछे हटती जा रही है, पीछे खड़ा है चार्ल्स ऊंची प्राचीर की तरह। तेज़ कदमों से भागने की शक्ति नहीं। चार्ल्स को सतर्क करने की इच्छा होते हुए भी कुछ कह नहीं पाती वह। छाया और करीब आ रही है!

प्राचीप्रभा ने अपने बर्फ की तरह शीतल हाथ से चार्ल्स की ऊष्म हथेली पकड़ ली कस कर—"चार्ल्स···!" और कुछ नहीं बोल पायी। दोनों बाहु फैला कर उसे आश्रय में ले लिया। अभय देते हुए कहा, "डरने की कोई बात नहीं, प्राची! मैं यहां हूं। मेरे पास रिवाल्वर है! शूट कर सकता हूं······चाहे वह कोई भी हो···"

मेघ फिर हिल गए। छाया मूर्ति पर हल्की चांदनी आ रही है। कुछ क्षण वह स्थिर रही। प्राची ने फिर पुकारा—"चार्ल्स!" और मूर्छित सी होकर वह चार्ल्स की छाती पर निढाल रह गई। समूची देह बर्फ की तरह ठंडी हो रही! चार्ल्स की देह की ऊष्मा ने उसकी देह की शीतलता कम नहीं की। सहारा देकर चार्ल्स ने उसे धर्मपद होटल की लकड़ी की बैंच पर बिठा दिया। इसी बीच छाया मूर्ति अदृश्य हो गई।

विष्णु महाराणा कब से जा चुके हैं। चार्ल्स ने प्राची को कहा, "डरती

क्यों हो ? देखो, कहीं कुछ नहीं ! गई वह तो ! छाया से कैसा डर? मैंने तो उस अशरीरी नारी को कई बार देखा है। कुछ नहीं बिगाड़ती वह, डरो नहीं। मैं साथ हूं—"

प्राची अवाक् बैठी रही। कोई उत्तर नहीं दिया उसने। उसका चेहरा सफेद फक्—आंखें फटी-फटी !

घबरा कर गणेश ने कहा, "दी' को भूत लगा है। मैं तो शुरू से ही मना कर रहा था।"

दूर हलका लालटेन का प्रकाश दिख रहा है। कोई इधर ही आ रहा है। चार्ल्स उसकी दोनों ठंडी हथेलियों को मिला कर मुठ्ठी में थामे बैठा है। अपने हाथ की ऊष्मा से प्राची को ऊष्मा देने की कोशिश कर रहा है। छाया को वह मन ही मन धन्यवाद दे रहा है। कम से कम इसी कारण प्राची का हाथ थामने का सौभाग्य चार्ल्स को मिला। वरना प्राचीप्रभा तो किसी अछूत की तरह दूर रखे थी उसे।

धीरे-धीरे दिल का कोमल निर्यास देकर अंतर का सारा स्नेह उंड़ेल स्वर आर्द्र कर कहने लगा, "प्राची ! होश करो ! मैं हूं—भरोसा रखो मेरे रहते-रहते डर किस बात का ? इतनी असहाय क्यों हो ?"

प्राची की कोमल हथेली धीरे-धीरे थरथराने लगी है। मगर कुछ बोल नहीं पाई।

लगता है गहरी वेदना उसके गले को दबोचे है !

जिसे अब तक चार्ल्स हिम्मतदार समझ रहा था, वह करुण मूर्ति ऐसी है ! चार्ल्स का हृदय उसे इस दशा में देख कांप उठा है। कामानल में नहीं—प्रेमानल में वह दग्ध हो रहा है।

धीरे-धीरे अस्पष्ट स्वर में उसने प्राची के कान के पास आकर कहा, "इस समय मुझे लग रहा है कि मैं तुम्हें सचमुच चाहता हूं—तुम्हें चाहता हूं—एकदम निबिड़ रूप में। यदि यह मेरी धृष्टता है तो इसे क्षमा कर देना—"

अंधेरे में प्राची की आंख से आंसू झर पड़े चार्ल्स के हाथ पर।

वह चौंका, "मुझे दुःख है यदि इसमें तुम्हारा अपमान हुआ है, तो क्षमा करना।"

कठिनाई से प्राची अपनी वेदना दबा पा रही है।

चार्ल्स ने स्नेह में कहा, "चलो, घर चलें। तुम्हें विश्राम चाहिए। भावावेश में जो कह गया, लौटा लूं ?"

इसी बीच दीनबंधु लालटेन लेकर पहुंच गए। कहा, "तुम्हारे आने के बाद बहुत बेचैनी हुई। प्राची बचपन से डरपोक है। कहीं घबरा गई तो मुश्किल होगी। बचपन में जरा चौंक जाती तो बुखार हो जाती।"

चार्ल्स ने अनुताप में कहा, "मुझे दु:ख है, यह तो बहुत डर गई हैं ! पता नहीं मेरी बात समझती है या नहीं—कुछ बोलती ही नहीं !"

दीनबंधु घबरा गए। प्राची के माथे पर हाथ रखकर बोले, "चल घर चलें। डरती क्यों हो ? जगन्नाथ पर भरोसा रखो। सब ठीक हो जायेगा।"

प्राची फिर फफक पड़ी। दीनबंधु ने धीमे स्वर में कहा, "पिछली बातें भूल जा, बेटी ! नये सिरे से जीना होगा। सब ठीक हो जायेगा। मैं जानता हूं चांदनी रात में कोणार्क का देखना तुझे रुला देगा···"

दीनबंधु की छाती पर सिर रखे प्राची फफक उठी है।

विस्मय में चार्ल्स सोच रहा है—'प्राची की पिछली बातें क्या हैं ? जिसके लिए मन ही मन दु:ख पाती रहती है—कैसा है वह दु:ख ? क्या मैं इसमें कहीं भागीदार नहीं हो सकता ?"

विष्णु महाराणा की पोथी के दो अध्याय बाकी हैं। चार्ल्स के रिसर्च में तथ्य संग्रह करना भी समाप्त होने को आया है। चित्रा का विवाह और रथयात्रा पास आ गई हैं। इसके बाद चार्ल्स लौट जायगा। चार्ल्स को लगता है कुछ और आरंभ करना रह गया है। जो रह जायगा, वह फिर कभी, कहीं शुरू नहीं होगा क्योंकि इसके बाद वह कहीं भी जाये, न वहां भारत होगा और न प्राचीप्रभा !

प्राची उसी दिन से बुखार में पड़ी है। डाक्टरों का खयाल है वह साइकॉलाजिकल शॉक के कारण बीमार हो गई है। उसकी ज़िंदगी में ऐसी कोई घटना है जो मन में गहरे घर कर गई है।

मानसिक धक्के का कारण क्या हो सकता है ?

चार्ल्स प्राची के सिरहाने बैठा है। प्राची आंख मींचे लेटी है। बासी फूल की तरह निस्तेज और म्लान दिख रहा है उसका चेहरा। धीरे से चार्ल्स ने पूछा—"कैसा लग रहा है ?"

प्राची ने आंखें खोलीं। चार्ल्स की ओर देखे बिना ऊपर की ओर ताकती रही। धीमे से बोली—"मैंने उसे देखा। पर वह धर्मपद नहीं···" बीच में ही रुक गयी वह। चार्ल्स को देख विकल हो बोली—"चार्ल्स ! क्या ऐसा भी संभव है ?"

चार्ल्स ने घबराकर पूछा, "धर्मपद की छायामूर्ति देखकर इतनी विचलित क्यों हो ?" प्राची ने अस्पष्ट स्वर में कहा, "धर्मपद नहीं, मैंने धर्मानंद को देखा है ! ज्योत्स्नालोक में धर्मपद और धर्मानंद एक जैसे दिख रहे थे, क्या धर्मपद कभी धर्मानंद हो सकता है ?" चार्ल्स हंस पड़ा, "तो चिंता की बात बस इतनी ही है ? धर्मपद को देखने आई, और धर्मानंद को देख लिया। अत: द्वंद में पड़ गई ?

प्राचीप्रभा ! यह तुम्हारे मन का भ्रम है। पिछले दिन तुमने धर्मानंद को धर्मपद की भूमिका में देखा था। वही छवि आंखों में रह गई है। रात में ऐसा भ्रम हो गया। धर्मानंद और धर्मपद दोनों को तुम बहुत चाहती हो। दोनों एक जैसे दिखने में, आश्चर्य की कोई बात नहीं।"

प्राची ने गुनगुन स्वर में कहा, "धर्मानंद को अवसर मिलता तो वह धर्मपद बन जाता। मगर आज वह कोणार्क की कला को बेचकर पेट भरता है।" प्राची-प्रभा ने आंखें मींच ली फिर एक बार। चार्ल्स ने शांत स्वर में कहा—"मेरा काम करीब-करीब खत्म होने आया अब ! बस तुम स्वस्थ हो जाओ, मैं लौट जाऊंगा। कोणार्क के बारे में तथ्य संग्रह तुम्हारे कारण इतना आसान हो गया ! मैं बहुत-बहुत आभारी हूं तुम्हारा !"

प्राची ने कुछ नहीं कहा। चार्ल्स यायावर है। एक दिन वह चला जायगा, यह अच्छी तरह जानती है वह। फिर भी विदाई मर्मभेदी होती है, प्राची की बंद आंखें गीली हो उठीं। उसके ये नीरव उमड़ते आंसू बहुत कुछ कह रहे हैं। चार्ल्स इस भाषा को समझने लगा है, धीरे से बोला—"एक बात पूछूं ?"

प्राची ने आंखें खोल चार्ल्स की ओर देखा, जैसे उत्सुकता में कह रही हो—बोलो, क्या पूछना है ?

"तुम्हें क्या दुःख-दर्द है ?" आवेग भरे स्वर में पूछा।

वह हंस पड़ी। अगले क्षण जमे हुए अश्रुकण गालों के ऊपर ढुलक गए। हंसी और आंसू के मिश्रराग में स्पंदित स्वर में कहा, "दुःख क्या है ? यह प्रश्न बाहर पूछ लेना आसान है। पर इसी बात को कह पाना भी क्या इतना आसान है ? उन बातों को रहने दो चार्ल्स ! तुम सदा मुक्ताकाश में पक्षी की तरह सुखी रहो, चैन से रहो। अपने मन को इन बातों से बोझिल न बनाओ।"

वह हंस पड़ा। करुण छंद में धीरे से पूछा उसने, "मुक्ताकाश में उड़ते पक्षी का दुःख क्या है, जानती हो, प्राची ?"

"क्यों ?"

"उस पर कोई बंधन नहीं। यही उसका दुःख है !" दीर्घ सांस छोड़ी।

प्राची चकित होकर चार्ल्स को देखती रही। लगा उत्साह और आनंद में तैरते इस यायावर के जीवन में कोई दुःख हो ही नहीं सकता। और दुःख को छोड़ जीवन नहीं है ! तो ?—

चार्ल्स ने प्राची के करुणा में छलछलाये नेत्रों में निगाह मिलाकर कहा, "इतने विराट् विश्व में अकेला हूं। मेरी सफलता में शामिल होकर खुश होने वाला कोई नहीं ! लौटते समय मैं एयर क्रैश में ध्वंस भी हो जाऊं, एक बूंद आंसू बहानेवाला इस दुनिया में कोई नहीं। ऐसे मुक्त, खुले जीवन का दुःख तुम कैसे समझ सकती हो ? तुम्हें मामूली-सा बुखार हुआ तब से अंकल-आंटी का खाना-पीना छूट गया !

सच ! यू आर लकी !"

प्राची के मन में स्नेह के लिए तरसते इस विदेशी बंधु के प्रति ममता भर गई। अनुकंपा में हृदय पसीज उठा। आहत स्वर में कहा, "इस अस्वस्थता में मुझे कुछ हो जाय, तो क्या ज़रा भी दुःख नहीं होगा तुम्हें, चार्ल्स ?"

चार्ल्स ने चौंककर कहा—"भगवान करें तुम शीघ्र स्वस्थ हो जाओ। मुझे ऐसी खबर कभी सुनने को न मिले। ऐसा दुःख में किसी तरह व्यक्त नहीं कर पाऊंगा।"

चार्ल्स की इस बात पर सजल स्वर में बोली, "तुम्हारा दुःख, तुम्हारा अशुभ संवाद मुझे, मौसा-मौसी को वैसे ही दुःख देगा, चार्ल्स ! तुम हमारे परिवार के एक हो चुके। आदमी के साथ आदमी का संबंध क्या जाति, धर्म, देश और रक्त की सीमा में आबद्ध है ?"

चार्ल्स ने मान में भर पूछा, "मैं तुम्हारा क्या लगता हूं ?"

"हर संपर्क का कोई नाम नहीं होता।"

"लक्ष्यहीन जीवन और नामहीन संपर्क बहुत मुश्किल होता है।"

"तभी कहती हूं जीवन का लक्ष्य स्थिर करो, संपर्क की संज्ञा निश्चित करो। लिली ने आज भी तुम्हारी मित्रता को ठुकराया नहीं।" कहकर प्राची उत्तर की आशा में उस ओर देखती रही।

चार्ल्स चुपचाप कुछ क्षण बैठा रहा। सिर उठाकर प्राची की ओर देखकर कहा, "लिली की बात रहने दो। उसकी विदेही आत्मा को शांति मिले !"

वह चौंक उठी—"मतलब ?"

अवसाद में चार्ल्स ने कहा :

"दो हफ्ते से तुम तो बीमार हो। डाक्टर साइकोलाजिकल शॉक बताते हैं। तुम्हें ठेस पहुंचेगी, इसलिए वो बात नहीं बताई। लिली इस दुनिया में नहीं रही। ब्रूस ने इंडिया छोड़ने से पहले सौजन्यवश जो पत्र लिखा था, उसमें जिक्र था।

प्राची के मुंह से—'उफ्' निकल गया। आहत स्वर में पूछा—"लिली जीवन स्पंदन का एक स्फुलिंग थी, वैसे वह उज्ज्वल, उत्ताल, प्राण प्राचुर्य में भरपूर थी। उसकी भला अकाल मृत्यु ! क्या हुआ था ?"

चार्ल्स ने करुण विद्रूप भरे कटाक्ष में कहा—"जीवन का अधिक स्वाद चखते-चखते ड्रग्स लेकर गोवा बीच पर चल बसी। ब्रूस की तरह कई प्रेमी थे लिली के। जिन्होंने उसके नंगे शव को लेकर उत्ताल नृत्य किया। फिर समुद्र में फेंककर खूब अट्टाहस किया। उसके लिए सागर तट पर शोक सभाकर समस्वर में बोले—"सीवाज ए बिच ! हमें अफसोस है कि खुद को इतने दिन तक ऐंजल समझ वह खुद को धोखा दे गई। उसकी आत्मा की सद्गति हो !—ताकि वह फिर नारी देह लेकर धरती पर न लौटे, और दुनिया की शांति भंग न कर सके।"

चार्ल्स ने दीर्घ सांस छोड़ी। हृदय में लिली के लिए बची-खुची भावना भी पोंछ डाली। मन एकदम मुक्त हो गया लिलियन से, उसकी दारुण, द्वेष पूर्ण स्मृति से। हल्के होकर कहा—"लिली के साथ संपर्क का कोई नाम नहीं मिलता। लिली को छोड़कर जीना मेरे लिए मुश्किल न होगा।"

"तो फिर जीने का चिट्ठा बना लो। खैर, लक्ष्यभ्रष्ट करने के लिए अब लिली नहीं रही।" प्राची ने दीर्घ सांस छोड़ी। लिली की बात उसे अभी भी आछन्न किए है।

नरम स्वर में चार्ल्स ने कहा—

"भारतीय परिवारिक जीवन ने मुझे खूब प्रभावित किया है। मेरा खयाल है कि मैं ठिकाने पहुंच गया हूं।"

प्राची ने आनंद में कहा—

"तो फिर जल्दी परिवार बसा लो। हम भी तुम्हारे सुख में भागीदार हो सकेंगे।"

सीधे प्राची की ओर देखा—"कभी विवाह से मुझे नफरत थी, क्योंकि फादर का वैवाहिक जीवन वैसा ही था, लेकिन लिली की मृत्यु और तुम्हारे परिवार के निर्मल प्रेम के कारण लोभ पैदा हो गया है।"

"तो फिर विवाह कर लो, चार्ल्स! हम सबको खुशी होगी।"—प्राची ने उल्लास में भरकर कहा।

चार्ल्स जो सोच रहा था, उसे किसी भाषा में सजाकर नहीं कह पा रहा था। इससे पहले बात कहने में चार्ल्स कभी नहीं हारा। उसके देश की कई लड़कियों, विवाहित स्त्रियों के साथ भावों के आदान-प्रदान में कोई दिक्कत नहीं हुई। प्राची के आगे वह इतना क्यों दब जाता है? क्या बोले, वह कुछ समझ नहीं पाता। लड़खड़ाते से स्वर में कहा—

"मेरे विवाह पर तुम जैसी खुश होगी, तुम्हारे विवाह में मुझे भी वैसे ही खुशी होगी। कब कर रही हो? निकट होता तो शामिल होने का भाग्य होता।"

प्राची का चेहरा फीका पड़ गया। मगर चार्ल्स ने ठीक उलटा सोचा था। विवाह की बात पर इंडियन लड़की गुलाबी हो जाती है।

टेबुल पर झुकी फोटो प्रेम में कोई युवक हंस रहा है। फोटो पुरानी है। प्राची के फीके चेहरे से भी फीका रंग है उस फोटो का।

उधर देख पूछा—"जानते हो इसे चार्ल्स?"

—"कौन है?"

—"बताओ!"

—"तुम्हारे मित्र?"

—"जिस मित्र की जीवन भर प्रतीक्षा की जाती है वह…"

"पुरुष हो या नारी, किस मित्र की जीवनभर प्रतीक्षा होती है, मैं नहीं जानता।" चार्ल्स बोला।

—"वह हमारे देश की बात है। भारतीय संस्कृति की यही खासियत है, चार्ल्स! जीवन भर प्रतीक्षा करती चंद्रभागा बैठी रही पति की—महाराज की करुणा तक लेने को प्रस्तुत न थी वह। इसी कारण देवदासी की परिचारिका बन, आत्मगोपन कर रही। और मैं—पढ़ाई, रिसर्च, धर्मानंद, चित्रोत्पला, और तुममें आत्मगोपन किये हूं। मानो अपने दुःख का बोझ किसी और पर न लाद दूं। प्रतीक्षा में ही बह गए पंद्रह वर्ष।" प्राची ने लंबी सांस छोड़ी।

"पंद्रह वर्ष! जीवन के श्रेष्ठ पंद्रह वर्ष किसी की प्रतीक्षा में काटे जा सकते हैं?" अविश्वास के साथ विस्मय भी भरा है चार्ल्स में।

प्राची ने दृढ़ स्वर में कहा—"इस देश की बारह सौ शिल्पी-वधुओं ने जीवन के सोलह वर्ष पति की प्रतीक्षा में काटे थे। चंद्रभागा का सारा जीवन उत्सर्ग हो गया—पति की प्रतीक्षा में! यह तो इतिहास की बात है। और अनेक त्याग और प्रतीक्षा की कहानियां इस देश के इतिहास के पन्नों पर लिपिबद्ध हैं।"

चार्ल्स ने दृढ़ स्वर में कहा—"समय बदल रहा है। इतिहास की बात आदर्श कहानी बन गई है। आदमी अपने सुख, सुविधा, स्वार्थ के लिए नया इतिहास बनाकर आगे बढ़ता है। तुम कभी सौ वर्ष पीछे लौट जाती हो—आगे मुंह कर पीछे मुड़कर देखने में ठोकर की संभावना अधिक है। सुख-आनंद के लिए आदमी जीता है, दुःख को सहेजकर ढूंढ़-ढांढ रही हो--वह ऐसा कौन है?"

—"मेरे पति! जगन्नाथ के आगे मेरे हाथ पर उनका हाथ रखा गया था। उनकी आंखों में मेरी आंखें मिलीं—तब तक वे मेरे पति हो चुके थे। जगन्नाथ के विशाल नेत्र हमारे विवाह के साक्षी हैं। क्या उन्हें कोई धोखा दे सकता है? मुझे अब भी आशा है—वे लौटेंगे। जगन्नाथ को ठगने की उन में भी ताकत नहीं।"—प्राचीप्रभा गहरे विश्वास में टेबुल पर रखी फोटो देख रही है।

चार्ल्स की निगाह उस ओर चली गई। इसके बीमार होने के बाद चार्ल्स इस कमरे में डॉक्टर के साथ कई बार आया है। कुछ क्षण रह दवा और स्वास्थ्य की, बात पूछ चला जाता। प्राची को छोड़ और किसी चीज़ की तरफ ध्यान नहीं गया। पहली बार आज वह अकेला बैठा है यहां। दीनबंधु को बताकर आया है। फिर भी कमरे में किसी दूसरी चीज़ की ओर ध्यान नहीं गया। अब उस फोटो वाले युवक को देख सोचता है—निहायत मामूली-सा व्यक्तित्व होगा! इसके लिए वह जीवन भर प्रतीक्षा करेगी? तर्कसंगत नहीं लगता। इसके चेहरे में भी वैसी कोई खास बात नहीं, साधारण-सी मामूली पोशाक है। चेहरा-मोहरा भी मामूली, वैसे विराग-वितृष्णा टपक रही है। सुरुचिसंपन्न प्राची की असाधारण सुषमा के आगे वह युवक अटपटा लगता है।

चार्ल्स ने पूछा, "तुम्हारे पति कहां हैं ?"

"नहीं जानती ।"

"कब लौटेंगे ?"

"जगन्नाथ जानें ?"

"तो वे खो गए ?"

"बस यही समझ लो ।"

और यदि न लौटें ?—यह बात पूछना चाहकर भी चार्ल्स ने नहीं पूछी । प्राची को चोट लगेगी इससे । मगर सचमुच ही वह न लौटा तो प्राची को प्रतीक्षा के बदले क्या मिलेगा ? प्राची जैसी पत्नी पाकर भी वह गुम कैसे गया ?

प्राची आज चार्ल्स के मन के हर प्रश्न को समझ रही है । ऐसा सवाल उठना स्वाभाविक भी है । सहज स्वर में कहा, "चार्ल्स, किसी बात में मेरे देश के बारे में संदेह लेकर न लौटना । मौसा को पूछने पर वे सब कुछ बता देंगे । मौसा को तुम्हारे अन्दर श्रद्धा भी है, विश्वास भी । आशा है तुम मुझे ठीक समझते हो ।" प्राची क्लांत होकर आंखें मूंदे बैठी है । वर्षों बाद अपने जीवन से कोई भारी पर्दा उठाकर विदेशी बंधु चार्ल्स के आगे खोल दिखा रही है । कम से कम चार्ल्स समझे कि मुझे उससे घृणा नहीं है । हालांकि प्रेम शब्द प्राची के लिए निषिद्ध है, क्योंकि मैं विवाहित नारी ठहरी । मैं हूं कोणार्क की प्रतीक्षित कन्या ! जीवन स्वप्न का इंगित मेरे हृदय में बार-बार धक्का खाकर लौटता है ।

द्वार पर मीठी महक लहरा रही है । रजनीगंधा का गुच्छा हाथ में लिए हलके मेघ की तरह द्वार देश को ढांके है चित्रोत्पला । और दिनों से अधिक सुन्दर एवं सजील लग रही है । मन का हर रंग होंठों पर तांबूल की तरह रचकर समूचे चेहरे को रंग गया है । चित्रा का फूल बेचना आजकल में खत्म ! फिर वह खुद किसी के आंगन में फूल बन खिलेगी ।

कमरे से बाहर आते-आते चित्रा के आगे थम गया चार्ल्स । मुग्ध दृष्टि से देखते हुए बोला, "चित्रा, तुम आज बहुत सुन्दर दिख रही हो ! खूब खुश नज़र आ रही हो..."

चित्रा झेंप गई, चेहरा गुलाबी हो गया लाज से । अगले क्षण मौसमी छू गई उसकी आंखों के आकाश को । बड़ी-बड़ी आंखों की पलकें बोझिल हो गई—सा'ब कल मेरा फूल बेचना खत्म है ! इसके बाद चंद्रभागा स्नान है । अब और न आ सकूंगी । मैं वहां न रहूंगी—मेरे मन-प्राण-आत्मा उड़ते होंगे कोणार्क के चारों ओर । बचपन से आज तक कोणार्क ही मेरे खेल का साथी रहा है । वही मेरी चट-

शाला का गुरु, वही मेरा अभिभावक रहा है। आज तक उसी ने मुझे दाना दिया। उसे कैसे भूल सकूंगी ? कैसे भूलूंगी तुम्हें, और अपनी दी' को। दी' की तबियत खराब है। उनसे एक बार मिलने चली आई।"

चित्रा ने आंखें पोंछ लीं आंचल से।

चार्ल्स ने चित्रा के हाथ से फूलों का गुच्छा लेकर कहा, "मैं भी तुम्हें कहां भूल पाऊंगा चित्रा ? भारत जैसे देश में तुम भी अविस्मरणीय हो। चार्ल्स ने सौ का नोट उधर बढ़ा दिया। उसने संभ्रम में हाथ पीछे कर लिए, "सा'ब ये फूल बेचने नहीं लाई। फूल तो आज तक बहुत बेंचे। अब यह मेरी भेंट है···"

चित्रा के पल्लू में बंधी रेजगारी को देख चार्ल्स ने पूछा, "ठीक है तेरी भेंट स्वीकार है। ये रुपये तो मेरी भेंट ही हैं। तुम्हारे इन फूलों की कीमत इतनी ही नहीं होती। अतः मेरी भेंट स्वीकार कर लो···"

चित्रा की आंखें भर गईं।—"सा'ब फूलों के बहाने तुमने मेरे ब्याह के लिए बहुत पैसे दिए हैं। मैं तुम्हारे आगे कर्जदार रहूंगी। इस साल फूल बेचे खूब पैसा मिला है। सिर्फ तुम्हारे कारन। सायद इस जनम में मैं तुम्हारा रिन न उतार सकूं, सा'ब ! बड़े भैया हो मेरे···जहां भी रहोगे, परनाम करूंगी !"

चार्ल्स आत्मविभोर हो उठा। भाई-बहन, परिवार-घर के बंधन उसे छू नहीं पाए थे। आज इस सरल बालिका के शब्दों में स्नेह बंधन का कैसा रूप उभर रहा है यायावरी जीवन ये ! गरीब हो चाहे चित्रा, खुद की बहन होती तो कितना सुखी होता। स्नेहसिक्त स्वर में कहा, "चित्रा, बड़े भाई के रूप में तेरी मैरिज में कुछ करना मेरा भी फर्ज है। ऐसा कुछ किया है तो इसमें ऋणी होने जैसी कोई बात नहीं, अब तक तो सिर्फ फूलों के दाम दिये हैं। जो भेंट दूंगा सो उसी दिन—तुम्हें बहू रूप में देखूंगा तब—। और तुम्हें एकदम चौंका दूंगा, सच बहू बनकर खूब अच्छी लगोगी !"

चित्रा लजा गई। आनंद में भर गया चेहरा, कोमल स्वर में बोली वह, "वह मेरा भाग है सा'ब ! मेरे घर पर तुम्हारे पांवों की धूल पड़ेगी ! बहुत है, और कोई भेंट नहीं चाहिए !" चार्ल्स ने बीच में कहा, "आऊंगा ! जरूर ! फोटो उठाऊंगा, हमारे देश में वे फोटो देख फिल्म वाले भी लजा जाएंगे। ईर्ष्या होगी उन्हें ! तुम्हारे विवाह के फोटो लेकर भारतीय विवाह संस्कार की एक अच्छी प्रदर्शनी कर सकूंगा।"

चित्रा ये बातें नहीं समझ सकी। हंस पड़ी सिर्फ—लजायी आंखें आंसुओं में अजीब लग रही हैं। सूर्यास्त के आकाश की तरह चेहरे पर लालिमा आनंद-वेदना में मिली-जुली है। चार्ल्स मुग्ध दृष्टि से देखते हुए स्वगत में कहने लगा, "आश्चर्य है ! विवाह जिस लड़की के जीवन का सबसे बड़ा सपना है, विवाह तय होने के बाद उसी से इतना दुःख ! इतने आंसू ! भाई-बंधु, जन्मभूमि परिवार

आदि की ममता, आकर्षण ही भारतीय पारिवारिक जीवन को इतना महनीय और सुन्दर बना सका है। उन्हें छोड़कर जाने की व्यथा में चित्रा के ये आंसू! चार्ल्स ने कहा, "चित्रा, भगवान् सुखी रखें तुम्हें! सदा मेरे आगे अनंत आनंद की मूर्ति बनी रहो। दुःख की छाया भी कभी तुम्हें न छुए।"

प्राचीप्रभा की आवाज़ आई, "चार्ल्स, थोड़ा रास्ता तो छोड़ो—चित्रा को कुंवारी वेश में एक बार देख लूं। शायद बाद में और ऐसे देखने का मौका न मिले।"

चार्ल्स द्वार से हट गया। चित्रा प्राची की शैया के पास खड़ी हुई है। पीछे-पीछे चार्ल्स। प्राची उठ बैठी है। क्लांत, करुण दृष्टि में आनंद और आशीर्वाद घना हो रहा है। वह मन-ही-मन सोच रही है—कुंवारी जीवन के स्वप्न और सच में कितना अन्तर है! चित्रा सुखी हो—सुखी हो! मेरे मेघाच्छादित आकाश की दुःख कालिमा चित्रा के जीवनाकाश में कभी एक पल भी न घिरे। जगन्नाथ इस कुंवारी, स्नेहमयी को सुखी रखें—पूर्णता प्रदान करें—शांति दें।

चित्रा ने झुककर प्राची के पांव छुए। दुःख भरे स्वर में कहा, "जा रही हूं दी'—बस···दुःख या सुख···समाप्त हो रहा है···पता नहीं···। याद रखना···"

अधूरे वाक्यों को गले से लगा लिया प्राची ने। गाल पर चूमते हुए कहा, "तुझे भूल नहीं पाऊंगी चित्रा···कभी नहीं, कभी नहीं। जगन्नाथ की ओर निगाह किए चलना। कभी खुद को छोटा न समझना। भगवान सदा सुखी रखेंगे। बस··· इसके सिवा तेरे नेह का क्या मूल्य दूं?"

चित्रा फफक उठी है।—"दी'! आज मन करता है सदा यों ही कोणार्क के आंगन में फूल बेचती रहूं। तुम्हारा नेह पाती रहूं। ब्याह की आशा में खुशी सहेजती रहूं। बस दिन कट जाते इसी में! पता नहीं क्यों डर लगता है···आगे···। सुना है लड़कियों के लिए कई बार ससुराल यम का घर बन जाता है। मेरे भाग में क्या लिखा है···बापू के यहां पेट कभी खाली रहा हो, मन कभी छोटा नहीं हुआ। बापू का गला दबाकर जो इतना दहेज लेकर मुझे लिए जा रहे है, वहां जी सकूंगी तो?"

प्राची ने चित्रा के होंठ पर हाथ रख दिया। डांट-सा दिया, "चित्रा मरने की बात न करो। मुझे विश्वास है—यमपुर में भी तुम्हें कोई दुःख न दे सकेगा।"

चित्रा ने आंसू पोंछ लिए। चार्ल्स के पांव छूकर बोली, "जमपुर जा रही हूं सा'ब! बस···जीती रही तो याद करूंगी।"

चार्ल्स खूब गंभीर हो गया। चित्रा की हर बात समझने लगा है। सच··· चित्रा की तरह अनेक लड़कियों के लिए आज भी ससुराल यमपुरी बन जाती है। भारतीय अखबारों में आये दिन बहू-निर्यातन, बहू-हत्या के वर्णन छपते रहते हैं।

चित्रा की आशंका झूठी भी तो नहीं ! काश ! यह फूल बेचती होती—प्रेम करती होती···जी सकती थी, विवाह क्यों कर बैठी ?

चित्रा कब की जा चुकी है। सांझ से पहले खाली डलिया लेकर गांव लौट जाना होगा। चंद्रभागा के स्नान पर्व की भीड़ में रास्ता मिलना मुश्किल होगा। देखते-देखते उसकी भरी डलिया खाली हो जायगी, कोणार्क के प्रांगण से चली जायगी। सूरज छिपने से पहले जी भर कोणार्क की हर मूर्ति देखेगी—उनसे विदा लेगी। अंतिम बार छू कर स्नेह-लाड़ व्यक्त करेगी। पत्थर और आदमी में भी कितनी घनिष्ठता है—कितनी आत्मीयता है—कितना स्नेह है, आकर्षण है !

चित्रा जिधर से गई है—चार्ल्स की आंखें उधर टंगी हैं—दुनिया में आदमी आदमी के बीच इतना आकर्षण भी दुर्लभ हो गया है ! कहीं ज़रा भी आकर्षण ऐसा मिलता तो मैं यों यायावर न बन पाता !

आदमी सदा मुक्तिकामी रहता आया है। दूसरों पर दोष लादकर स्वयं मुक्त होने में आनंद पाता है। लेकिन दीनबंधु सदा प्राचीप्रभा के विवाह में खुद को ही दोषी मानते रहे हैं। दरअसल वे ही इन सबके लिए उत्तरदायी हैं। हालांकि चारुकला कहती हैं, "भाग्य का खेल है ! जगन्नाथ की इच्छा कौन टाल सकता है ?"

कोणार्क की कला दीनबंधु को अंधा कर देती है। अपने देश के इस ऐश्वर्यमय भग्नावशेष को लेकर वे जितना गर्व करते हैं, दरिद्र मेधावी छात्र जगन्नाथ राउतराय को लेकर भी उतना ही गर्व होता है। जगन्नाथ के पिता नहीं हैं। लेकिन लड़का भद्र, मार्जित है। बुद्धिमान है। उसने कोणार्क हाईस्कूल से मैट्रिक कर लिया है। लेकिन कॉलेज वह न जा सका। स्कूल में भी बीच-बीच में आर्थिक कठिनाई पैदा हुई है ! हाईस्कूल तक वह बीस वर्ष का हो चुका।

बीस वर्ष का युवक जगन्नाथ कॉलेज में पढ़ने का सपना देखता है ! हालांकि वह जानता है कि यह सपना, सपना ही है। मैट्रिक के बाद उसने कोणार्क को ही रोटी-रोजी बना लिया। गाइड का काम कर बूढ़ी मां और युवती बहन का पेट भरता। सोचता कभी-कभी कि बहन ब्याही जाने के बाद कुछ पैसा होगा तो कॉलेज में नाम लिखाऊंगा। बी० ए० तो कर ही लूंगा। तब जाकर टूरिस्ट लोगों को फर्राटे से कोणार्क की कला समझा सकूंगा। कभी-कभी यह बात साथियों के बीच वह कह भी डालता। वे लोग मजाक करते—तीस बरस के होने के बाद बी० ए० करने से फायदा ? तब ग्रेजुएट पोस्ट पाने की उम्र नहीं रहेगी। मगर जगन्नाथ कहता—"नौकरी के लिए नहीं। ज्ञान के लिए पढ़ाई करूंगा। देश-विदेश की भाषा सीखूंगा। विदेशी टूरिस्टों को कोणार्क की मौन-भाषा समझाऊंगा—कि यह पूजा-पीठ है, त्याग, पवित्रता और साधना का पीठ है। यह कोई भग्न मंदिर नहीं, एक महान् जाति, एक महान् देश और महान् संस्कृति की आत्मा है। तब जाकर

वे कोणार्क की नैसर्गिक सुषमा का उपयोग कर सकेंगे ।"

सचमुच जगन्नाथ टूरिस्टों के आगे कोणार्क का बखान करते-करते आत्म-विभोर हो उठता। यहां के महान् कला-नैपुण्य के पीछे एक उन्नत जाति की उत्सर्गीकृत साधना थी । कहते-कहते उसका सारा चेहरा ही बदल जाता। आंख, मुंह, होंठ की नस-नस स्पंदित हो उठती—कोणार्क शिल्पी के प्रति श्रद्धा, भक्ति और आदर में। और गाइडों की तरह मिथुन मूर्तियों का लंबा-चौड़ा वर्णन कर सस्ते मनोरंजन के जरिये पैसे नहीं कमाता; वरन् इस नग्न शिल्प-कला के पीछे जो तांत्रिक तत्त्व और धर्मतत्व हैं, उनकी खूब अच्छी तरह व्याख्या करता। जगन्नाथ का तत्वज्ञान सुन, दर्शक मुग्ध हो जाते। मगर साधारण दर्शक कोणार्क का इतिहास, उस युग का सामाजिक जीवन, धर्मनीति, युद्ध-कौशल, शासन प्रणाली जानने नहीं आता। अतः जगन्नाथ के पास दर्शकों की भीड़ नहीं जमती। कुछ गवेषणा छात्र, ज्ञानपिपासु पर्यटक ही जुटते। उन्हें विस्तार से समझाते-समझाते वह समय का हिसाब नहीं रखता। पर्यटक संतुष्ट न होने तक वह समझाता जाता, ज्यादा देर के अधिक पैसे नहीं मांगता। अतः कोणार्क को जीविका समझता, फिर भी जीवन की मूलभूत जरूरतें इससे कभी पूरी नहीं पड़ती। न पैसे जोड़ता, न पढ़ पाता आगे।

दीनबंधु बाबू का बहुत प्रिय छात्र रहा है जगन्नाथ। बचपन से वे देखते आये हैं। उस इलाके में ऐसा कोई दूसरा नहीं नजर आया उन्हें। वह कोणार्क को पर्यटकों के आगे जिस ढंग से रखता—दीनबंधु मुग्ध हो जाते। उसके प्रति ममता-स्नेह बढ़ता ही गया। कोणार्क पर काव्य तक लिख डाला। जगन्नाथ तो पूरा कंठस्थ था। टूरिस्टों को सुनाता। अर्थ समझाता। दीनबंधु को अच्छा लगता।

वह दीनबंधु के यहां जाता कभी-कभी। दिनेश को 'अ-आ' सिखाता। 1… 2… 3…की गिनती करता। उसे गोद में ले कोणार्क मंदिर घुमा लाता। दीनबंधु के प्रति जगन्नाथ की गहरी श्रद्धा थी। विद्यादाता से दुनिया में बड़ा कौन होगा? वह दीनबंधु के आगे मन के सारे सपने कह देता। मन हलका हो जाता।

एक दिन अचानक उन्होंने प्रस्ताव रखा—

"जगन्नाथ कॉलेज जाओगे?"

जगन्नाथ अवाक् रह गया। "मेरे जीवन का सपना पितृतुल्य गुरुदेव जानते हैं। यह दिवास्वप्न है, इसे भी वे जानते हैं। फिर यह सवाल क्यों?"

जगन्नाथ का मौन ही उत्तर दे रहा था। दीनबंधु ने कहा—"तुम इस साल कॉलेज में नाम लिखा लो, मैं खर्च दूंगा। छुट्टी के दिन में गाइड का काम करना। चार वर्ष कट जाने पर तुम ग्रेजुएट बन जाओगे। परीक्षा में अच्छे अंक मिले तो पी…जी में स्कालरशिप पा जाओगे।"

जगन्नाथ को अचंभा हो रहा है। इस वदान्यता का अर्थ? अब तक जिस-

जिसने अयाचित रूप में सहायता करने की बात कही है, सब सौ गुना मोल मांगते आये हैं। वह मोल देते-देते बहन गंवा बैठा। जिसके विवाह के लिए पैसा···पैसा कर इतना धन जमा करता रहा।

बिना दहेज के आदर्श वर के साथ विवाह करने राजी हुए थे समाज सेवी नेता हरमोहन बाबू।

सरलमति जगन्नाथ ने हरमोहन की उदारता पर विश्वास कर लिया। हरमोहन उसके घर आते अलग-अलग प्रस्ताव लेकर। अलग···अलग उम्मीदवारों को साथ लेकर। मां कहती, "हरमोहन बड़ा बेटा है—फिर है जगुवा!" अचानक हरमोहन ने प्रस्ताव दिया—पात्र बड़ा अफसर है। भुवनेश्वर से जुपोई गांव आकर कन्या देखने की उसे फुरसत नहीं। इसे ही वहां ले जाना होगा। वह अच्छी सुंदर लड़की चाहता है। गौरी को देखकर पसंद करेगा। हरमोहन टैक्सी लाये थे, जगन्नाथ भी साथ गया भुवनेश्वर। बड़े दुमंजिले घरके आगे टैक्सी रुकी। जुणेई गांव का मैट्रिक! जगन्नाथ ने पूछा, "ये तो होटल है!"

हंसकर हरमोहन बोले, "आजकल होटल में ही सब होता है। कन्या दिखाई, चाकरी इंटरव्यू, साहित्यिक सभा, धर्म-संस्कृति की चर्चा आदि···ब्याह, जनेऊ, भोज, सुहागरात···सब कुछ। तय होने से पहले बेटी को लेकर वहां जाना ठीक नहीं होगा। इससे वे शुरू में ही हमें ओछा समझेंगे। होटल में कमरा लिया है। जो भी खर्च होगा, होने दो, अपनी लड़की की इज्जत बनी रहे। बात पक्की कर दो। बाद में वे हमारी लड़की को ऐसा न कहें कि तुम खुद-ब-खुद लड़की दिखाने हमारे घर आ गए। क्यों, क्या विचार है?"

जगन्नाथ ने कृतज्ञता में सिर झुकाया। हरमोहन वास्तव में कितने बड़े समाज-सेवक हैं! पराई बेटी की इज्जत रखने की कितनी चिंता है, कितनी व्याकुलता है! मन में फैसला कर लिया था कि अगले चुनावों में उनके दल के लिए ही प्रचार करूंगा। यदि हरमोहन बाबू खड़े हो गए तो फिर जान की बाजी लगा दूंगा।

गौरी सहमते-सी गाड़ी से उतरी। जगन्नाथ का खयाल था कि हल्की सजावट में भी बहन परी-सी दिखती है। बस भाग्य खुल जायगा! किनारे लग जाऊंगा।

उन्होंने जगन्नाथ को अपने भुवनेश्वर वाले मकान पर भेज दिया। बोले, "वहां आराम करो। वे कब आयें, क्या पता! तुझे भला वहां क्या करना है? तुम्हें देखकर शायद गौरी को नापसंद कर दें। उनको तो यह पता है कि गौरी मेरी बहन है। तभी वे राजी हुए हैं।"

जगन्नाथ के मन में दुःख हुआ। हरमोहन की बगुले-सी सफेद झकाझक धोती-पंजाबी देख अपनी मैली-कुचैली कमीज-पैंट की ओर देखा। उनकी बात बिल्कुल ठीक है। बहन के भले के लिए थोड़ा हट जाने में हर्ज क्या है?

हरमोहन के घर पर मोटे चावल और पतली दाल। बाहर वाले कमरे की बैंच पर विश्राम किया जगन्नाथ ने। सोचा इसके बाद बहन का उत्तरदायित्व पूरा। चैन आ जायगा। भाग्य में रहा—कॉलेज जायेंगे। बहन का ब्याह तो हो जायगा। बस !

निश्चित होकर आंख मींच ली। मगर खटमलों ने याद करा दिया—जागो …सावधान…जीवन की राह ऐसी सीधी नहीं, सरल नहीं। जगन्नाथ दोपहरी भर छटपटाता रहा। हरमोहन या गौरी कोई शाम तक वहां नहीं दिखे।

अगली सांझ तक नहीं लौटी। तीन दिन बाद गौरी व हरमोहन लौटे जगन्नाथ के गांव। हरमोहन ने कहा—एक नहीं—दो, पांच उम्मीदवारों ने कन्या देख ली है। बार-बार भुवनेश्वर आकर कन्या दिखाने में कोई कम खर्च होता है ? कहीं-न-कहीं जरूर तय हो जायगा। बस गौरी को राजी होना है। आजकल दोनों पक्षों की रजामंदी से विवाह ठीक रहता है।

जगन्नाथ की आशायी आंखें बहन को देखती रहीं। गौरी को भला क्या एतराज होगा ?

गौरी लेकिन मरे चांद-सी फीकी उदास बैठी है। आंचल में मुंह ढांपे। जगन्नाथ की आंख-से-आंख मिलते ही बड़ी-बड़ी दो बूंदे ढुलक पड़ी आंसुओं की। नज़र हटाकर वह बाहर की ओर देखने लगी। कोई दबाकर सम्हाल रही है खुद को।

—तो विवाह तय होने की बात से रो रही है ? हर लड़की ऐसे ही करती है। गौरी की रुलाई की ओर ध्यान देने की क्या जरूरत है अब ? बहन का ब्याह होगा —कोई मामूली बात नहीं। हरमोहन ने हंसते हुए कहा, "गौरी तो निपट गंवार है—बस रूप की खातिर पसंद किया है। और हर बात में आजकल की चलन के लिहाजे से फिसड्डी है। देखा जाय क्या…"

घर आकर गौरी मां की बांहों में भर फफक उठी। तो गौरी का विवाह तय हो गया ! हरमोहन को सबने धन्यवाद दिया।

अनाथ कन्या का भला हो ! हरमोहन परोपकारी आदमी हैं। उन्होंने विनय में भरकर कहा, "यह तो मेरा कर्तव्य है ! गौरी के पिता ठहरे स्वतंत्रता सेनानी। देश के लिए कई बार जेल जाना पड़ा है। उनकी बेटी का दायित्व क्या हमारा नहीं ? फिर बेटी तो हम सबकी है। गौरी सुखी रहे, चैन से रहे, और क्या चाहिए ?"

और सचमुच गौरी चिरंतन सुख-शांति के धाम को चली गई ! सुबह गौरी की लाश पोखर में तैरती मिली। आत्महत्या करली, एक छोटे-से पत्र में लिख गई है—"मेरी मौत के लिए कोई उत्तरदायी नहीं। जीने का नैतिक साहस मुझ में नहीं। अतः खुद विदा ले रही हूं।"

सब अवाक् ! हरमोहन कहते रहे, "गौरी अवैध प्रेम में फंसी थी। वह

विवाह के लिए तभी राजी न हुई। इसलिए यह आसान रास्ता खोज लिया !"

दसवीं में पढ़ाई छोड़ने वाली लड़की बार-बार विवाह के उम्मीदवार के आगे खुद को दिखाने वाली स्वप्नविलासिनी लड़की क्यों जीने का नैतिक साहस खो बैठी ? यह बात उस दिन जगन्नाथ बिलकुल नहीं समझ सका। बाद में और कुछ घटनाओं से हरमोहन का मुखौटा खुला। तो यह हरमोहन उत्तरदायी है मेरी बहन की मृत्यु के लिए ? मगर उसके विरुद्ध गौरी के बारे में कोई प्रमाण नहीं था। इसके बाद से अयाचित सहायता को वह शक की निगाह से ही देखने लगा है।

दीनबंधु ने कहा, "मैं समझता हूं, तुम्हारे मन में संदेह है कि मैं क्यों मदद करना चाहता हूं ? मेधावी छात्र के प्रति मेरे मन में सदा से दुर्बलता रहती आयी है। मेधावी और गरीब छात्रों को सदा थोड़ी-बहुत मदद करना मेरे जीवन का व्रत है। फिर मैं तो तुम्हें बेटे की तरह समझता रहा हूं। तेरे पिता की निष्ठा, चरित्र, देश-प्रेम मुझे सदा उनके आगे नत रखता है। तुम्हारे जीवन का एक बड़ा सपना यदि मेरी ज़रा-सी मदद से सफल हो जाता है—तो उनकी आत्मा मेरे बेटे को आशीर्वाद देगी।"

जगन्नाथ का हृदय द्रवीभूत हो रहा था। कृतज्ञता आंखों की राह झर आयी। दीनबंधु को कृतज्ञता जताने का वही एक उपाय था, वही श्रेष्ठ भाषा थी।

तीन वर्ष पढ़ाई छोड़ गाइड का काम कर चुका है जगन्नाथ राउतराय। इस बार कालेज में नाम लिखाया। चार वर्ष मदद की दीनबंधु ने, इसी बीच खुद भी पढ़ाई के साथ वह कुछ कमाई करता रहा। अंतिम परीक्षा में अंग्रेज़ी ऑनर्स में सेकेंड पोजीशन रही। तब तक दीनबंधु बाबू के हृदय में उसके लिए गहरी ममता हो चुकी थी।

दीनबंधु तय कर चुके थे कि अब जगन्नाथ आगे दिल्ली यूनिवर्सिटी में एम० ए० करेगा। दूसरी भाषाएं भी सीख सकेगा। जितना हो सके वह ज्ञान अर्जित करे। जगन्नाथ को लेकर उसके मन का सपना साकार हो रहा था।

जगन्नाथ वीर पाइक वंश का लड़का है। उसके पूर्वज गंगवंश के शासन के दिनों में मुसलमानों के साथ लड़े थे—अंग्रेज़ों के विरुद्ध लड़कर गोली के सामने छाती दिखाने वालों में थे। जगन्नाथ के पिता निरंजन ने नमक सत्याग्रह में भाग लिया था—जेल गए थे। जीवन का असली समय कटा जेल के सींखचों के पीछे। मुक्ति पाकर घर लौटे, तब तक पत्नी प्रौढ़ा हो चुकी थी। खुद वे चौवन वर्ष के बूढ़े-बीमार आदमी बन गए थे। इसके बाद उनका असली दांपत्य शुरू होता है। उसी के बाद जगन्नाथ और गौरी का जन्म हुआ। जगन्नाथ को गांव चटशाला में बिठा कर समझ लिया—मेरा कर्तव्य पूरा हो गया। निश्चित हो गए। और परम-

धाम को उड़ गई उस देश प्रेमी निरंजन की आत्मा ! सारी चिंताओं का पहाड़ टूटा मां सत्यभामा पर ! जगन्नाथ गरीब हो सकता है लेकिन उसके वंश का इतिहास है । गरिमा है । कभी वह अपनी संस्कृति की उपेक्षा नहीं कर सकता। तभी जगन्नाथ को दोनों हाथ फैलाकर अपनी ओर खींच रहे हैं ।

एम० ए० ! बी० ए० में ही अपने को संतुष्ट रखने की कोशिश कर रहा है ! मैं ग्रेजुएट बन गया हूं । अंग्रेज़ी में अच्छी तरह बात कर सकता हूं, इतने में ही संतोष कर लेना चाहिए, संगी-साथी सब भी यही कहा करते । जगन्नाथ भी सोचता—बहुत हुआ ! अब मैं मुक्त हूं !

बहन तो जा चुकी है । बी० ए० करने के समय में मां ने भी आंखें भींच ली । कोणार्क जगन्नाथ के एकाकी जीवन के लिए काफी है । अब यही होगा मेरा जीवन और जीविका । फिर एक बार उसके कदम उठे कोणार्क प्रांगण की ओर । राह रोक ली दीनबंधु ने । "तुम्हें दिल्ली यूनिवर्सिटी में दाखला लेना है । समझे ! वहां और भी भाषाएं सीखनी हैं। सपना अधूरा है ।"

जगन्नाथ उस आदेश में पुलक विमुढ़ खड़ा रह गया फिर कहा—"तुम तैयारी कर लो। बाकी बातें मुझ पर छोड़ दो । बस, सिर्फ दो साल तुम्हारे जीवन का नक्शा बदल देंगे ।"

जगन्नाथ ने नम्र स्वर में कहा, "आप पर बेमतलब बोझ बढ़े जा रहा है ! आप की भी दुनिया है । फिर यह बढ़ेगा ही, कम नहीं होगा ।"

दीनबंधु ने गहरी सांस छोड़ते हुए कहा, "मेरे एक ही तो बेटा है दिनेश ! स्कूल में पढ़ रहा है, इसे कोई दुनिया कहते हैं ? दिनेश लड़का है । अच्छा पढ़ेगा तो पढ़ जायगा । न पढ़ा गांव में रहेगा, किसी दिन मेरी दुनिया का बोझ नहीं बनेगा । बोझ समझ जिसे सत्पात्र के हाथ सौंप दिया था, वह तो बोझ न बन—चली गयी है । अब बोझ कैसा ?"

अनुपमा को योग्य पात्र के हाथ में सौंपा था, डाक्टर था, सुरूप, खाता-पीता घराना, हैसियत से अधिक दहेज भी दिया ।

विवाह के बाद पता चला जंवाई नीलकंठ का किसी नर्स सुषमा से संबंध है । अनुपमा तब तक पेट से हो चुकी थी । उसने पत्नी से कहा, "अपने पीहर लौट जाओ । मैं सुषमा से विवाह करूंगा । सुषमा बिना जी न सकूंगा ।"

"मुझसे फिर विवाह क्यों किया ?" सुषमा रो पड़ी ।

नीलकंठ ने कहा, "पिता ने बाध्य कर दिया । तुम्हारे पिता इतना दहेज न देते तो मेरे पिता कभी राजी न होते, कितने ही प्रस्ताव रद्दी की टोकरी में डाल दिये थे । कुछ दिन और गुजर जाते तो पिता मेरी बात पर राजी हो जाते । आज मेरी इस परिस्थिति के लिए तुम्हारे पिता ही जिम्मेदार हैं । अतः तुम्हारा दायित्व वे सम्हालें, साथ में तुम्हारी आनेवाली संतान का भी ।"

अनुपमा सदा के लिए वापस आ रही है—दीनबंधु को जंवाई ने खत लिखा था।

कुछ दिन बाद झुलसी देह अस्पताल में ले जाते-जाते रास्ते में ही प्राणवायु उड़ गई। रहा मृत्यु का कारण? सबका खयाल था—कोई दुर्घटना, या आत्म-हत्या… कुछ भी होगा! हमें इससे क्या?

दीनबंधु को लगा—अनुपमा जैसी बेटी ने अपनी और अपनी अनागत संतान की कोई व्यवस्था कर ली, वह अपने आदर्श शिक्षक पिता पर बोझ बनना नहीं चाहती थी। अब और बोझ कौन बनेगा? दीनबंधु की छलछलायी आंखों को देख जगन्नाथ ने हल्के से कहा, "ठीक है, आप की बात मानूंगा। मगर इस उप-कार के लिए सात जनम भी कम होंगे।"

दिल्ली जाना तय हो गया। अचानक दीनबंधु बाबू ने कहा, "जाने से पहले विवाह कर लेना ठीक होगा। पढ़कर लौटते-लौटते उमर ढल जायगी।"

विवाह! जगन्नाथ घबरा उठा। अपने विवाह के बारे में अभी तक सोचने का मौका ही नहीं आया। बहन के मरने के बाद मन ही मन तय कर लिया था। बातों ही बातों में अपनी घृणा भी व्यक्त की थी—"मुझ-से अनाथ से भला कौन ब्याह करेगी?"

दीनबंधु ने समझाया, तुम्हें जानता हूं, तभी अपनाया है। विवाह जैसा महत्त्व-पूर्ण दायित्व पूरा करना भी एक कर्तव्य है। अपनी भतीजी प्राचीप्रभा को तुम्हारे हाथ में सौंप कर मैं अनुपमा का दुःख और ग्लानि भूलना चाहता हूं। उस दिन नीलकंठ के सर्टीफिकेट, चेहरा और संपत्ति तो तोलते हुए उसे योग्य समझ उसकी हत्या में खुद को शामिल कर बैठा। अनुपमा के बाद प्राची ही मेरी बेटी है। उसे लायक वर के हाथ सौंप दूं, मेरे पाप का किंचित प्रायश्चित होगा।"

जगन्नाथ को चोट पहुंची। जीवन में यह भी एक बड़ा धक्का है। आज तक सोचा था दीनबंधु निःस्वार्थ होकर मुझे पढ़ा रहे हैं। पर अब समझा इन दोनों पति-पत्नी का स्नेह, लाड़-चाव, सहायता, अनुकंपा के पीछे क्या उद्देश्य था। देख-परख जगन्नाथ को लायक बना रहे हैं बेटी के लिए!

जगन्नाथ के मन में दुनिया के प्रति वितृष्णा भर गई, दुनिया में आदमी-आदमी के बीच क्या निस्वार्थ, निष्काम संपर्क स्थापित हो ही नहीं सकता? यहां तक कि पति-पत्नी के बीच का संबंध भी स्वार्थ जड़ित होगा!

दीनबंधु से अगऊ दहेज लेकर ऊंची पढ़ाई की है। अब उनकी बात टालकर वह अकृतज्ञ नहीं बन सकता।

पुरुषोत्तम धाम में जगन्नाथ महाप्रभु की साक्षी रखकर निराडंबर भाव से प्राचीप्रभा के साथ जगन्नाथ का विवाह संपन्न हो गया। पाट की साड़ी में आवृत पोटली थी कोई—चारुकला की गोद में। नरम कोमल पद्म पंखड़ी की तरह

हाथ जगन्नाथ के हाथ पर रखा गया—जगन्नाथ का विद्रोही मन अचानक ऊष्म मधु कोमल भावना में द्रवीभूत हो गया। सर्वमंगल जगन्नाथ जिस विवाह के साक्षी हैं—उसे स्वीकार कर लेने में दिक्कत क्या है ?

चार्ल्स की अंतरंग बातों ने प्राचीप्रभा में कुछ पुरानी स्मृतियों को जगा दिया। अपना विवाह, सुहागरात की बात की याद में प्राचीप्रभा को जगन्नाथ की विश्वव्यापी दो आंखें दिखती। इसके अलावा विवाह के बारे में और कोई भावप्रवणता की जगह नहीं।

तेरह वर्ष की किशोरी—स्कूल छोड़ी ही थी। पढ़ाई पूरी होने के कारण नहीं—अब आगे पढ़ाई के लिए कदम बाहर निकालना ठीक नहीं—अतः स्कूल जाना बंद। प्राचीप्रभा को दुःख क्यों होता ? वह स्वप्नों की दुनिया में औरों की तरह खोयी थी।

भाई-भौजी, मौसी-मौसा के साथ जगन्नाथ दर्शन के लिए वह पुरी गई। वहां जाकर सुना—मेरी शादी है ! पति का नाम है जगन्नाथ ! मेधावी, भद्र, अच्छे चरित्रवाला युवक। विवाह के बाद वह आगे पढ़ाई के लिए दिल्ली जायगा। भविष्य उज्जवल है।

प्राचीप्रभा माटी की गुड़िया है। औरों की इच्छा से हंसेगी, रोयेगी, नाचेगी, वरना टूटकर किरच-किरच हो जायगी। उसके वश में क्या है ? लड़कियों का जीवन ही ऐसा है। ईश्वर और गुरुजन जो करते हैं—भले के लिए। सर्वमंगल जगन्नाथ की नीति से विवाह संपन्न हुआ।

घूंघट की ओट से प्राचीप्रभा देख रही थी जगन्नाथ के विशाल नेत्र उसके विवाह में साक्षी बने देख रहे हैं। प्राचीप्रभा की डर से आंखें मुंद गई। मन-ही-मन प्रभु से कहा—"मैं तो कुछ जानूं नहीं। तुम जानो दीनानाथ !"

मिलन लग्न ! प्राची घबराई ! सहमी-सहमी देख रही है। घूंघट की ओट से पति जगन्नाथ को। सांवला रंग, ठोस गठान, दृढ़ चेहरे की भाव-भंगिमा। अटल-अचल महाबाहु की तरह दिख रहे हैं। उन्हें सिर्फ भक्ति करने को मन होता है—इसमें मिल जाता है एक अजान एक भीतभाव !

जीवन के संघर्ष में से उभर कर जगन्नाथ खड़ा हो गया है। फिर भी हृदय में कोमल नरम अंश अब तक अनजाने रह गया है जो अभी भी स्पंदित हो रहा है।

नववधू को खूब स्नेह से प्रथम संबोधन कर धीरे-से अपनी ओर खींचा था जगन्नाथ ने। अगले क्षण चौंक उठा। करुणा में, निराशा में भर प्राचीप्रभा की क्षीण, दुर्बल देह को अपने बंधन से मुक्त कर दिया।

मन में अंकित कोणार्क की मिथुन मूर्तियां विद्रूप में अट्टहास कर रही थी

जगन्नाथ का। दुःख और लज्जा में जगन्नाथ ने म्लान होकर पुछा, "उमर कितनी होगी ?"

सरल प्राची ने सिर झुकाये संक्षिप्त उत्तर दिया, "तेरह" "छिः इतनी छोटी हो। पहले जानता तो तुम्हें छूता भी नहीं। तुम्हारे मौसा ने कहा था कि तुम उन्नीस की हो! मैं तो अठाईस का हो गया। माफ करना—प्राची! मैंने अत्याचार किया है तुम पर, लज्जा होती है सोचकर। सो जाओ, थक गई होगी। मैं बाहर सोऊंगा। कमरे में बहुत गरमी है। दम घुट जायगा।"

पति की बात प्राची कुछ नहीं समझी। सचमुच वह थक चुकी थी। सुख से नींद आ गई कुछ ही देर में। बाहर जगन्नाथ जागता दीनबंधु की कृपा को ठोकर मार लंबी-लंबी सांस ले रहा था।

अगले दिन सुबह जगन्नाथ का कोई अता-पता नहीं। वह लापता हो गया।

एक पत्र पड़ा था प्राची के बिस्तर के किनारे—

"नारी-पुरुष के मिलन से पृथ्वी में सृष्टि होती है। यह नित नूतन, चिर सुंदर बनी रहती है। पर इस मिलन का यह अर्थ नहीं कि काम वासना की पूर्ति हो या बलात्कार किया जाय। प्राचीप्रभा—सत्पात्र की परिभाषा में पुरुष की उमर तुम्हारे मौसा की आंखों में गौण हो गई है। यदि मैं तुम्हारे पास रहूंगा पुरुष की उग्र कामना में जलकर पशु बन जाऊंगा। मैं पशु होना नहीं चाहता—कोणार्क ने मुझे सिखाया है निष्ठा और संयम। तभी तुम्हें छोड़ जा रहा हूं। विवाह की उमर तुम्हारी नहीं हुई। तुमसे विवाह कर मैंने अपराध किया—"इसे तुम अस्वीकार कर देना। यदि कभी स्वीकार करो भी, तब तक मैं हो चुका हूंगा प्रौढ़, वयस्क। उस उमर में विवाह की जरूरत सिर्फ मानसिक होगी, आत्मिक होगी। प्राचीप्रभा! नारी जाति के प्रति होने वाले सामाजिक अत्याचार का मुकाबला करो—स्वयं को प्रतिष्ठित करो। तभी मेरी बहन की आत्मा को भी शांति मिलेगी। मैं जा रहा हूं निःस्वार्थ, निष्काम, मानवीय संबंध स्थापना की तलाश में। यदि वह मार्ग मिला कभी, तो लौटकर तुम्हारे संग वैसा ही निष्काम संपर्क स्थापित करूंगा। मैत्रीदेव जगदीश का यही है विश्ववासियों को संदेश। वही संदेश लेकर मैं पाताल से धरती की ओर कदम बढ़ा रहा हूं—

अनिच्छाकृत अपराध क्षमा करना—विदा।

तुम्हारा शुभाकांक्षी

जगन्नाथ

पत्र कई बार पढ़ा प्राची ने। कुछ नहीं समझ सकी। जब समझ में आया जगन्नाथ के प्रति श्रद्धा और आदर में मन पिघल गया। आत्मा भरपूर हो गई। वह पशु नहीं—पुरुष-सुपुरुष है!

इसके बाद वह स्वयं को प्रतिष्ठित करने संकल्प कर बैठी है। मौसो-मौसा

को दोष नहीं दिया। जगन्नाथ जैसे योग्य वर के हाथ में सौंपते समय उमर की ओर आंख मूंद लेना मौसा-मौसी की भावप्रवणता है।

लोगों का कहना है—जगन्नाथ संसारी हो गया है। कुछ लोगों का कहना है —वह ब्रह्मचारी या संन्यासी हो गया है। घूम-घूमकर वह विश्वमैत्री, शांति, सहावस्थान, समन्वय और संहति की वाणी का प्रचार करता है। भारत की आत्मा को जगत में प्रचारित कर रहा है। अविचलित होकर। वह उपेक्षा करता है या प्रतीक्षा—कोई नहीं समझ पाया।

पिछले पंद्रह वर्ष में जगन्नाथ के बारे में जो खबर मिली है—सब भ्रमात्मक हैं, निराशाजनक हैं। जट जूटधारी संन्यासी जगन्नाथ विश्व की परिक्रमा कर मुक्ति का संदेश देता फिर रहा है। दिनेश ने अमेरिका से पत्र लिखा है। स्वामी जगन्नाथ ब्रह्मचारी वहां महात्मा के रूप में खूब आदर पा रहा है। वह भारतीय है। पर उड़ीसा का है या नहीं—पता ही नहीं चलता। हर कोई भाषा वह मातृ-भाषा की तरह बोल लेता है। पूछने पर कहता है—धरती मेरी मातृभूमि है, जाति मेरी मानव है। पिता माता मेरे ईश्वर हैं। बंधु, सखा, परिवार…घर…बार—विश्व के कीट…पतंग हैं। हर धर्म पर वह खूब दक्षता के साथ भाषण देकर प्रशंशित होता है। पता मांगने पर कहता है—जब जहां रहता हूं, वही पता है।

यदि प्राचीप्रभा का पति वही है, कभी वह उड़ीसा लौटे तो प्राचीप्रभा उसे किस रूप में ग्रहण करेगी ? प्राची को वह क्या संदेश देगा ?

दीनबंधु और चारुकला दोनों प्राची के लिए स्वयं को अपराधी समझते हैं।

मगर प्राचीप्रभा निर्विकार है। चार्ल्स को लगता है जैसे यह तो कोणार्क की ही कोई प्रतीक्षामूर्ति है। उस दिन चंद्रभागा और स्वयंचालित यंत्रयुग की प्राची में कोई अंतर नहीं दिखा चार्ल्स को। वह सोचती है भारत का भूगोल बदला है—इतिहास नहीं बदला। भारत का रूप बदला है, आत्मा नहीं बदली। प्राचीप्रभा या चंद्रभागा बन कर पैदा हुआ है।

13

माघशुक्ल सप्तमी। सूर्यदेव का जन्मदिन। चंद्रभागा तीर्थ पर माघस्नान करने पर सर्वपापों का प्रक्षालन होता है। चंद्रभागा मेले में अगणित यात्रियों का समागम होता है। भारत के विभिन्न भागों से, विदेशों से भी अनेक भक्त,

तीर्थयात्री, पर्यटक वगैरह इस मेले में शामिल होते हैं।

मेले में ईशानेश्वर, त्रिवेणीश्वर एवं दक्षिणेश्वर पधारे हैं। दुकान-बाजार सरगर्म हैं। कोणार्क प्रांगण में निर्जनता टूटी है यात्रियों के कोलाहल में। मगर कोणार्क का मौन नहीं टूटता।

माघ की हाड़ कंपाती ठंडी रात में बच्चे से बूढ़े तक सब खुले आकाश तले पड़े हैं—सूर्यदेव की प्रतीक्षा है। फूस, कांटी, डंठल वगैरह जलाकर ताप रहे हैं। लंबी प्रतीक्षा में उजागर रात धीरे-धीरे बीत रही है।

जीवन की इस गहन अनुभूति को चार्ल्स जी भर कर आत्मस्थ कर रहा है। संचय कर रहा है स्मृति के खजाने में।

रात बीतने को आयी। भजन-कीर्तन में सागर तट मुखरित है। पधारे हुए देवों को तीर्थ जल में स्नान करा दिया है। बाद में यात्रियों ने स्नान किया है।

पवित्र मंत्रोच्चारण के साथ सागर की जलराशि उछल रही है—भक्ति-भाव से सूर्य देव का आलिंगन करने।

जननी सर्व भूतानां सप्तमी सप्त सुप्तिके।
सर्व व्यहृतिके देवी नमस्ते रवि मंडले।

दीनबंधु मंत्रोच्चारण कर स्नान कर रहे हैं। उनके साथ मंत्र बोल रहा है चार्ल्स। प्राची एवं चारुकला ने स्नानपर्व समाप्त कर लिया है। अनेक भक्तों में यायावर चार्ल्स भी मिल गया है। अपनी सत्ता खो चुका है वह। उसकी कोई जाति वर्ण नहीं। पर आदमी है! सारी धरती को समान आंखों से देखने वाले धर्मदेव सूर्य का उपासक है।

सूर्य मानव धर्म के प्रकाशक हैं। सात सौ वर्ष तले दिग्विजयी राजा, भक्त नरसिंह ने मानव धर्म प्रनिष्ठा की नींव डाली है। कोणार्क मानव धर्म की मुख-शाला है। आज वह और भी महनीय दिख रहा है चार्ल्स की आंखों को। शायद उसने कोणार्क का सही अर्थ समझ लिया है।

पूर्व दिग्वलय ने लोहित वर्ण धारण कर लिया है। असंख्य उत्सुक आंखें लोहित आकाश पर टिकी हैं। नीले सागर की अनंत जलराशि में लाल अग्निपिंड धीरे-धीरे ऊपर उठ रहा है। चपल बाल सूर्य को उदार अनंत आकाश सुनील कोमल बाहु बढ़ाकर उठा लेता है—अपनी छाती से लगाता है। धीरे-धीरे मुस्करा रहे हैं सूर्यदेव!

अवर्णनीय हैं चंद्रभागा तट पर सूर्योदय! चार्ल्स मुग्ध हुआ मन के कैनवास पर अंकित कर रहा है सूर्योदय का वह अपूर्व दृश्य! सोच रहा है—कोणार्क की हर अनुभूति अवर्णनीय है, अकल्पनीय है, अद्‌भुत है!

सूर्योदय के बाद सूर्योपासना संपन्न कर यात्री लौट रहे हैं। चार्ल्स, प्राची, दीनबंधु, चारुकला भी लौट रहे हैं।

सद्य:स्नाता प्राचीप्रभा का कोमल मुख लोहित सूर्य की आभा में अत्यंत मनोरम और पवित्र लग रहा है। चार्ल्स सोच रहा है--प्राचीप्रभा दूर आकाश का एक नक्षत्र है। पृथ्वी पर रहकर सिर्फ उसे देखते रहने से आनंद प्राप्त किया जा सकता है।

चार्ल्स ने नीरवता तोड़ी, "तुम अब स्वस्थ हो गई हो। पोथी के कुल तीन अध्याय बाकी हैं। चंद्रभागा की अंतिम परिणति देखने की उत्सुकता बढ़ रही है। इधर चित्रोत्पला के विवाह में दो-तीन हफ्ते और रह गए। दोनों कार्य होने के बाद पुरी लौट जाऊंगा। कुछ दिन वहां रहकर श्रीगुंडिचा यात्रा के समय पतित पावन के दर्शन करूंगा। इंडिया में तब मेरा काम पूरा। रथ यात्रा के समय कई साधु-संत पुरी आते हैं। यदि तुम्हारे पति तब आयें वहां तो उनके दर्शन कर धन्य समझूंगा।"

प्राची ने निर्विकार स्वर में कहा, "पंद्रह वर्ष हुए मौसा-मौसी नियम पूर्वक रथ यात्रा पर वहां जाते हैं। अनेक साधु-संतों से मिलते हैं। मेरे पति की बात पूछते हैं और निराश होकर लौट आते हैं। उनका विश्वास है कि वे किसी न किसी दिन जरूर लौटेंगे। जगन्नाथ को ठग कर कहीं कब तक रहेंगे वे?"

"तुम्हारा भी वही खयाल है?"—चार्ल्स ने धीरे से पूछा।

"हां, इसी पर तो टिकी हूं। जी रही हूं। अगर वो न होता तो लिली बन जाती। टूटकर माटी में मिल जाती कब की। आदमी का ही तो मन ठहरा।" प्राची हंस पड़ी।

प्राची की इस बात पर चार्ल्स को लगा जैसे ठोस रूप में मानव के एक निष्ठुर सत्य और उसके सामाजिक नीति-नियम, संबंध की बात कह दी प्राची ने। प्राची भी आदमी है। उसकी भी देह है, मन है, विवेक है। निरंतर हर पल वह संघर्ष के बीच जी रही है। मगर···इस संघर्ष का मूल्य? प्राची के जीवन का अंत क्या है?

उसने पूछा, "मैं समझता हूं कामना की चरम तृप्ति में दु:ख का विनाश होता है। मुझे विश्वास है लिलियन को निर्वाण प्राप्ति हुई है।"

प्राची ने तिर्यक निगाह डाली चार्ल्स पर। चेहरा गुलाबी सुर्ख दिख रहा है। कितनी अतृप्त वासनाओं के चित्र खिल रहे हैं। उसके चेहरे की त्वचा पर। कुछ आगे बढ़ते हुए बोली, "चार्ल्स कामना की चरम परितृप्ति का अर्थ पूर्णता नहीं होता। पूर्णता संभोग में नहीं होती, समर्पण में होती है। संसार में पूर्णत: परितृप्त आदमी मिल सकेगा? जीवन में चरम सुख खोजते-खोजते अधूरापन लिए ही उसकी आत्मा छटपटा रही होगी, तनिक संवेदना के साथ उसकी अदेही आत्मा का स्पर्श करो। कितनी दुखी लगेगी—कितनी अतृप्त होगी!"

कुछ दूर चलकर प्राची थक कर ठहर गई। चंद्रभागा से कोणार्क तक सीधा

रास्ता—दोनों कतार में झाऊ ही झाऊ खड़े हैं। रास्ता सघन हो गया है। दाहिनी ओर झाऊ वन में अनेक लोग जमे हुए हैं। घर लौटते यात्री राह से हटकर आ गए। मगर कोणार्क वैसे ही गंभीर बना सब देख रहा है। चार्ल्स ने सोचा—शायद कोई तीर्थस्थल है। चंद्रभागा स्नान के बाद सूर्योदय का दर्शन कर लौटते समय रास्ते में वे लोग कुछ पुण्य कमा रहे हैं। इस तीर्थस्थल का दर्शन कर लें।

दर्शकों में एक तरह की विमर्ष नीरवता भरी है। कुछ प्रौढ़ यात्री राम-राम कहते आंख मूंदे लौट रहे हैं। प्राची ने एक से पूछा, "क्या हुआ?"

"घोर कलि है, कलजुग है!" एक ने मुंह मोड़ लिया।

पुलिसवैन आकर रुकी। कुछ पुलिस वाले उतर पड़े। भीड़ दो भागों में बंट गई। प्राची और चार्ल्स कुतूहल में रुक गए। पुलिस के पीछे-पीछे गए। दृश्य देख स्तब्ध रह गए!

झाऊ वन में बिखरा पड़ा है चित्रोत्पला का नग्न शव—क्षत-विक्षत। साड़ी कुछ हटकर पड़ी है। साड़ी के आंचल में फूल बेचने से मिले पैसों की पुड़िया नहीं। चित्रोत्पला के पांवों की पाजेब, हाथ में चांदी की चूड़ियां, नाक पर सोने का कांटा भी नहीं। नाक एक ओर फटकर वहां रक्त जम गया है। चित्रोत्पला की सारी देह में आदिमता के उत्कट चिह्न वीभत्स ढंग से अंकित किए गए हैं।

धर्षण और हत्या—फिर चोरी! पुलिस अफसर को यही संदेह हो रहा है। लगता है फूल बेचकर घर लौटते समय रास्ते में किसी ने शिकार कर लिया। अपनी रक्षा में खूब लड़ी है बिचारी। कुछ जूतों के निशान साफ दिख रहे हैं।

प्राची के निस्तेज, बर्फीले हाथ को धीरे-से थामा चार्ल्स ने। प्राची के स्थिर कोयों में मेघ घिरे आ रहे थे, "हे भगवान!" अस्फुट स्वर में कहा चार्ल्स ने। प्राची का हाथ पकड़े-पकड़े रास्ते पर खींच लाया। लंबे-लंबे डग भरता आगे बढ़ गया।

प्राची बिलबिलाने की तरह कह रही थी, "कामना की चरम परितृप्ति में आत्मा को मोक्ष मिलता है। पता नहीं चित्रोत्पला को निर्वाण मिला हो।"

चार्ल्स का चेहरा दुःख और वेदना में फीका पड़ गया। सामने पेड़ के तने के सहारे टिका है धर्मानंद। चार्ल्स को देख बोला, "चित्रा के विवाह के फोटो तो मैं उठाता। आपने कहा था। सो तो हुआ नहीं—आज इसकी पहली फोटो मैं उठा लाया हूं। पुलिस के आने से पहले। आपको दूंगा। सच्चा रहकर, नीति नियम मान धर्म-करम पर चलो तो जीवन में उन्नति होती है—यही उपदेस झाड़ा करती थी? हूं··· क्या हुआ आखिर? मूर्ख छोकरी—मुट्ठीभर रेजगारी दे देती या खुद को आप ही सौंप देती—जान तो रह जाती।" धर्मानंद रो उठा बच्चों की तरह।

मगर चार्ल्स लंबे डग भरता आगे चला गया। चित्रोत्पला रहित कोणार्क का समूचा परिवेश अनगिनत यात्रियों के बीच चार्ल्स को सूना-सूना लग रहा था।

प्रभाती हवा में अस्पष्ट विलाप की ध्वनि प्राचीप्रभा की आत्मा को स्पर्श कर रही थी। प्राची थककर बैठ गई कोणार्क के प्रवेश पथ पर जहां चित्रोत्पला प्रतिदिन बैठकर फूल बेचा करती थी। काफी देर से आंख के कोनों पर बूंद झलमला रही थी, आंसू ढुलक गए। अस्पष्ट स्वर में बोली, "कामना की तृप्ति के लिए आदमी भी पशु बन जाता है—तो मुक्ति मार्ग इतना वीभत्स भी हो सकता है! इतना भयंकर?"

चार्ल्स ने सिर हिलाकर स्वीकार किया।

जीवन में कई छोटे-बड़े धक्के सहने पड़ते हैं। चार्ल्स ने भी सहे हैं, खूब छोटी उमर से, मगर चित्रा की अमानवीय हत्या ने यथार्थवादी चार्ल्स के भौतिकवादी मन को एकदम चूर-चूर कर दिया। कोणार्क में कदम रखा तब से ही चित्रा के साथ संपर्क था—वह पवित्र था, स्वर्गीय था, प्रत्याशारहित था। जीवन भर उसे याद रखता वह। उसकी मंगल कामना करता। जबकि चरम दुख दे चित्रा चली गई। मगर कभी ऐसी चोट नहीं लगी। यायावर चार्ल्स के जीवन में कैसी भाव प्रवणता है? चित्रा कोई उसकी सगी है? हृदय में कहीं घर कर गई थी अनजाने। एक के लिए दूसरे को इतना दुःख भी हो सकता है? हृदय में इतना हाहाकार भर सकता है?—यह तो नया ही अनुभव था उसके लिए—शायद भारत में ही इसका पता चल रहा था।

चित्रोत्पला का धक्का सम्हालते-सम्हालते एक और दुर्घटना हो गई। मगर इसमें आहत हुई प्राचीप्रभा। मानो प्राची के जीवन में कोई बड़ी उथल-पुथल हो गई।

धर्मानंद को पुलिस पकड़ ले गई! कोणार्क की मूर्ति चोरी के अभियोग में थाने में ले गई थी। ठोस प्रमाण थे उनके पास। हर रात वह कोणार्क की परिक्रमा में प्रवेश कर छोटी-मोटी मिथुन मूर्तियां, सूक्ष्म कलाकारी पूर्ण मूर्तियों को तोड़ने की चेष्टा करता पाया गया। कलापूर्ण पत्थरों के टुकड़े जमाकर उन्हें बाहर बेचता है। उस दिन सुबह-सुबह मूर्ति के साथ धर्मानंद को पकड़ा। थाने ले गए, साफ-साफ प्रमाण था। धर्मानंद को पूछा गया तो साफ-साफ कहा, "चोर मैं नहीं—मैं तो हुक्म मानता हूं। मुझे जो मिलता है—मेरे लिए काफी हो सकता है। उनके लाभ की तुलना में, मगर कुछ नहीं है।"

"कौन हैं वे?"

धर्मानंद निरुत्तर। इस बात का जवाब नहीं देगा, उसने इन्कार कर दिया।

खबर पाकर प्राची थाने में गई। जमानत के लिए उसके सिवा कौन है उसका? धर्मानंद का बाप तो शर्म के मारे घर से भी नहीं निकलता। मां सिर पीट रही है। प्राची धर्मानंद की धरम की मां है। आफत के समय उसने कमर कस ली।

धर्मू से भेंट होते ही आंख छलछला आयी, "जानती हूं, मूर्ति चोरी से जुड़ा

है। मैंने तुझे कोणार्क के परकोटे में आधी रात गए देखा है। उस दिन सोचा था तू धर्मपद है, कोणार्क गढ़ने के लिए रात भर फिरता है। मगर आज मेरी आंखों में तू काला पहाड़ (धर्मपीठ विध्वंसक) है ! अपने ही देश की कीर्ति को बेचकर धनी होता है—कैसा सपना है तुम लोगों की आंखों में ? धर्मानंद, तुम लोगों के कारण शरम से सिर धरती में गड़ा जा रहा है ! छिः छि ! क्या हो गया है तुम लोगों को आज ?"

मगर धर्मानंद में न लज्जा है, न दुःख, न डर। उसने कहा, "काला पहाड़ कोई अपराधी नहीं। जिस समाज ने उसे धर्मद्रोही बनाया, अपराधी वह समाज है। दो मुट्ठी चावल पेट भरने के लिए चाहिए। उसके लिए कोई पेशा चाहिए। बस यही किया है। वे बड़े लोग बन गए। मुझे अपना पेट भरने के सिवा अधिक क्या चाहिए ?"

"वे कौन, धर्मू ?"

"कहने की मनाही है।"

"बिना बताए दंड तू भोगेगा, वे समाज में इज्जत से जियेंगे।"

"उनका नाम बताने पर मेरा परिवार मिट जायगा।"

"बिना बताये समाज ध्वंस हो जायगा।"

"जिस समाज में मेरे जैसा ज़ी न सके, वो ध्वंस हो तो मुझे क्या ?"

"तू जियेगा धर्मू ! मैं वादा करती हूं। सच बताकर तू बाइज्जत जियेगा। अपराधी को सजा होगी। तेरी खातिर मैं केस लड़ूंगी।"

"इतने रुपये खर्च करेंगी ?"

"मैं नहीं तो चार्ल्स तेरे लिए रुपया खर्च करेगा। वह अपने पिता को पत्र लिखकर बतायेगा। वहां भारतीयों को लेकर समाज कल्याण संस्था बनाई है। भारतीय समाज की उन्नति के लिए वे लोग बहुत पैसा खर्च करते हैं।"

धर्मू ठट्ठा कर हंस पड़ा। गुनगुनाते···से बोला, "भारत में जो हैं प्राचीन मूर्ति चोरी कर विदेशों में भेजकर लाखों रुपये कमाते हैं। और जो भारतीय वहां जाकर बस गए वे पैसे खर्च कर मूर्ति चोरों को पकड़वा देंगे ? दी', इस संस्था की जड़ें सारे देश में फैल चुकी हैं, नहीं उखाड़ सकोगी। उलटे मेरा वंश लोप हो जायगा, तुम जाओ। मैं अपने भाग्य में जो है, उसे भोगूंगा।"

प्राची खीझ उठी, "धर्मू यह अन्याय है। भारत की महान् परंपरा संस्कृति को जो बेच रहे हैं, उन्हें आश्रय देना देशद्रोह है। धोर पाप है।"

धर्मू फिर हंस पड़ा। म्लान स्वर में कहा—

"चित्रोत्पला ने कभी अन्याय नहीं किया। कोई अधर्म नहीं किया। फूलों के उचित दाम से कभी एक पैसा किसी से ज्यादा नहीं मांगा। लिया भी नहीं। फिर वह पूरी तरह निष्पाप थी। उसे क्यों इस तरह वीभत्सता से, भयंकर हालत में

भरना पड़ा ? इस बात का है कोई जवाब ?"

धर्मानंद रो पड़ा।

खुद मौत के फंदे में पड़ा है, इस बात का दुःख नहीं। लेकिन चित्रोत्पला की मृत्यु का शोक आंखों से सूखा नहीं। चित्रा के लिए धर्मू के मन में इतनी ममता, इतनी संवेदना भरी थी यह बात प्राची को पता न थी, न बिचारी चित्रा को इसकी खबर थी। मरने तक वह धर्मानंद से घृणा करती रही। हालांकि चित्रा के मरने की बात सब भूल गए। कोणार्क का वातावरण वैसे ही उल्लास और आनंद से भर गया है। चित्रा के हत्यारे आज भी अंधेरे में हैं। धर्मानंद के सिवा किसी में दर्द नहीं दिखा। सब फिर अपनी-अपनी दुनिया में डूब गए हैं।

खूब स्नेह से, कोमल मधुर ममता के स्पर्श में स्वर नरम कर प्राची ने अनुनय में कहा, "धर्मू ! समाज में पाप-पुण्य सत्य-असत्य सब हैं। सिर्फ पाप और असत्य की सूची बनाकर तर्क करने से क्या होगा ? एक सत्य प्रकट करने पर हजार असत्य की नींव हिल जाती है। तू एक का नाम खोल देने पर मूर्ति चोरों का दल खुलकर प्रकाश में आ जायगा।"

धर्मू कुछ क्षण चुप रहा। अनुच्च स्वर में बोला—

"मुझे डर लगता है।"

"किसका ?"

"मेरी मां, बाप, भाई, बहन, मेरे अपने प्राणों पर आफत आ जायेगी। मुझे आश्वासन दे सकोगी ? हम सबको सुरक्षा मिलेगी ?"

"वादा करती हूं। मेरा दायित्व है। विश्वास करो, सत्य की जय होगी। कल तू जमानत पर छूटेगा। बाकी जिम्मेदारी मेरी। चार्ल्स ने वादा किया है। केस लड़ने के लिए पैसे की कमी नहीं रहेगी।"

धर्मू ने दृढ़ फैसला कर लिया।

"बता दूं, दीदी ! सच कहूंगा। झूठ बोले यदि वे खिसक जाते हैं, मैं मर भले ही जाऊं, सच कहकर रहूंगा। पता नहीं भगवान इससे संतुष्ट होंगे या नहीं, तुम जरूर संतुष्ट होगी।"

प्राची मुस्करा उठी। मगर आंखें छलछलायी। यह गरीब, मेधावी बालक दुःख, दरिद्रता की चोट खाकर पथरा गया है। मेरे मन में इसके लिए अभी भी कुछ ममता है, कोमलता है। प्राची का हृदय भर आया—तो दुनिया में मेरा भी कुछ अस्तित्व है। पति ने छोड़ दिया, इसका यह अर्थ नहीं कि मैं दुनिया के लिए बिलकुल अनावश्यक हूं।

आनंद में चमकता चेहरा लिए प्राची थाने से निकल आयी। कुछ समय पहले मन विद्वेष में भरा था। अब वह दूर हो चुका था। कानों में धर्मू की बात गूंज रही थी—"जिस समाज ने काला पहाड़ पैदा किये हैं—वह अपराधी है। काला

पहाड़ तो परिस्थिति के दास होते हैं ।"

उस दिन सुबह से परिस्थिति एकदम बदल गई । धर्मू को जमानत की जरूरत नहीं पड़ी । देह के बंधन से चिर मुक्तिकामी आत्मा उसके सिर बंधन से छूट चुकी थी अत्यंत रहस्यजनक ढंग से । पिछले दिन धर्मू के पिता को थाने से खबर भेजी गई—बेटा जेल से फरार हो गया है । दो कांस्टेबल घर पर तलाशी के लिए भी गए थे ।

अगले दिन सागर किनारे रेत पर बिजली के खंभे से झूल रही थी धर्मू की देह । धर्मा की देह जिसने भी देखी उसका कहना था सारी देह पर मार के निशान थे । गले पर अंगुलियों के निशान उभरे हुए दिख रहे थे । पोस्टमार्टम की तब फुरसत किसे थी !

धर्मू के पिता ने आनन-फानन में शव सत्कार करा दिया । गरीब बच्चे के लिए कफन-काठी की व्यवस्था कर दी समाज के कुछ खास नेताओं और विशिष्ट व्यक्तियों ने । बेटे की मृत्यु पर शोक-संवेदना प्रकट कर उसे कोई एक हजार रुपये की मदद भी की गई । उनकी महानुभवता के आगे पुत्र शोक दब गया । बूढ़ा दिलासा देता रहा—'खैर, बेटियों को पार कर गया वह । अब बेटों की चिंता नहीं । खुद जुगाड़ कर लेंगे । धर्मू चला गया । कोणार्क तो है । फिर चिंता किस बात की ?'

देर से खबर पाकर पहुंची तब तक धर्मू की काया दुःख दैन्य रोग, शोक, भूख-प्यास जर्जर लंबे संघर्ष को झेलती मुट्ठी भर राख बन चुकी थी । राख में पिटाई के दाग नहीं रहते । चोट के निशान भी नहीं होते वहां । पेट की भूख, समाज के प्रति विचार, विद्रोह, वितृष्णा सब कुछ जलकर राख हो चुका होता है, किसी का प्रमाण नहीं रहता वहां ।

सच बताने के लिए प्रतिज्ञाबद्ध धर्मू की आत्मा असत्य शरीर के बंधन से छूटकर परम सत्य तक पहुंच चुकी थी ।

प्राची को लगा मैं खुद उत्तरदायी हूं । सच बताने के लिए सम्मत हो गया था, अत···उसे मरना पड़ा । बात सच है । पर प्रमाण क्या ?

प्राची चुपचाप खड़ी है धर्मू की बुझती चिता के पास ।

सांत्वना एवं संवेदना में हाथ बढ़ा दिए चार्ल्स ने । धीरे से कहा, "दुनिया में सब जगह ऐसा होता है । सोचा था भारत इस मामले में पीछे है, मगर—नहीं ···भारत कभी पिछड़ा न था । आज भी भारत कई बातों में दुनिया के और देशों से आगे है । दुःख मत करो प्राची···धर्मू आज धर्मपद हो गया है । संस्कृति की रक्षा करने के लिए प्रतिज्ञाबद्ध हो गया था—अतः मरना पड़ा । तुम्हीं ने चाहा था···धर्मानंद बन जाय धर्मपद । अब फिर दुःख किस बात पर ?"

प्राचीप्रभा ने गहरी सांस छोड़ी । कहा, "हां, कम-से-कम मरने से पहले वह

इतना समझ गया था कि कोणार्क कोई सौदागरी की चीज़ नहीं। संस्कृति और परंपरा को लेकर कोई व्यापार नहीं करता।"

चंद्रप्रभा तीर्थ पर वही सूर्योदय। जैसा कि आज तक होता आया है। सात सौ वर्ष के सागर गर्भ से बालरवि उग रहे हैं...जन्मदिन के समारोह एवं अभिनंदन को स्वीकार करने के लिए। कोणार्क मंदिर के रत्न सिंहासन पर उदित सूर्य की आद्य रश्मि पहले सतरंगी छटा में खो जायगी। अगणित भक्त प्रतीक्षा कर रहे हैं नेत्र पवित्र करने के लिए।

चार्ल्स चंद्रभागा तीर्थ पर माघ सप्तमी के सूर्योदय को नहीं भूला पाता, क्योंकि उसके साथ चित्रा की स्मृति जुड़ी है। कोणार्क में अब थोड़े दिन रह गए चार्ल्स के। समाप्त होने आया विष्णु महाराणा का कोणार्क संबंधी पोथी बांचने का काम।

चार्ल्स के मन का सारा कौतूहल, सारा आह्लाद, उत्साह बुझ गया चित्रोत्पला और धर्मानंद की दारुण परिणति के बाद। बाकी जो कुतूहल बच गया, चंद्रभागा और कमल महाराणा की अंतिम परिणिति देखने के लिए, वही बांध रखेगा। इसके बाद यायावरी मन उड़ जायगा फिर एक बार किसी और दूर देश में।

नरसिंह देव के कलानुराग का अंतिम निदर्शन कोणार्क मंदिर परिपूर्ण हो गया। राज्य का बारह वर्ष का खजाना खर्च कर बारह सौ कारीगरों की बारह वर्ष की साधना सफल हुई। महाराज नरसिंह देव के जीवन के सर्वश्रेष्ठ व्रत उपासना का उद्‌यापन दिवस उपस्थित है!

धन-धान्य से भरी उत्कल जननी में चारों ओर शांति विराजमान है। सन् 1257 में बार-बार वीर नरसिंह से पराजित गौड़ के मुसलमान शासक इख्तियारुद्दीन उजबेग की मृत्यु हो चुकी है। बारह सौ छियालीस से मुसलमानों के साथ लगे युद्ध, रक्तपात और संघर्ष का अवसान हो चुका है। निष्कंटक है उत्कल।

मुसलमान कवलित भारत में एक मात्र स्वतंत्र राज्य उत्कल। घर-घर में प्रियजनों के आगमन की खबर पहुंच रही है। घर-घर में दीवाली-दशहरा। वीर लड़ाके पाइक मुसलमान आक्रमणकारियों का मेरुदंड तोड़कर लौट रहे हैं। मुसलमान सेना प्रत्याक्रमण का साहस पूरी तरह खो चुकी है। उत्कल में स्वाधीनता का सूर्योदय है...

शिल्पीगण राजसभा में सम्मान पाकर अपने-अपने घर लौटेंगे। घर-घर

में पूर्ण कुंभ, अल्पना, तोरण, बंदनवार, पक्वान्न की तैयारियां चल रही हैं।

सन् 1258 की 13 जनवरी। माघ शुक्ल सप्तमी रविवार—कोणार्क की प्रतिष्ठा का दिन! रविवार माघ शुक्ल सप्तमी को पड़ता है महायोग! यह सूर्य-देव की जन्मतिथि है!

परम वैष्णव नरसिंह देव के शासन काल में यह महायोग आया है। राजगुरु भाव सदाशिव थे एकाग्र मठ में स्थापित सदाशिव मठ में। उनकी गणना से पता चला कि अर्क क्षेत्र में सूर्यदेव के जन्मदिन पर महायोग में विश्वविख्यात सूर्य मन्दिर के सिवा राजा नरसिंह देव द्वारा और कोई उपहार असंगत होगा।

अतः कोणार्क मंदिर का प्रतिष्ठा दिवस स्थिर हो गया। कोणार्क नगरी में आनंद, उल्लास, मेला महोत्सव हो रहा है। महेंद्रगिरि स्थित गोकर्णेश्वर शिव मंदिर, मुखलिंगम, श्रीकूर्भ, और सिंहाचलम् के विष्णु मंदिरों में अखण्डदीप जलाया जा रहा है। जाजपुर के गंगेश्वर मंदिर बयालीस बाटी के गंगेश्वरी मंदिर, बेगुनिया के दक्षिणेश्वर के प्राचीन मंदिर, नरसिंह देव द्वारा प्रतिष्ठित रेमुणाके गोपीनाथ मंदिर, पुरी के जगन्नाथ मंदिर में देवी-देवताओं के आगे पूजन-अर्चन जारी है। कपिलास पर्वत पर शिखरेश्वर के शिवाले में बारह लाख बिल्व-पत्र का अभिषेक और बारह लाख श्वेतचंपा चढ़ाए गए हैं।

सागर पथ से भी राजे-महाराजे पधार रहे हैं। विद्वान, पंडित, कवि संगीतज्ञ सभी उत्सव में भाग लेने पधार रहे हैं।

पुरुषोत्तम धाम (पुरी), कृत्तिवास, वाराणसी, रेमुणा, हथौड़ा राज्य नारायणपुर, देवकूट आदि नगरों से जनता उमड़ रही है। धान्यपुर, सिंदरपदा, इटिपुर, जयपुर, नवाग्राम, मालीदरड़ा, बोतण्डा, मंगलेश्वर, जाऑरापड़ा आदि छोटे-बड़े जनपदों से निमंत्रित होकर शिल्पी परिवार आये हैं। अन्य ग्रामवासी भी भाग लेने जा रहे हैं। धनी, दरिद्र, सब के आतिथ्य में कोणार्क उदार है। सूर्यदेव के निवास आकाश तले सब समान हैं।—गंगवंश के स्वर्ण युग में पुरुषोत्तम पुत्र नरसिंह की छत्रछाया में सब समान हैं। कोणार्क सब को एकत्र किए है। मैत्री बंधन में जकड़े है।

सब शिल्पियों को एक स्वतंत्र उत्सव में सम्मानित किया गया है। कमल महाराणा को अपने हाथों 'रत्न-पदक' पहना कर 'शिल्पी शिरोमणि' की उपाधि प्रदान की है महाराज ने। कमल की मां, भाई सिंदरपदा गांव से आये हैं उत्सव के अंत में बेटे को घर लिवा लेने के लिए। चंद्रभागा स्नान पर तीर्थस्नान कर अनेक पापों का प्रक्षालन करने के लिए इतनी दूर आने में कुंठित नहीं हुई वृद्धा। उन्हें देख कमल महाराणा भी खूब आनंदित हुआ। मन में लेकिन यह भी सवाल उठा—वह कहां? उसे अकेली छोड़कर मां कैसे चली आयी? तीर्थस्नान के लिए

बहू को भी साथ ले आती तो पति को राजसम्मान पाते देखकर इतने दिन की विरह-व्यथा को प्रभु का आशीर्वाद समझती। मिलनलग्न और भी मधुर हो जाता। चंद्रभागा भी समझती पति शिल्पी-शिरोमणि हैं! वह धन्य हो जाती। धन्य हो जाता कमल महाराणा।

वृद्धा बेटे के मन की बात समझ गई, "भगवान की इच्छा से संसार चलता है। आदमी के वश में क्या है? जिद पकड़ ली कि पीहर जाऊंगी, वहीं, पता नहीं क्या हो गया उसे, बस खत्म!"

मेरा तो घर सूना कर गई। धवल महाराणा खाली आंखों देख रहा था कोणार्क का शिखर। फर-फर उड़ रही है धर्म पताका!"

कमल-महाराणा स्तब्ध खड़ा रहा। इतने दिन जिस पद्मगंधा किशोरी की प्रतीक्षारत मूर्ति का मन-ही मन सपना देख कोणार्क की हर शिला पर रूप खिलाता रहा, मिलन-विरह, सुख-दुःख से बहुत ऊपर जा चुकी है! यह खबर मुझ तक आयी नहीं! आती तो प्राण अस्थिर हो जाते, प्रिया के विरह में। यह खबर न देकर महाराज की इच्छा पूरी करने में मदद की है। वास्तव में बारह वर्ष तक कितना बिखराव नहीं हुआ बारह सौ परिवारों में! हर खबर शिल्पियों तक पहुंचती तो कोणार्क पूरा हो पाता?

पर चंद्रभागा यों असमय चली गई? कल्पना की चंद्रभागा तो आंखों से देखने से पूर्व ही वह अन्तर्ध्यान हो गई! शायद चंद्रभागा देवकन्या थी! शिल्पी कमल उसके योग्य पुरुष न था! कमल की आंखें कोणार्क के शिखर पर टिकी हैं! हाय चंद्रभागा! एक बार देखती कोणार्क! फिर सोचती कि कमल तुम्हारे योग्य है या नहीं!

बेटी की वेदना मन-ही-मन समझ रही थी बुढ़िया। "दुनिया में बनना-बिगड़ना चलता ही रहता है। तेरा संसार उजड़ा नहीं! चंद्रभागा से ढेरों गुना सुंदर है। उमर दस है। धवल के लिए भी देखी है। घर लौटने पर ठाठ से दोनों बहू लाऊंगी। मेरा संसार खिल उठेगा। जो गया उसके लिए सिर पीटने से क्या होगा?"

कमल ने कोई जवाब नहीं दिया। बारह वर्ष की एकाग्र साधना सुख-दुःख से बहुत ऊपर ले गई है। शरीर-मन-प्राणों से वह तपस्वी हो गया है। प्राणप्रिया के संग मिलन की कामना में विभोर हुआ था कभी। अधीर नहीं हुआ। स्वर्गीय प्रेम भावना में पाषाण पर पद्म खिलाया है, लिखा है शिव-जगन्नाथ दुर्गा का आलेख। नवग्रहों की मूर्ति पर हृदय की सारी भक्ति उंड़ेली। आज भी प्रिया के विरह में अधीर हो उठा, सो बात नहीं। वरन् सोचा—यही जगन्नाथ की मंगलमय इच्छा—उसी का संकेत है। कोणार्क छोड़ न जा सकेगा! घर-बार, पुत्र-कन्या के पार्थिव सुख में कोणार्क की उपेक्षा कर देता! किंतु आज मुक्त हूं—···बंधनहीन हूं!

शिल्पी परिवार को कोणार्क के आसपास के इलाके में रहने की अनुमति महाराज ने दी है। बयालीस बाटी मौजा के सांई सांई बरहमपुर, गणेश्वरपुर, भैरीपुर, अच्युतपुर आदि गांवों में शिल्पी-परिवार बस गये हैं। कुछ परिवार पुरी में ज़मीन ले घर बसाकर स्थायी वासिंदे हो गए हैं, ताकि कोणार्क मंदिर एवं पुरी जगन्नाथ मंदिर की सुरक्षा वे ही करेंगे। अपने खून पसीने से निर्मित कालजयी कला-कीर्ति की देखभाल शिल्पी के सिवा कौन कर सकेगा ?

कुशभद्रा नदी के तीर पर केतकी वन है। केतकी वन में दक्षिणेश्वर महादेव का प्राचीन मंदिर !

कुशभद्रा के किनारे बेगुनिया गांव के दाहिनी ओर प्रकट हुए थे शिवलिंग श्वेतवर्ण के। परमवैष्णव राजा नरसिंह देव ने पाताल तोड़ निकले इस श्वेत शिवलिंग के लिए नया मंदिर बनाने के लिए संकल्प कर लिया। यहां उभय विष्णु और शिव एकत्र पूजे जाते हैं।

कमल महाराणा शिव-दर्शन के लिए जाता,—वहां पर वह केतकी वन की माया में ही खो जाता। या दक्षिणेश्वर की महिमा में स्वप्ना-विष्ट हो जाता—कुछ पता न चलता। दक्षिणेश्वर के पास भैरीपुर, वेदपुर, अच्युतपुर और खरा गांव के रास्ते कोणार्क तक पत्थर लाये जाते। पथरबुहा नदी से। कोणार्क निर्माण के लिए पत्थर परिवहन का यही मार्ग था। इस कार्य की तदारख करने नदी के रास्ते कमल महाराणा कई बार आया है शिवलिंग के दर्शन करने। केतकी वन की माया में डूबकर कुशभद्रा नदी का कल-कल निनाद सुन आत्मविभोर होता रहा है। कितनी बार मन किया है प्राणप्रिया चंद्रभागा के साथ केतकी-वन में झोपड़ी बना दक्षिणेश्वर की सेवा में परवर्त्ती दिन काटूंगा। कुशभद्रा नदी के किनारे खड़े होकर रोज धूसर दिगंत के पर्दे पर कोणार्क देखूंगा। स्नान कर सूर्य-देव को जल का अर्घ्य देकर आराधना करुंगा।

महाराज ने अति प्रसन्न हो कहा था—"शिल्पी ! तुम्हारी श्रेष्ठ मनोकामना हम पूरी करेंगे।"

कमल ने संकोच में धीरे से कहा—"महाराज, दक्षिणेश्वर के पास—केतकी वन में कुटी के लायक जगह देने का अनुग्रह हो तो बड़ी कृपा होगी। कुशभद्रा नदी में स्नान कर केतकी फूलों से विरंचिनारायण दक्षिणेश्वर की पूजा कर सकूंगा। दिगंत के पर्दे पर देख पाऊंगा कोणार्क ! बस !"

महाराज चाहते थे पुरुषोत्तम क्षेत्र में ही खोयी है उसकी प्राणप्रिया चंद्रभागा ! कभी शायद जगन्नाथ दोनों विरही आत्माओं का मिलन करा दें। पर कमल महाराणा ने तो निर्जन केतकी-वन को चुन लिया है। शायद चंद्रभागा के संग परलोक में मिलन हो, इस कामना से शिव की वह केतकी फूलों से आराधना करना चाहता है। कमल मां एवं भाई के साथ रहने के लिए वहां कुटी बनाना

चाहता है। ज़मीन का टुकड़ा मिल गया उसे वहीं।

कमल ने मां से कहा—"धवल का विवाह करो। कोणार्क मंदिर बनने के लिए घर छोड़ न जाता तो बेटी दस वर्ष की हो जाती। मेरा और अब विवाह कैसा? संसार छोड़ वैरागी हो गया हूं। तेरी बहू पहले ही चली गई। अच्छा हुआ। ईश्वर जो करते हैं, उनका कोई खास उद्देश्य होता है।" कमल ने प्रणाम किया—ईश्वर के आगे! बुढ़िया खाली आंखों देख रही थी कोणार्क के शिखर को!

कोणार्क मंदिर की प्रतिष्ठा के दिन नृत्य परिवेषण करने देवदासियों को श्री मंदिर से पद्मक्षेत्र जाने का आदेश हुआ है। देवदासी मेखला के साथ चंद्र-भागा भी परिचारिका रूप में जाने को प्रस्तुत हो रही है। जगन्नाथ की अंतिम इच्छा पूरी हो—चंद्रभागा को इस में आपत्ति क्यों होगी? वरन् एक बार ही सही जी भर देख सकूंगी पति की अम्लान कीर्ति! सूर्यदेव के जन्म दिन पर चंद्र-भागा तीर्थ पर स्नान कर मुक्ति पा सकूंगी। यदि भाग्य में होगा तो—पति के दर्शन दूर से हो सकेंगे—जीवन भर का अफसोस ही मिट जायगा। कभी मुझे तीर्थ जाना होगा—कल्पना भी न की थी। सब लीलामय की इच्छा है। मेरा इस में क्या वश है?

चंद्रभागा मुक्ति तीर्थ पर स्नान हो चुका है। मित्रादित्य सूर्यदेव दक्षिणायन के बाद अब अग्निकोण में उदित होंगे। सूर्यदेव के उत्तरायण पर्व पर चंद्रभागा स्नान किया है यात्रियों ने। 'जय, सूर्यनारायण भगवान की जय'—निनाद में सागर का उत्ताल स्वर भी खो जाता है। नवोदित सूर्यदेव की आद्यरश्मि स्पर्श कर रही है कोणार्क का रत्न सिंहासन। धूमधाम से वेदपुर के ब्राह्मणों द्वारा कोणार्क मंदिर की प्रतिष्ठा का कार्य संपन्न हुआ।

सूर्य पूजा एवं भोग के लिए महाराज ने और अधिक ज़मीन निर्धारित कर दी है। पैंतीस सौ माढ़ सोना भोग के निमित्त निर्दिष्ट कर दिया गया। सूर्यदेव की पूजा-अर्चना विधि-विधान से शुरू हो गई।

निद्राभंग होते ही बालारुण का पंचामृत स्नान हो चुका। स्नान के बाद बाल-भोग। पूर्वान्ह में भोग और दोपहर में दूसरा भोग। इसके अपरान्ह में विश्राम से पूर्व अवकाश भोग लगेगा। फिर प्रौढ़-विश्राम होगा। संध्या आरती, लघु भोग संध्या के समय। फिर सांध्य भोग आडंबर के साथ होगा। रात में बड़ सिंहार भोग से पहले सूर्यदेव को अष्ट अलंकार से सज्जित किया गया। रात में शयन से पहले खूब आडंबर से राजभोग लेकर विश्राम हुआ है।

सुबह एवं संध्या धूप के समय देवपूजा के अंग स्वरूप नाट्य मंदिर, में नृत्य गीत निपुण दासियों ने किया है। दिन भर की क्लांति दूर करने के लिए सूर्यदेव

सहित सब निद्रादेवी की गोद में जा चुके हैं ।

किंतु नृत्यगुरू सौम्य श्रीदत्तविनिद्र हैं । सुवर्णद्वीप जावा से परिवार सहित आये हैं छोटे भाई सुदत्त, शिल्पा की पितृभक्ति, देशप्रेम और अपूर्व साहस की बातें सौम्य श्रीदत्त को बता दीं । कन्या के कर्म से पिता का गौरव बढ़ा है—परंतु दु:ख का बोझ भी बढ़ा आत्मग्लानि से खिन्न हो गए । चुपचाप अपने दु:ख में डूबे वे अंधेरे में खड़े हैं नाट्य मंदिर के पास स्नानरत शिल्पा की मूर्ति के सामने टटोल-टटोलकर देख रहे हैं कन्या की पाषाण मूर्ति । स्वगत में कहते हैं—"कब तेरा सागर-स्नान समाप्त होगा ? कब सागर गर्भ से ऊपर आकर धरती पर आओगी? मां गंगेश्वरी के आंगन में कब फिर खेल में नूपुर झुमकाओगी, बेटी ?" मन-ही-मन कमल को धन्यवाद दे रहे हैं। स्वगत कह उठे—"शिल्पी, तुम मेरी प्रिय कन्या को अमर कर गए ! तुम मेरे नमस्य हो—तुम्हें प्रणाम !"

नाट्यमंदिर के उत्तर में अम्लान चंद्रालोक में एक और छायामूर्ति निश्चल खड़ी है ।—उसी प्रतीक्षारत मूर्ति के आगे । अपनी सृष्टि में कुछ तलाश रहा है। कमल महाराणा ।

शिल्पी कमल एवं नृत्यगुरु श्रीदत्त आमने-सामने हैं उस ज्योत्स्नालोक में। दोनों ने एक दूसरे की ओर देखा—दोनों की आंख में चिरन्तन अन्वेषण की छवि । इस अन्वेषण का अंत कहां ? जीवन का दूसरा नाम ही तो अन्वेषण है । आत्मा खोजती है परमात्मा । शिल्पा और चंद्रभागा आज एक हो गई हैं । कमल किसे खोज रहा है स्वयं नहीं समझ पाता । शिल्पा और चंद्रभागा की आहुति की बात इतिहास नहीं लिखेगा—किंतु कमल अपने जीवन काव्य के पन्नों पर लिख जायेगा । कमल किसी दिन खो जायगा—जीवित रहेंगी शिल्पा और चंद्रभागा कोणार्क की शिला में जीवन्यास पाकर ! कलाकार खो जाता है—जीवित रहती है—कला, युग-युग तक, जराव्याधि-रोग-मृत्यु से ऊपर उठ कर—।

सूर्यदेव अभी भी दिगंतर पर नहीं पधारे हैं । समूचा आकाश मेघ संकुल है । पिछले दिन जन्म-दिन का ऐतिहासिक उत्सव -- नृत्य-गीत, पूजा-अर्चन अभिनंदन अभ्यर्थना—उसकी क्लांति दूर करने में बंध गए हैं कुछ क्षण । इसीलिए आकाश ने मेघों की नरम सेज बिछायी है । तंद्रा तोड़ उड़ेंगे सूर्यदेव । कल दिन भर प्रतिष्ठा महोत्सव देखा है—अपूर्व दर्शन दिये हैं अगणित तीर्थयात्रियों को । कल जिसने सूर्योदय देखा है— उसका जीवन अंधेरा नहीं होगा ।

फिर भी सदा अतृप्त रहता है मन । उसकी कामना का कोई अंत नहीं । वेदना की कहीं इति नहीं । चंद्रभागा में रूके हुए हैं तीर्थयात्री, पुन: प्रत्यूष में तीर्थस्नानकर सूर्यदर्शन के निमित्त । घर लौटने से पहले एक बार और दर्शन कर लें यहां । आकाश में घिरे मेघों को कोस रहे हैं बार-बार । अष्टमी का सूर्योदय बिना देखे घर लौटने पर अफसोस रह जायगा । चंद्रभागा में बितायी रात व्यर्थ

हो जायगी, पर सूर्यदेव को स्नेह से थपथपा रहे हैं मेघ के नरम हाथ। दिग्लवय अनुराग की आभा में रंजित कर सूर्यदेव टिमटिमाती आंख से मंद-मंद मुस्करा हैं—मगर दर्शन नहीं दे रहे !

शिल्पी-परिवार आसपास के गांवों में उपवास के लिए जा चुके हैं बड़े भोर ही स्नान-ध्यानकर। सूर्यदेव की प्रतीक्षा के लिए समय नहीं। अपने परिवार के साथ नया संसार बसाना है—नये गांव में। राजा के अनुग्रह से अभाव-असुविधा कुछ न रहेगी। अब निश्चित होकर अपना मौलिक व्यवसाय करेंगे। जीवन सार्थक होगा। बारह वर्ष की एकांकित साधना के बाद अब बाकी जीवन महिमामय हो।

एक कमल तो बाकी दिन कुशभद्रा के तीर केतकी-वन में रहेगा। केतकी फूलों की महक चुराकर अधीर प्रतीक्षा में होगी चपल हवा। कुशभद्रा के तट पर घने वन में शुक,सारिका, पिक अपनी कूजन से उसके स्वागत में प्रतीक्षा करते होंगे—कुशभद्रा का धीमा जलस्रोत ऊर्मिल आलिंगन में समेट लेने की प्रतीक्षा में होगा—तट पर बार-बार दस्तक देता होगा।

कमल नदी के तट बंध पर खड़ा देख रहा है चंद्रभागा नदी की प्रशस्त नील जल राशि की ओर। यह तो उस की प्राणप्रिया चंद्रभागा-बारह वर्ष हुए प्रतिदिन इसी के आकुल आलिंगन में आत्मा पवित्र कर प्राणप्रिया किशोरी पत्नी की विरह ज्वाला शांत करता रहा है। मन हुआ प्रशांत, सरस, सतेज। चंद्रभागा में स्नान कर वह पत्नी को स्मरण करता। सोचता-यही चंद्रभागा है। अति पास, अंतर में, आत्मा में बंधी है। सागर के साथ चंद्रभागा के मिलन में बाधा देगा कौन ?

पर चंद्रभागा क्यों मिलेगी लवणायुक्त सागर की छाती में—वह तो अमृत पारावार में मिल चुकी है—प्रभु चरणों में जरुर स्थान पा गई होगी।

कमल का ध्यान भंग हुआ। गुनगुन स्वर में मंत्र-ध्वनि आ रही है। सूर्य को अर्घ्य दिया जा रहा है। ध्यानस्थ मूर्ति पर कमल की शिल्पी आंखें हिल गई। मोहाच्छन्न हो गई उसकी चेतना। कौन है यह पद्मगंधा नारी ? निराभरण, सद्य:स्नात, संन्यासिनी शिल्पी की सारी कल्पना शक्ति को पराहत कर अनिंद्य रूप माधुरी में उद्भासित हो रही है—चंद्रभागा नदी की जल राशि पर। कटि जल में खड़ी दोनों पद्म करों से अर्घ्य दे रही हैं—सूर्यदेव को। पद्म कली-सी अर्धनिमीलित दोनों आंखें। मंत्रोच्चार के कारण ईषत् स्पंदित अधर !

संन्यासिनी वेश नारी सौंदर्य को शतगुणा बढ़ा रहा है ! मुख पर पवित्रता का ऐसा स्पर्श—दर्शन मात्र से मन की सारी कामना, वासना होमाग्नि में पूर्णाहुति सदृश ऊर्धमुखी हो निश्चिह्न हो जाती है—मधुर पवित्र भाव-धारा में।

संन्यासिनी को देख कमल कह उठा, किस अनादि युग से परिचय है तुम्हारे साथ ! सत्य-शिव-सुंदर हो ? तुम जो भी हो, कमल के शिल्पी प्राणों में तुम स्पंदन बन जीती रहोगी—उसकी प्रेरणा बन कर पत्थर में भी प्राण भरती

रहोगी।"

जल अर्घ्य के बाद उसने आंखें खोली। छलछलायी करूणा आंखें। क्या मांग रही थी सूर्यदेव से ? वर-नारी को क्या अभाव है ? पति, पुत्र संसार ? नारी जीवन में इतना ही तो काम्य है।

सबको निराशकर मुंह छुपाये थे सूर्यदेव। मगर इसकी असीम सुषमा देखने का लोभ संवरण कर न सके।—झांक लिया—सुनहली अबीर की मूठ फेंक लाल कर दिया नारी का मुखमंडल, उसकी स्वर्गीय सुषमा कितनी नहीं बढ़ गई ! स्नान के बाद लौटने के लिए वह किनारे की ओर मुड़ी।

शिल्पी कमल महाराणा दीर्घ वदन, ठांढ़े खड़ा है तट बंध पर। मूर्ति सा सलोना, सुंदर, निश्चल। घने कुंचित केश, चेहरे ललाट पर शोभा पा रहे हैं।

कानो में कुंडल, उज्वल श्यामल छाती पर रत्न पदक झूल रहा है शिल्पी सुलभ गहरी मर्मस्पर्शी दृष्टि है।

चार आंखों का मिलन हुआ। लाज, भय, संकोच में नारी दृष्टि नीचे किये पानी में खड़ी है। सरकती जा रही है गहरे और पानी में, समझ गई—यह पुरुष कोई मामूली तीर्थयात्री नहीं—कोई विशेषता है—खासियत है। उनके सामने जल से उठने में कुंठा हो रही,—पांव जम गए वहीं।

किसी स्नान कर रहे तीर्थयात्री ने धीरे से कहा, "ओ···ये तो कोणार्क के महान् शिल्पी हैं ! महाराजा ने अपने हाथों रत्नपदक पहना कर सम्मानित किया है। कई शिल्पी उनके चरण छूकर प्रणाम कर रहे थे, कहने लगे—आप के दर्शन कर जीवन धन्य हो रहा है ! आप जाति के गौरव हैं ! कोणार्क से भी कोणार्क शिल्पी महान् हैं !"

नारी मन-ही-मन प्रणाम कर रही है। सोच रही है—

कोणार्क का हर शिल्पी महान् है, वंदनीय है, प्रभात में किसी महान् के दर्शन पाकर पुण्य कमाया है मैंने।

संकोच भरी फिर एक बार उधर देखने लगी। कोणार्क में हर शिल्पी ऐसे ही सुपुरुष होंगे। जी भरकर एक बार फिर देख लूं—। वह लोभ रोक नहीं पायी। शिल्पी पर आंखें स्थिर हो गई।—उनके पीछे एक और वृद्धा औरत भी हैं ! उनके पीछे शिल्पी जैसा ही एक और युवक है।

नारी का सारा शरीर विवश हो गया। वृद्धा के शरीर में घृणा, असहिष्णुता, भर्त्सना जल उठी है। मौन भर्त्सना अग्निकणों की तरह भर रही है—"मरी नहीं कलंकिनी ! फिर मेरे संसार में अमंगल करने यहां आकर राह रोके खड़ी है ? इतने दिन कहां मरती फिरी ? छिः छि—तू जी रही है ! बेटे को पता चलेगा तो लाज में सिर नहीं उठा सकेगा। जा—दूर हो जा आंखों से, मेरे बेटे के सुख में आड़े न आ···।"

वीभत्स दृष्टि की इस कठोर भर्त्सना से भाषा शायद कई गुना शालीन होती। आंखों की भाषा प्रेम और घृणा की चरम सीमा तक जा सकती !

चंद्रभागा ने नदी तट की ओर पीठ कर दिग्वलय पर दृष्टि स्थिर कर ली। दुःख भय में फिर एक बार डुबकी लगाई नदी जल में। मन-ही-मन कामना की —"हे मृत्युदेव ! मेरे दुःख एवं लाज का भार उतारो ! पति के दर्शन हो गए। इससे अधिक सुख इस जन्म में संभव नहीं। मैंने समाज छोड़ा, घर छोड़ दिया। तुम्हारी गोद ही मेरा आश्रय है। जीवन की एक असंभव आशा पूरी होने के बाद मृत्यु से डर कैसा ?

शिल्पी की ओर पीठ किये बार-बार डुबकी ले रही है चंद्रभागा। विरहिणी आंखों के अश्रु नदी की जलधार में मिल रहे हैं। उन आसुओं का बोझ सहन न कर सूर्यदेव ने आनन छुपा लिया मेघ की ओट में सती नारी के हृदय की ज्वाला प्रशमित करने वर्षा, तूफान घिर रहा है। आकाश, धरती, सागर सती नारी के प्रति समाज के अप-प्रचार के विरुद्ध प्रतिवाद कर व्याकुल हो रहे हैं।

कमल महाराणा मुंह फिराये पीछे हट रहा है। अब सद्यःस्नात नारी राह रोके खड़ी है—लाज-शर्म में गड़ी जा रही है। पवित्रता व सौंदर्य के पास शिल्पी सदा यों ही पराजित एवं आत्मविस्मृत होता रहा है। मेरा अपराध क्या है ? इस पवित्र सौंदर्य को जिसने बनाया है वह भी तो मोहाछन्न हो जाता है अपनी रचना के सौंदर्य में, उसी महान् सृष्टा को बार-बार प्रणाम कर कमल महाराणा लंबे लंबे डग भर रहा है बूढ़ी कह रही हैं "आंधी मेह घिर रहा है। घोर अमंगल दिख रहा है मुझे तो। स्वर्ग में भी सूर्यदेव का ऐसा मंदिर न होगा। कहीं कोणार्क मंदिर के सौंदर्य से संतुष्ट होकर सूर्यदेव धरती पर न उतर आयें—आकाश घबराकर टूट रहा है। कोणार्क पर अशुभ दृष्टि पड़ रही है ! तुरत कोणार्क छोड़ बेगुनिया गांव के नये घर चल पड़े। कितने ही कोणार्क छोड़ चुके हैं। अब देर क्यों ?"

कमल महाराणा ने गुनगुन स्वर में कह दिया—"नवीनता के पीछे पुरातन का कुछ टूटा-फूटा अंश रह जाता है। कुछ गढ़ा जाता है तो उसके पीछे कुछ टूटना-फूटना होता है। इसमें विचलित होने की क्या बात है ?"

बुढ़िया बड़बड़ा रही है—"और कुछ टूटे मेरा और मेरे बेटे का संसार न टूटे। चलो आज तुरंत यहां से चल पड़ें—एक घड़ी भी रुकना ठीक नहीं।"

कमल महाराणा ने मन-ही-मन उपहास किया—(स्वगत में कहा) कमल महाराणा का संसार अब भी क्या टूटा-फूटा नहीं है ? सिर्फ कमल ही नहीं—कितने ही कलाकार परिवार टूट-फूट गए हैं—सो कौन जानता है ?

कोणार्क का पत्थर-शिल्पी पत्थर का हृदय लेकर सब कुछ सहेगा—जीवित रहेगा—। वह देश की संस्कृति को खंडित नहीं करेगा अतः खुद टूक-टूक हो जायगा, क्या मां को इतना भी पता नहीं ?

14

कोणार्क के आकाश पर उतर आया है प्रलयंकर तूफान—अपनी करालबाहु फैलाकर ! ईर्ष्या-असूया में फट पड़ा है आकाश ! वर्षा, बिजली, तूफान की तांडव-लीला में कोणार्क नगर ध्वस्त-विध्वस्त हो गया ! अनेक मृताहत हुए ! अनेक प्रासाद, जनपद धराशायी हो गए ! पर अक्षत मंदिर कोणार्क सारी आंधी-तूफान में स्थित-प्रज्ञ योगी की तरह गर्व से सिर उठाए खड़ा रहा । प्रतिकूल परिस्थिति में कोणार्क-देव की पूजा यथाविधि चलती रही ।

कल ही कोणार्क का प्रतिष्ठा-पर्व पूरे विधिविधान से हुआ था । आज माघ अष्टमी के दिन प्रकृति का अद्‌भुत विरोध क्यों ?

महाराज नरसिंह और रानी सीता महादेवी कोणार्क राजप्रासाद में हैं । अपराजेय महाराज का पराक्रम प्रकृति के पास हार मान रहा है। निरीह तीर्थयात्रियों एवं राज-अनुगत कोणार्क नगर की प्रजा के धन-जीवन को प्रकृति के आक्रमण से बचा नहीं सके वे !

कोणार्क के प्रतिष्ठा दिवस पर उदार हृदय पुरुषोत्तम पुत्र राजा नरसिंह के मन में आदमी का अहंभाव खूब सहज ही चुपके से जाग उठा है । सोच रहे हैं—अपने बारह वर्ष के राजस्व से बने कोणार्क को गंगवंश के स्वर्णयुग के इतिहास के पन्नों पर स्वर्णाक्षर में लिखा जायेगा । उसमें नरसिंह का नाम आकाश में ध्रुवतारे की तरह उज्ज्वल, चिर भास्वर रहेगा । कोणार्क शिल्पी का नाम इतिहास में कहीं नहीं रहेगा—इतिहास लिखेगा राजा नरसिंह का नाम ! कोणार्क के निर्माता नरसिंह जीवित रहेंगे कोणार्क के अटूट कला वैभव में । आत्मप्रासाद में मन हल्का नहीं हुआ, भारी हो गया । कोणार्क मंदिर का सारा गौरव महाराज के चरणों में उंड़ेल दिया गया था ।

महामंत्री शिवसामंतराय सोच रहे थे, कोणार्क अक्षत मंदिर में युग-युग जीते रहेंगे—निर्माण दायित्व जिन पर न्यस्त था वे मंत्री—शिवसामंतराय…। इतिहास शिवसामंतराय की जयगान करेगा । कोणार्क निर्माण के रास्ते में राजा के अवदान से अधिक महामंत्री का अवदान है—यह बात इतिहास में स्वर्णाक्षरों में लिखी जायेगी ।

मुख्य स्थपति विश्वनाथ महाराणा पूरा कोणार्क देख सोच रहे हैं…, याद रखेगा इतिहास केवल एक शिल्पी को—विशू महाराणा, जिनके प्रत्यक्ष तत्वावधान में कोणार्क मंदिर की हर शिला पर पद्‌म खिला है । बारह सौ कारीगरों का नाम खो जाएगा, विशू महाराणा के नाम में । बारह सौ कोणार्क शिल्पियों के प्रतिनिधि विशू महाराणा महाकाल को पराहत कर अमर होंगे, इसमें संदेह नहीं । खुद को अमर करने के लिए मरणशील देह में आशा युग-युग में ऐसे ही बलवान

रही है। मृत्यु के बाद भी अपने यश और प्रतिष्ठा को अक्षय रखने की सबसे बड़ी कामना रहती है।

पर यह भावना ज़रा भी नहीं कोणार्क मंदिर के लिए बूंद-बूंद पसीना बहाकर पत्थर काटने, पत्थर ढोने, बालू ढोने आदि कठिन काम करने वाले श्रमिकों के मन में। वह सिर्फ प्रसन्न,होता रहा कोणार्क को पूरा होता देख-देख। इसी में क्योंकि राजा, रानी, युवराज, मंत्री, प्रजा सभी प्रसन्न होते। महाकाल को जय करने की दुराशा उसके सीमित मन में कभी स्थान नहीं पा सकी। पर वह नहीं जानता कि राजा नरसिंह के बारह वर्ष के राजस्व में बारह सौ शिल्पियों का निर्माण कौशल, उन्हीं की तरह हज़ारों श्रमिकों का खून-पसीना ही कोणार्क की शिलाओं को जोड़ सका है। उनके बिना कोणार्क संभव नहीं—यह बात उनका सरल मन मानता ही नहीं।

अष्टमी तिथि का भयावह तूफान कोणार्क के चारों ओर ढेर कर गया कितने लोगों की टूटी-फूटी लाशें। उसी में नीरव द्रष्टा बना खड़ा है कोणार्क। मानो चुपचाप कह रहा है—कोणार्क अटूट मंदिर नहीं है—महाकाल के पास कभी-न-कभी हार मानेगा। हार मानेंगे राजा नरसिंह, मंत्री शिवसामंतराय, स्थपति विशु महाराणा। महाकाल सबका गर्व, दंभ, अहंकार चूर-चूर कर देगा। पर आगामी वंशधरों के प्राण-पृष्ठों पर अदृश्य अक्षरों में लिपिबद्ध होगी बारह सौ नामहीन शिल्पियों, श्रमिकों की कला की खून-पसीने भरी कहानी। वे अमर होंगे, क्योंकि एक-एक आदमी नहीं जाति के महान् प्रतिनिधि हैं। व्यक्ति की मृत्यु होती है—महान् जाति की मृत्यु नहीं होती।

परिचयहीन अनेक यात्री, श्रमिक, बस्ती के नर-नारी तूफान में सभी को एकत्र कर उन लाशों का सत्कार कराया नरसिंह ने। स्तूप में पड़ी लाशों की अविनश्वर आत्मा आदमी के बनाये जाति, धर्म, वर्ण, अर्थ के भेदभाव को भुलाकर चिता पर पड़ी थीं—आग आकाश को छू रही थी। इस चिता में राजा का अहंकार भस्म हो रहा था। महाराज नतमस्तक चुपचाप प्रार्थना कर रहे थे—जिनके खून-पसीने से आज कोणार्क सिर उठाये खड़ा है—उन महान् आत्माओं की सद्गति हो। राजा के रूप में युद्ध किया है—पर कोणार्क तो श्रमिकों ने, शिल्पियों ने बनाया है। यह शक्ति राजा में कहां?

कोणार्क का तूफान आकाश ही आकाश में कुशभद्रा तीर के ऊपर से गुजरा। थोड़ा-बहुत केतकी-वन को छूता गया। कुछ बासी केतकी पंखुड़ियां झर गई तूफान के डर के मारे। ताजा केतकी की महक हर दिशा में भर रही थी—बंकिम अधरों से हंस रहे थे केतकी के फूल—तूफान का उपहास कर। महादेव के मस्तक पर विराजने को जो खिला है—उसे तूफान की परवाह क्या?

दक्षिणेश्वर श्वेतलिंग को केतकी-वन ने आलिंगन बद्ध कर रखा है। अगले

हफ्ते नये मंदिर की नींव रखी जायेगी। यही महाराज का विचार है। कोणार्क पूरा होने के लिए महाराज यहीं पर पाताल तोड़ श्वेतलिंग और पतितपावन प्रभु की एक साथ पूजा किया करते। मंदिर बनने के बाद मंदिर के पिछवाड़े रह गया है विराट केतकी व नागेश्वर वन। मंदिर के सामने बिछी है चंद्रभागा की चित्रित जैसी पद्म पोखरी। पद्म एवं केतकी फूलों में मानो निरंतर प्रतियोगिता चलती रहती है। कौन जीतेगा कैलाशबिहारी दक्षिणेश्वर का हृदय।

पद्म एवं केतकी दोनों ने जीत लिया था कमल महाराणा का हृदय। पद्मपुष्प देखते ही चंद्रभागा की स्मृति जाग उठती है—केतकी फूलों की महक शिल्पा की छवि साकार कर देती है हृदय के परदे पर। केतकी की तरह ही तो था शिल्पा का प्रेम-पवित्र एवं एकनिष्ठ! चंद्रभागा और शिल्पा दोनों कमल के हृदय में विराजमान हैं।

शिल्पा के जूड़े में केतकी का सौंदर्य बढ़ जाता। उस दिन स्नानरता शिल्पा के खुले केशों से केतकी की पंखुड़ियां भर रही थीं, मेघ की गोदी में विद्युत जैसी लग रही थीं—कमल की आंखों को। वह दृश्य आज भी कमल नहीं भुला पाता। घने सब्ज केतकी-वन में केतकी खिलने पर कमल को लगता—यह शिल्पा के सांवरे केशों में केतकी का संभार है—पद्म सरोवर में पद्मकली आंख खोलते ही कमल को याद आ जाती चंद्रभागा की लजायी आंखें—उसका लाल चेहरा। यहीं बैठ कमल लिखेगा अपने जीवन का महाकाव्य। भाई धवल महाराणा कहेगा—चंद्रभागा की जीवनगाथा। जिसने स्वयं सब सहा है, खबर रखी है, कल्पना की है स्नेहिल भौजी के बारे में।

कमल महाराणा सारी रात केतकी-वन में लेटे-लेटे आकाश में चांद को खोज रहा था, पर चंद्र कहां? सारे आकाश में तूफान की काली छाया थी। वहां चांद नहीं—चांद की खुली हंसी में मानसी की कोई छवि नहीं। चंद्रभागा का कल्पनाभरा चेहरा नहीं दिखता, दिखती है कल सद्यःस्नाता रूप-सी की छलछलायी आंखें-मानो उन्हीं आंखों में घिरी असहायता तूफान बन धरती पर उमड़ी है कल रात में। सुबह का वह दृश्य देखते-देखते आंखें बंदकर ऊंघ गया।

आंख खोल कमल ने देखा—उसके सामने है वर्षाधौत भोर। उसकी झोंपड़ी में आये पगडंडी से होकर चलते-चलते मां एवं भाई के साथ कल शाम को। आज से नया जीवन है संन्यासी का। बाकी शिल्पी लौट गए गृहस्थ बन। उसने अपना लिया है संन्यास! कोणार्क ने उसे बना दिया है अतींद्रिय। उसे अब दुःख किस बात का? दक्षिणेश्वर मंदिर बनने के बाद सदा के लिए यहीं बस जाऊंगा—केतकी-वन में—कुशभद्रा तट पर।

सूर्यास्त का रंग बिछ गया कुशभद्रा की शैया पर। जल-दर्पण में मुंह देखते-देखते केतकी फूलों का रात का प्रसाधन खतम हो रहा है।

अधरों की लाली गहरी और शोख होने से पहले आकाश में रंग तनिक धूसर हो गया है। उदास हो आया कमल का मन।

वन केतकी की तरह और सीधी-सादी है वह सजल रूपसी। किसकी है वह कन्या—किसकी बहन—किसकी पत्नी है…?

इसी बारे में सोचते-सोचते आकाश अंधेरे से भर गया और उसमें गुम गई सारी कल्पना, सपने में आयी थी वह रूपसी। केतकी फूलों से जूड़ा बंधा है—केतकी-वन में खो गई।

सुबह केतकी वन की हरियाली में उसे खोजते-खोजते कुशभद्रा के तट तक आकर कमल के कदम थम गए। नदी धारा में बासी केतकी पंखुड़ियां भर कर जमा हुई पड़ी हैं। कितना सदय है तूफान! ताजा फूलों को, कलियों को छोड़ गया है हंसने-खिलने के लिए—हंसाने के लिए। बासी फूलों का क्या मोल है?

केतकी फूलों के ढेर की ओर सजल नेत्रों से देख रहा है कमल।

मरना फूलों का धर्म है। पर मरे फूल के प्रति संवेदनशील होना शिल्पी का धर्म है। कमल महाराणा नदी धार के किनारे बैठ गया। केतकी की महक नदी जल में घुल-मिल रही है। अंजुरी-भर लेकर मुंह धोने झुक गया कमल। स्थिर रह गई अंजुरी। फिर भर गई नदी की धार में। कमल देख रहा है उन बासी पंखुड़ियों में कोई ताजा फूल भी बहता जा रहा है। तूफान के बाद के आकाश से भी निर्मल दिखा है, शांत है, कमनीय है वह फूल। कल वाली वह सद्यःस्नाता अपरिचित नारी बासी पंखुड़ियों के बीच—नदी की जलसेज पर परम शांति से निश्चिंत सोयी है—कल का भयंकर तूफान अपने पाप के प्रक्षालन हेतु पृथ्वी के उद्यान से इस कमनीय पुष्प को वृंतच्युत कर नदी की धार में बहा लाया है दक्षिणेश्वर के चरणों तक—अर्घ्य देने के लिए!

कमल स्थिर बैठा रहा। निर्वेद शव को देखता रहा। चित पानी पर तैर रही है देह—निष्ठुर तूफान ने अपने निल्लज हाथों से नारी का परिधेय विपर्यस्त कर दिया है। हालांकि प्रकृति सदय है—केतकी की असंख्य पंखुड़ियों का झीना आस्तरण कर दिया है—अनावृत्त देह पर!

प्रकृति मां धन्य हो! कमल के मन में भर गयी यह बात। इस धरती पर नारी का सम्मान रखने की बात प्रकृति भी अपने कर्तव्य की तरह जानती है। कमल माटी सिर से लगाकर प्रणाम कर रहा है। सिर उठाकर देखा तैरती काया को। पानी में हलद सुंदर हाथ बहता किनारे पर दिख रहा है।

कोमल चिकने हाथ पर खुदी है गोदने में राधाकृष्ण की युगल मूर्ति। उसके नीचे बांके-टेढ़े अक्षरों में गुदा है—नाम "राधाकृष्ण!" शव के पांव फूल चुके हैं, पग पर गुदे हैं—पद्मफूल।

इन कोमल नरम हाथों में कैसे किसी ने गोदना गुदाई की होगी! कितना

कष्ट हुआ होगा बालिका को ! वह भूल गया कि यह सारी वेदना से मुक्त है। …शव सत्कार की बजाय वह उसकी वेदना की बात सोच रहा है !

तभी सचेतन हो गया कमल। इस शव का सत्कार होना चाहिए। यही हाथ कल जीवन के स्पंदन में भरा था—आज पूतिगंधमय है !

शव तैर रहा है—विश्वास नहीं होता। अच्छी तरह देखा कमल ने। जूड़ा खुला—घने सांवले केश, लंबे बिछे हैं नदी के नील स्रोत पर। उसी में लाज भरी खिली है—कुंई, नील कुंई—काश ! इसी से जूड़ा बनाकर सजा होता—कितना सजील दिखता वहां !

आकाश धीरे-धीरे उज्ज्वल हो रहा है—सुंदरी की पांडुर क्लांत मुख-शोभा प्रकट हो रही है। कमल अपने कर्तव्य के प्रति सचेतन हो गया।

पहचान ज़रूरी है शव की। उसके आत्मीय-स्वजन कोई कोणार्क में खोजते फिर रहे होंगे—उनके हाथ में शव को सौंप देना चाहिए। यदि दुर्भाग्यवश खोज-ख़बर लिए बिना चले गए होंगे कोणार्क छोड़—तो शव-सत्कार का दायित्व महा-राजा का होगा। कम-से-कम यही अनुरोध महाराज से कर देंगे—इसका सत्कार करने का पुण्य प्राप्त करें। शिनाख्त न हो सकी—तो कमल महाराणा ही होगा उसका पूर्व परिचित आदमी—कल ही तो चाक्षुष परिचय पहले हुआ था कमल का। कल भी तो लगा था—यह परिचय एक दिन का नहीं—अनेक जन्म का है—जन्मजन्मांतर का है। केवल आंखों का ही परिचय तो न था वह—आत्मा का आत्मा से। एक शिल्पी आत्मा एक और नैसर्गिक सुषमा की अधिकारी आत्मा में खोकर लीन हो गयी थी कुछ क्षण। शायद उसी आत्मा के आकर्षण में शव आकर लगा है दक्षिणेश्वर में केतकी वन में नदी तट पर—कमल महाराणा के हृदय तट पर।

ग्राम भट्ट को खबर दी कमल ने। दंडपाशी (पुलिस) आ पहुंचा। शव का विवरण लिपिबद्ध कर लिया गया। महादण्डपाश (इंस्पेक्टर जनरल ऑफ पुलिस) के पास विवरण भेजा गया। पता चला एक अनाथ का शव है—देवदासी मेखला की परिचारिका थी। देवदासी इससे आगे उसका और कोई परिचय नहीं जानती।

महाराज का आदेश है—तूफान में प्राण गंवानेवाले अपरिचितों के शव एकत्र कर कोणार्क नगर के एक छोर पर विधि-विधान से चिता को अर्पित हों। आहतों के लिए उनके व्यक्तिगत व्यय के लिए गठित 'मूलभंडार' से अर्थ दिया जाये। पर शिल्पी कमल ने कहा है—यदि यह शव अनाथ का हो तो सत्कार का दायित्व मैं लूंगा।"

आवेदन के साथ सारा विवरण महाराज के पास उपस्थापित हुआ। शव का विवरण पढ़ते-पढ़ते उनकी आंखों के आगे तैर गई चंद्रभागा की छवि। कुंचित घने काले केश ! हलद रंग का गोदना गुदा है—राधाकृष्ण युगल मूर्ति—पांवों

पर गुदा है पद्मफूल। घने जंगल में उस दिन मंदिर में वह लावण्य मूर्ति वाले हाथ-पांव—उन पर गुदे गोदने को याद कर दर्द भर गया था—उस दिन सोचा था—इस निष्ठुर शिल्पकला को रद्द कर दूं ! पाषाण की देह में कला निखारने में उत्कलीय शिल्पी गौरव अनुभव करता है। उसे मैं उत्साहित करता हूं, पर इस लवनि-सी नरम देह पर तीखी सुई की नोक से बींधते जाना—इसमें तो निर्ममता ही निर्ममता है ? तो यह चंद्रभागा है ? यदि ऐसा है—इसकी पति भक्ति की दुनिया में कोई मिसाल नहीं ! नियति के क्रूर परिहास में वह अनाथ बन गई—पर मृत देह कमल के पथ पर आकर टिक गई—उसके हाथ की पहुंच में आ गई !

कमल के सिवा कौन करेगा उसका शव-सत्कार ?

महाराज नरसिंह अंतिम दर्शन का लोभ रोक नहीं सके। प्रलयंकर तूफान के बाद गंगेश्वरी दर्शन कर—महादेव दक्षिणेश्वर के दर्शन करेंगे—मेरी उपस्थिति में कमल महाराणा शव-सत्कार करेंगे अपरिचिता के शव का ! महाराज के आगमन की खबर पहुंच गई दक्षिणेश्वर।

सांझ घिर रही है। शंख बज उठे। महाराज पधार रहे हैं। ग्रामभट्ट चौकसी कर रहा है।

तूफानमुक्त आकाश में पश्चिम में घिर रहा है मेघखंड। अंधेरी छाया फैलती जा रही है नदी जल पर। कुशभद्रा के तट पर सूनापन घिर रहा है। पछुवा हवा में नदी जल थरथरा रहा है। हिल रहा है शव।

ग्रामभट्ट दूर सरक रहा है। मन करता है—यह चैतन्य होकर सामने खड़ा हो जाय।

ग्रामभट्ट नाविक के झोपड़े में आ गया। मेघ घिर आये। वर्षा हो सकती है। शव की चौकसी के लिए भीग नहीं सकता वह। फिर, शव जीवन्यास पा कर कहीं भाग नहीं जायेगा। दिनभर की क्लांति ने आकर ग्रामभट्ट की आंखों पर ठंडी हवा के झोंकों में नींद का हलका अंजन आज दिया।

दक्षिणेश्वर की पूजा-अर्चा कर खड़े हैं चिता के पास। मंदिर एवं श्मशान में राजा-प्रजा का अंतर नहीं होता। ईश्वर और मृत्यु के पास सब समान होते हैं।

दण्डपाश ने सूचना दी—शव गायब हो गया ! नदी के स्रोत में बह गया—अतल भंवर में। खोजा—पता नहीं मिला। ग्रामभट्ट कहता रहा—शव को जीवन्यास कैसे मिला—दोनों बाहुओं पर पंख लगे। उठा आकाश में और उड़ गया। वह मर्त्य की मानवी न थी—आकाश की परी थी, देवकन्या थी कोई। अभिशाप के कारण धरती पर जन्म लिया था। देवताओं ने लिवा लाने के लिए यान भेजा—सारा दृश्य आंखों देखा है मैंने। कर्तव्य में त्रुटि ! नरसिंहदेव क्षमा नहीं

करेंगे। ग्रामभट्ट की वर्णन चातुरी से वह बच गया।

कमल सोचता रहा—अपनी इस पवित्र मूर्ति को धरती मां ने अपने खजाने में स्थान दिया है। मृत हो चाहे—इस अनावृत काया को दूसरे लोग छूकर चिता पर लिटाते—धरती मां कैसे सहती ? श्मशान की माटी को माथे से लगाकर कमल ने स्वागत में कहा—मां, धरती ! तूने जिसे स्थान दिया है—वह कौन है, मैं नहीं जानता। पर मेरे हृदय में भी वही बसी है। मेरे बाकी बचे शिल्पी जीवन की वही होगी प्रेरणा, आध्यात्मिक चेतना !

नदी जल में तैरती लाश को अपरान्ह में धवल महाराणा ने देख लिया था। वह भाई के पास आकर आंसू बहाता रहा।—पराजय की ग्लानि लिए लौट आये अपराजेय नरसिंह देव। कोणार्क महाराज की बिजय का कीर्तिस्तंभ है—पर राजा नरसिंह इस देश की बाला के पातिव्रत्य के आगे बार-बार पराजित हुए हैं—यह बात उनके सिवा कौन जानता है ? उसकी मृत काया को महा-राजा का अनुग्रह मिले यह भी चंद्रभागा ने नहीं चाहा—अतः वह अदृश्य हो गई।

कमल की उत्सर्गीकृत आत्मा को बार-बार प्रणाम कर महाराज सोचने लगे—बारह वर्ष के ब्रह्मचर्य व्रत के उद्यापन की और जरूरत नहीं रही। अगली जेष्ठ पूर्णिमा पर श्रीक्षेत्र में वह व्रत संपन्न करने का विचार किया था। पर कोणार्क ने उन्हें जितेंद्रीय बना दिया है। कुमारामत्य भानुदेव अब पूर्ण यौवन प्राप्त हैं। महाराज का यौवन कोणार्क की हर शिला पर खिला है। अब प्रभु के पास स्वयं को अर्पित कर देंगे। रानी सीतादेवी प्रौढ़ हैं...ज़रा अस्वस्थ हो गई हैं। देह-मन-प्राण सब अर्पित हैं जगन्नाथ के चरणों में। अंतिम जीवन पुरुषोत्तम के पास ही बिताने का निर्णय कर लिया है। इसमें कोई बाधा क्यों देगा ? कभी चंद्रभागा ने चाहा था—संन्यास ले लिया। आज महारानी की इच्छा है—महा-योगी बनेंगे। भानुदेव तो सूर्यशक्ति से बली है। महाराज के सामने ही उत्कल का गौरव अक्षुण्ण रखेगा वह। इसमें संदेह की कोई बात नहीं।

नरसिंह ने ईश्वर एवं प्रजा दोनों की सेवा में स्वयं को अर्पित कर दिया।

विदा के क्षण ! सदा, हरेक के वेदना भरे होते हैं। चार्ल्स चला जायेगा। कोणार्क से, उड़ीसा से, भारत से, दीनबंधु और चारुकला से। प्राचीप्रभा के पास से। यह विदा, चिरविदा नहीं है, कौन जाने ?

उड़ीसा में चार्ल्स को आत्मीय लगे उनमें से चिर विदा ले चुके हैं—कुशभद्रा मौसी, धर्मानंद, चित्रोत्पला।

चंद्रभागा की अंतिम परिणति ! यायावर प्राणों में व्यथा भर गई। चल

कहीं और चलें। चार्ल्स की इच्छा है कमल महाराणा की लिखी पांडुलिपि साथ ले जाऊं। पांडुलिपि का अंतिम खंड है—'शिल्प चंद्रिका'। कमल महाराणा ने सहेज कर रखा है। वह देश की अमूल्य धरोहर है। चार्ल्स कैसे ले जायेगा? कुशभद्रा ने चार्ल्स के हाथ में सौंप दी थी—'शिल्प चंद्रिका' पढ़कर चार्ल्स उत्कल की कला को देश-विदेश में प्रतिष्ठित करेगा; पर चार्ल्स को इन बातों में ज़रा भी विश्वास नहीं। चार्ल्स की सारी विद्या-बुद्धि प्राचीन उत्कल के शिल्पी के आगे हार मान चुकी है। वह कहता है—पांडुलिपि साथ ले जाऊंगा। इसके लिए काफी पैसा देकर खरीद लेने को भी तैयार है वह। विष्णु महाराणा अर्थ की बात सुनकर हंस पड़े—"सा'ब! इस देश के शिल्पी पूर्वजों की लिखी शिल्पशास्त्र की पोथियों को सागर में या महानदी में बहा देते रहे हैं, पैसों के लोभ में बेचते नहीं। कला, विद्या का व्यवसाय कर इस देश का शिल्पी अमीर बनने की इच्छा नहीं रखता। यही उसकी विशेषता है।" फिर भी चार्ल्स को आशा थी—अंतिम चेष्टा कर देखूंगा—पैसा बढ़ा दूंगा। दुनिया में कौन-सी चीज़ नहीं मिलती पैसे से? विष्णु महाराणा जैसे आकर्मण्य, बूढ़े आदमी में कितना ज़ोर है? अंतिम दिनों में पैसे की जरूरत समझा दूंगा तो मान जायेगा।

अंतिम विदा ले रहा है कोणार्क प्रांगण से। वर्षा शुरू हो गई। वर्षा-स्नात अपरान्ह की माया में सम्मोहित हो रहा है चार्ल्स। अस्त रवि की अंतिम किरणें कोणार्क की भैरव मूर्ति को आलोकित कर रही हैं। जीवंत दिख रहे हैं पार्श्व देव गण।

मुख्य मंदिर के दक्षिण पार्श्व में काली ग्रेनाइट की मूर्ति प्रातःकालीन सूर्य-मित्रदेव के माथे पर जटा, कंधे पर यज्ञोपवीत, कान, गले और बाहु पर सुंदर अलंकार सजे हैं। धोती पर कटि में चित्रित मेखला सूक्ष्म कारीगरी से संपन्न है। जितनी बार देखा है—वह मुग्ध हुआ है। विस्मित हुआ है। मित्रदेव के दोनों ओर—संज्ञा और छाया दो पत्नियों, फिर गायत्री एवं सावित्री दो कन्या हैं। सूर्य मूर्ति के सिंहासन तले महाराज नरसिंहदेव एवं रानी सीतादेवी प्रार्थनारत हैं। सिंहासन एवं तोरण सहित उदय सूर्य की रमणीय कारीगरी भरी मूर्ति—एक ही ग्रेनाइट पत्थर पर बनी है। चार्ल्स प्रणाम कर विदा ले रहा है।

पश्चिमी सोपान होते हुए पश्चिम पार्श्व में मध्यान्ह सूर्य वैवश्वत मूर्ति के निकट उतर जाता है चार्ल्स। मध्यान्ह सूर्य के माथे पर अलंकार जड़े हैं मुकुट में। मुकुट का फोटो लिया। विदाई प्रणाम कर सीढ़ियों से उत्तर पार्श्व में सायंकालीन सूर्य की हरिदाश्व मूर्ति के पास खड़ा हो गया।

सकल शक्ति के उत्स वीर पुरुष हरित पति धावमान अश्व पर विराजित हैं। अश्व इतना जीवंत है, सामने खड़े होने पर चार्ल्स को लगा—अभी आगे बढ़ेगा···सहम गया। अश्वारूढ़ सूर्य एक ग्रेनाइट पर निर्मित मूर्ति है। अश्व की

जीन, लगाम, अलंकार सब साथ संयोजित हैं। अति सूक्ष्म कला के निदर्शन···। फिर कैमरा क्लिक किया। मन भरा नहीं।···बहुत कुछ रह गया है यहां देखने के लिए। गवेषणा का काम बाकी रह गया है। सुंदरता में तृप्ति नहीं। भग्न कोणार्क आज भी सौंदर्य का अथाह खजाना है। सच, मेरी गवेषणा अधूरी रह गई है—आदमी के जीवन की तरह। कोणार्क जीवन का प्रतीक है। कोणार्क का अध्ययन कभी पूरा नहीं हो सकता। सदा बाकी ही रह जायेगा—आदमी की अनंत पाने की इच्छा तरह—असीम अनुशीलन का गवेषणागार है। यही अंत तक लगा चार्ल्स को।

चित्रोत्पला जहां बैठकर फूल बेचती, दो पल खड़ा रहा, दीर्घ सांस निकल आयी चित्रा की स्मृति में। धर्मानंद का चित्र तैर उठा मानस पटल पर। चार्ल्स लंबे-लंबे डग भरता पूर्व की ओर से पांथनिवास के रास्ते आगे बढ़ गया। चलते-चलते झाऊवन के मर्मर में किसी की विलाप ध्वनि का अनुसरण करता बढ़ गया—चंद्रभागा नदी के तीर पर। टुप-टाप बरखा शुरू हो चुकी थी, आषाढ़ी आकाश में पांडुर चंद्रमा नदी चंद्रभागा की झिलमिले छाती पर करुणा उंड़ेल रहा है।

चार्ल्स के मन में कोई अजान व्यथा का स्वर बज उठा···किसके लिए?

यही है उन दिनों की पूर्णयौवन वेगभरी चंद्रभागा नदी! काल के क्रूर हाथों ने सागर से दूर कर दिया है। फिर भी युग-युग की आशा लिए पड़ी है क्षीणधार बनी चंद्रभागा।—पुष्करिणी बन गई, मगर लक्ष्य नहीं छोड़ा।

चंद्रभागा के पांडुर जल में ज्योत्स्ना फीका-फीका चित्र आंक रही है। उसी में दिख रही है शिल्पीप्रिया चंद्रभागा की छवि। प्राचीप्रभा की प्रतिज्ञाबद्ध कमनीय मूर्ति। उधर अनंत सागर—बीच में किनारा, इधर चिर प्रतीक्षित चंद्रभागा की धार!

चार्ल्स दार्शनिक बन गया है, खोज रहा है जीवन, अपना और किसी का।

छम्···छम्···छम्···छम् हलकी ध्वनि! सागर जल को छूते-छूते कोई आ रही है! कौन है?

चंद्रभागा नदी तट कब से सुनसान हो गया है। रात का अंधेरा बेलाभूमि पर कब से बिछ गया है—घनी चादर की तरह। लौट जाने को मन ही नहीं करता। बेला पर कोई चला आ रहा है—चार्ल्स की ओर!

यही तो है वह छाया मूर्ति—जिसे चंद्रभागा की प्रेतात्मा समझ लिया था। कई बार देखा है इसे दूर से। पास जाने को मन किया है। पास जाने पर छाया दूर हट जाती।

आज कोणार्क छोड़ने की पूर्व रात्रि। मन जान कर मानो आ गई है यह! चार्ल्स मानो इसे ही मन में खोज रहा था। चार्ल्स के यायावरी मन को इतने दिन तक

बांधे रखा जिन्होंने, उनमें चंद्रभागा की प्रेतात्मा भी तो थी, बेलाभूमि के रास्ते पर घूमती दिख जाती यह छाया मूर्ति।

धीरे-धीरे आगे बढ़ रहा है। छाया मूर्ति सागर के पानी में पांव भिगोये एकटक देख रही है—एक लय से। अवगुंठिता इस नारी के पांव पानी में कुछ दिख जाते तो—पांवों में गुदा वह पद्मफूल देखकर ही चंद्रभागा को पहचान पाता।

चार्ल्स सिहर उठा है। विस्मय में, कुतूहल में, अवदमित शंका में। एक प्रेतात्मा के पीछे-पीछे क्यों फिर रहा हूं!

धीरे से कहा, "चंद्रभागा, तुम्हें महाराज नरसिंह जो कुछ नहीं कह पाये—मैं वो कह देना चाहता हूं—आइ लव यू! आइ लव यू! मैं तुम्हारी आत्मा को प्यार करता हूं—इस देश की कला को प्रेम करता हूं, यही तो है प्रेम! क्षमा करना अगर इसे धृष्टता मानो तो!"

छायामूर्ति ने एक बार मुड़कर देखा—चेहरा फिर सीधा कर लिया—एक पल में अन्तर्ध्यान हो गई सागर की अनंत नील जलराशि में। छायामूर्ति सागर में छलांग लगा गई? या उत्ताल-तरंगे गोद में ले गई? कुछ न समझ सका। सागर की गर्जन-तर्जन में सब कुछ अनबूझ रह गया।

चार्ल्स कांप उठा। आंखों के आगे कोई आत्महत्या तो नहीं कर बैठी? कर भी क्या सकता हूं मैं? समय और सागर के तीर पर आदमी ऐसे ही लाचार खड़ा लहरें देखता आया है! सामने स्याह अंधेरा ही अंधेरा!

पीछे टिमटिमाती कोई रोशनी दिख गई। दीनबंधु लालटेन लिये खड़े हैं कुछ दूर। साथ है गणेश, "घर चलो, बेटे! इतनी रात हो गई! रास्ता नहीं दिखेगा। लालटेन के उजाले में ही आ जाओ। आधी रात में प्रेतात्मा फिरा करती हैं!"

"कितनी रात हो गई?" चार्ल्स ने मुड़कर पूछा।

"बारह! मौसी परेशान हैं। सुबह सब पुरुषोत्तम चलेंगे। कल जगन्नाथजी की श्रीगुण्डिचा यात्रा है—रथयात्रा होगी। पतितपावन के बड़दांड पर दर्शन करेंगे। दो दिन बाद नीलांचल एक्सप्रेस में बिठा देंगे। सब पुरी में तुम्हें विदा देने गए—जगन्नाथ के आगे तुम्हारे मंगल की कामना करने।" दीनबंधु का स्वर रुंध आया। कुछ बूंद वर्षाजल भी झर गए आकाश की आंख से।

प्राचीप्रभा नये ही रूप में है आज!

लाल रंग की बनारसी साड़ी! ऊपर हैं गहने, माथे पर मनोरम लग रहा है कुंकुम बिंदु। मांग में सिंदूर रेखा चमक रही है। चार्ल्स मुग्ध हो प्राची की ओर देख रहा है। प्राची भी चार्ल्स को विदा देने के लिए परिवार के साथ पुरी आयी

है। यह नव-वधू वेश किसलिए ?

दीनबंधु उसकी प्रश्नवाची आंखों को भांप गए।...“हर वर्ष विश्वप्रसिद्ध रथ-यात्रा पर दुनिया के सभी ज्ञानी, गुणी, सिद्ध, महात्मा, योगी आते हैं ! चारुकला का विश्वास है—जगन्नाथ जरूर कभी-न-कभी लौटेगा—जगन्नाथ की विश्वव्यापी आंखें पहचान खींच लायेंगी उसे। नियमतः वे प्राचीप्रभा को रथ-यात्रा के दिन वधू वेश में लाती हैं—जँवाई जगन्नाथ का स्वागत करने के लिए। हर वर्ष जगन्नाथ लौटेगा—मुझे भी वही विश्वास है।”

“और प्राचीप्रभा का ?”—चार्ल्स ने पूछा।

“उसका विश्वास न हो तो वह हमारी बात में हर वर्ष वधूवेश में पुरी न जाती।”

चार्ल्स ने प्राची को फिर देखा। पास जाकर कहा—“मांई गुड विशेज़।”

प्राचीप्रभा मुस्करा उठी। कुछ नहीं कहा। टैक्सी कर वे निकल पड़े।

अगली सीट पर बैठे हैं दीनबंधु। पीछे हैं प्राचीप्रभा, चार्ल्स, चारुकला। बेलाभूमि के रास्ते कोणार्क से पुरी की यात्रा खूब आरामदायक हो गई है इन दिनों। मगर चार्ल्स की विदा की बात सबको उदास एवं गंभीर बनाये दे रही है।

चंद्रभागा के इलाके में भीड़ जमा है। कोई बात जरूर हो गई है। चार्ल्स और दीनबंधु गाड़ी से उतर पड़े। सुना कोई सागर में डूब गया है। सुबह शव को सागर ने लौटा दिया, चार्ल्स स्तब्ध रह गया। भीड़ को धकेल कर आगे गया—ओह ! यह तो वही रात वाली छायामूर्ति है—लाश बनी सागर तट पर बालू में लोटी है। पुलिस पहुंच गई है। तहकीकात की जा रही है। शव किसी महिला तीर्थयात्री का है। दो वर्ष पहले नवविवाहिता पति-पत्नी कोई आये थे रथयात्रा देखने। यात्रा देखने के बाद पुरी में रह गए। सागर स्नान करते-करते पति लापता हो गए। तबसे स्त्री पागल होकर किनारे-किनारे फिरती रहती सागर से कहा करती—दे...लौटा दे...मेरे पति...वरना ले...ले...मिला दे उनसे...।

बेलाभूमि के रास्ते पर पुरी से कोणार्क एवं कोणार्क से पुरी तक रात-दिन वह फिरा करती। पता-ठिकाना पूछे पर कहती कुछ नहीं। लोगों की छाया से भी दूर रहती। रात में देखकर लोग उसे प्रेतात्मा समझ लेते। अंत में शायद पति से मिलने की इच्छा लेकर कूद पड़ी है। निष्ठुर सागर ने लेकिन फेंक दिया—बेला भूमि पर। पति संग शरीर का मिलन नहीं हुआ।—पता नहीं आत्मा का आत्मा से होगा या नहीं !

चार्ल्स खिन्न हो उठा। मैं प्रत्यक्षदर्शी था इस आत्महत्या का। इतने दिन मन-ही-मन चंद्रभागा की आत्मा को लेकर जो भ्रम पाले था—इस नारी को मैं आत्महत्या से रोक न सका। अपनी बेवकूफी पर अफसोस कर रहा था। वैसे मैं कर भी क्या सकता था इस मामले में ? सैंकड़ों पागल सड़क पर फिरते हैं—कौन

कहीं मरेगा—इसकी किसे खबर है ? उनमें यह भी एक है। चलो इसकी आत्मा कष्ट से छुटकारा पा गई—शांति मिले इसे ! आमीन ! और गाड़ी चल पड़ी !

जगन्नाथजी उत्कल के देवता, स्वतंत्रता के प्रहरी, जाति, धर्म, धन, कला, साहित्य, सभ्यता, संस्कृति, गौरव एवं आध्यात्मिक विकास के अंतिम संकेत हैं ! स्नेह, प्रेम, मिलन, अनुराग के मूर्तिमान प्रतीक हैं जगन्नाथ ! जगन्नाथ धर्म है मैत्री धर्म ! जगन्नाथ चेतना में अमृत के संधान की भावना भरी है। तभी तो विश्व विनाश से बच सकेगा। बड़दांड पर खड़े होकर चार्ल्स को यही उपलब्ध हो रहा है।

अगणित भक्तों में एक है भक्त। दिन-भर खड़ा देखता रहा—भक्तों को दर्शन देकर उद्धार करने के लिए पगहीन विग्रह की बड़दांड पर कठिन 'पहंडि बिजे' (पधार कर अवस्थापित होने की विधि)। मंदिर में बाईस पावछों पर उठा-पटक, धक्कम-धक्की, भर्त्सना, कदर्थना में प्रभु धूल-धूसर हो जाते हैं। धूप के कारण बदन सूख रहा है। वारिधार में नेत्रों से काजल बह चला है। उधर किसी का ध्यान नहीं। भक्तगण जय-जयकार में डूबे हैं—रंगाधर मुस्कराते जा रहे हैं। पीछे झुकते, आगे लरजते-झूलते हुए वाद्य, करताल, मृदंग की ताल पर प्रभु का आगमन हो रहा है।

पाट छत्र के तले, मेहेना में बैठ रथ तक पधारे हैं गजपति महाराज। सौम्य-दर्शन गजपति के मस्तक पर शिरस्त्राण, देह में सफेद अचकन पर रक्तिम उत्तरीय। जगन्नाथ की चल प्रतिमा ! गजपति महाराज करेंगे छेरा-पंहरा (सुवासित द्रव्य का छिड़काव व प्रक्षालन)—चांडाल का कार्य ! देवता की सेवा में राजा चांडाल का भेद नहीं। देवाधिदेव के आगे सब समान हैं—राजा, प्रजा, क्षत्रिय, चांडाल सब बराबर हैं। जो कुछ संकीर्ण भेदाभेद है—दैवीकृत नहीं—मनुष्यकृत है। राजा का उन्नत मस्तक झुक जाता है देव के आगे—भंडार मेकाप श्वेत पुष्पवर्षण करते हुए मार्ग दिखाते हैं। राजगुरु बढ़ा देते हैं स्वर्ण सम्मार्जनी। गराबड़ु के हाथ से हातुआणी लेकर पुष्पांजलि दे रहे हैं और फिर रथ के चारों ओर चंदन इत्र से सुगंधित जल का छिड़काव कर रहे हैं। राजा हो गए हैं चांडाल। भक्त जनता के आनंद-कल्लोल में बड़दांड प्रकंपित हो रहा है। आदमी एक, धर्म एक है, यही है छेरा पंहरा का तात्पर्य।

अब रथ-प्रस्थान होगा। सारथी हाजिर हैं। भेदशून्य, विकारशून्य, वर्ग-संप्रदाय रहित मानव धर्म जगन्नाथ धर्म की धारा में सम्मोहित हो रहा है चार्ल्स। ऊर्ध्वबाहु वह चैतन्य महाप्रभु की तरह कीर्तन की ताल पर कदम मिलाता नाच रहा है। एक अद्‌भुत प्रेमधारा में उसका हृदय परिपूर्ण हो रहा है—आत्मा मुक्ति-पथ में अग्रस [illegible] है। अन, समुद्र परिव्याप्त है—उसी में सब एकलय प्रतीक्षा-रत हैं उस क्ष [illegible] त्र उत्कीर्ण कान लगाये हैं रथ के चक्कों का घर्घर निनाद

सुनने के लिए। असंख्य जन एक क्षण, एक मन-प्राण, एक लक्ष्य होकर बड़दांड पर खड़े हैं—सारी संकीर्णता से ऊपर उठकर।

यही अकल्पनीय पल है जिसकी अनुभूति को चार्ल्स मन-प्राण-आत्मा से संचित कर रहा है अपने अंदर। जीवन में यह पल चार्ल्स के लिए दुर्लभ है।

सेवक, परिजन, पंडा, सुआर, दइतापति के बीच रथारूढ़ हैं तीनों देवता।

आगे बड़े भाई बलभद्र, बीच में प्रियबहन सुभद्रा, अंत में छोटे भाई स्वयं जगन्नाथ। रोग शैया से उठे हैं। नवयौवन प्राप्त कर निर्मल तन-मन ले भाई-बहन के साथ जगत के नाथ निकले हैं—जन्मस्थल गुण्डिचा गृह की ओर। श्रीमंदिर सम्हाले पीछे रह गई हैं—मां लक्ष्मी! यही भारतीय समाज का चलन है, परंपरा है। पारिवारिक धारा स्वयं प्रभु जगन्नाथ का अनुसरण कर बनी है मधुमय, महिमामय, प्रेममय।

फिर जितने बड़े हो—श्रीमंदिर में रत्नसिंहासन पर बैठे छप्पन पौटी भोग लगे, मगर जन्मस्थल गुण्डिचा गृह भूल नहीं पाते प्रभु जगन्नाथ! वर्ष में एक बार आते हैं जन्म माटी पर। राह में आता है मौसी मां का घर। मौसी कुटीरवासिनी वृद्धा ठहरीं। जगत के नाथ हैं तो क्या मौसी मां के स्नेह-आकर्षण की उपेक्षा कर देंगे मैत्रीदेव जगन्नाथ? वहां रुकना होगा कुछ क्षण। मौसी का स्नेह-लाड़ स्वीकार करेंगे। स्नेह-चाव के आगे बड़ा-छोटा, धनी-दरिद्र कुछ नहीं होता।

चार्ल्स सोचता रहा—कैसी उन्नत है यह सामाजिकता! दीनबंधु एवं चारुकला का प्राचीप्रभा के प्रति स्नेह-आदर उसे विस्मित कर रहा है। आज समझ रहा है—जगन्नाथ जहां की संस्कृति के प्रतीक हैं वहां बुढ़िया कुशभद्रा भी चार्ल्स को बेटा कहकर उसके हाथ से निर्माल्य जल ग्रहण कर आंख मूंद लेती है—इसमें आश्चर्य की क्या बात है?

संकीर्तन में हरिबोल ध्वनि आकाश भेदे जा रही है। रथ के चक्कों का घरर-घर निनाद और उसी में अग्रगति कर रहे हैं रथ। रथ-रज्जु स्पर्श से सर्व पाप क्षय होते हैं। चार्ल्स भी रथ के रस्से पकड़े खड़ा है। प्राचीप्रभा रथ रज्जु स्पर्श कर माथा छू रही है। तीनों रथ के आगे-पीछे बड़दांड पर चले जा रहे हैं जनसमुद्र को दो भागों में बांटते हुए। मुड़कर देखता है चार्ल्स पीछे से दिखता है—जन-समुद्र विभक्त नहीं होता। तीनों रथों को वलय बनाकर घेरे हैं भक्तगण सम्मोहित बने। रथ चक्का चला जा रहा है आगे—आदमी का दर्प-दलन करते हुए।

बड़दांड पर साष्टांग प्रणिपात कर रहे हैं कुछ लोग। उनमें हैं दीनबंधु, चारुकला। मुंह औंधे लंबे पसरे हैं दोनों! निवेदन यही है—बस उनका जगन्नाथ लौट आये! प्राचीप्रभा की प्रतीक्षा समाप्त हो!

चार्ल्स घूम-घूम कर देखता है अद्भुत इस जीवन-प्रवाह की ओर!

बूढ़े-बुढ़िया, युवा-युवती, प्रौढ़ नर-नारी, किशोर-किशोरी हाथ में हाथ डाले,

आंचल में आंचल बांधे स्रोत बने चल रहे हैं, धीरे-धीरे । एक पिछड़ता है—खो न जाये स्रोत में ! रुक गये ! एक आगे बढ़ा तो दूसरा खिंचकर आगे पहुंच जाता है । यही तो भारतीय जीवन की परंपरा है ! सब आपस में उलझे-बंधे किसी गांठ में कसे जा रहे हैं । परिवार में बूढ़े, युवक, किशोर, शिशु सबका अपना-अपना भाग है, महत्व है । भारतीय परिवार पूरा का पूरा परिवार होता है ।

कुछ अमरीकी टूरिस्ट चार्ल्स की तरह अवाक् देख रहे हैं इस अद्‌भुत जन-स्रोत को । फोटो ले रहे हैं । अमरीकी सभ्यता में खो जाते हैं मां-बाप, भाई, बंधु-बांधव, कुटुंबी । चार्ल्स की तरह के कई हैं जिनका परिवार नहीं । संसार नहीं, धर्म नहीं, देश नहीं । चार्ल्स की तरह अनेक निःसंग, हताश, यायावर हैं ।

चार्ल्स सोच रहा है जिस सभ्यता में परिवार नहीं, स्नेह-प्रेम या त्याग—उत्सर्ग नहीं—उस देश के जीवन में आवेग या प्राणप्राचुर्य कहां से आयेगा, आनंद कैसे मिलेगा ? आज भारत में मानव-जीवन का यही सत्य उपलब्ध कर रहा है ।

आकाश एकदम मेघमुक्त है, जन-समुद्र बिखर गया है । इसी बीच आगे-पीछे चले जा रहे हैं दीनबंधु, चारुकला, चार्ल्स एवं प्राचीप्रभा । चार्ल्स सोच रहा है अन्य अमरीकी पर्यटकों की तरह मैं निःसंग नहीं हूं । मेरा परिवार है । आत्मीय स्वजन हैं मेरे । अमेरिका में जो कुछ खोया था, भारत में वह सब मिल गया है ।

बड़दांड पर फिर शुरू हो गई है रोजमर्रे की ज़िंदगी । तेज कांटों की सेज पर लेटा है कोपीनधारी नंग-धड़ंग आदमी । शरीर पर ऊपर से कांटों का बोझ लाद दिया गया है । उसके चारों ओर लोग फेंक रहे हैं, पांच-पैसी, दस-पैसी, बीस-पैसी चवन्नी । छोटी बच्ची कोई आकुल हो सब जमा करती जा रही है । भीख मांगने के कुछ वीभत्स-विचित्र दृश्य देखकर चार्ल्स व्यथित हो रहा है। पांव रुक जाते हैं। जिस देश का अतीत इतना महान्, जहां की संस्कृति एवं परंपरा विश्व में आहत हुई है, वहां इतना दारिद्र्य, इतना दुःख, ऐसा वीभत्स जीवन-संग्राम क्यों ?

विचित्र है श्रीक्षेत्र धाम । अजीब रहस्यमय प्रभु जगन्नाथ लीला का खेल है ! चार्ल्स के मुंह से शंकराचार्य की हज़ार वर्ष पुरानी पंक्ति निकल गई···।

"अहो दीननाथं निहितमचलं निश्चित पदम्,
जगन्नाथः स्वामी नयनपथगामी भवतु मे।"

चार्ल्स ने प्रणाम किया रथारूढ़ दारु देवता को । गद्‌गद स्वर में प्रार्थना कर रहा है—दीन अनाथों के लिए जिनके अचलपग स्थापित हो गए, हे प्रभु जगन्नाथ, मेरे नयनपथगामी बनें !

एक पल में लक्ष्यहीन चार्ल्स ने अपने जीवन का लक्ष्य स्थिर कर लिया ।

सागर तट पर एक लाजिंग में दो कमरे लिए हैं दीनबंधु ने। एक में हैं दीनबंधु, चारुकला एवं प्राची, दूसरे में है चार्ल्स। एक दिन बाद चार्ल्स लौटेगा नीलांचल एक्सप्रेस से दिल्ली। वहां से फिर अमेरिका। उसकी टिकट बन गई है।

लाजिंग में लौट कर दीनबंधु और चारुकला निकल पड़े विभिन्न मठों के लिए। कोई महात्मा आये हों तो दर्शन कर लें। जगन्नाथ का संदेश मिल जाये। प्राचीप्रभा इसमें पूरी तरह निर्विकार है। मानो जगन्नाथ का संदेश मिलना न मिलना उसके लिए एक ही बात है।

प्राचीप्रभा एवं चार्ल्स पैदल चले जा रहे हैं सागर बेला के सहारे-सहारे, एक जगह दोनों बैठ गए। आज हर तरफ खूब भीड़ है। थक गये हैं दोनों। कोलाहल में जगह अच्छी-सी देखकर बैठे हैं।

प्राची उदासी में सागर की ओर देख रही है। चार्ल्स ने पूछा, "क्या तुम्हारा विश्वास है···प्रभु के आकर्षण में खिंचे कभी जगन्नाथ आयेगा वापस ?"

प्राची ने सागर से आंख फिराये बिना ही कहा, "आकाश मेघों से ढंका है, तो क्या सूरज से इन्कार कर देंगे, चार्ल्स ? ईश्वर को अपनी आंखों न देखने पर भी मेरा उनमें विश्वास है। उन्हें उपलब्ध कर पाती हूं।"

"मगर एक बात कहूं ?···तुम्हारे प्रभु जगन्नाथ तो अधूरे हैं···। तुम्हारा कोणार्क तो खंडहर है···फिर भी जीवन के बारे में इतनी आशावादी !"

"अपूर्णता में पूर्णता भारतीय संस्कृति की विशेषता है। जगन्नाथ जैसे बिना बाहु के भी महाबाहु हैं, अपूर्ण होकर भी विश्वव्यापी हैं···वैसे ही कोणार्क खंडहर हो सकता है मगर वह फिर भी अति मनोहर है, पूर्णता एवं महिमा में भरपूर है···।"

चार्ल्स ने प्राची की बात पर टोका, "जैसे प्राचीप्रभा, अधूरे जीवन में भी परिपूर्णता की प्रतिमूर्ति—निरानंद में भी चिर आनंदमयी हैं।

चार्ल्स मुग्ध भाव से प्राची की ओर देखता रहा।

हंसकर वह बोली, "मेरा जीवन अपूर्ण है ? किसने कहा ? जीवन की पूर्णता किस बात में है, पता है ?"

"मैं वे बातें नही जानता। यहां सोचता हूं जगन्नाथ ही हैं जीवन के संकेत। वे अधूरे हैं। हर आदमी का जीवन किसी न किसी कारण अधूरा है, मुझे विस्मय होता है, शिल्पकला में चरम सफलता के बावजूद भी देश में जगन्नाथ का रूप अधूरा क्यों है ?"

प्राचीप्रभा ने धीमे स्वर में कहा, "जगन्नाथ इस विश्व के स्रष्टा हैं, आदमी के बनाये किसी रूप ने उन्हें पूरी तरह प्रकट नहीं करना चाहा। जो स्वयं अपना निर्माता है, उन्हें कौन बनायेगा ? अत: जगन्नाथ अपूर्णता में पूर्णता के प्रतीक, असुंदर में सुन्दरता के प्रतीक, असफलता में सफलता के प्रतीक और निराशा में

आशा की ज्योति हैं। इसी पर मैं जी रही हूं—जी रहे हैं अगणित लोग।" प्राची ने दीर्घ सांस छोड़ी।

चार्ल्स ने कहा, "कल रवाना हो जाऊंगा अपने देश के लिए।"

"जानती हूं। टिकट भी हो गई है।" प्राची ने धीरे से कहा।

चार्ल्स ने दबे स्वर में बोला, "मैंने अपने जीवन का रास्ता तय कर लिया है। सोचा करता था कि भारत जैसे दरिद्र देश में दुःख, शोक और हाहाकार की सीमा नहीं—अतः इन अनाथ, असहाय लोगों के लिए कुछ काम करूंगा—अपने पिता की योग्य संतान बनकर, लेकिन यहां आकर देखता हूं—मेरे देश के लोग अधिक दुःखी हैं, अधिक असहाय हैं, निःसंग हैं। भारत से लौटकर मैं उन्हें जगन्नाथ धर्म-दर्शन की बातें बताऊंगा। जगन्नाथ चेतना से उनकी विपत्ति दूर हो सकेगी। वे भी निराशा में आशा की किरण पा सकेंगे।"

प्राची खुश हो गई।···"धन्यवाद चार्ल्स! कम-से-कम अब तुम्हें शांति मिलेगी। मुझे पूरा विश्वास है।"

चार्ल्स ने धीरे से पूछा, "एक बात पूछूं?"

"कहो।"

"पति अगर न लौटें तो?"

"यही तो मैंने मान लिया है। चार्ल्स!"

"तो फिर क्या करोगी बाकी ज़िंदगी?···कट जाएगी!"

"कैसे?"

"जीवन कट जाता है।"

"उनकी इंतज़ार में?"

"बस, यही समझ लो!"

"नये जीवन में विश्वास है?"

"पीछे मुड़कर देखने में दुःख हो सकता है—पर दुःख पाने में भी एक खासियत है!"

"यहां से लौटकर भी मैं मुड़कर देखूंगा।—और पीछे तुम ही तुम दिखोगी—सारे जीवन कसक बनी रहेगी, प्राची! तुम्हारी स्मृति सालती रहेगी!" चार्ल्स भावप्रवण हो रहा था।

कोमल सहानुभूति में प्राची का हृदय द्रवीभूत हो उठा। नम्र स्वर में कह उठी—"मुझे पता न था कि हमारी कुछ दिन की यह मित्रता तुम्हें इतना कष्ट देगी! मित्रता आनन्द देती है, कष्ट या दुःख नहीं।"

"तुम्हें कोई कष्ट नहीं होगा?"

"आदत हो गई कष्ट सहने की।"

चार्ल्स और निकट आ गया। ऊष्म स्वर में कहा—"मैं आया था मित्रता

की तलाश में। जो देश मेरे देश से हर बात में भिन्न है। उससे सद्भाव स्थापित करूं—तुम्हारे कारण वह संभव भी हुआ, पर इस सद्भाव के बावजूद, हमारी मित्रता के बाद भी हमारे बीच की दूरी कम नहीं हुई। तब भी जीवन को सुखी बनाने में जो बातें हमारे सहयोग से संभव हो सकती हैं उन्हें ढूंढ निकाला जा सकता था।

प्राचीप्रभा अबूझ आंखों से चार्ल्स को देखती रही।

चार्ल्स ने हंसकर कहा, "हमारे देश में एक युवक किसी युवती से पूछता है—तुम मेरी प्रथम पत्नी बनोगी ?"

प्राची ने हंसकर कहा, "युवती भी वैसे ही पूछती होगी—तुम मेरे प्रथम पति बनोगे ?"

"पूछने में गलती क्या है ?" दृढ़ता से जोड़ा चार्ल्स ने।

प्राची ने शांत स्वर में कहा, "स्त्री पुरुष के सामाजिक चाल-चलन और मूल्यों में हर देश में कुछ-न-कुछ अन्तर होता है।"

चार्ल्स एक लय में देखता रहा प्राचीप्रभा की ओर, "आज मैं यदि अपनी मन पसन्द लड़की पा जाऊं तो पूछूंगा—तुम मेरी पहली और अन्तिम पत्नी बनोगी ?"

"भाग्यवान होगी वह लड़की।" प्राची हंस पड़ी।

—"शायद वह लड़की मेरे देश में नहीं है। आखिरी पत्नी बनने के लिए, पहले पति के पास संधिपत्र लिख सकने लायक लड़की कहां से पाऊंगा ?" चार्ल्स ने उदास होकर कहा।

चार्ल्स ने देखा, अब प्राची चुप हो गई है। कल इस समय तो मैं उड़ीसा की सीमा से भी दूर हो जाऊंगा। उड़ीसा और वहां की स्मृति सिर्फ यादों में रह जायेगी। आंखों में रहेगा खाली आकाश।

सागर लहरों पर कुछ तैरता जा रहा है। रेशमी कपड़े में बंधी कोई चीज़ है—फूलमाला बंधी लगती है। कुछ दूर वहां से हटकर विष्णु महाराणा घुटनों तक पानी में खड़े सागर को प्रणाम कर रहे हैं।

प्राची ने व्यग्र स्वर में कहा, "चार्ल्स···वो पाण्डुलिपि···'शिल्प चंद्रिका' को सागर-समर्पित कर दिया विष्णु ने !"

चार्ल्स ने चौंककर उधर देखा। लम्बी सांस खींचकर कहा, "इस देश के विष्णु महाराणा कला का व्यवसाय कर नहीं जीते—विष्णु बाबा ने वादा किया था—रथयात्रा पर पुरी में भेंट होगी। मुझसे लाजिंग का पता लिया था। अन्त तक आशा थी विष्णु बाबा पांडुलिपि हस्तांतरित कर देंगे, पर आज भी, देखता हूं कुछ लोग हैं जो मूल्यों की बात पर बहुत कुछ अड़े रहते हैं!···प्राचीप्रभा··· यहां एक कोणार्क टूटेगा तो सौ कोणार्क खड़े होंगे। क्यों ?···क्योंकि यह व्यापा-

रियों की धरती नहीं। शिल्पियों की भूमि है।"

विष्णु महाराणा दूर से विदा जता रहे हैं। चार्ल्स ने हाथ जोड़ लिए। बाबा धीरे-धीरे चलते लौटते जा रहे हैं। चार्ल्स से रहा न गया—"विदा ! ओ कलिंग शिल्पी, तुम्हारी जय हो !—'शिल्प चंद्रिका' को मन में भरकर सागर-समर्पित करने पर भी कोणार्क जीता रहेगा—जीवित रहेगी उत्कलीय कला—मूल्य और अटूट यह परम्परा।"

सागर-बेला पर छोटा-मोटा बाज़ार लगा है। यात्री मूंगफली, मसालेदार मुड़ी, समोसे वग़ैरह ले रहे हैं—खा रहे हैं। शंख, सीपी, चूड़ी खरीद रही हैं औरतें, धीरे-धीरे नंगे बच्चे हाथ फैलाकर मांग रहे हैं—'बाबू कुछ खाने को दो'—यात्रियों पर कोई असर नहीं।···यह तो आम बात है यहां—।

आंखों के आगे ही—हालांकि अचंभे की बात सिर्फ चार्ल्स के लिए है—बाकी किसी का ध्यान भी उधर नहीं। चार्ल्स ने मगर तुरन्त कैमरा क्लिक कर लिया।

कोई एकदम बूढ़ा—भिखारी—साथ में बुढ़िया भिखारिन। दोनों एक दूसरे का सहारा लिए बालू पर चले जा रहे हैं—हाथ फैलाए यात्रियों को देखते जा रहे हैं दोनों। कौन किसका आसरा लिए—चार्ल्स नहीं समझ पाया। मगर उसे लगा—कोई किसी का आसरा लिए नहीं है—एक दूसरे का बोझ ही बढ़ाते रहेंगे—मरने तक ! एक का बोझ दूसरे का दुःख बढ़ा देता है—एक की भूख दूसरे के भोजन में हिस्सा बंटाती है। फिर भी साथ ज़िन्दगी बिता रहे हैं। मौत के सिरहाने पहुंचकर भी वे अभिन्न हैं। यह सम्पर्क किसी प्रत्याशा का है ? चार्ल्स कुछ नहीं समझ पाता। भारत के राजपथ पर ऐसे स्वर्गीय सम्पर्क का चित्र आम बात है।

प्राची की ओर देखकर कहा, "अन्तिम पल तक कुछ कहना चाहता था—पर यह दृश्य देख लेने के बाद···रहने दें वो बात—"

"इस दृश्य के साथ तुम्हारे मन का क्या सम्बन्ध···?"

चार्ल्स प्राची की ओर गहरी दृष्टि डाल कहने लगा, "इस देश में किसी लड़की को मन की बात कहनी चाही थी। मगर वह तो बहुत पहले ही करार कर चुकी है। हालांकि उस करारनामे की शर्त उस पर जबरन थोप दी गई है। मैं जानता हूं, फिर भी, वह करार टूटनेवाला नहीं।"

प्राची ने गहरी सांस छोड़कर कहा, "जीवन में हर आदमी हर प्रतिज्ञा निभा ही ले, कोई जरूरी नहीं। मगर कुछ प्रतिज्ञाएं नहीं तोड़ी जा सकतीं। चार्ल्स, अपने वहां लौटकर कोई और लड़की तलाश लेगा···"

—"इट इज इंपासिबल !"

—"मगर, क्यों ? मुश्किल क्या है ?"

—"बताया ना कि मेरी प्रतिज्ञा है—मेरी पहली पत्नी ही होगी... अंतिम पत्नी भी…"

—"मगर दिनेश ने तो तुम्हारे यहां की लड़की पसंद कर ली।"

—"मतलब ?"

—"उसने अमेरिका में शादी कर ली है।"

—"वह लौट कब रहा है ?"

—"वहीं रहने का इरादा कर लिया। उसकी स्त्री की इच्छा है।"

—"मौसा ने तो यह सब कभी नहीं बताया !"

—"अपने बोझ से वे दूसरों को बोझिल करना नहीं चाहते। खास जरूरत न पड़े तब तक वे अपना दुःख कहते ही नहीं।"

चार्ल्स ने नरमी से कहा, "मेरे देश में धन दौलत तो बहुत है। पर जीवन नहीं। दिनेश को शायद दौलत पसंद है। मगर मुझे तलाश है जीवन की, प्राणवत्ता की। अजीब है आदमी का मन। जो अपने पास नहीं, उसे ही वह ज्यादा चाहता है।

प्राची को हंसी आ गई। फिर भी चेहरा उतरा हुआ था।

चार्ल्स ने पूछा—"हमारे देश में कब आ रही हो ?"—"जब बुलाओ" —वह बोली।

"और अगर आज आमंत्रित करूं…मेरे साथ चलने के लिए…" चार्ल्स ने तुरत पूछा।

—"चलूंगी, मगर तुम्हारे साथ नहीं ! हम दोनों के रास्ते अलग हैं।"

"आदमी की उत्पत्ति एक जगह है। गंतव्य एक है। हालांकि रास्ते अलग-अलग हैं। रास्तों के अंतर के कारण लोगों में अंतर की बात को क्या मानोगी ? मैं म्लेच्छ हूं, इसी कारण घृणा करती हो ?"—चार्ल्स के स्वर में वेदना थी, आंखें छलछला रही थीं।

प्राची आहत हो गई। छलछलायी आंखों से वह देखती रही। बोली—"जीवन में प्रथम मित्र के रूप में स्वीकार किया है। इससे पहले जो आये थे, उन्हें ईश्वर मानकर भक्ति करती हूं। अतः मेरे मन का सारा स्नेह, ममता तुम्हीं ने चुरा लिया है, चार्ल्स ! यहां घृणा का सवाल ही नहीं।"

"फिर मेरे साथ चलने में आपत्ति कैसी ? हम दुनिया में घूमेंगे। जगन्नाथ चेतना में उद्बुद्ध होकर मानव जाति को प्रेम करें। दीन-दुःखियों की सेवा करें !"

"मुझे प्रतीक्षा करनी होगी।"

—"कितने दिन तक ?"

प्राची ने कुछ नहीं कहा। लाचार आंखों से वह सागर की अगणित लहरों

को देखती रही।—सागर की लहरें भी कोई गिन सकता है? प्रतीक्षा के पल क्या गिने जा सकते हैं?

"बेटी!" दीनबंधु ने पीछे से आवाज़ दी।

प्राची ने मुड़कर देखा। काफी आशा लेकर जगन्नाथ की खोज में आये थे दीनबंधु और चारुकला। चार्ल्स ने दीनबंधु को देखा। कला के उत्कर्ष कोणार्क मंदिर के कमनीय भग्नावशेष की तरह पराजित, भग्नमनोरथ, व्यथित, दीनबंधु अभी भी अशेष आशा-भरोसा लिए खड़े हैं।

प्राचीप्रभा की पीठ पर आश्वासन भरा स्पर्श देते हुए बोले, "सांझ होने आयी। मौसी लाजिंग में इंतजार कर रही हैं। प्रतीक्षा के सिवा हमारे हाथ में और क्या है? महाप्रभु की जैसी इच्छा..."

प्राचीप्रभा निश्चल निर्विकार खड़ी है। चार्ल्स को दिख रही है कोणार्क की उस अनंत प्रतीक्षा में खड़ी पत्थर की मूर्ति की तरह।

15

विदा की मर्मस्पर्शी घड़ी आ पहुंची। चारुकला कभी किसी को छोड़ने स्टेशन नहीं आयीं। वे लाजिंग में ही रुक गई, उनके चरण छुए चार्ल्स ने। पूछा, "दिनेश का पता लिया है। कोई खबर भेजनी है?"

आंसू दबाकर कहने लगी, "कहना, जन्ममाटी को न भूलो। साल में एक बार महाप्रभु भी जन्म माटी छूते हैं।"

माथा सहलाते हुए फिर बोली, "बेटे हुशियारी से जाना। पहुंच कर खत देना। पत्र न पाने तक चिंता बनी रहेगी।"

—आखिर आंसू टपक ही पड़े। कब तक बांध लगाये रहता?

चार्ल्स ने सिर हलाया।

लाजिंग से बाहर आ गया। विदा का वक्त खूब कष्ट देगा। मगर यह नहीं जानता था कि मेरी इन पथरीली आंखों में भी कभी पानी आ जायेगा!

गाड़ी खड़ी है।

दीनबंधु आंख बचाकर इधर-उधर खड़े हैं। चार्ल्स मन-ही-मन कहने लगा, "गुडबॉय प्राची! सुख से रहो। तुमने इतनी मदद की, धन्यवाद के सिवा और क्या कहूं? सोचा था कुछ और दिन रहूं—सदा ऐसा ही मित्र बना रह जाता तुम्हारे पास। शायद तुम भी पसंद कर लेती ऐसी स्थिति। मगर तुम तो कोणार्क

कन्या हो—पाषाणी ! तुम्हें रुक जाना पड़ा। मैं हूं यायावर, घर-बार हीन मुझे लौटना पड़ रहा है। मगर इतनी आशा है—फिर मिलेंगे, कभी कहीं···"

शायद यही बात प्राची भी सोच रही थी। हालांकि दोनों की जुबान पर कोई भाषा न थी। भावना जहां परस्पर को जोड़ती है—भाषा वहां बेजोड़ होती है।

दोनों में एक ही वेदना का स्रोत बहता रहा।—क्या आज ही चिर विदा है ? फिर भेंट होगी ?—या नहीं ? कौन जाने। इसी संशय में वेदना उपजती है।

चार्ल्स ने सोचा, "प्राची क्या जानती है कि मेरे जीवन के ये दिन—इनका एक-एक पल अनमोल था, सर्वाधिक सुखमय था।"

कुछ तो कहना होगा। नीरवता में दोनों रुंधे जा रहे हैं। दमघोंटू लगता है यह मौन !

चार्ल्स ने कहा, "प्राची हर देश की प्राचीन धारा के पुराने मूल्य टूट रहे हैं। चित्रोत्पला-धर्मू की घटनाओं के बाद भी भारत, भारत ही रहेगा। वहां हैं दीनबंधु, चारुकला, विष्णु महाराणा, कुशभद्रा, प्राचीप्रभा, कोणार्क एवं सबसे ऊपर मानव-धर्म के प्रतीक मैत्रीदेव जगन्नाथ। चंद्रप्रभा से प्राची तक दूरी बहुत अधिक नहीं। जो चंद्रप्रभा है सो ही प्राचीप्रभा, कुशभद्रा, चित्रोत्पला हैं। सबकुछ याद रहेगा—पूजा होगी। सब मेरे स्मरण में होंगे, पूजा पायेंगे। उन्हें चाहता हूं तभी भारत को प्रेम करता हूं। यही दुनिया की विशेषता है।"

"धन्यवाद चार्ल्स !—धन्यवाद !"—प्राची रुद्ध स्वर में कह उठी।

ट्रेन में बैठने से पहले रुद्ध स्वर में कहा, "विदा दुःखदायी होती है ! मैं फिर आऊंगा···जरूर !"

—"तुम्हारी सांत्वना के लिए धन्यवाद ! भगवान यह यात्रा सुखमय करें--जीवन मंगलमय हो"—प्राची की आंखें छलछलायी हैं।

कुछ पल दोनों एक दूसरे के आगे स्तब्ध खड़े रहे। हृदय खंड-खंड हो रहा है—मगर भाषा स्थिर है। भग्न कोणार्क की तरह दोनों स्थिर खड़े हैं। चार्ल्स ने प्राची का हाथ उठा लिया। अपने हाथ में ले लिया। देर तक छलछलाये आंसू अब बह चले। हाथ हटाकर मुंह पीछे फेर लिया। चार्ल्स तेज़ी से कंपार्टमेंट में चला आया।

ट्रेन चल पड़ी। तभी प्राची का चेहरा वापस मुड़ा। हाथ हिला कर विदा दी। ट्रेन से दूर सरक आयी वह—चार्ल्स शायद कह रहा है—"मैं प्रेम करता हूं तुम्हें, प्राची—तुमने मेरी आत्मा को आच्छन्न कर रखा है—इस चाहने का कोई अंत नही—इसकी कोई सीमा नहीं।"

प्राचीप्रभा एक पल में दो भागों में बंट गई—उसकी हाड़-मांस की देह और

उसका कर्तव्य, उसका आवेग, उछ्वास और कामना। एक ईश्वर है, दूसरा अविनश्वर। एक देह, दूसरी है आत्मा। देह वहीं है—आत्मा उड़ गई है। उसे लगा जैसे किसी को ढूंढ़ रही हैं—किसी आत्मा, देहातीत किसी की सत्ता! कौन है वह? राजा नरसिंह—पति जगन्नाथ—या मित्र चार्ल्स?

विह्वल निगाह से खिड़की में से देख रहा है चार्ल्स। सामने कोणार्क की तरह खड़ी प्राची। कोणार्क में आज देवता नहीं। भग्न कला ही कोणार्क की संपदा है। प्राची में आत्मा कहीं खो गई है। चार्ल्स देख रहा है—कोई कला संपन्न हाथ विदा में हिल रहा है। धीरे-धीरे थमता जा रहा है। आंखें स्थिर, उदास हो रही हैं—चेहरे के भाव परिवर्तित हो रहे हैं। मानो वह विदा नहीं दे रही—स्वागत की प्रतीक्षा में है किसी की। कोणार्क में प्रतीक्षा की वह शाश्वत मूर्ति चार्ल्स के आगे मूर्ति-मान खड़ी है। धुंधलाती जा रही है अब। निराशा में आशा, दारिद्रय में आडंबर, विदा में मिलन की आशा, मृत्यु में नवजन्म का विचार भारतीय संस्कृति है। जगन्नाथ परमपुरुष, परमात्मा, अपूर्ण में पूर्ण हों। तभी यह देश एकता का देश है—जगन्नाथ संहति एवं समन्वय के प्रतीक हैं। चार्ल्स विदा नहीं ले रहा। पास आ रहा है बंधु परिजन परिवारी के पास! दुनिया में कहीं घूमे वह सभी हैं, उसके अपने। भारत भूमि पर, मैत्रीदेव के देश में। क्रमश: चार्ल्स का अशांत मन शांत हो रहा है। अपूर्ण आत्मा परिपूर्ण हो गई।

दूर से प्राचीप्रभा की अचल मूर्ति उज्ज्वल किसी बिंदु-सी लग रही है। अंधेरे में आलोक शिखा-सी निष्कंप जल रही है। निराशा में आशा की ज्योति की तरह चार्ल्स के मार्ग पर राह दिख रही है।

विदा के वक्त दीनबंधु ने छोटी-सी चीज़ दी थी—कागज की पुड़िया। कहा, "कभी टूटो तो इसका आसरा लेना। चार्ल्स ने जेब से निकाला। छोटे से प्लास्टिक के खोल में है—जगन्नाथ, बलभद्र, सुभद्रा की त्रिमूर्ति—उत्कल, भारत एवं समूचे विश्व को गंग राजाओं का सर्वश्रेष्ठ अवदान है—मैत्रीदेव जगन्नाथ!"

प्राची पीछे रह गई, इसीलिए टूट रहा है वह? वह कह उठा—"जगन्नाथ स्वामी नयनपथगामी भवतु मे" दृष्टि-पथ से प्राची उभान हो गई। वहां है देवी सुभद्रा! काले-गोरे दोनों भाइयों के बीच हंस रही हैं—विश्व को जोड़ते हुए। चार्ल्स ने दुबारा कहा, "जगन्नाथ स्वामी नयनपथगामी भवतु मे" भेदभाव भुलाकर उसके स्वर में स्वर मिलाकर कुछ लोग गा उठे वही बात! विदा के समय की वह उदास घड़ी मैत्री-संगीत की धारा बनकर प्राचीप्रभा के पास उफनती बही जा रही है—अनंत आकाश की सीमा छूती हुई···धरती की हर दिशा में फैलती जा रही है वही प्रेममय संगीत की मूर्च्छना···।

□□

हमारे अन्य श्रेष्ठ प्रकाशन

चर्चित पुस्तकें

आवारा मसीहा, विष्णु प्रभाकर, **अदम्य साहस** डॉ. अब्दुल कलाम, **प्रेरणात्मक विचार** डॉ. अब्दुल कलाम, **मेरी आपबीती** बेनज़ीर भुट्टो, **मेरे सपनों का भारत** महात्मा गांधी, **सत्य के प्रयोग** महात्मा गांधी, **मेरा जीवन दर्शन** डॉ. कर्णसिंह, **परिवर्तन और राजनीति** एन.के. सिंह, **भारतीय अर्थतंत्र, इतिहास और संस्कृति** अमर्त्य सेन, **आर्थिक विकास और स्वातन्त्र्य** अमर्त्य सेन, **आर्थिक विषमताएं** अमर्त्य सेन, **गरीबी और अकाल** अमर्त्य सेन, **भारत विकास की दिशाएं** अमर्त्य सेन, **भारतीय राज्यों का विकास** अमर्त्य सेन, **हिंसा और अस्मिता का संकट** अमर्त्य सेन, **भारतीय दर्शन** डॉ. राधाकृष्णन्,

शब्दकोश : कोश : शिक्षा

राजपाल बृहत् हिन्दी-अंग्रेजी शब्दकोश डॉ. हरदेव बाहरी, **राजपाल बृहत् अंग्रेजी-हिन्दी शब्दकोश** डॉ. हरदेव बाहरी, **राजपाल हिन्दी शब्दकोश** डॉ. हरदेव बाहरी, **शिक्षार्थी हिन्दी-अंग्रेज़ी शब्दकोश** डॉ. हरदेव बाहरी, **राजपाल अंग्रेज़ी-हिन्दी शब्दकोश** डॉ. हरदेव बाहरी, **राजपाल अंग्रेज़ी-हिन्दी पारिभाषिक शब्दकोश** डॉ. हरदेव बाहरी, **राजपाल हिन्दी-अंग्रेज़ी थेसॉरस** गोपीनाथ श्रीवास्तव, **राजपाल अंग्रेजी-हिन्दी राजभाषा प्रयोगकोश** गोपीनाथ श्रीवास्तव, **राजपाल लोकोक्ति कोश** हरिवंश राय शर्मा, **राजपाल साहित्यिक मुहावरा कोश** हरिवंश राय शर्मा, **राजपाल साहित्यिक सुभाषित कोश** हरिवंश राय शर्मा, **विद्यार्थी हिन्दी शब्दकोश** डॉ. ओमप्रकाश, **शब्दार्थ-विचार कोश** आचार्य रामचन्द्र वर्मा, **शब्द-परिवार कोश** डॉ. बदरीनाथ कपूर, **व्यावहारिक उर्दू-हिन्दी शब्दकोश** डॉ. सैयद असद अली, **कहावत कोश** समर सिंह

विश्वकोश : संदर्भ-ग्रंथ

विश्वकोश-I (पृथ्वी-आकाश-खनिज) डॉ. बालकृष्ण, **विश्वकोश-II** (आविष्कार-खोज) डॉ. बालकृष्ण, **विश्वकोश-III** (जीव-जंतु : पेड़-पौधे) डॉ. बालकृष्ण, **विश्वकोश-IV** (विज्ञान-वैज्ञानिक) डॉ. बालकृष्ण, **भारतीय संस्कृति कोश** लीलाधर शर्मा पर्वतीय, **भारतीय चरित कोश** लीलाधर शर्मा पर्वतीय, **अंतरराष्ट्रीय व्यक्ति कोश** विश्वमित्र शर्मा, **भारत रत्न** विश्वमित्र शर्मा, **20वीं सदी के सौ प्रसिद्ध भारतीय** विश्वमित्र शर्मा, **नोबेल पुरस्कार कोश** विश्वमित्र शर्मा, **नोबेल पुरस्कार सम्मानित भारतीय** विश्वमित्र शर्मा, **भारत के राष्ट्रपति** भगवतीशरण मिश्र, **भारत के प्रधानमंत्री** भगवतीशरण मिश्र, **नोबेल पुरस्कार विजेता साहित्यकार** राजबहादुर सिंह, **विश्व के महान वैज्ञानिक** फिलिप केन, **विश्व की महिला अंतरिक्ष यात्री** कालीशंकर, **भारतीय भाषाओं के पुरस्कृत साहित्यकार** डॉ. आरसू, **50 क्रांतिकारी** राजेन्द्र पटोरिया, **100 प्रसिद्ध भारतीय खिलाड़ी** चित्रा गर्ग

उपन्यास

मानस का हंस (पुरस्कृत) अमृतलाल नागर, **नाच्यौ बहुत गोपाल** अमृतलाल नागर, **खंजन नयन** अमृतलाल नागर, **बिखरे तिनके** अमृतलाल नागर, **पीढ़ियां** अमृतलाल नागर, **करवट** अमृतलाल नागर **सेठ बांकेमल** अमृतलाल नागर, **भूख** अमृतलाल नागर, **सात घूंघट वाला मुखड़ा**

अमृतलाल नागर, **सोमनाथ** आचार्य चतुरसेन, **वयं रक्षामः** आचार्य चतुरसेन, **वैशाली की नगरवधू** आचार्य चतुरसेन, **सोना और खून** (चार भागों में) आचार्य चतुरसेन, **कब तक पुकारुं** रांगेय राघव, **घरौंदा** रांगेय राघव, **धरती मेरा घर** रांगेय राघव, **न आने वाला कल** मोहन राकेश, **समग्र उपन्यास** कमलेश्वर, **कितने पाकिस्तान** कमलेश्वर, **एक सड़क सत्तावन गलियां** कमलेश्वर, **काली आँधी** कमलेश्वर, **सुबह दोपहर शाम** कमलेश्वर, **रेगिस्तान** कमलेश्वर, **अभिज्ञान** नरेन्द्र कोहली, **आतंक** नरेन्द्र कोहली, **साथ सहा गया दुख** नरेन्द्र कोहली, **जंगल** नरेन्द्र कोहली, **एक नौकरानी की डायरी** कृष्ण बलदेव वैद, **शिकस्त की आवाज़** कृष्ण बलदेव वैद, **नर नारी** कृष्ण बलदेव वैद, **एक इंच मुस्कान** राजेन्द्र यादव/मन्नू भंडारी, **जंगल के फूल** राजेन्द्र अवस्थी, **अकेली आवाज़** राजेन्द्र अवस्थी, **कुहरे में युद्ध** शिवप्रसाद सिंह, **औरत** शिवप्रसाद सिंह, **रात भारी है** अमृता प्रीतम, **कैली कामिनी और अनीता** अमृता प्रीतम, **जलते बुझते लोग** (एक ही जिल्द में तीन उपन्यास) अमृता प्रीतम, **यह कलम यह कागज़ यह अक्षर** अमृता प्रीतम, **ययाति** वि.स. खांडेकर, **कोणार्क** प्रतिभा राय, **उसका अपना आकाश** प्रतिभा राय, **चित्रप्रिया** अखिलन, **एक गधे की आत्मकथा** कृश्न चंदर, **तापसी** कुसुम अंसल, **पहाड़ चोर** सुभाष पंत, **गोदान** प्रेमचंद, **गबन** प्रेमचंद, **औरतें** खुशवंत सिंह, **समुद्र की लहरों में** खुशवंत सिंह, **मुजरिम हाज़िर** विमल मित्र, **अन्तर्गाथा** पी.वी. नरसिंह राव, **कुली** मुल्कराज आनंद, **अछूत** मुल्कराज आनंद, **सात साल** मुल्कराज आनंद, **दिशाएं बदल गईं** नरेश भारतीय, **सावित्री** व्योहार राजेन्द्रसिंह **कुली बैरिस्टर** राजेन्द्रमोहन भटनागर, **गाइड** आर.के. नारायण, **स्वामी और उसके दोस्त** आर.के. नारायण, **वध** मनहर चौहान।

कविता

मधुशाला बच्चन, **मधुबाला** बच्चन, **मधुकलश** बच्चन, **खैयाम की मधुशाला** बच्चन, **मेरी श्रेष्ठ कविताएं** बच्चन, **निशा निमंत्रण** बच्चन, **जाल समेटा** बच्चन, **दो चट्टानें** बच्चन, **सतरंगिनी** बच्चन, **मिलन यामिनी** बच्चन, **आत्मिका** महादेवी, **नीलांबरा** महादेवी, **दीपगीत** महादेवी, **चुनी हुई कविताएं** अज्ञेय, **गीतांजलि** रवीन्द्रनाथ टैगोर, **साधना** रवीन्द्रनाथ टैगोर, **पथ का गीत** रवीन्द्रनाथ टैगोर, **आखिर यह मौसम भी आया** रमानाथ अवस्थी, **क्या खोया क्या पाया** अटलबिहारी वाजपेयी, **अंग्रेजी के श्रेष्ठ कवि और उनकी श्रेष्ठ कविताएं** कुलदीप सलिल, **अन्तरा** विश्वनाथ।

कहानियाँ

मोहन राकेश की संपूर्ण कहानियां मोहन राकेश, **अज्ञेय की संपूर्ण कहानियां** अज्ञेय, **एक दिल हज़ार अफ़साने** अमृतलाल नागर, **मालगुड़ी की कहानियां** आर.के. नारायण, **सत्यजित राय की कहानियाँ** सत्यजित राय, **समग्र कहानियां** कमलेश्वर **मेरी प्रिय कहानियां** अज्ञेय, आचार्य चतुरसेन, भगवतीचरण वर्मा, रांगेय राघव, अमृतलाल नागर, मोहन राकेश, निर्मल वर्मा, राजेन्द्र यादव, कृश्न चन्दर, कमलेश्वर, मन्नू भंडारी, फणीश्वरनाथ रेणु, यशपाल, इलाचन्द्र जोशी, भीष्म साहनी,

राजपाल